末木文美士・引野亨輔　監修
末木文美士・前川健一　編

近世仏教資料叢書

第二巻　仏伝と教学

臨川書店刊

第二巻　仏伝と教学　目次

解説　仏伝と教学の展開

末木文美士

一、宗派を超える仏教

近世の仏教は、幕府の統制下で寺院の宗派が固定され、本山と末寺の本末関係に縛られることになった。また、僧侶の学問は奨励されたが、檀林などと呼ばれる各宗派の教育研究機関で行われ、宗祖の著作の研究などが高度に進展した。それでは、すべてが宗派の中に閉鎖され、宗派を超えた交流や活動は見られなかったのかと言うと、そうは言えない。制約を受けながらも、宗派を超えて仏教全体を視野に納めた新しい活動はエネルギッシュに展開され、新しい時代の仏教を産み出す力となっていった。

本巻では宗派に捉われない通仏教的な問題に関して、二つの観点から資料を提供したい。一つは、仏教の開祖である釈迦牟尼仏（釈尊）がどのように見られていたか、という観点から仏伝（釈迦伝）資料を取り上げる。もう一つは、教学に関して、通仏教的な問題意識から各宗派に対して論争を挑んだ鳳潭の著作を取り上げる。仏伝は僧侶の独占物でなく、むしろ在俗の信者たちへの布教に用いられ、人々の仏教についての共通理解を作ることになった。他方、教学は高度な専門的な知識を前提とするので、僧侶を中心としたいわば研究者集団の問題であったが、それだけにその探求は哲学思想的に先端を行く議論が展開することになった。

以下の解説では、本巻で取り上げた通仏教的な活動の二つの方向について、その近世における展開を概観して、取り上げた資料の性格を明らかにしたい。

二、近世仏伝の展開

1、日本における仏伝の形成——近世初期まで

日本の仏教は宗祖中心だとしばしば言われる。例えば、東西の本願寺では、本尊の阿弥陀仏を祀る阿弥陀堂よりも宗祖の親鸞を祀る祖師堂のほうが大きくて中心に位置している。そのような日本仏教においては、仏教の開祖である釈尊の影はともすれば薄くなりがちである。

けれども、釈尊が無視されているわけではない。仏教が釈尊によって説かれた経典に基づいているということは、宗派を異にしても仏教界の共通認識であった。確かに密教は大日如来の説法とされるが、その場合も釈尊の説いた顕教が前提とされている。だからこそ、大乗経典は釈尊が説いたものではないとする富永仲基の『出定後語』が仏教界に大きな衝撃を与えることになったのである。

このように、釈尊は諸宗に共通する仏教の開祖とされるので、その伝記は宗派を超えて語られ、諸宗派の前提とされるものであった。しかも僧侶の独占物でなく、むしろ広く一般の在家の信者たちにも共有され、親しまれていた。「お釈迦さま」の誕生日である花まつりは、それほど派手ではないが、各地の寺院で祝われ、入滅の日である涅槃会には巨大な涅槃図を掲げる寺院もある。

それ故、釈尊への関心は仏教伝来以来強いものがあった。仏伝である『過去現在因果経』と絵画を組み合わせた『絵因果経』は、奈良時代の優品が伝えられている。平安期になると、奝然将来（九八六）の釈迦仏像は三国伝来の生身の釈迦像と喧伝され、嵯峨の清凉寺に安置されて都人の尊崇を集めた。平安後期になると、『今

昔物語』の天竺篇は仏伝関係のエピソードを多く集めている。

中世になると、さまざまな形で仏伝が広く流布するようになる。特に『釈迦の本地』と言われるものは、いわゆる「本地物」の一つとして好まれ、さまざまなバリエーションをもって普及した。それは、絵巻や奈良絵本として絵入りの娯楽物語の一つとして愛され、また、説教節にも取り入れられた。「本地物」は主人公の前世譚が「本地」として語られるところに特徴があるが、『釈迦の本地』では、必ず雪山《せっせん》童子の話が冒頭に語られる。雪山童子は釈迦の前世であるが、雪山で修行していた時、帝釈天が羅刹（鬼）の姿を取って現われ、「諸行無常、是生滅法」と説いた。その教えの続きを知りたいと願った童子は、飢えた羅刹のために身を与えることを約束して、「生滅滅已、寂滅為楽」という偈の後半を教えられ、羅刹は帝釈天の姿に戻ってその求道を讃えたという話である。

このような釈尊の前世譚は本生話（ジャータカ）とも呼ばれて、説話の宝庫となっている。それらの話は、仏伝に密接に結びつくものであるが、本地物のようにこのような前世譚と必ずしも結び付かない形での仏伝も多い。その際、仏伝の定型として、「八相」とか「八相成道」ということがしばしば標準とされる。それは、釈尊の生涯の画期を八つに分けるもので、通常用いられる八相は天台宗に由来するものである。

1、降兜率——釈迦仏が兜率天からこの娑婆世界に降りてくる。
2、託胎——摩耶夫人の胎内に入る。
3、出胎——胎内を出て、この世界に誕生する。
4、出家——世俗の王家を捨てて、修行者となる。
5、降魔——成道を妨げようとする魔を降伏させる。

6、成道――仏陀伽耶（ブッダガヤ）の尼連禅河のほとりの菩提樹下で悟りを開く。
7、転法輪――最初に鹿野苑で五比丘に説法してから、入滅まで説法を続ける。
8、入涅槃――拘尸那掲羅（クシナガラ）の沙羅双樹の下で涅槃に入る。

これを基準として釈尊の伝記を語るので、しばしば仏伝のタイトルには、「八相」と付けられている。その古いものは栄西作の『釈迦八相』（一一九一）であるが、近世にも『釈迦八相物語』（一六六六）、『釈迦八相倭文庫』（一八四五―七一）など、「八相」が表題になっている。本書に収録した『釈迦応化略諺解』は、表題にはないものの、本文の説明では八相を用いて説明している。

八相は、誕生に関するものが最初の三相で、その後は出家後になる。仏陀としての活動を考えればそれが適切だが、出家前の世俗生活に関する挿話が入る余地がない。しかし、在俗の一般の人たちからすれば、出家前の世俗時代のほうが関心を惹くのは無理のないところであろう。近世の仏伝が次第に娯楽化する中で、世俗時代のエピソードが次第に膨らみ、物語的なものになっていった。

そのようなエピソードとして、例えばその出生をめぐっては、藍毘尼（ルンビニー）園で、母の右脇から出生したこと、それに先立つ父浄飯王と母摩耶夫人との結婚のいきさつ、誕生時の軌跡、母の早逝により叔母憍曇弥（ゴータミー）に養育されたことなど、さまざまな物語が形成された。その青年時代も聡明で武道にも優れた若者瞿曇（ゴータマ）あるいは悉達（シッダッタ）として描かれ、とりわけ提婆達多（デーヴァダッタ）との腕比べや耶輸陀羅（ヤショーダラー）との結婚、四門出遊などが物語の必須要素となった。摩耶夫人に対して憍曇弥が嫉妬して、道士に呪詛させたことが、摩耶夫人の早逝の原因となったという話は、近世初期の『釈迦八相物語』にも見えるもので、その後の娯楽的な仏伝に必ず採用される。

こうして仏伝は次第に娯楽物語となっていく。それをよく表わす例として、近松門左衛門の『釈迦如来誕生会』（一六九五初演）を挙げることができる（『近松全集』八、岩波書店、一九八八）。『釈迦八相物語』などでは、憍曇弥は摩耶夫人の逝去後、後悔して幼い瞿曇を育てることになるが、近松の戯曲では憍曇弥は徹底的に悪役とされて、釈迦の入滅時にようやく懺悔することになる。この悪役グループの中心に王位と耶輸陀羅を狙う提婆達多がいて、その参謀役が婆将軍である。それに対して、悉達や耶諭陀羅を守ろうとする善玉グループで烏陀夷将軍が活躍するなど、ここでは、時代物におなじみのお家騒動的な要素を仏伝に絡めて、善玉・悪玉の対立・抗争劇が展開する。

題名には「誕生会」とついているが、話は釈迦の涅槃まで含む。このタイトルは、四月八日の仏誕生会を期して上演されたことによるものであろう。もともと信仰を前提としながら発展してきた仏伝は、同時に信者たちに娯楽を提供するものでもあった。その娯楽性が次第に大きくなり、物語も事実であるかどうかよりも、話として面白く、聴衆に共感されることが優先されるようになった。その中で、インドの話は次第に日本化して受容されやすくなり、憍曇弥の嫉妬譚のように、もともとなかった話が定番のように見せ場を作るようになった。近松の戯曲はその一つの極点を作るものであった。

2、批判的合理主義の進展と仏伝の停滞

前項に挙げた『釈迦八相物語』や近松の『釈迦如来誕生会』は近世初期の一七世紀のものであったが、興味深いことに、その後の一八世紀には仏伝の新しい展開はほとんど見られず、一九世紀の幕末維新期になって、仏伝の新たなブームが起こる。なぜ一八世紀に仏伝の新展開が見られないのか、その理由は必ずしも

はっきりとしない。ただ、一八世紀は平和の中に近世文化が最高潮に達する時期であり、とりわけ新井白石（一六五七―一七二五）、荻生徂徠（一六六六―一七二八）、本居宣長（一七三〇―一八〇一）などの思想家が活躍した。仏教界でも、本書に著作を収録した鳳潭（一六五四―一七三八）などが出現している。

これらの一八世紀の思想家たちは、文献学的な研究をもとにしながら、合理的、批判的な思想を展開したことで知られる。白石は『鬼神論』を表わして、死後の霊魂の存在を否定した。一七世紀の段階では、仏教は前世―現世―来世の三世の因果を説くところに強みがあるとして、現世主義的な儒教に対抗していた。ところが、一八世紀になると、知識人世界では仏教の三世の因果論はほとんど顧みられなくなり、儒教的な現世主義が中心となったのである。

その中で、国学を奉ずる宣長は、一見すると非合理主義者のように見えるが、そうではなく、あくまでも文献に即して、そこに書いてあることのみを認めようとした。それ故、死後に関しても、イザナギ・イザナミの話にあるように、穢れた黄泉の国に行くという以上のことは言えないとして、不可知論に近い立場に立った。当代最高の仏教学者鳳潭も、三世の因果に論及することは少なく、華厳や天台の哲理の探求に力を尽くした。

一八世紀のこのような合理主義的な思想動向は、西洋の同時代の動向と比較して、いわば「一八世紀啓蒙」とも称することができる。その最先端まで進んだのは、大坂の町人学者山片蟠桃（一七四八―一八二一）であった。升屋の番頭として、勃興する町人階層の合理主義の精神を徹底させ、その集大成の著作『夢の代』においては、唯物論的な科学主義にまで至った。そこから、仏教の世界観や来世観を否定して、無鬼説（「鬼」は死後の霊魂）を主張した。

こうした状況で、蟠桃と同じく大坂の懐徳堂に学んだ富永仲基（一七一五―一七四六）は、『出定後語』で仏伝に関して画期的な説を提示した。仏教の経典はすべて釈尊が説いたものと考えられてきたが、それを否定して、経典は段階的に作成されたことを明らかにした。加上説と呼ばれるもので、ある思想が提示されると、その後で、それを超えようと新しい主張を付け加えて、次の時代の思想が形成されるというものである。そのような見方から、仲基は大乗仏教は釈尊の説いた阿含経典より後で、順次作成されたという説を提示した。

この説は仏教界に大きな衝撃を与えた。もしそれが正しければ、『法華経』や『無量寿経』に基づいて教説を形成してきた日本仏教の大部分の宗派はその根拠を失うことになってしまう。そこで、仏教側はそれを否定しようとしたが、必ずしも有効な反論はできなかった。かえって、排仏論者たちに有力な武器を与えることになり、後の平田篤胤などによって大いに宣伝されることになった。近代になって、仲基の説はようやく正しさが認められたが、その際にも大乗非仏説論争が起こり、すんなりと行ったわけではなかった。

このような状況では、仏伝の新たな展開ははなはだ困難であったと思われる。仏伝は、釈尊の誕生の話一つをとってもわかるように、荒唐無稽とも言える内容がきわめて多い。合理主義的な批判が盛行する中では、自由に想像をはばたかせ、非合理的な奇跡譚を広げていく雰囲気は生まれにくかったであろう。

もっともそのような啓蒙的な合理主義は都会の知識人層にはかなりの程度浸透したであろうが、はたしてそれが全国的に普及したかというと、直ちにそうは言えないであろう。農村部では以前から伝えられてきた仏教の信仰が維持されていたように思われる。都市／農村、知識人／一般庶民などの相違は、かなり大きなものがあったであろう。

それを象徴する出来事に、西本願寺（今の浄土真宗本願寺派）で起こった三業惑乱事件がある。中央の学林の能化（指導者）であった功存や智洞が、身・口・意の三業を一つにして弥陀の救いを求めることが必要だとする三業帰命説（新義）を唱えた。それに対して、そのような見方は自力主義になるとして各地で反対の声が起こり、とりわけ安芸（広島）の大瀛らが従来の帰命の一念により往生するという一念帰命説（古義）を唱えて対抗した。最終的には幕府の裁定により古義が正統であると認められた。新義は中央の知識人による合理的な仏教観に基づくものであったが、それが地域に根差した伝統的な信心観と対立することになったのである。

三業惑乱事件は、都市の知識人の合理主義的な宗教観が、必ずしも広く認められたわけではないことを示している。一九世紀になると、合理主義の行き過ぎに対して、もう一度非合理的な宗教を見直そうという運動が浮上する。幕末維新期における仏伝ブームの再来もこのような流れに乗ったものと見ることができる。

3、幕末維新期の仏伝

一九世紀になると、平和を謳歌した一八世紀に対して、西洋諸国の外圧が次第に強まり、国防論が喫緊の課題として論じられるようになる。それはやがて開国か攘夷かという決定的対立を招くことになる。それは同時に、公武合体か尊王討幕かという政争と結びつく。公武合体派が開国による開明主義的な漸進的改革を目指したのに対して、尊皇派は強いナショナリズムと結びついて過激な攘夷運動に向かった。

西洋の知識が入ってくるとともに、西洋の自然科学の優秀性が明白になり、それを積極的に受容する蘭学・洋学の研究が進み、維新後の西洋の学術摂取の基盤となった。それに対して、ナショナリズムの強い一派は、水戸学や平田篤胤系の国学・神道によって、日本神話に拠りどころを求め、日本の優越性を強調することで、西洋に対抗しようとした。

こうした中で、とりわけ平田篤胤（一七七六―一八四三）とその門下によって、一八世紀合理主義への批判がなされ、非合理的な宗教性を再発見する新しい思想が形成された。篤胤は『鬼神新論』（一八二〇）を刊行したが、これは白石の『鬼神論』などに反論を加え、改めて鬼神（死後の霊魂）の実在を説いたものであり、宣長によって確立した国学が新たに宗教性を持って展開していく大きな転機となった。もっとも一八世紀啓蒙を通り抜けた上での宗教思想の再編であるから、そこでは新しい西洋に由来する自然科学やキリスト教などを幅広く摂取し、合理と非合理を統合するヘーゲル的な総合知を目指したものと見ることができる。

このように、一九世紀の新しい宗教は神道系を中心に形成されたが、仏教はどうであっただろうか。円通（一七五四―一八三四）は梵暦運動を起こしたが、西洋の天文学を摂取しながら仏教の須弥山説を精密化しようとしたもので、伝統的な仏教を新しい科学で基礎づけようとしたものと見ることができる。また、慈雲飲光（一七一八―一八〇五）は、釈尊の仏法を明らかにするために戒律復興を推し進め、梵語の研究に邁進するとともに、独自の雲伝神道により神道との融合をも図ろうとした。既存の神道や仏教の枠に収まりきれない新宗教の勃興や、民衆の中から生まれたおかげ参りやええじゃないかなどのアナーキーで狂騒的な宗教活動もまた、この時期の雰囲気をよく表している。

新しい仏伝が形成され、それが受容される精神的な背景がこうして形成されてきた。文学史の面からすると、一八世紀後半から草双紙と呼ばれるような絵入り娯楽本が流行し、黄表紙が長編化して、数巻を一冊にまとめた合巻が人気を呼ぶようになる。特に天保の改革（一八四一―一八四三）によって好色物が禁止された中で、教訓的なものが出されるようになる。このような中で仏伝にも目が向けられるようになったと思われる。

幕末期の仏伝で注目される一つが万亭応賀の『釈迦八相倭文庫』である。これはまさしく合巻の典型で、弘化二年（一八四五）から刊行を開始し、明治四年（一八七一）まで三〇年近くにもわたって全五八編を刊行した。釈迦の一代記を語呂のよい七五調で物語り、ほとんどの見開き頁に挿絵が入っていて、それらは一陽斎豊国、二世歌川国貞、猩々狂斎（河鍋暁斎）と、人気の版画家の手になるものである。摩耶夫人と憍曇弥、提婆達多と阿闍世太子などの話を組み込み、庶民の娯楽本として人気を博したものと思われる。それらの挿絵を見ると、登場人物は髷を結い、和服を着て、当時の日本の風俗に完全に置き換えられている。「倭文庫」と題されるゆえんである。

本書はその完成が明治期にまで及んだだけでなく、その後も活字化されて何度も版を重ねている。作者没後の明治三五年（一九〇二）の博文館版は句読点もついて、かなり読みやすいものになっている。このように、明治になっても近世末の仏伝が盛んに読まれていたことは、山田意斎の『釈迦御一代記図会』六巻（一八四五）の場合からも知られる。

書籍だけでない。『釈迦八相倭文庫』は三代桜田治助の台本で歌舞伎でも上演されている。これも初演は安政元年（一八五四）だが、明治になってからも度々上演されており、それなりに人気があったと思われる。この劇は、近松の『釈迦如来誕生会』を踏まえながら、合巻本のアイディアを生かし、遊郭の場面なども出てきて、すっかり日本的な娯楽劇に作り上げている。

このように、仏伝というテーマで見ると、一八世紀の貧困に較べて、一九世紀半ば頃から再び隆盛に向かい、しかも江戸時代末と明治初期は断絶なくつながっている。その点では、意外にも廃仏毀釈の影響もあまり見られない。私たちは歴史を表面的な政治的事件によって大きな区切りをつけて考えるが、人々の生活や信仰はそれほど簡単に転換するわけではない。近世末期の仏教は明治初期まで含めて考える必要がある。本格的な近代的仏伝研究が始まったのは、洋行帰りの哲学者井上哲次郎（一八五六―一九四四）の『釈迦牟尼伝』（一九〇二）を待たなければならなかった。

ところで、もう一つ注意する必要があるのは、このように近世末の仏伝がかなり極端なまでに日本化し、娯楽化していくのに対して、それを仏教の本筋に戻そうという動きも見られたことである。その代表は、慈雲飲光の女性の弟子皓月（一七五五―一八三二）の『三世《みよ》乃光』（一八三〇序）である。慈雲は釈尊の仏法に回帰することを目指すのであるから、釈尊の伝記はきわめて重要な位置を占める。皓月は、当時の仏伝が次第にもともとの釈尊から離れていくことを憂え、経論に基づいて仏伝を再構成しようとした。その意図は必ずしも十分に成功したとは言えないが、井上の仏伝研究でも参照されており、近代的な仏教研究につながるものを持っていた。

4、本書所収の仏伝

本書に収録したのは、不二良洞『釈迦御一代記図絵』（明治二五、一八九二）と大冥『釈迦応化略諺解』（文化二、一八〇五）である。後者は近世後期、前者は明治になってからのものであり、いずれも従来未翻刻のものである。これらの詳しい説明は解題に譲り、簡単に両書の特徴と収録意図を述べておきたい。

前者は、山田意斎の『釈迦御一代記図会』六巻の縮略本とも言えるものである。意斎の『御一代記図会』は大部のもので、それを読み通すのは今日ではそれほど容易ではない。それに対して、本書は必ずしも広く普及したものとは言えないが、読みやすいので、浩瀚な『御一代記図会』の概要を知る上で役に立つであろう。

ちなみに、『図会』は葛飾北斎が図版を担当し、大胆な構図で知られる。『図絵』は巻上巻頭に四葉の口絵を収めるが、全く『図会』と同一である。また、『図絵』はほとんどすべての見開きに挿図があり、絵本のように読みやすく工夫されている。例として、次頁に巻上の釈迦誕生と巻下の釈迦涅槃の箇所を掲出した。釈迦誕生の図は、全く『図会』の図を模したものであるが、釈迦涅槃の方は『図会』にないもので、他から採ったものである。

『釈迦応化略諺解』は、一般向けの娯楽的な仏伝ではなく、その点で『三世乃光』に近い。ただし、禅宗の立場から僧侶向けに基礎知識を与える教育的な内容で、伝統的な仏伝を継承するとともに、仏滅後日本に至るまでの仏教史をも略説している。当時の伝統的な僧侶の仏教の知識がどのようなものであったか知ることができる。

三、教学の進展——鳳潭僧濬を中心に

1、教学発展の前提——写本から刊本へ

本巻のもう一つの大きな柱は仏教教学である。近世はともすれば儒教や国学・神道の時代と考えられ、仏教が重要な役割を果たしたことが無視されがちである。しかし、庶民の信仰だけでなく、思想や学術面でも高度な成果を達成して、それを無視することはできない。前述のように、近世には、幕府の統制もあって、本山―末寺の関係が固定化し、末端の寺院は寺檀制度によって住民と結びつくことになる。その中で、それぞれの寺院の宗派が確定され、宗派間の移動は困難となる。それぞれの宗派は、檀林とか学林と言われる僧侶

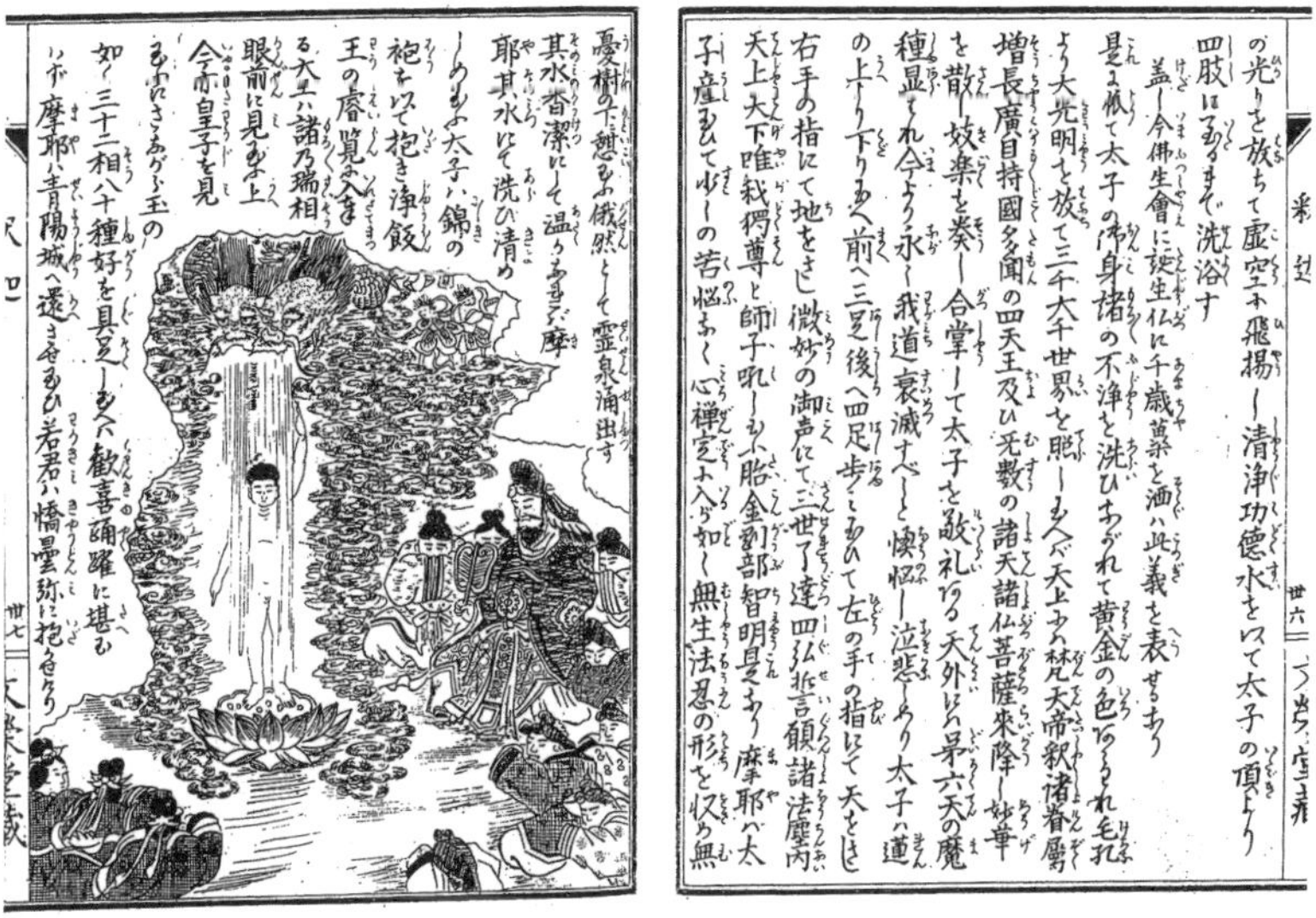

（上）『釈迦御一代記図絵』巻之上 36 ～ 37 頁（国立国会図書館蔵）

（下）『釈迦御一代記図絵』巻之下 120 ～ 121 頁（国立国会図書館蔵）

養成機関を設け、宗祖の著作を中心に研究を深めるようになる。

そうなると、それぞれの宗派は閉鎖され、他宗との交流が消えてしまうようだが、必ずしもすべてそうなるというわけではない。自宗の学を中心としながらも、その前提となる基礎学として、倶舎・唯識や天台・華厳などを学ぶので、そこに共通の仏教学のベースができてくる。

また、それぞれの宗祖研究を行なう際にも、そこには共通の性格をうかがうことができる。それは、中世の仏教研究が写本に基づいて行われていたのが、近世になると印刷技術の発展によって、出版された書籍をもとに研究が進められるようになったことである。写本は基本的に師から弟子へ一対一で受け渡される。いわゆる口伝である。もちろん基本テキストは共用され、それをもとにして講義も行なわれるが、閉じた空間で師の説が伝承されることが多い。その中で、本覚思想のような独自の思想が発展することになった。

それに対して、近世の思想はテキストが印刷出版され、それをもとに研究や議論がなされるようになる。印刷出版は、中世にも五山版や高野版などが行われていたが、その流通範囲は限定されていた。ところが、近世に入ると書籍の印刷出版が一気に進む。そのきっかけとなったのは、一つはキリシタン版、もう一つは朝鮮版の刺激と考えられる。いずれも活字によるもので、江戸時代初期には、これらを模した古活字本が流行した。

しかし、返点送り仮名を多用したり、変体仮名の続け字などが多い和書の場合、活字は必ずしも印刷に適した方法とは言えない。そこで、木版による技術が発展して、ほとんどの出版物は木版によって刷ったものを二つ折りにする袋綴じの和装本の形式が確立して、明治に新しい活字洋装本が普及するまでの間、きわめて多数の出版物が出されることになった。そして、その中でも仏教出版物は重要な一角を占めていた。

仏典の印刷文化に関しては、もう一つ大きな源泉があった。それは隠元隆琦（一五九二―一六七三）の来日（一六五四）により明版嘉興蔵大蔵経（万暦版）がもたらされたことである。嘉興蔵は従来の官版大蔵経と異なり、民間の出資によるもので、冊子体のために使いやすく、広範囲に普及した。これを模刻したのが鉄眼版（黄檗版）である。

隠元による黄檗宗の伝来は、明代仏教を反映したもので、狭義の禅に留まらず、禅と浄土、あるいは禅と教学の一致を図るもので、しかも仏教だけに留まらない明の新しい文化をもたらしたから、その影響は広範な領域にわたる。詩文・書道・煎茶などはもちろん、その弟子たちの活動は多岐にわたる。干拓などの社会事業に功績のあった鉄牛道機、独自の神仏習合を模索した潮音道海などがいるが、中でも黄檗版の刊行に生涯をかけた鉄眼道光（一六三〇―八二）の果たした役割は、きわめて大きなものがあった。同門の了翁道覚（一六三〇―一七〇七）は、その鉄眼版を各地の寺院に奉納してその普及を図り、大蔵経が広く活用可能となった。

こうして出版本が普及して、それに基づいて研究や講義が行われるのが一般的なやり方となった。それは単なる技法の相違ではなく、思想内容に関わるものであった。中世の一対一の秘密伝授という方法が崩れ、出版物は誰でも読むことができる。そこでまず、共通のテキストをもとにして校訂がなされるようになり、文献学的な方法が定着することになった。荻生徂徠や本居宣長の学問が文献学を基礎としていることは知られているが、じつはそのもととして仏教文献学の進展があったのである。

また、基本となる経典類だけでなく、自らの著作もすぐに版本として公刊することができたので（ただし、経済的裏付けが必要だが）、それに対して批判を加えることも可能となり、そこに公開の論争が展開されることになる。こうして近世の思想研究は、仏教はもちろん、他の領域もまた、出版という手段を用いて宣伝普及され、論争が起こされることで、大いに活気づくこととなったのである。

2、中世への訣別——安楽律運動

鳳潭は鉄眼の弟子として、このような出版文化のただ中から出発するが、鳳潭を考える際にもう一つ重要になる運動を考えておく必要がある。それは天台における安楽律の運動である。日本天台は最澄以来、『梵網経』による大乗戒を用いて授戒を行なってきたが、これは日本独自の方式であり、他と共通性を持たなかった。また、戒を精神化して捉えるので、菩薩の精神を持っていれば、具体的な条目を守らなくてよいという風潮を生むようになった。

それを批判して新しい戒律運動を起こしたのが、安楽律院を拠点とした妙立慈山(一六三七—一六九〇)やその弟子霊空光謙(一六五二—一七三九)たちであった。彼らは、中国天台で用いられる四分律の具足戒に復帰すべきだと説き、戒律厳守の改革を推進した。それに対して、伝統的な日本天台の大乗戒主義を守るべきだと主張する一派もあり、両者の争いは、天台宗のトップの法親王を巻き込んでの騒動となった。それは、伝統的な大乗戒が戒律弛緩になってしまうことに対する戒律復興という意味を持つとともに、日本に限定された特殊な大乗戒から、初期仏教以来用いられてきた具足戒に回帰し、日本という枠を外して通用するグローバル・スタンダードを採用しようという運動でもあった。

安楽派は、単に戒律運動というだけでなく、同時に思想面での改革も志していた。それは、中世の口伝による本覚思想の動向を批判して、中国天台に復帰しようというのである。その際、特徴的なのは北宋の天台で正統派とされる四明知礼（九六〇―一〇二八）の教学を採用したことである。霊空の本覚思想批判は、その著『闢邪編』（一六八九）に見られる。この書は、本覚思想の檀那流で行われた玄旨帰命壇という秘法を批判している。その重要な論点として、本覚思想の「煩悩のままでよく、善悪を問う必要はない」とする説を批判している。戒律復興を掲げるということは、あるがままでよいとする態度を否定し、実践的な向上を求めることである。そこから本覚思想への批判が生まれる。それはまた、中世の口伝による本覚思想の伝承を否定して、文献に基づく近世的な仏教の出発を意味していた。

ところで、この知礼の説は鳳潭にも関係するので、ここで少し立ち入ってみたい。中国の天台は、隋の智顗（五三八―五九七）によって確立するが、その後、唐代に六祖の湛然（七一一―七八二）が復興し、智顗の著作に注釈を書いてその教義を発展させた。最澄の師である道邃と行満は湛然の弟子であった。その後、また衰退するが、北宋時代に再び活発化して、大きな論争を引き起こす。それが山家《さんげ》・山外《さんがい》論争と呼ばれるものである。山外派とされる人たちは、華厳の影響を受けて清浄な一心（仏心）を強調する性善《しょうぜん》説に立つのに対して、山家派を代表する知礼は、衆生の心には善だけでなく悪の要素もあるという性悪《しょうあく》説を唱えた。

この知礼の議論は、智顗の十界互具説に基づく。十界互具の十界は、衆生が輪廻する地獄・餓鬼・畜生・修羅・人・天の六道に、声聞・縁覚・菩薩・仏という悟りを得た四聖を合わせたもので、迷いと悟りのすべてのあり方を意味する。その十界にあるすべての存在が、それぞれのうちに、また十界を含むというのが十界互具説である。

たとえ地獄にうごめく最悪の衆生でも仏の要素を持っていて、仏となる可能性を持っている。これは悉有仏性説と同じで、この面だけ取れば、山外派の性善説と変わらない。しかし、私たちの心には、仏の要素とともに地獄の要素もある。十界互具説はその面も同時に認めようというのである。私たちは向上することもあるが、堕落することもあり得る。そこに悪を止め、善に向かう実践が求められることになる。

ところで、人間に両面があることは理解できるが、十界互具説を徹底すれば、たとえ仏であっても地獄の要素を持つことになる。常識的な立場からすれば、仏は完全な善であり、悪の要素など持つはずもないと考えられるであろう。それ故、その点が大きな問題となった。その説が性悪説と呼ばれるのは、とりわけ仏にも悪の要素があると主張するからである。

これは一見奇妙な説に見えるが、もし仏に地獄の要素がなければ、地獄の衆生の心を理解して救済することはできないであろう。それ故、仏にも地獄の要素があるということは重要な意味を持っている。ただ、仏はその悪の要素を現実化させることはない。悪の要素を持つことを性悪とよび、その悪の要素が現実に現われることを修悪《しゅあく》と呼ぶ。それ故、仏には性悪はあるが、修悪はないということになる。

以上が、知礼の性悪説であり、そのもとは智顗自身にも見えるが、それを大きく取り上げたのが知礼であった。そして、その知礼説が新たに近世日本で再発見されることになる。本覚思想は、悪の存在にも仏の本性があるという性善説的な立場と見ることができる。それに対して、性悪説は悪をも含む人間の心の多様な現実を認めるとともに、悪に堕ちないためには自らの努力が必要とされる。ここにも中世から近世への思想的な転回を見ることができるかもしれない。

3、鳳潭の生涯と活動

本書には、鳳潭の二つの著作、即ち『起信論註疏非詳略訣』（一七二九）及び『鉄壁雲片』（一七一九）の一部を、いずれも書き下し（原漢文）で収録し、参考として、鳳潭の伝記資料である覚洲鳩の『華厳春秋』（一七五五）巻下を漢文原文のまま翻刻収録した。それぞれについては解題を参照していただきたい。ここでは、これらを読む前提として、鳳潭の生涯とその中心となる思想を述べておきたい。

鳳潭僧濬（一六五九―一七三八）は摂津国難波村の出身。父親は郷士の喜多宗伯で、母は河内豆塚の人で貞覚。第三子として生まれた。父は鉄眼禅師に帰依して、長男と五男は出家して鉄眼の弟子となり、四男が家を継いだ。鳳潭はもともと家を継ぐことを期待されて、父は出家を許さなかったが、一六歳の時に法雲寺慧極禅師の下で得度した。鉄眼は憐れんで僧濬という名と菊潭という号を与えた（後に鳳潭を名乗る）。

鳳潭は鉄眼の大蔵経出版を手伝い、延宝六年（一六七八）に完成した。鳳潭は鉄眼から黄檗の禅を学んだが、黄檗宗の流れは禅のみに限らず、教学をも重視していたことから、諸宗を広く学ぶ鳳潭の学風の基礎が作られたと考えられる。とりわけこの大蔵経出版の経験が、文献学の重要性を認識させ、後の鳳潭の研究の方向を定めることになった。大蔵経完成後は、長崎に学んで、見聞を広めている。世界に向けられた大きな視野は、伝統的な須弥山中心説を取りながらも、ヨーロッパにまで目を向けた世界地図『南瞻部洲万国掌菓図』（一七一〇）などに生かされている。

延宝八年（一六七九）、鉄眼から、十宗のうちで華厳宗のみが振るわないので、復興するようにと言われ、志を立てた。鳳潭が華厳学をその中心に置いて研究を進め、後に華厳宗を名乗ったのは、師のこの指示によったものである。

天和二年（一六八二）鉄眼が没したが、後継者を定めていなかった。鳳潭の長兄雲州が後継者として推挙されたが、承諾しなかったので、教団は解散することになった。鳳潭は貞享元年（一六八四）南都に学び、華厳のみならず、倶舎をはじめとする諸宗を学んだ。また、南都の諸寺に所蔵されていた聖教を調査し、そこに大蔵経に収録されていない多数の仏典があることを知り、それらの活用を図る必要を痛感した。それらの仏典は、『扶桑蔵外現存目録』に目録化されている。そのような古寺所蔵聖教の調査は、近代の仏教研究の基礎となるもので、『大正新脩大蔵経』の編纂にも生かされている。

このように、鳳潭の前半生は鉄眼の庇護と影響のもとにその生涯の方向を決定している。鉄眼は、隠元の伝えた黄檗宗の多面性をもっともよく受け継ぎ、とりわけ大蔵経の出版に生涯を捧げた。それは、まさしく中世的な写本中心の閉じた文化から、版本による開かれた文化への大きな転換を生んだ。鳳潭はそのような時代の転換を積極的に推し進め、基本的な仏典の探索と出版、ならびに講義と注釈書の執筆に専念したが、自著もまた次々と印刷に付し、多くの論争もすべて印刷された書物を通して公開で行われた。このようなやり方で新しい研究を進め、その成果を公表していく方法は、儒学や国学にも摂取されるが、鳳潭はまさしくその先蹤をなしている。

この後の大きな事蹟としては、元禄六年（一六九三）に泉涌寺で受戒したこと、同八年（一六九五）、叡山の安楽院で霊空光謙の講義を聞いたことなどが注目される。霊空は先に見たように、安楽律運動の中心となり、その後の戒律復興運動に大きな影響を与えたと同時に、教学面で中世の口伝法門の本覚思想を排撃して、文献に基づく教理研究の道を開いた。とりわけ山家派の四明知礼の教学を正統的なものとして採用した。鳳潭はその影響を大きく受け、華厳学を標榜しながらも、知礼の天台教学をそれと同等に重視する独自の立場を打ち立てた。それについては、後ほどもう少し詳しく見ることにしたい。

宝永六年（一七〇九）、京都西山に臨済宗安照寺を開創し、字を鳳潭と改めて、本格的な活動を展開した。

安照寺は正徳五年（一七一五）に華厳寺と改称し、華厳宗を標榜して、研究と講義の拠点とするとともに、同寺から多くの著作を出版している。鳳潭の研究は多方面にわたるとともに、その博識に物を言わせて新説を立てて、伝統説を否定したために、多くの論争を引き起こすことになった。なお、華厳寺は今日、鈴虫寺の俗称で親しまれている（京都市西京区）。

鳳潭の著作はきわめて多数にのぼるが、倶舎学や因明（論理学）・唯識・律などの基礎学から、華厳・天台はもちろん、禅・浄土・密教など、仏教学のすべての領域にわたり、その博識と多才さが発揮されている。その研究の特徴は、何よりも批判的であるところに求められる。まさしく一八世紀的な批判的合理主義の先端を走るものであった。

その批判は二つの方向からなされた。第一に、文献学を武器としてテキスト批判を行ない、善本に拠りどころを求めて、従来通用していたテキストに疑義を呈した。それとともに、第二に内容的には、華厳の法蔵の思想を最高のものと見、同時に天台の山家派の知礼の性悪説を同等に高く評価する。その観点から、とりわけ一元論的な唯心論に対して批判を向ける。この点に関しては、項を改めてもう少し説明を加えたい。

そのような鳳潭の批判に対しては、諸宗の学者が反論し、それをまた鳳潭が再度批判するという具合に、激しい論争が交わされた。当時の仏教研究が次第に宗派に閉鎖化されていく中で、鳳潭はそれら諸宗の学に広く通じ、宗派横断的な立場から、それぞれの宗門の学に対して批判を向け、論争を挑んだ。

鳳潭の批判はあくまでも仏教内に留まり、それを超えた領域に及ばないという限界を持つ。しかし、仏教の枠の中ではそのすべてに及び、仏教全体を統一的な視点から捉え直そうとした。それは諸宗から批判を浴び、異端視されることになったが、近代の仏教学につながる成果も少なくない。その再評価はこれからの課題になっている。

4、華厳思想とは――鳳潭理解の前提として

鳳潭は華厳宗を標榜するだけに、その研究の中心は華厳学であり、この方面の主著『華厳一乗教分記輔宗匡真鈔』一〇巻（一七〇七）は、中国華厳の大成者法蔵の著作『華厳一乗教分記（華厳五教章）』の注釈であるが、そこにも鳳潭の立場は明らかに示されている。

中国の華厳思想は『華厳経』に基づくものであるが、唐代にそれを体系化・理論化して独自の展開を示した。日本では、東大寺がその受容・研究の中心となってきた。東大寺の大仏が華厳、またはその影響下に立つ『梵網経』に基づいていることはよく知られている。鳳潭は東大寺にも学んでいるが、その傘下に立つのではなく、独自の立場から華厳宗を標榜したために、東大寺などからは異端視されることになった。

通常、華厳の五祖として、杜順（五五七―六四一）・智儼（六〇二―六六八）・法蔵（六四四―七一二）・澄観（七三八―八三九）・宗密（七八〇―八四一）の五師を立てる。そのうち、初祖とされる杜順は半ば伝説的な存在であり、実質的には智儼から本格的に始まると考えられる。そして、智儼を承けた三代目の法蔵によって大成される。法蔵は則天武后の帰依を受けてそのイデオローグとして壮大な体系を築き、天台に代わって仏教教学の中核に位置することになった。

法蔵の思想は、重々無尽の縁起思想によって特徴づけられる。縁起は事物や心の活動が孤立しているのではなく、相互関係の中に生起することを説いたもので、原始仏教以来仏教の根本思想をなすものである。もともとは十二縁起で知られるように、迷いと悟りを因果関係の連鎖において捉える趣旨のものであったが、

次第に世界の構造原理を表わす哲学的な思想となっていった。

法蔵の縁起説はその極致に立つもので、世界の構造を、万物が万物と関係し、相互に反映しあう無限の関係性として捉えた。それが重々無尽の縁起であり、しばしば帝釈天の宮殿に張り巡らされた網の目の宝石に譬えられる（帝網・因陀羅網）。それらの宝石は相互に無限に反映しあって輝くというのである。

法蔵以後、華厳は衰頽するが、それを立て直したのが澄観・宗密の師弟である。澄観・宗密は当時隆盛に向かっていた禅の影響を大きく受け、その思想を摂取して、華厳を新たな方向に展開することを目指した。実際、宗密は荷沢宗という禅の一派を継承し、『禅源諸詮集』という禅文献の一大叢書を編集したが、それは現存せず、その序文である『禅源諸詮集都序』のみが現存する。そこでは、禅の諸思想と教学の諸思想とが対比されて、禅教一致、とりわけ禅と華厳を結びつける意図が明白に示されている。宗密はまた、『原人論』において儒教や道教をも取り込んだ三教一致の立場を明らかにしている。こうした動向は当時の儒教復興にも目を向けたものであり、宋代の朱子学の形成にも影響を与えていく。

法蔵の重々無尽の縁起論が世界の構造を捉えようとするのに対して、澄観・宗密の思想の特徴は、禅の影響を受けて、それを「心」あるいは「一心」に集約するところにある。「一心」は『大乗起信論』でも根本に置かれているが、それを絶対視していくのである。華厳の特徴を示す言葉として、「性起《しょうき》」ということが言われる。これはもともと仏性＝如来蔵が悟りを起こすはたらきを持つということで、智儼の段階から言われていた。ところが、澄観・宗密では、心の本性をもとにしてこの世界が生起するという意味に転換するのである。そのような思想は法蔵のもともとの華厳の根本思想とずれることになり、それが鳳潭の批判を招くことになるのである。

鳳潭の思想に入る前に、もう一点、華厳の教判について触れておきたい。教判（教相判釈）というのは、仏教のさまざまな教説を整理して、初歩的なものからもっとも高度なものへと段階的に秩序付けることである。華厳の教判は次のような五段階を立てるので、五教判と呼ばれる。

①小乗教

②大乗始教―初歩的な大乗の教え。三論宗や法相宗がここに入れられる。

③大乗終教―大乗の高度な教え。如来蔵説などが該当する。

④頓教―段階を踏まず、頓速に悟りに達する教え。当初は『維摩経』などが想定されていたが、澄観・宗密になると、禅をここに入れる。

⑤円教―小乗・大乗の対立を超えた完全な教え。『華厳経』の教え。『法華経』も含むが、『法華経』がすべての教えを平等化するのに対して（同教）、『華厳経』の方が他と隔絶した絶対性を持つとされ（別教）、より高度とされる。

なお、天台の教判も関係するので、触れておくと、天台では五時八教が立てられる。八教は化法《けほう》四教と化儀《けぎ》四教からなる。そのうち、思想内容と関わるのは化法四教である。

①蔵教―三蔵経とも。経・律・論を具えた小乗の教え。

②通教―大乗と小乗に共通する教え。

③別教―小乗を入れずに、大乗だけを説いた教え。

④円教―究極の完全な教え。

『法華経』は純粋な円教だが、『華厳経』は別教と円教を兼ねているとされる。なお、「別教」は同じ言葉でも、華厳の五教では最高に位置するが、天台の化法四教では、円教より劣ることになるので、注意が必要である。

5、鳳潭の華厳思想

以上のことを前提として、鳳潭の華厳理解を考えてみよう。鳳潭の思想的立場は非常に明快であり、一貫している。それは、三祖法蔵の立場をもっとも高度の思想の達成として、その重々無尽の縁起説を最高の円教と位置付ける。法蔵は杜順―智儼と発展してきた華厳思想を大成し、完成させたと考えられる。鳳潭は、その法蔵の思想こそ仏教の中でも一番優れたものと認め、それから逸脱するものはより低次のものとして批判していく。

具体的な思想系譜で言うと、四祖澄観―五祖宗密を、法蔵からの退却として批判するのである。即ち、華厳の五祖のうち、法蔵までの三祖と澄観・宗密との間を断絶したものと見、前者こそが本来の華厳思想の達成であり、後者はそこからの後退と見るのである。内容的に言えば、澄観・宗密は重々無尽の縁起構造ではなく、絶対的な「一心」を根本原理として立てる唯心論に転じる。その点が、鳳潭がもっとも強く批判するところである。

東大寺を中心とする日本の華厳宗では、法蔵を華厳思想の大成者として中心に置くが、澄観・宗密をも否定せず、五祖を立てるのが伝統的に認められている。それに対して鳳潭は異を唱えたのであるから、東大寺系の華厳からは異端視されることになった。確かに鳳潭はかなり挑戦的に伝統説を否定するので、そこにいささか極端な言い方もある。しかし、すでに見たように、法蔵までと澄観・宗密の間にかなり大きな思想的な相違があるのは事実である。その点を曖昧化せずに問題化した点で、鳳潭の指摘はきわめて適切なところがある。
ところで、澄観・宗密の華厳の唯心論的転回には、『大乗起信論』（以下、『起信論』と略す）が関わっている。『起信論』は真諦三蔵訳とされるが、実際には六世紀中葉に中国で成立したものと考えられている。衆生の「一心」を解明したものであるが、衆生に内在する清浄な悟りの心のあり方を「如来蔵」のはたらきを重視し、後には「如来蔵」＝「一心」から世界が展開するという如来蔵縁起説として理解されるようになった。

『起信論』には、法蔵が注釈書『大乗起信論義記』を著しているが、後に宗密がそれを改編した『大乗起信論疏』が広く用いられるようになり、もとの法蔵の『義記』は失われてしまった。鳳潭は、その『義記』を南都で発見し、『起信論』の本文と合わせて出版した（一六九八）。それとともに、その注釈書『大乗起信論幻虎録』（一六九九）を刊行した。鳳潭の理解によれば、『起信論』は一心＝如来蔵心を根本に置く唯心論であり、大乗終教に位置付けられる。それ故、究極の円教よりも低いレベルのものとされる。ところが、澄観・宗密はその『起信論』の唯心論を拠りどころとするので、それは不適切だとして、厳しく批判するのである。

鳳潭の『幻虎録』は大きな議論を呼び、それに対する批判書が刊行され、それに対して鳳潭が再批判するというやり取りが交わされることになる。その最後に、鳳潭が自説をもっとも要領よくまとめたのが、今回収録した『起信論註疏非詳略訣』（一七二九）である。その論争の経緯については、解題を参照されたい。

鳳潭の華厳説のもう一つの大きな特徴は、先にも触れたように、霊空の新しい天台学の講義を聴講し、その影響を大きく受けていることである。そこから、天台の山家派の四明知礼の性悪説を、法蔵の重々無尽の縁起説と内容的に等しいものと見、同等に高く評価することになった。その説は華厳と天台を一体化させるという意味で、華天一致とか華天合一とか言われることもある。

法蔵の説と知礼の説は、一見すると直ちに結びつけるのは難しそうである。法蔵の説は、世界の事物や心のあり方を解明したものであり、そこでは善悪の問題に立ち入ることはほとんどない。それに対して、知礼の性悪説は、私たちの心を反省するところから、心の善悪が大きな問題とされている。しかし、心を単一で純粋なものと見るのではなく、心の中の多様なる傾向を認めるという点で、いわば心の中の重々無尽を説いていると見ることもできる。そう考えれば、法蔵と知礼を結びつける鳳潭の論も、まったく荒唐無稽とは言えないであろう。

それに対して、鳳潭は華厳の澄観・宗密を天台の山外派と結びつけて批判対象とする。山外派は実際に澄観・宗密系の華厳の影響を受けており、もっぱら浄心である悟りの心の普遍性を説いているという点で、両者を結び付けることは可能である。彼らの説によると、心の中の悪の要素を認めないことになり、単純な性善説に陥る。鳳潭は、そのような説を『大乗起信論』に由来するものと見て、華厳の教判で言えば大乗終教、天台の教判で言えば別教に当たるもので、円教ではないとするのである。

以上のことを整理すると、次のような対比が成り立つであろう。

華厳円教＝重々無尽縁起＝智儼・法蔵＝天台円教＝十界互具説・性悪説＝山家派（知礼）

華厳終教＝一心・唯心説＝澄観・宗密＝天台別教＝如来蔵説・性善説＝山外派

鳳潭はこの対比を仏教のあらゆる問題に応用する。例えば、真言宗を批判するのにも、空海の立場が結局唯心論的な如来蔵説に帰するので、澄観・宗密や山外派と同じになるというのである。その議論は確かに強引なところも多く、批判を招くのも無理はないが、諸宗横断的に重要な問題提起をなしたことは、きわめて大きな意味を有するものであった。

6、鳳潭の批判的研究の位置づけ

鳳潭の研究は華厳学という枠に留まるものではなく、仏教全体を大きな原則を立てて批判的に捉え直していく壮大な試みであった。文献学という地道な調査研究を基盤としながら、こうして仏教全体の大きな捉え直しに進んだことは、富永仲基の営為にも通ずるところがあるであろう。それは後には慈雲飲光などに受け継がれ、その幾分かは近代の仏教学に生かされることになる。

ところで、鳳潭はなぜそれほど強く法蔵＋山家派を絶対視し、澄観・宗密＋山外派を批判するのであろうか。この点は今後さらに検討しなければならない大きな問題で、ここでは論じ切れないが、ごく簡単に見通しを示しておこう。中世の本覚思想は「一心」を重視する傾向があった。それに対して、具体的な人間や社会の多様な現象を見ようとすると、抽象的な「一心」にすべてを還元する見方は不十分になる。善も悪もある多様な現実を捉えなければならない。そこに中世的な発想から近世への転換を見ることができよう。

しかし、じつは中世にも「一心」への還元に対して批判的な思想はあった。道元は、「弁道話」などで、永遠不変の霊魂的な存在である「霊知」を厳しく批判している。「霊知」はまさしく宗密が重視する用語で、「一心」説の重要な側面を表わしている。日本へも永明延寿の『宗鏡録』を通して大きな影響を与えている。それに対して道元は、そのような心の絶対化、実体化を厳しく批判している。このような心の絶対化への批判は、近年になって、いわゆる批判仏教と言われる運動にもつながっていく面がある。そう見るならば、鳳潭の問題提起は、かなり大きなスパンをもって捉え直すことができそうである。

本書では、鳳潭のきわめて多数の著作のうち、未翻刻で重要と思われる『起信論註疏非詳略訣』と『鉄壁雲片』（部分）を収録した。前者はこのような鳳潭の根本の思想が比較的コンパクトに論じられている。後者は、臨済禅で重視される『碧巌録』の批判的な注釈書である。鳳潭はもともと黄檗宗の禅から出発しているのであるから、禅書をどう受け止めるかは鳳潭にとっても大きな課題であった。白隠慧鶴（一六八六―一七六九）による禅の変革に至る前段階として、鳳潭の果たした役割を改めて考える必要がありそうである。

＊本解説は、拙著『近世思想と仏教』（法藏館、二〇二三）第三章、第五章に基づいている。参考文献に関しては、そちらをご覧頂きたい。

解題

末木文美士
前川　健一

釈迦御一代記図絵

幕末期の仏伝として、山田意斎の『釈迦御一代記図会』六巻（一八四五）、万亭応賀の『釈迦八相倭文庫』（一八四五―一八七一）などが知られるが、ここに翻刻した不二良洞編輯『釈迦御一代記図絵』二巻は、明治二五年（一八九二）刊で、出版社は京都・澤田文栄堂（澤田友五郎）である。国会図書館に蔵されて、デジタル公開されているが、他には所蔵機関が確認されていない。ただし、古書店に出回ることもあるので、通俗本としてはある程度普及していたようである。

巻頭に序文・口絵・釈迦氏系譜・目録（目次）があるが、省略して、本文のみ収録した。また、冒頭の口絵五葉の他に、ほぼすべての見開きに一点ずつ挿絵があり、絵本の体裁で読みやすくなっているが、今回はこれも略した。

著者の不二良洞の伝記は不明であるが、国会図書館のデータ目録で見ると、かなり多数の著作がヒットする。明治一〇年代には、『四書集註』（文求堂、一八七九）刊本の訓点を担当したり、『中臣祓詞記』（一八七九）の編集出版を行なっている。仏教関係では、『説教纂集』全七号（一八七九―八〇）の編集出版が注目される。このように、独創的な著作者というよりは、編集者として優れていたようである。

明治二〇年代には、『親鸞聖人御一代記図絵』（一八八七）、『蓮如上人御一代記図絵』（同）、『善光寺如来伝記図絵』（同）と、「一代記（伝記）図絵」のシリーズを澤田文栄堂から出版し、新しい方向を目指した。これは成功したものと見えて、後に、『釈迦御一代記図絵』（一八九二）、『聖徳太子御一代記図絵』（一八九三）、『三国高僧伝図絵』（同）など、同じ形式のシリーズを継続している。これらの内容から分かるように、基本的に浄土真宗系の人のようである。

さて、本書はこのようなシリーズのうちの一冊であるが、内容は山田意斎の『釈迦御一代記図会』全六巻（一八四五）の縮略本であり、タイトルは「図会」が「図絵」に変っている。山田意斎（一七八八—一八四六）は、別名好花堂野亭、山田案山子など。幕末に「図会」もので当てた大阪の戯作者であった。『楠正行戦功図会』（一八二五、二六）、『義経勲功図会』（一八二一、二四）など、歴史物、戦記物も得意だったようである（横山邦治「「図会もの」補説：山田意斎の読本をめぐって」、『国文学攷』二九、一九六二）。その中で、『釈迦御一代記図会』は葛飾北斎が挿絵を担当して、仏画の常識を超えた大胆な図柄で知られている。『日本歴史図会』第八輯（国民図書、一九二一）に活字翻刻されている。また、現代語訳も刊行されている（沢道子訳『釈迦御一代記図会』、ニチレン出版、二〇〇五）。

そこで、不二良洞の『釈迦御一代記図絵』と較べてみると、意斎の『図会』は全五五章からなるのに対して、良洞の『図絵』は全四五章であるが、後者の章名はほとんど前者のものに一致していることが分かる。即ち、意斎の『図会』の縮略本と言ってよい。文章も『図会』から抜き出したところが多く、また誤りもあり、かなり杜撰と言わなければならない。図版も巻頭の口絵をはじめ、『図会』の北斎の図をそのまま模写したものが多い（解説参照）。今日の著作権の常識からすれば、かなり問題が多そうだ。ただ、意斎の『図会』は相当に大部で、今日の読者が読み通すことはかなり困難が伴うので、その概要を知るのに便利である。幕末・明治期の日本人にとって、仏伝がどのように理解されていたかが、そこから知られるであろう。

本書は上下二巻からなり、上巻に一八章まで収め、それ以下を下巻に収める。上巻は釈迦の出家前の悉達太子としての世俗生活の話であり、後半は出家して修行を積み、悟りを開いて以後、涅槃に至るまでの話である。その間、さまざまな説話を次々と繰り出して、飽きさせない。今日の釈迦伝の常識から見ると、いかにも荒唐無稽と思われるような話が多いが、近代的な合理的理解に収まりきらない自由で豊かな想像力が発揮され、楽しい読み物となっている。近代以前の物語的釈迦伝への入門として薦め

られる。（末木）

釈迦応化略諺解

一巻。天崖の偈に大冥が註を付したもの。国書データベースによると、文化二年（一八〇五）刊本が、駒澤大学はじめ、主要な大学図書館などに蔵され、カリフォルニア大学バークレー校三井文庫旧蔵本がデータ公開されている。今回はこの公開データに拠った。巻首に序文が二本、巻末に跋があるが、今回は省略して、本文のみ収めた。天崖の頌を大字で記し、大冥の註はカタカナ書きで小字で記されている。今回、頌は太字で記し、註はひらがなに直した。

題目は、天崖の頌が『釈迦応化略』であり、それへの註釈なので『釈迦応化略諺解』という。「応化」は、衆生の機根に対応して教えを説き、救済すること。本来の仏のあり方である法身や報身に対して、釈迦は人間の姿を取って、人々に分かるように教えを取った。そのあり方は応身、あるいは応化身と言われる。「略」は簡略に頌の形で示したということ。「応化略」の意味については、最初の註で説明されている。

「諺解」の「諺」は、ことわざの意で多く使われるが、卑俗なこと、粗野なことを意味する。「諺解」は、俗語や口語による解釈の意で、近世には漢文の原典に対して、分かりやすい和文で註を付けたものを指し、書名にしばしば使われる。「げんかい」がふつうの読み方だが、仏教書としては、「げんげ」と読むこともある。

著者の天崖については、森大狂『近世禅林言行録』（一九〇二）に、「白隠に松蔭に参し、その法を得て、甲州府中の東光寺に住す」（同書、一九二頁）とある。漢詩に長けていたようで、その詩がいくつか伝えられている。大冥については、東海散士『世界盲人列伝』（一九三二）に、次のようにある。

大冥禅師は尾張妙光寺の住僧なり。中年にして瞽となる。然れども記性あり。能く諸経典を諳し、『応化略諺解』及『宗門列祖略伝』を著す。妙興報恩禅寺の住持令喆、『諺解』に序して曰く、

「嗚吁、之を著すもの、力を用ふる多く、之を学ぶもの、力を用ふる寡し」と。『略伝』は博く宗門列祖の美躅を採り、諸伝灯録の遺漏を補ひたるものなり。（同書、一九三頁）

このように、中年で失明しながら優れた暗記力で著作を著わしたという。『宗門列祖略伝』は正式名称は『本朝伝来宗門略列祖伝』四巻で、『応化略諺解』と同じ文化二年（一八〇五）に刊行され、また、『国文東方仏教叢書』一・伝記下に翻刻収録されている。

このように、天崖・大冥ともに臨済宗の人であるから、本書はその立場から書かれている。天崖の偈は、五字五四句からなり、釈迦仏の伝記を簡略に述べるとともに、終わりのほうでは仏滅後の仏教の流伝を記し、日本への伝来にまで及んでいる。ただ、何分にも簡略な偈の形なので、それだけでは分かりにくい。そこで、大冥が詳細な註を付したのである。その点については、大冥の跋文に明確に記されている。

此の頌は、蓋し桑下雛僧の至宝なり。予、綴文の簡にして要なるを喜んで、左右の小沙弥に命じて之を諷誦せしむるに、僉《み》な其の句義の解し難きを患ふ。此に於て愚陋を忘れて、国字を以て之を解し、侍者慈芳をして之を書せしめて、以て止啼の金に比す。其の鹵奔《ろぼう》多きものは、魯鈍と眯目《べいもく》の疾との致す所なり。見る者、焉を識察せよ。

目が見えないので、侍者の慈芳に書写させたというのである。また、若い修行者に仏教の知識を与えることが、その目的であったことが分かる。実際、『釈迦御一代記図絵』と読み較べてみれば分かるように、本書は一般読者目当ての面白おかしい物語ではなく、僧侶として最低限持つべき仏伝と仏教史の常識を与えようとしている。それ故、八相成道に則りながら、在俗時の挿話は簡略で、成道後にさまざまな経典を説いたことが詳しく記されている。これは、天台の五時説法（華厳・阿含・方等・般若・法華涅槃）に基づき、伝統的に常識とされてきたものである。仏滅後の仏法流布の様子も、禅宗を中心として、伝統的な理解に則っている。『釈迦御一代記図絵』と並べることで、まったく異なる方向の仏伝の

併存を知ることができよう。（末木）

起信論註疏非詳略訣

一巻。鳳潭の『大乗起信論』に関する説が批判されたのに対して、反論したもの。享保己酉（一四年）の奥書があり、井上忠兵衛・山本平左衛門・河南四郎右衛門・土河宇平の四名の連名で出版されている。データ公開されている龍谷大学図書館所蔵本に拠る。国文学研究資料館の国書データベースで公開されている名古屋大学附属図書館（神宮皇学館文庫）所蔵本は、鳳潭の別の著作『紅爐反唾劄』と合冊されているが、もとは同じ版本である。原文は返点送り仮名の付いた漢文であるが、書き下して収録した。仏教学の基本的知識がないと分かりにくいところが多いので、とりわけ初めのほうには、多数の訳註を付して理解に資するようにした。

著者鳳潭僧濬（一六五九―一七三八）については解説に述べたので、ここでは省く。鳳潭は華厳宗の大成者法蔵の注釈書『大乗起信論義記』を南都で発見し、従来行われていた華厳宗五祖宗密による再編本『大乗起信論疏』と大きな相違があることに着目した。鳳潭によれば、もともと法蔵においては『起信論』は大乗終教の段階で、低く位置付けられていたが、宗密はそれに依拠して華厳思想を唯心論的に改悪したというのである。そこで、『起信論』の本文と『義記』を合わせて出版（一六九八）するとともに、その注釈書『大乗起信論幻虎録』（一六九九）を刊行した。

それに対しては、宝永三年（一七〇五）に浄土宗西山派の顕慧が『起信論義記幻虎録辯偽』三巻を出版して、『幻虎』の文を一々取り上げて批判を加えた。鳳潭はただちに『幻虎録解謗』二巻をもって反論した。それでいったん論争は終息したかに見えたが、その後二十年ほど経て、真言宗豊山派の主真が『起信論註疏詳略』三巻を出版し（享保一三年、一七二八）、『幻虎』『辯偽』の双方を批判して独自の立場を主張した。鳳潭はそれに対しても直ちに『起信論註疏非詳略訣』を著して反駁したのである（享保一四年、一七二九）。以上のやり取りをまとめると、次のようになる。

元禄一四年（一六九九）　鳳潭『起信論義記幻虎録』（日本大蔵経）
宝永　三年（一七〇五）　顕慧『起信論義記幻虎録弁偽』（同）
　　　同　　　　　　　　鳳潭『幻虎録解謗』（同）
享保一三年（一七二八）　主真『起信論註疏詳略』（豊山全書）
享保一四年（一七二九）　鳳潭『起信論註疏非詳略訣』（未翻刻）

本書に収録したのは、この最後のもので、主真に対する反論書である。書名は、主真の『註疏詳略』を否定し（非）、決定する（訣）という意である。『幻虎録』に対する主真の『詳略』の批判を反論するという複雑な過程を経ており、批判対象である主真の文をまず引いて、それに対する反論を書くという手順になっていて、それが一六項目にわたっている。今回、『非詳略訣』を収録したのは、鳳潭の思想のエッセンスが比較的まとまった形で示されていることによる。そこに引用された『詳略』の文には、鳳潭が反対する立場が明確に示されていて、対比が分かりやすい。

鳳潭の中心思想については解説に述べたが、華厳の系譜では法蔵を絶対視して、それ以後の澄観・宗密による唯心論的な転回を認めないこと、山家派の四明知礼の天台説を法蔵説と同等に優れたものと認め、それに対する山外派の唯心説を否定することが主要な論点である。その対比は、解説に示したように、次のように見ることができる。

華厳円教＝重々無尽縁起＝智儼・法蔵＝天台円教＝十界互具説・性悪説＝山家派（知礼）
華厳終教＝一心・唯心説＝澄観・宗密＝天台別教＝如来蔵説・性善説＝山外派

この図式をあらゆる問題に適用し、真言宗の主真が依拠する空海説をも批判している。そこに鳳潭の批判的精神を見ることができよう。（末木）

鉄壁雲片

三巻。北宋の禅僧・圜悟克勤（一〇六三～

一一三五）の『碧巌録』からの引用に対し、コメントを加えたもの。享保己亥（四年、一七一九）の刊行。題名は序文の終わりに引用される虚堂智愚の「鉄壁剖（迸）開雲片片」の頌によるもので、『碧巌録』の誤りを示し正しい教えを顕わすという寓意を示す。

『碧巌録（仏果圜悟禅師碧巌録）』は、雪竇重顕（九八〇～一〇五二）の『雪竇頌古』（百則の公案を選び、頌を付したもの）に対し、公案・頌それぞれに著語（一句ごとの寸評）・評唱（典拠や史実、関連する公案などを含む解説）・垂示（導入的な解説）を付したもので、臨済宗では「宗門第一之書」と称して重んじられた。

鳳潭はもともと黄檗宗の鉄眼（一六三〇～一六八二）の弟子であり、彼の指示により、華厳宗を学んだとされる。その後、主著である『大乗起信論義記幻虎録』（一七〇一年刊）『華厳一乗教分記輔宗匡真鈔』（一七〇七年刊）を刊行し、自らの立場を確立した。既に解説でも述べられているように、鳳潭は澄観以後の華厳教学は禅宗や如来蔵（仏性）思想の影響を受けた逸脱であると考え、法蔵の教学への復古を主張する。さらに、特徴的なのは、そのような立場から見た華厳教学における円教（完全な教え）を、宋代天台宗の山家派が主張する円教と重ね合わせて考えることである。これは、当時、山家派教学にもとづく天台教学の復興を主張していた天台宗の慈山妙立（一六三七～一六九〇）や霊空光謙（一六五二～一七三九）らの動向に棹差すものであるが、鳳潭は山家派教学にも満足せず批判を加えているので、その立場は独自のものとなっている。

鳳潭の思想的立場からして、華厳教学を逸脱させた（と鳳潭が見なす）禅宗への批判は必然であったとは言うものの、本書が形を成すにはいくつかの伏線があったと考えられる。鳳潭は本書に先立って『楞厳経（大仏頂如来密因修証了義諸菩薩万行首楞厳経）』の注釈書である『大仏頂首楞厳経千百年眼髄』（刊年不明）を著している（『鉄壁雲片』巻上四三丁裏の記述による）。『楞厳経』は、宋代以後、諸宗で重んじられ、とりわけ禅宗では重視されたものであり、鳳潭は本経への注釈を通じて、禅宗への批判意識を高めたことが想定される。また、鳳潭は宝永六年（一七〇九年）に安照寺を創建しているが、この時は、華厳宗という宗名が許可されず、鳳潭は臨済宗の立場で寺を建立した（正徳四年（一七一四）に華厳寺と改名）。一方、享保八年（一七二三）に、この寺を移築した際には華厳宗として公認を受けている。こうした経緯の中に本書を置いてみると、鳳潭が自らの出身宗派である禅宗と訣別するために本書が書かれたという側面もあるように思われる。なお、本巻収録の範囲では明示されていないが、当時、大坂で活躍していた天桂伝尊（曹洞宗。一六四八－一七三五）の講義に対する批判も、本書成立の大きな契機であったことが、中巻以後の記述によりうかがわれる。

鳳潭が『碧巌録』の問題点として序文で挙げるものは、二点ある。一つには、言語を絶したところに覚りを求める傾向であり、もう一つには、事実レベルでの誤認識である。前者については、言語・事象そのものに即して真理を顕現することを「円教」と見なす鳳潭の立場から、批判が加えられる。一方、後者については、仏教書だけでなく様々な典籍を博引傍証しながら、誤りが指摘される。もっとも、本巻の訳注で指摘したように、鳳潭自身が又引きにたよっている場合もあり、結果として誤解に終わっている場合もないわけではない。なお、鳳潭は宝永七年（一七一〇）に一種の世界地図である『南瞻部洲万国掌菓之図』を刊行しており、当時入手可能であった地誌類については、かなり広く目を通していたようである。鳳潭による地名考証の一端は、本巻に収録したものの中では、第七則でその片鱗をうかがうことができる。鳳潭による考証には、その後の『碧巌録』講義においても踏襲されているものがあり、少なからぬ影響を及ぼしたと思われる。

本書に対しては、禅宗の側から、香幢『碧巌除疑網』（元文五年［一七四〇］序文）や英瑞雲『碧巌集潤色記（闢鉄壁雲片）』（享保一七年［一七三二］）による反論がなされたが、鳳潭の側からの再批判はなかったようである。

本巻では、巻上から鳳潭の基本的立場を示す序文と、第一則から第十則までを収録した。（前川）

華厳春秋

覚洲鳩著。二巻。写本のみで伝わる。奥書によると、宝暦五年（一七五五）の著。

上巻は「大日本華厳春秋」と題され、日本の華厳宗の歴史を年表として記したもの。下巻は、「華厳春秋伝」と題され、鳳潭の伝記を述べたもの。上巻は鎌田茂雄「覚洲鳩の華厳宗観」（『東洋文化研究所紀要』八六、一九八一）に翻刻されているので（底本、東大寺図書館所蔵本）、ここでは鳳潭の伝記としてもっとも基本となるものとして、下巻のみを龍谷大学図書館所蔵本に拠って翻刻収録する。なお、本シリーズの原則は、漢文資料は書き下すことになっているが、本書は難解な箇所があり、ただちに書き下しにすることが困難であるため、参考として、原文のまま、句読点のみを付して収録することにした。

上巻は日本華厳宗史とはいうものの、その後半は鳳潭の伝記事項を中心としており、それもまた、鳳潭の伝記史料として用いることができる。ただ、きわめて簡単な項目のみの年譜になっていて、鳳潭だけでなく、鉄眼門下の動向も記されている。

それに対して、下巻は年代順になっているが、鳳潭の伝記事項だけでなく、鳳潭の思想形成や主要な著作の要約、論争の過程などにも触れられており、鳳潭の思想理解の上でも不可欠である。従来、鎌田氏が翻刻した上巻が鳳潭の伝記の基礎史料として用いられていて、下巻はほとんど無視されてきた。今後下巻の研究が進められることが期待される。また、上巻と下巻の記述は必ずしも一致するわけではなく、両者の比較対照もなされなければならない。

著者の覚洲鳩は鳳潭の弟子。下巻の正徳五年（一七一五）の項にその出家の経緯が記されている。それによると、もと沙界（堺）の人。信州存秀禅師のもとで落髪したという。その後、享保八年（一七二三）に華厳寺の移転に尽力した後、一旦堺に退去したが、同一二年（一七二七）師の元に戻った。鳳潭没後、義存がその後を継いで華厳寺二世となったが、覚洲は石塔を建てるなど、師の事績の顕彰に努めた。本書の奥書によると、覚洲の居寺は堺の威徳山常楽寺であった。（末木）

翻刻篇

凡例

【釈迦御一代記図絵】

一、底本は、国立国会図書館所蔵明治二五年（一八九二）刊本（オンライン公開）を用いた。
二、序と図版は入れず、本文のみ翻刻収録した。
三、句読点は私に付した。「　」も私に付した。
四、漢字は通用漢字に改めた。
五、ほぼ全漢字にルビが付されているが、煩を恐れて、読みにくい箇所のみに留めた。仮名遣いのおかしいところがあるが、そのままにした。
六、濁点は原文にある箇所の他、補ったところがある。
七、（　）は原文にあるものである。割注は〈　〉で示した。翻刻者の注記は〔　〕で示した。
八、章名など、漢文体になっているところは、書き下しに改めた。
九、末木が責任担当し、前川が協力した。

【釈迦応化略諺解】

一、底本は、カリフォルニア大学バークレー校三井文庫旧蔵本文化二年（一八〇五）刊本（オンライン公開）を用いた。
二、序は略して、本文のみ翻刻収録した。

三、本文は天崖の漢文の偈に大冥が和文の註を付したものであるが、天崖の偈は、太字で表わした。漢文原文に書き下しを（　）内に付した。
四、大冥の注はカタカナ書きであるが、ひらがなに改めた。
五、句読点は私に付した。「　」も私に付した。
六、漢字は通用漢字に改めた。
七、ルビは原則として原文に付されているもののうち、読みにくい語に付した。ただし、私に新たに付した箇所もある。
八、末木が責任担当し、前川が協力した。

【起信論註疏非詳略訣】

一、底本は、龍谷大学図書館所蔵享保一四年（一七二九）刊本（オンライン公開）を用いた。
二、序を含めて全文収録した。
三、原文は漢文であるが、書き下しに改めた。
四、底本では、主真の『起信論註疏詳略』の文を、行頭一字分落として引用し、その後に鳳潭の批判を記しているが、読解の便のために項目を分け、【　】内に示した。
五、書き下しに当たり、できるだけ原本の返点・送り仮名に従ったが、それでは読みにくい箇所は、適宜送り仮名を補ったり、改めたりした。
六、底本の割注は〈　〉で、傍注は《　》で示した。

七、漢字は通用漢字に改めた。
八、仮名はひらがなとして、原則として歴史的仮名遣いとした。
九、句読点は私に付した。
一〇、漢字には適宜ルビを付した。ルビは現代仮名遣いとした。
一一、特殊な用語や概念が駆使されているので、訳註を付して説明を加えた。訳注は前半に詳しく付し、後半は簡略にして、出典を示す程度に止めた。
一二、訳註に用いた略号は左記の通り。

大正蔵―大正新脩大蔵経
続蔵　―大日本続蔵経（鈴木学術財団版）
日蔵　―日本大蔵経（国書刊行会版）
豊全　―豊山全書

一三、末木が責任担当し、前川が協力した。草稿作成に当たり、青木佳伶氏の助力を得た。

【鉄壁雲片】

一、底本は龍谷大学図書館所蔵享保四年（一七一九）刊本（オンライン公開）による。
二、序を含めて第一〇則まで全文収録した。
三、原文は漢文であるが、書き下しに改めた。
四、読みやすさの便のために、『碧巌録』の則の名称は太字にし、『碧巌録』の本文は【　】で囲んで示した。

五、書き下しに当たり、できるだけ原本の返点・送り仮名に従ったが、それでは読みにくい箇所は、適宜送り仮名を補ったり、改めたりした。
六、底本の割注は〈　〉で、傍注は《　》で示した。
七、漢字は通用漢字に改めた。ただし、一部、本字（旧字）を使用した場合がある。
八、仮名はひらがなとして、原則として歴史的仮名遣いとした。ただし、鳳潭自身が付した送り仮名についてはそのままとし、必ずしも歴史的仮名遣いに従っていない場合もある。
九、句読点は担当者が適宜に付した。
一〇、漢字には適宜ルビを付した。ルビは現代仮名遣いとした。なお、底本にあるルビはカタカナで表記した。
一一、註に用いた略号は左記の通り。
大正蔵—大正新脩大蔵経
続蔵　—新纂大日本続蔵経（国書刊行会版）
岩波本—入矢義高・溝口雄三・末木文美士・伊藤文生訳注『碧巌録』上（岩波文庫、一九九二）
一二、前川が責任担当し、末木が協力した。本文作成に当たり、以下の方々の助力を得た。
青木佳伶、高柳さつき、ダヴァン・ディディエ、万波寿子、和田有希子

【華厳春秋】

一、底本は龍谷大学所蔵宝暦五年（一七五五）写本（オンライン公開）による。
二、漢字は通用字体に改めた。ただし、一部、本字（旧字）を使用した場合がある。

三、原文には、一部に訓点が付されているが、翻刻にあたっては省略した。
四、句読点は担当者が適宜に付した。ただし、原文に区切り訓点が付されている場合、それを尊重した。
五、フリガナはすべて原文に付されているものである。
六、段落はおおむね原文のとおりであるが、理解の便のため、担当者の判断で段落分けした場合がある。
七、末木が原稿を作成し、前川が修訂した。

謝辞

翻刻は以下の機関の利用許可・ご協力をいただきました。機関名を記して謝意を表します。
龍谷大学図書館／国立国会図書館／
カリフォルニア大学バークレー校C.V.スター東アジア図書館（三井文庫旧蔵）

釈迦御一代記図絵巻之上　不二良洞

国立国会図書館蔵

一　師子頬王、宝位を太子に譲る

大恩教主釈迦牟尼如来、一代の経論の甚深微妙にして、容易に其功徳万一をも述る事能はずと雖も、婦女童蒙の為に其大略を謂《いは》んに、天竺に月氏《ぐわつし》国といふ、其国五天竺に分てり。其中天竺《ちうてんじく》に摩訶陀《まかだ》国の帝を懿摩《いま》王と号し、転輪聖王《てんりんしやうわう》の位を践《ふん》で四天下に威を震ひ、子孫連綿として三十六代の王を師子頬《ししけう》王といふ。此王に四人の皇子在《いま》せり。第一は浄飯《じやうぼん》〈釈迦御父〉、第二は甘露飯《かんろぼん》〈阿難の父〉、第三は白露飯《びやくろ》〈可難の父〉、第四は斛飯《こくぼん》〈提婆《だいば》の父〉。此四人の皇子皆賢智人に勝《すぐれ》たり。頬王一日文武百官に詔《みことのり》して曰《いはく》、「朕祖宗の譲りを受て国政五十年、卿《けい》等国忠に尽力故に、朕宮中に娯楽を極る事を得たり。然《され》ども齢已《よはひすで》に傾けり。朝政過《あやま》つ事あらん。因て王位を太子に譲り、朕は山居して老を養はんと思へり。卿等会議して四人太子の裡《うち》で見定むべし」と詔《みことの》りあり。日光臣初め、四人の皇子何れも聡明叡知に渡らせ玉ふ中にも、浄飯太子は天地に則《のつと》り玉ひ、人望といひ、古より嫡子に世を譲る天下の大法に候へば、浄飯太子に宝位を譲る事に議決して、吉日良辰《きちにちりやうしん》を撰び、頬王の譲りを受けて、浄飯王即位あり。即ち摩訶陀国に伝へる七種の神宝、玉璽を授与し玉ふ。其品々は、

○第一月蔵《ぐわつぞう》転輪王伝来之月氏国景普《けいふ》〈並〉宝璽
○第二四神龍道《じんりうだう》霊弓、同四通神力霊箭
○第三四魔能莫脳《しまのうまくのう》白蓮剣
○第四闇明如意宝珠《あんみやうによいほうしゆ》〈所謂夜光珠也〉
○第五蓬莱仙宮従《ほうらいせんきうよ》り所献《たてまつる》転輪王玉冠《たまのかづら》

○第六汚穢《をゑ》不浄を払ふ玉幡《たまのはた》、同縵蓋《きぬかさ》飛竜鉾《ひりようのほこ》
○第七五天竺山道・海道・陸野道地図

右七種の宝具頂戴ありて、御即位の大礼を行ひ玉ふに、百国の王侯・九卿《きうけい》・百官・百司、善を尽し美を尽して参内し、奇羅星の如くに列座して、宝位を祝して皆万歳を唱へ奉りぬ。浄飯王即位の上は、残り三太子も小国の王に封《ふう》ずべしとて、先《まづ》第二甘露飯太子を位官伯長《いくわんはくちやう》の司《つかさ》となして、旃那羅《せんなら》国王に封じ（領地十五ケ国）、第三白露飯太子を聖道《せいだう》文武の司とし尸羅摩《しらま》国王に封じ（領地五ケ国）、第四斛飯太子を白《はく》道無為《だうむい》の司となして、伊婆那《いばな》国王に封じ（領地三ケ国）、三太子国家の鎮撫、万民豊楽の政道を御訓誡、慇懃に遺詔《ゐせう》あり。文武の任爵、封国の恩賞等、残る所なく叡慮ありければ、国家の上下大に安堵の思をなしぬ。是より師子頬王は仙洞に移住し玉ひ、静に老《おい》を養ひ玉ひしが、終《つひ》に御宝算八十余歳にして登霞ありけるは尊かりける。

二　浄飯王治世、四台を築く

浄飯王は宝位を受て転輪王の位に付せられ、群臣に詔命《みことのり》して曰《のたまはく》、「朕、若年不徳の身を以て天位を践事《ふむ》、慙愧に不堪《たへず》と雖も、父大王の厳命已事《やむこと》を得ず。依て卿等、朕の不敏を補《たすけ》て過失《あやまち》を諫め正し、政道邪曲《よこしま》なく万民安逸ならしめよ。夫《それ》人は真実を以て父とし、慈悲を以て母とし、敬以て兄とし、信以て弟とす。人の悪を見ては此を諫め、人の善を見ては倶に従ひ行《おこなふ》べし。万人は一人の師なり、一人は万人の師となり、朕が意、民間末々まで触知《ふれしら》しめよ」と、三公九卿はじめ実《げ》に難有《ありがたき》倫言かなと、王命の趣き民間へ触《ふれ》渡しければ、万民泪を流して王の徳を称せざるはなし。浄飯王は如是の仁君にて、朝暮の政事《まつりごと》怠り玉はざれば、三光明《あきらか》に照し、土肥国豊《つちこへくにゆたか》、五穀身《み》のり、万民鼓腹して楽《たのしみ》を唱へける。然るに月光臣《ぐはつくわう》奏して曰、「大王の仁徳海内《かいだい》に普く、国土年毎に豊熟せしが、猶国家の繁昌を思ひ玉はば、都の裡にて四ケ所の霊台を築《きづき》、春夏秋冬折々に台に登らせ、民の耕作、行旅の往返を覧《みそなは》し、勤るを賞し、怠るを励まし玉はば、下民怠なく業を勤むべし。愈《いよいよ》静謐なるべし」と奏す。浄飯王御喜悦、「是よく朕が意に合《かな》へり。急ぎ築くべし」と倫言ありしかば、百姓《たみくら》是を聞て大に怡《よろこ》び、「我大王治国の為に四台を築き玉ふ事なれば、報恩の為、一車の土、一磈の石をも運べよ」とて、我《われ》〳〵と幾万人の数をしらず寄聚《よりつどひ》、程なくして、霊台成就せしかば、帝、臣下を従て臨幸あり。文道博士を召、筆道の堪能を撰んで、四台の名を額面に題させ玉ふ。東を青龍城と号し春の眺望に備え、南を波梨舎那《はりしやな》城と号〔し〕て夏の景を臨み、西は月景城と号して秋望の台とし、四台とも金銀珠玉を鏤め、四季の眺め美を尽せり。万機御政務の余暇には、諸臣共に霊台に御宴を開き楽みをなし玉ふ。或時、日光臣奏しけるは、「大王受禅まし〳〵てより、御望として可《かなは》ざる事なし。只闕《かき》玉ふ所は后妃のみなり。才色勝たる夫人を撰み宮妃に備へ、御代を嗣《つぎ》玉ふべき太子を儲け玉へ」と奏しける。大王、「群卿奏する所尤もなれど、父王の位を受て間もなく后妃迎なば、恐くは色に荒《すさむ》の譖《そし》りを唱へられ、乱国の基ひならんか」と。亦諫て、「陰陽和合は天地の定理《じやうり》、男女《なんによ》夫婦は人間の大倫、后妃を迎玉ふに何の憚《はばかる》事あらん」と。大王も、「卿等の勧めに順ふべし」と。古より善は早く悪は退けと、誰にても后妃に備ふべき婦人あらば啓奏すべし、其数凡一千五百人とぞ。

三　善覚臣二女入内《じゆだいす》

斯《かく》て諸臣下啓奏する所の美婦人を悉く召寄《めしよせ》、叡覧に具へける、其中に好容夫人《こうようぶじん》、芙蓉夫人とて聚女《しゆじよ》に勝れしを撰び出し、好容は婆梨舎那《はりしやな》城に住し、芙蓉は並那離《へいなり》城に住しめ玉ふ。然ども浄飯王の叡慮に称《かな》ひ玉はざるにや、麗しく見へ玉はず。或官人奉して曰、「臣聞く、仙乗国の守官善覚大臣に二人の女《むすめ》あり。姉を憍曇弥《きやうどんみ》、妹《いも》とを摩耶《まや》といふ。供《とも》に無双の美人にて、一たび笑《ゑみ》をすれば飛鳥下り、二たび笑《ゑめ》ば海鱗《かいりん》浮《うか》む。殊に歌舞吹弾、万《よろづ》の技芸に達せずと云事なし。大王后妃を需《もとめ》玉はんとなれば、早く仙乗国へ勅使を遣はし、彼二人の女を向へ玉へ」と。浄飯、彼が奏するを聞、忽ち尊意に可《かな》ひ、弁舌無双の巴津那《はづな》を勅使として、善覚臣が舘舎に遣《つかは》す。「偖《さ》て倫言の旨、他の事に非ず、浄飯大王宝位に即《つき》玉ふと雖も、いまだ后妃に具《そなふ》べき佳人之なし。諸臣下、大に之を憂ひ、貴卿の令愛《れいじよ》姉妹とも絶世風姿あつて、且才芸に秀で玉ふよし睿聞に達し、急に入内の王命なり」とて、勅書聘物《へいもつ》を与《あたへ》ければ、善覚臣大に喜び、「然《さり》ながら、微臣が女《むすめ》醜悪卑践にして、実に叡覧に備るに足《たら》ず。却て龍顔を穢《けがす》の恐あり。違勅の科《とが》は畏多《かしこ》けれど、辞退回奏なし玉へ」と。「尤もなれど、王命下る上は辞するは却て非礼なり。早く其準備《ようい》あるべし」と。不日にして調ひければ、憍曇弥は馬《ば》将軍、摩耶には烏《う》将軍とて、智勇具足の臣下を添へ、前後警衛して摩伽陀国さしてぞ上らせける。かくて浄飯王叡覧ましくて、聞《きき》しには百倍勝りしなれば、何れを捨べきやうなければ、姉妹とも宮中に留めらるべきよし、宣旨有て、憍曇弥は月に喩て月景城に住《すま》しめ、摩耶は花に象《かたど》りて青竜城に住しめむ。就ては父善覚大臣を賞せずんば有べからずとて小国の王に封じ、仙乗国を賜りける。善覚大に歓び深く帝恩を謝したりけり。

四　摩耶夫人懐妊

善覚臣の女姉妹、浄飯王の愛幸《あいかう》厚ければ、何の不足あるまじきに、同袍《どうばう》仇敵の怨《うらみ》を結び、姉嬌曇弥の心には今般《このたび》の勅命に就て入内せば后妃に具《そなは》り、妹摩耶は父母の許へ返さると思けるに、姉妹とも宮中に留《とどめ》られしは思の外と、深《ふかく》妹を恨み、仮令《たとへ》大王の宣旨下るとも固く辞すべきを、左《さ》なくして却て争はんとすること悪《にく》ましけれと、忽に嫉妬の心を起し、同《おなじ》城内に住ながら、青竜城へは音信を断、傅官《つけびと》の馬将軍はじめ召使の者まで摩耶を嫉み、然《され》ども摩耶は夢にも知玉はず、月傾城より音信《おとづれ》のなきを思ひ煩ひ、口々に安否を問《とふ》といへども、一度の回答《こたへ》もなければ愈《いよいよ》心をいためけるに、或夜、浄飯王青竜城へ御幸《みゆき》あり、摩耶と共に一睡を催しけるに、忽然として虚空に音楽聞へければ、不思議や虚空に紫雲たなびき、其丈《たけ》凡《およそ》十六丈斗《ばか》りなる金色の宝塔雲中に涌出せり。其周《そのめぐり》香華幡蓋荘厳《こうげばんがいしやうごん》微妙《みみやう》にして、無量の諸仏顕現讃嘆し玉へば、宝塔の扉開け、其内に光明赫《かく》々たる大日輪おはしける、忽然と白象《はくざう》出来り、其時仏、宝塔を出、白象に乗移り玉ひ、后妃に対し、「予宿世《しゆくせ》の因縁により此所に来る」と。「浄飯王を父とし御身を母として塵土に出生し、魔縁を降伏《がうぶく》し諸天人衆を利せんと欲す。願くはしばらく胎内を借《かし》玉へ」と。夫人大に驚き、「不浄汚穢《をえ》の身、争《いかで》か御仏を胎内に宿すは、此義は恕《ゆる》しおはしませ」と。仏重て曰く、「因位の時、等乗国賢那羅《けんなら》城の主法娑《あるじはうしや》王に一人の皇女《むすめ》あり、瑠璃女《るりじよ》と号《なづ》く。幼稚にして母に後れ、夷鳩陀《いくだ》といふ継母につかへ、夷鳩陀に一人の皇女を産《うむ》、光耶女《くはうやじよ》と名く。

瑠璃女の容色他に勝れたるを嫉《にく》み、追失《おひうしな》ばやと巧《たく》むといへども、至孝なれば其便《たより》を得ず。茲《ここ》に東陽国の主妙荘厳《めうしやうごん》王、瑠璃女を后妃に備《そなへ》んと商議あるを、夷鳩陀早く是を聞、日頃の妬心弥《いや》増《ま》し、光耶女を后妃に備んと謀計《ばうけい》を廻《めぐら》し、科を設け法娑王に讒《ざん》し、遂に瑠璃女を等乗国の北なる切陀羅《せつだら》山へ捨たり。瑠璃女は身に覚なき無実の科も其といひ明《あか》さず、また継母の罪を顕さず。是非なく科に伏し、実母の遺物《かたみ》浄光菩薩の説《とき》たる『解脱血盆経』を持て切陀羅山に趣き、窟《いはあな》に住て『血盆経』千部を書写し、一万部を読誦し、一心懈怠《けだい》なく灯明光仏を祈念し、其戒行の功力《くりき》に依て、今生に浄飯王の愛幸を得て歓楽を極め、然《され》ば多くの経を書写し読誦せし功徳深く、六根清浄の徳を具へ、六識の障《さはり》なき身と成《なれ》り。予は其時の灯明仏是なり。斯《かか》る宿世の結縁あれば、御身の胎内を借《かる》に何の辞し玉ふ事勿れ」と説き玉ひて、白象の背を離れて婦人掌中《しやうちう》の蓮花に乗り移らせ玉ふて、「我得《がとく》成道今現在《じやうだうこんげんざい》、往来娑婆八千度、為度衆生《いどしゆじやう》常説法、已今当来諸仏智」と唱へ玉ひて、珊瑚の乳房をかきわけ、右の脇より胎内に宿り玉ひけり。「意乎《あゝ》恐ろしや、勿体なし」と思へば、忽然として夢覚たり。且又浄飯大王も其夜婦人と同じく霊夢を感得し玉ひ、是必ず吉祥なる男子を授け玉ふ瑞夢なりと、其出誕の時をまつ事、一日千秋の思をなして待ち玉ひけるぞ、道理なり。

五　憍曇弥嫉妬、摩耶を招く

斯《かく》て摩耶夫人は其翌日より身の重き事を覚《おぼへ》玉ひければ、愈夢想の違《たがは》ざるを感じ、浄飯はじめ青竜城の傅《つけ》官《びと》挙《こぞつ》て悦ぶ事限なし。太子の降誕待《まつ》事、旱《ひでり》の雨を乞《こふ》が如し。此事誰告《つぐ》るとなく月景城へ聞へければ、憍曇弥は貴《たつと》くも后妃に備り、王の寵愛も厚しと雖も、摩耶の寵幸に及ばず。況《まし》てや摩耶は皇子《くわうじ》御妊娠ときく。嫉妬の怨念日来《ひごろ》に百陪し、其一念は十六丈の大蛇となりて虚空に翻《ひる》がへり、諸の悪鬼邪神と共に日月をも覆はんとす。「愈勢《いよいよいきほひ》を妹に奪はれ、妾《わらは》は在《あれ》ども無《なき》が如くならん。是《こ》は朽惜《くちおし》や、如何にせん」と憂ひ玉ひけるが、今は思に絶《たへ》かねて、馬将軍を招きていひけるは、「頃日《このごろ》青竜城の摩耶、皇子懐妊とて、大王の覚めでたく、百司百官の尊敬重しとぞ。其事実《じつ》事《じ》なれば、必定《ひつじやう》后宮《こうぐう》女御の宣旨を得て、上見ぬ鷲《わし》の振舞をなし、益《ますます》妾を蔑如《ないがしろ》にし、朝廷の諸卿はいふも更なり、末々の民市人《たみいちひと》等《ら》までも侮り軽んじ、いみじき此身の恥辱ならづや。所詮頼《たのみ》なき世に憂事《うきこと》見んよりは、速《すみやか》に自害して黄泉《よみじ》の人となるべき也。拙なく非命の死をなすとも、一念は霊魂となり、摩耶も皇子も妖殺《とりころ》し、大王に多くの苦悩を見せしめ、今の怨を晴しなん。此事人々に洩す事勿れ」と、憤怨《ふんえん》の泪と供に語りければ、烏《う》(ママ)将軍も惘然《あきれはて》、且くは言句も発せず。稍《やゝ》在て曰く、「御憤りは至極に候。去《さり》ながら、御自害あらんこと然るべからず。摩耶夫人懐妊ありとも未だ皇子・皇女《くわうじよ》とも定めがたし。若《もし》御死後、皇女誕生ならば、命を捨《すて》て何の甲斐なからんか。臣が浅見によらば、已に臨月を過て降誕なくんば、必ず患病《いたつき》なり。医官を召して薬石を調進させられん。其虚に乗じて墜体《だたい》の薬を用《もちゆ》るなれば、孕《やど》る子血水《けつすい》とならん事、何の疑かあらん。而して大王の叡慮を傾け、夫人の寵を奪ふ事、何ぞ難からん」と。憍曇弥、馬将軍の諫めを聞て、「婦人《おんな》、子を孕て十月待て出産する事、尋常《よのつね》なり。然るに如何なる術を以て其道を塞ぐべきや」と。「茲《ここ》に仙乗国の艮《うしとら》に宿陀《しゆくだ》山といふ、其嶺に神仙あり、名を阿閦陀《あしゆくだ》仙人といへり。此に二人の徒弟あり、其名を儀伯《ぎはく》仙、無間《むけん》仙といへり。秘訣を伝て神通自在なり。二仙人を召て、計巧《はかりごと》を需《もとめ》玉はば、摩耶の出産を妨ぐる事、難かるまじ」と。急ぎ二人の神仙へ使者を遣はし、馬将軍の密意を告ければ、二導師は一儀にも及ばず承伏し、不日《ふじつ》にして摩伽陀国の月景城へ来着し、憍曇弥に拝謁して言上す。「我が仙術の中《うち》に呪咀調伏《しゆそてうふく》の法に七壇の品あり。就中《なかんづく》妊娠の道を閉塞するは容易にあらず。其妊婦の面貌《めんぼう》を眼中《まのあたり》に見て、其姿を写生《うつし》し、形代《かたしろ》を造りて、是を土中に埋め、四箇の壇を築きて秘法を行ひ玉へば、終に出産の道を塞ぎ、年月を経とも降誕する事能くず。（ママ）襁袍《ゑな》の内に成長して、母子《をやこ》とも命を亡ふ。されども其人見ざれば法行ひがたし」と。憍曇弥聞て大に喜こび、「妹摩耶を招き寄んこと、いと安き事なり。顕《あらは》に対面ありて容貌《かたち》を写んとせば、必《かならず》怪しみて禍《わざはひ》を生じなん。人知れず密に簾《みす》の内にて形代を造り給へ」と。事極り詞巧に長々と誡らしく消息《ふみ》を書したため、心利《き、》たる女官を使として、青竜城へ遣はされける、噫呼、浅猿《あさましい》かな。さしも親しき同胞の姉妹、君寵を争ひて、忽ち仇敵となり、かかる毒計用るに至ること、偏《ひとへ》に嫉妬の悪念のなす処、恐るべし慎むべし。斯て従来《これまで》幾度となく音物《いんもつ》消息を呈し給へども、一回《いちど》も回報《かへりごと》なきに、俄に文を齎し越《こさ》るる事、其意を得ずと思へども、「姉君の消息なれば打捨置がたし」と、烏将軍、摩耶に執達しければ、夫人は姉ぎみの妬心夢にもしらず、孃妊を祝し玉ふ御使と聞玉ひて、御悦び浅からず。頓《やが》て文開き読わたし玉ふに、素《もと》より深く巧《たく》める事なれば、筆の歩《あゆみ》も濃《こまや》かに、「是まで数多音信《をとづれ》玉へども、同袍の中を裂んとする者ありて、一度も妾《わらは》に達せず。却て悪《あしき》さたに奏聞ありしが、此頃其巧み事顕はれ、其人を追ひ払ひ、風《ほのか》に聞く、君は貴胤《みたね》を孕《みごもり》玉ひしよし、妾が嬉しさ限りなし。古国《ふるさと》の父母の歓び推量られ、頓《とみ》にも参り悦び祝《いはい》せまほしく思ども、労患《いたつき》にかかり心ならずも文もて問進《とひまい》らせぬ。そも婦人《をんな》の身八つの大事と聞へる中にも、わきて心苦しきは難産に有しと聞《きけ》ば、それをのみ思ひ煩ひ、昼は終日《ひねもす》飯を甘《あま》なはず、夜は終夜《よもすがら》に夢も結ばず、あはれ願くは一度此方へ来り玉へかし」と、なつかしき顔《かんばせ》をも見、胎孕《みごもり》のさまをも見まほしくなんど、誠らしく書つくしたれば、摩耶は大に歓び、嬉し泪を流し玉ひける。頓《やが》て月景城へ参るべき準備《ようひ》調けれぱ、鳳輦《ほうれん》に乗て青竜城を出玉ふ。憍曇弥は巧事已成《たくみごとすでになれ》りと大に怡《よろこ》び、城外遠く官人を出して摩耶の駕を迎しめ、頓て姉妹絶て久しき対面ありて、妹夫人は年来《ひごろ》なつかしき顔《かんばせ》を見《み》玉《たまひ》、身《み》を平伏して礼をなし、姉は偽て、「折々《おり〳〵の》消息さへ人の為に隔妨《へだてさまたげ》られ、恋《こひ》したふ心通じ、今日来り玉ひて顔を見《みる》嬉しさよ」と。「其《そ》はさし置《おき》、御身は君の貴胤《みたね》を孕《みごもり》し玉よし、上一人より下万民の悦び、古郷の父母に申及、妾が心のいさみ限りなし」と、賀《よろこ》びを巧に述《のべ》こしらへ、山海珍味を饌《そな》へて酒宴を催し、傍《かたはら》なる簾の中に儀伯・無間の二道士、摩耶の形貌を米粉を以て造写《つくりうつ》し、呪咀の形代《かたしろ》とせんと為《なす》を知ざりけるぞ是非なし。

六　儀伯・無間、摩耶夫人を呪咀す

斯《かく》て憍曇弥は摩耶に対し、「御身を数日留まほしけれども、君の叡慮もはかり難ければ、且先回《しばらくまづかへ》り玉へ。再び迎へ、又妾も参りて、事問進《こととひまいら》すべし」と申されけるに、妹《いもと》夫人は余波《なごり》は尽《つき》ざれども、浄飯王の待わび玉ん事を思召し、再会を約し、別を告て、青竜城へ皈り玉ひける。其後にて急に両道士を招きて、「いかに妹夫人の形容《かたち》を写し取たりや」。儀伯・無間したり顔にて、「妙后少しも意を労し玉ふ事勿れ」。委しく移し取、其形代を出せば、夫人手に取見て、「其面貌《めんもう》はさながら似たれども、五体いと怪しく、其故《そのゆへ》奈何《いかん》」。「元より道家の秘法にして面頭《おもてかしら》は羊米を月中《げつちう》の水を取て洗ひ粉となし是を造り、五躰は羊米藁《ようべいわら》にて水火木金土の五形《ごぎやう》の串にて接合《つぎあは》せ、青黄赤白黒《せいおうしやくびやくこく》の縑《きぬ》にて是を捲き、頭に箭をささへたり。此に百八十根の釘を刺して土中に埋み、秘法する時は、胎子母《はらのこお》親《や》の筋骨に梱着《からみつき》、数年をふるとも出生《しゆつしやう》する事なし。終《つい》に命を断ん事疑なし」と、急ぎ調伏の祈を始め、東方鳥災壇、西方敬愛《けいあい》壇、南方増益《ぞうゑき》壇、北方調伏壇に、儀伯・無間の二人髪を乱し跣《すあし》になりて、更々《かはる〲》壇に上り、天血妄、地血妄、業妄、七徳・七性・五形・五位・内縛・外縛屠閉《げばくとへい》の法、種々《しゆ〴〵の》秘法を尽し、黒汗《くろあせ》を流し、肝胆《かんたん》を砕きて、祈ける。是が為に悪鬼・邪神を駭《おどろか》して、調伏の壇上壇下震動し、護摩の烟り黒雲の如《ごとく》立上り、恐しといふも疎《おろか》なり。俄然として埋みし形代生《いき》るが如く地中より現れ出《いづる》、さも苦しげに青き息をふき、宮中を睨視《にらん》て衝立《つつたち》しは、身の毛も翌《よだつ》て恐しく、憍曇弥は其形代に向ひ、「如何にや摩耶、你《おこと》姉妹の礼を知《しら》ば、たとへ大王強て留め玉ふとも、堅く辞して、国元へ皈るべきを、さなくして媚《まゆ》を巧に色を飾り、君寵を貪り妾に辱《はづかしめ》を見せし恨、今ぞ思《おもひ》知《しり》つらめ」と罵ければ、形代は恨めしげなる声にて、「妾《わら》は栄利の争《あらそふ》心更になし。君の宣旨を如何にせん。皇子胎妊《みごもり》せしを、執念深く妬み、親しき同袍を呪咀し玉ふ恨めしさよ。それ因果は車の回《めぐ》るが如し。悪報御身に皈せざるうち、早く心を善道に翻し、道士を退け玉へ」といふ。されども憍曇弥は些《すこし》とも怕《おそれ》ず、「あな忌《いみ》わるの言の葉や、姉妹の縁も此限り。導師あれに幾許《いくばく》の苦患を見せよ」と。道士は亦もや勢の盛んに祈り、調伏の法悉く畢れば、壇を毀ち成就の旨を言上す。夫人重く其功労を賞し、金銀縑帛若干《そこばく》を賜ひたるにぞ、二道士大に悦び、深く恩を謝して、宮中を退出しけるに、不思議なるかな、忽ち大地自然と裂《さけ》、儀伯・無間、「苦《あつ》」と叫ぶと共に、地中に投じ、地は元の如く合して、二人は生ながら奈落へぞ沈没して奉ける。是ひとへは仏菩薩の再誕なる皇子を呪咀せし罪を、諸天擁護して罰し玉ふにこそ。心ある人は身を振はしてぞ恐れける。

七　摩耶奇病、〈並〉夢中説法

偖《さて》も摩耶は月景城より皈り、久しく見《まみ》へ玉はざりし姉君に会《あい》、巧《たくみ》し偽りの詞を誠と思召し、悦《よろこび》限なくおわしけるに、或夜忽に無量の悪鬼・外道、空中より来りて、千條の縄を以て摩耶の五躰を縛にぞ、其苦悩堪がたく、払はんとすれども手足動かず、叫ばんとするに声出ず。是《こ》は如何なる身になり行にやと、恐ろしさたとへなく、一声「あつ」と叫び玉へば、目覚《めざめ》、稍《やゝ》心を安じ玉へども、胸の轟きは猶止《やま》ず、漸々《しだいく》日は立ゆけども、胎内の皇子時々動き玉ふごとく覚へ玉ひしも、悪夢の後は少しも動き玉はず。心も空になり、ただ深閨に悩伏《なやみふし》玉ふのみ。斯て十月《とつき》も満たれば、今もやと日毎に待玉へども、遂に其年も暮《くれ》、あら玉の如月・弥生と日は立ども、出産の験《しるし》なければ、上一人より下万民の歎き大方ならず。唯腹《ふく》のみ脹れ居起《たちい》するだに心に任せず、余りの苦さに思《おぼし》つづけ玉ふやう、「過《すぎ》つる夢に妙なる仏菩薩《みほとけ》の示現を蒙りしと見しは、天魔破旬《はじゆん》の障碍《しやうげ》にて、斯《かく》身を悩ます端《はし》なるものを、仮令《たとひ》誠の妊娠にもあれ、斯《かく》数年《あまた》の月日を過しぬれば、如何なる鬼畜を産出《うみいだ》して、人に笑《わらはれ》、生《いき》て整《なまじ》にいみじき愧《はぢ》を見んより、とく玉緒の断《たへ》よかし。あじきなき身」と泣明し、歎の余に心倦《うみ》つかれ、睡眠《まどろみ》玉ひけるに、忽ち胎内より大光明輝き、過つる年の夢に示現し玉ひし菩薩、珊瑚の乳房を掻分《かきわけ》胎内より出で玉ふと見えしかば、忽然として三十二相を具足せし玉の如き嬰児《みどりご》となっと（ママ）現れ玉ひ、「いかにや母夫人《ぶにん》聞玉へ。御身の苦悩の余り、予が御腹に孕《やど》れるを、天魔の障碍かと疑ふ事、是迷の中の迷なり。我苟《いやしく》も天上の楽境《らくけう》を捨《すて》、人間界に生を託するも、一切衆生に生老病死の大苦悩を救ひ、正覚を取《とら》せん為の大願なり。夫《それ》世界に十掟《じうでう》の掟あり。説て聞さん。

其の身尊《たつとく》して賤《いやしき》を捨つる勿れ
其の身智にして愚《おろかなる》を捨つる勿れ
其の身修道して悪人を毀《そし》る勿れ
其の身富んで貧しきを捨つる勿れ
其の身盛んにして衰《おとろへ》を捨つる勿れ
其の身修《をさま》りて脇《かな》はざるを捨つる勿れ
其の身誠にして偽を捨つる勿れ
其の身円《まどか》にして闕《かけたる》を捨つる勿れ
其の身明《あきらか》にして暗《くらき》を捨つる勿れ
因果の縁を知つて他を恨むること勿れ

此十掟は古より国土の十因ともいへり。此理を不知《しらず》して肆《ほしまゝに》なるを、人非人《にんひにん》といひて、天人倶に捨る所なり。抑《そもく》御身と姉君とは七百生が間仇敵《あだかだき》にて、親となり了となり姉となり妹となり、恨みを結ぶ事、言語《ごんご》の及ぶ所にあらず。其一端をいはば、先年《さきのとし》夢想に説し等乗国の法娑王の後の后妃《きさき》夷鳩陀夫人は即ち憍曇弥なり。生を変て今姉妹となりて、浄飯王の愛幸を受る身となれども、御身は過去の戒行いみじきに因て王の寵愛深く、姉妃《あねひめ》は因位の悪報に因て王の寵愛薄し。是故に平素《つね》に嫉妬の悪念絶へず。皇子懐妊と聞しより、瞋恚《しんゐ》の劫火《こうか》盛なり。剰《あまつさ》へ儀伯・無間の二道師を招きよせ、御身の懐妊堕胎の呪詛し、夫故《それゆへ》数年《あまた》の月を重ぬれども、産出《うみいだす》べき道なし。予が神力自在を以て降誕せんは安けれども、さありては姉夫人の妬心益熾《ますますさかん》になりて、悪念の滅する期なく、却て御身も其障碍の為に仏果を得《うる》事能はず。故に調伏にまかせ、出産の期を延すは、姉夫人の悪念を断しめ、却て大道心の善女《ぜんによ》となさん方便なれば、心苦しくも今暫くしのびおわしませ。先剋《さき》より説し事、大王初め誰々にも曳《もら》し玉ふ事勿れ」といひて、又胎内に入せ玉ひけり。「さしも尊き仏菩薩《みほとけ》、穢不浄《けがれ》の胎内に孕《やどら》せ玉ふ、勿体なや、さよ」と思ひ玉へば夢覚《さめ》、熟《つらつら》太子の説玉ひし始終を暗《そらん》じ、「是全く我身有がゆへに、姉君にかかる悪《あし》き心を生ぜしめ、是姉君の科にあらず、自己《わがみ》のなせし罪なり。夢の中に説き玉ひし十掟の中にも、因果の理を知て、他を恨むる事なかれ。この御示《おんしめ》しこそ有がたけれ。将《はた》嬉しきは姉君の心を和らげ、却て大道心の善女となり玉ふ時を待て、世に産出《むまれいで》んと宣《のた》玉へば、末遂に平《たいらか》に皇子を産奉る事疑ひなし。かかる夢想を蒙りし上は、亦何をか憂ふべき」と、喜び玉ふ事限りなし。今までの患病余波《いたづきなごり》愈て、いと健《すこやか》になり玉へば、大王はじめ傅官《かしづき》に至るまで喜びけり。

八　蓍闍《ぎじゃ》、摩耶を診脈して、堕胎の薬を勧む

浄飯王は摩耶の腰妊ありしより、誕生を待事《まつこと》、一日千秋の思をなし、已に三年《みとせ》を経れども、其験《しるし》なければ、群臣を聚《つど》へて評議あり。議論区々《まち〱》にして方今《ここん》の例《ためし》を考るに、三年にして胎孕《たいよう》のなきは、是《こ》は疑らくは病痾《びやうあ》の所為《わざ》なるべしと一致し、大王も始め正《まさ》しき夢の告は蒙り玉ひながら、諸臣の啓奏に迷ひ、四天下に名を得し典薬官を召寄《めしよせ》、病根を推究《おしきは》めしめんと。茲に千乗国の医官に蓍闍《ぎじゃ》といへる者あり。幼少より医術を好み、四百四病の治法知《しら》ざる事なく、一度脈を珍《み》れば、其病根を察せずといふ事なし。然れども財宝を貪るの一僻《いつぺき》ありて、浄飯王の医を召《めさ》るを聞て大に怡び、莫大の恩賞を得んと、募《つのり》に応じて、摩訶陀国へ上りしが、憍曇弥の傅人《つけびと》馬将軍は旧識なれば、先《まづ》月景城に至り、馬将軍に対面し、人を払ひ暗《ひそか》にかたらひ、「摩耶夫人実は妊娠なれども、出産の遅々に及ぶが故、若や患病《いたづき》乃所為《わざ》かとて諸国の名医を召さるる所なり。されども汝に勝る者なし。何卒《なにとぞ》夫人を診脈せば妊娠を折隠《おしかく》し、患病《いたづき》なりと告立《もうしたて》、密《ひそか》に堕胎の薬を勧め、太子を血水となし得させよ。恩賞は乞《こふ》に任すべし」。素より貪欲の蓍闍なれば是を肯ひ、別を告て朝庭へ出《いで》けるに、はや国々の医官百人斗《ばか》り詰居たり。かはるがはる医術の理を討論し、頓《やが》て蓍闍、摩耶の容躰を伺はせ、胎孕《たいよう》か患病か、両

様の平癒《へいやう》すべきの良方を配剤すべしと倫言あり。著闍心の裡に仕すましたりと怡び、其趣き夫人に告けるに、「仮令《たとひ》王命たりとも妄りに医薬を服し、若胎内の皇子に過ちあらば悔《くゆ》とも反らじ。躬《みづから》が妊娠尋常《よのつね》に変り、已に三年を経れども降誕あらざれば大王はじめ誰々も患病のわざと思玉ふは理《ことはり》なれども、躬《みづから》皇子孕り奉ることを定かに知よしあれば、今更医師に委ぬべきにあらず。医師を返すべし」と、烏将軍に告《つぐ》。「仰《おふせ》さる事に候へども、著闍が告《もうす》は、御懐妊ならば速に御平産の良薬を勧め、若患病なれば御平癒の医療をなし奉らん、との事に候へば、一度《ひとたびは》診脈させ、医案を聞召《きこしめし》、其上御意《みこころ》に合《かな》はずんは、調薬を服用し玉ふまじ。何を申にも勅令を奉り参りし者、空しく回《かへ》すは違勅の恐なきに候はず」と諫むるより、夫人止事《やむこと》えず著闍に診脈させ、胎妊《みこもり》に違はざれども、馬将軍が頼といひ、是を病気《びやうき》といひ立《たて》、堕胎せしむる時は、朝廷の恩賞といひ、馬将軍が賞禄、是を得、一時富貴を得んものと、「御胎内御懐妊にて懐妊ならず、是悪血凝結《こりむす》んで血塊となり、累年増長して胎孕《みごもり》の如く、甚だ難治の症なり。されども吾家に希代の良薬あれば、調薬して奉るべし。一七日が間、怠らず服用し玉はば、御平癒なし玉ふべし」と申しける。夫人一層憂をまし、此もの医道に精しからず、躬《みづから》の懐妊を察せずして患《いたづき》といふは、医案甚中《あた》らず。其後平日《つね》勤仕の典医を招きて、著闍の調薬を鑑訂《かんてい》せしむるに、「是何の主剤とも分らず。実《げ》に后妃の御容躰、小官《それがし》も御妊娠とは思奉らず。血塊と見しは卓見にて、此薬法最も可然候《しかるべく》」と申により、夫人《ぶにん》は元より服薬すべき意《こゝろ》なければ、薬湯を用ゆる躰にて暗《ひそか》に後園に捨させ玉ふ。依て著闍が巧計《たくみ》もむだとなり、実に怕《おそろ》しき事といふもおろかなりけり。

九　老翁、夫人を相して胎中皇子の高徳を奏す

朝廷には日々に摩耶の容体を訪《とは》せ玉ふに、さして変

りたる事もなく、病も愈ず降誕もなければ、叡慮を悩せ玉ひ、亦群臣を聚《つどい》て詮議あり。「已に医薬の効を奏せざる上は、百計尽たり。此上は看相に名を得し者を選出《えらびいだ》し、患病か妊娠かを見定めしより外之なし」と勅命あり。依て諸国の看相者、年来の琢磨を顕《あらはす》は此時なりとて、頓て相者を一人づつ召入て観相させ玉ふ。是に依て百人の相者かはるがはる玉貌《ぎよくぼう》をし奉るに、妊娠の表に候はず、御腹の脹大は必定疾病の所為《わざ》にて候べしと、始一人より九十九人まで大同小異はあれども、皆妊娠にあらずと。唯百人目の老翁、后妃の前、進み出て相貌を熟《つくづく》と見て、泪を流し、左右の詞もなく喨《むせ》び入けるを、烏将軍大に訝り咎て曰く、「先より九十九人の相者各々其おもふ所を述るに、汝考文《かうもん》をも告《もうさ》ず。泪にのみむせびおらせずに、所存のほどを疾々《とくとくまう》告せよ」と叱しければ、翁、「夫人の玉貌を相し奉るに、御患病なんどは露ほども在《まし》まさず。是正しく御妊娠にて、然も三十二相八十種好を備へ、徳、天地に等しき皇太子にて在ませり。唯恨らくは、邪味悪霊の為にご誕生の遅き事。されども観相せし上は、天門通と申して、普通相者の窺《うかがは》ざる秘法にて候例へば、孝文聊か違《たがふ》事なし」。烏将軍又曰、「汝看相に達し、皇太子胎妊と見定し上は、上一人より下万民までの幸福なるに、さなくして泪を流は如何に」。「さん候。貴人の御前にて不吉の泪を流し候は、恐ても猶余あり。然《さり》ながら、其理を述ん。胎内に孕《やど》らせ玉ふは、玉の如き皇太子にて、刀剣水火の上に産落し玉とも、御命に障《さわり》なく降誕し玉ふべし。然《され》ども、四天下に王として転輪王の位を践玉ふ太子にあらず。必然《ひつねん》出家学道して妙覚無為の法位に昇り、一切種智《じやう》を成し、清浄法輪を転じ、一切衆生を済度し、諸願を満足せしむる如来となり玉ふべき皇子にてわたらせ玉ふ。然るに、下官《やつがれ》は年積りて、九十余旬、翌《あす》をも知らぬ身にて候へば、皇太子の学道成就し、一切衆生を化度し玉ふべき結縁に洩ん事の悲しきさ《(ママ)》に、覚へず落涙いたし候」。夫人大に歓び、「此翁こそ天下《あめがした》の博識たり。今汝が詞を聞て、躳が胸中、風に雲霧の散しがごとく、百人の中《うち》唯一人妊娠と見し、未曾有《みぞう》の相者なり」と、叡慮斜ならず、官人等踪跡《ゆくへ》を尋捜《たづねさが》せども、絶て行方《ゆきがた》を知者なかりけり。

十　摩耶夫人、夢の裡《うち》に十恩の説を聴く

斯て如月も過、弥生も暮て、已に卯月になりけるに、朔日《ついたち》の夜間眠《まどろみ》玉ふ夢の裡に、以前に顕れ〔し〕聖大子、亦胎内を分出で玉ひ、枕頭《まくらべ》に立玉ひ、先に見《あらはれ》しよりは長延《たけのびまさ》勝り、夫人対《むかひ》て宣《のたまふ》やう、「憍曇弥夫人の悪念消滅の期《とき》来れば、丸《まる》の降誕、日遠からず。明日より七日間、能々御身を慎み玉へかし。抑《そもそも》丸、宿世の因縁によつて后妃の胎内を借奉る。母の十恩報ずる期《とき》なるべからず。いとも恐ある事なり」と。其十恩とは、第一は懐胎主護の恩、二には飲食禁忌の恩、三には臨産受苦の恩、四には生死妄憂の恩、五には諸声聞夢の恩、六には養育覆衣の恩、七には親疎朋友の恩、八には遠路遊行の恩、九には麁悪蔽覆の恩、十には寿命因福の恩、以上を慈母の十恩といふ。上は天子より下万民に至まて、身に受ざる者はなし。我身一代にして争《いかで》か此大恩をおくり報ずる事を得べき。増して況や丸は三年の間胎内にやどり、幾許《いくばく》の憂《うき》を見せ、千劫万劫経《ふる》とも敢て報じ奉りがたし」と。夫人「是《こ》は勿体なき事かな」と思ひしに、ふつと夢さめにけり。翌る朝より身を大切に慎しみ玉ひけり。

十一　藍毘尼《らんびに》園、花宴を催す

藍毘尼園に無憂樹《むうじゆ》あり。年毎に盛頃《さかり》は大王、花の宴をなし玉ひ、群臣楽《たのしみ》をともにせしに、摩耶懐妊してより二年三年、此事を怠たり。「それ人、花の麗しきを見る時は、憂愁を忘れ楽を生ず。朕、此程は朝政遑《いとま》なく、久しく摩耶に対面せず。来八日には藍毘尼苑にて花の宴を催し、摩耶が心を慰めん」と思へり。

藍毘尼園を灑掃《さいさう》し、清瓏殿《せいろう》を修理し、程なく八日にもなりしかば、月景・破利遮那《はりしやな》・吒那里《べいなり》の三宮はじめ、後宮女官・月卿雲閣へ花の宴を催し、各々参集すべき由を伝へければ、月卿雲閣は前随後従し、月景城の憍曇弥、波利遮那城の好容夫人、吒那里城の芙蓉夫人、其余後宮女官顔色美麗にして、今日を曠《はれ》と各粧装《よそほひ》をこらし、青瓏城《せいろう》へ参集す。殿中の中央には浄飯王の玉座を設け、左に摩耶の座、其次は芙蓉夫人の座、右は憍曇弥夫人の座、其次は好容夫人の座、一階隔て三大臣・月卿雲閣列座せり。摩耶夫人、今日は心もいさみ、徐《しづか》に清瓏城へ入玉ひ、其粧装《よそほひ》美麗なる事たとふるものなし。姿は三十二相兼備へ、八十種好の身に余れり。今までは花の如く月の如く見へし三殿の后妃はじめ、三千の女官忽ち顔色を失ひ、胎内に在《まし》ます法王如来は、三密微妙の神通力を以て衆生を利益すべき奇特を示すべしと思召《おぼしめし》、平等衆生皆是我子《かいぜがし》、歓喜踊躍《かんきゆやく》の功徳を顕し、宮妃諸卿、摩耶の面を見れば、心清くして歓喜を生し、不測《ふしぎ》なる中にも、憍曇弥は妹に君寵を奪はれ、妬心日々に盛なりしが、今顔《かんばせ》を見ると等しく胸中の猛火忽に消《きへ》、「あら麗しや、かゝる妹を悪み妬み、呪詛調伏して出産を妨げ、三年が間憂苦《うきめ》を見せしは、我ながら鬼畜に劣れし」と慚愧の泪《なみ》だとどめかね、胸中闇夜の明《あけ》し如く、頓《にはか》に嫉妬の心消滅して、善心発起せり。夫《それ》より酒宴興に乗じ、女官諸卿等かはるがはる糸竹歌舞にて御遊《ぎよゆう》の興にそゆる。大王酔に乗じ、数多の官女に、「此園中の草木は猥りに折採《おりとる》事を禁ずといへども、今日は摩耶の心を慰むるため、無《む》憂《う》樹を除《よ》けて、諸花一枝をつつ折取り、夫人の前に挿《させ》よ。其中《うち》夫人の意に叶ひしかば、倹賞《けんしやう》を与ふべし」と。

因に曰《いふ》、今我国の諸寺院に灌仏の屋根を草花にて葺《ふく》は、此時の遺風なり。亦人家に竹の先につつじを挿《かざ》すも此謂れなり。

是ぞ御仏に一枝の花を捧げ、菩提を得る藍觴《らんしやう》なり。大王、摩耶に向ひ、「園中第一の無憂樹の花を一枝手折て朕に賜へ」と仰せければ、后妃領掌《れうしやう》して無憂樹の下に立寄玉ふ。不思議や、此時虚空より金色の光を放て、二た流《ながれ》の播《はた》天降りて、無憂樹の梢にひるがへり、霊香四方に熏じ、夫人右の玉牖を伸し玉ふに、花枝自然《おのづと》屈《かゞ》みをれて、后妃の御手元近くなびき下るにぞ、「是《こ》は諸天の加護か、嬉しや」とて、手まづさへぎる花の枝を和《やわ》ら折採んとし玉へば、忽ち御衣《ぎよえ》の右の脇より皇子降誕し玉ふ。其時無憂樹の下に七宝七茎《きやう》の蓮花生ず。太子蓮花の台《うてな》に堕《おち》玉へば、今まで二流の旛と見へしも、忽然《たちまち》として金色二躰の龍神と現じ、八色《しき》の光りを放ちて、虚空に飛揚し、清浄功徳水を以て太子の頂より四肢に至るまで洗浴す。

蓋し今、仏生会に誕生仏に千歳薬《あまちや》を洒《そゝぐ》は此義を表せるなり。

是に依て、太子の御身諸の不浄を洗ひながれて、黄金の色あらわれ、毛孔《けあな》より大光明を放て、三千大千世界を照し玉へば、天上には梵天・帝釈・諸眷属、増長・広目・持国・多聞の四天王、及び無数の諸天・諸仏・菩薩来降《らいがう》し、妙華を散し妓楽を奏し、合掌して太子を敬礼ある、天外には第六天の魔種顕はれ、今より永く我道《わがみち》衰滅すべしと懊悩し、泣悲しめり。太子は蓮《れん》の上より下り玉へ、前へ三足《あし》、後へ四足歩み玉ひて、左の手の指にて天をさし、右手の指にて地をさし、微妙の御声にて三世了達、四弘誓願、諸法塵内、天上天下、唯我独尊と師子吼し玉ふ。胎金剛部智明是なり。摩耶は太子産《うみ》玉ひて少しの苦悩なく、心禅定に入が如く、無生法忍《むしやうほうにん》の形を収め、無憂樹の下《もと》に憩玉ふ。俄然として霊泉涌出す。其水香潔にして温《あたゝ》かなれば、摩耶其水にて洗ひ清めしめ玉ふ。太子は錦の袍《はう》を以て抱き、浄飯王の叡覧に入奉る。大王は諸《もろもろ》乃瑞相眼前に見玉ふ上、今亦皇子を見玉ふに、さながら玉の如く、三十二相八十種好を具足し玉へば、歓喜《くわんぎ》踊躍《ゆやく》に堪玉はず。摩耶は青陽城へ還させ玉ひ、若君は憍曇弥に抱かせけり。

十二　摩耶夫人逝去

茲《こゝ》にわきて不思議なるは、皇太子出誕の日に当て、釈種の五百王同日に悉く男子を産み、亦五百の厩《むまや》皆駒を生ず。何れも毛色《けいろ》純白、殊更浄飯王の厩の駒殊絶たり。名を犍陟《こんじゆく》と号《なづ》く。偖《さて》も后妃摩耶は藍毘《らびに》園より青陽城へ皈り玉ひし後は、神身《しんしん》悩み玉ふ事はなけれども、気力竭《つき》て、飲食を欲し玉はず、打臥し玉ふにぞ、普く名医を求て治療手を尽させ玉ふに、その験《しるし》見えず。憍曇弥は賢智なる嬭母《うば》を択《えら》みて皇子を育しめ、青陽城に住して昼夜を捨てず看病し玉ふに付ても、かへす〴〵呪咀の事を悔歎き、心中に天地に祈誓し、「あはれ、妹夫人の患病《いたつき》今一度平癒せしめ玉へ。それも尚能はずば、自《みづから》が身を以て妹后の命に代《かはら》せ玉へ」と、丹誠を尽して祈り玉へども、定業にや、其甲斐なく、太子降誕より七日目の暁に、摩耶夫人は姉后並に烏将軍夫婦を枕辺に招きて、「躬《みづから》こそ宿世の戒行いみじき浄飯大王は幸ひせられ、人々の尊敬に逢ひ、あらゆ〔る〕娯楽を極めずと云事なく、皇太子をさへ産み奉りしは、世に例《ためし》なき福分也。然るに今已に現世《このよ》の縁尽て、無為の都へ皈り、元より一念不生の心には迷もなく悟りもなく、煩悩即菩提、生死即涅槃と聞《きく》時は、心を残すべき方もあらず。願くは姉君は太子を御身の子と思召して、慈み育玉へ。烏将軍婦夫は今日より姉君を自とおもひ、まめやかに傅《かしづ》き仕へ、太子成長玉ひても、悪き御行迹あらば諫《いさめ》正し奉れよ。将《はた》大王に奏して、自らが亡《なき》骸《がら》を此青陽城の東なる夕陽山《せきやうさん》にて荼毘し、墳《つか》のしるしに無憂樹を植させ玉へ」と遺言し、座を正し、正念合掌して、睡るが如く逝去し玉ひけり。亡骸を夕陽山に送《おくり》、香薪を積かけて荼毘し玉ふ。噫呼《あゝ》悲しいかな、桃李の姿も無常の刀風に解れ、夕陽山下の煙りと供に消玉ふ。玉骨を七宝の器に納め、埋葬して十六丈の宝塔を建《たて》、藍毘尼園の青瓏殿を移し、廟前に無憂樹を植へ、後年世尊成道して、迦毘羅城へ還《くはん》幸《かう》なし玉ひし時、青瓏殿を梵刹《てら》とし、摩訶摩耶山忉利天正寺と号け玉ひ、憍曇弥の傅官《つけびと》馬将軍は摩耶の逝去ありしを聞て深く慚愧し、主命ながら呪咀をなし堕薬《おろしぐすり》を勧めし罪の深さよとて、我と先非を悔て気の病を発し、摩耶薨去の後十五日にして終《つい》に気死したりけり。

十三　悉多《しった》太子、阿私陀《あしだ》仙に入学し、三十二相を示す

憍曇弥は前々の罪を償《つぐなは》はん為に、皇太子を我子と愛《いつく》しみ育て玉ひ、斯て太子三才に成玉ひければ、初て参内し玉ひ、其容貌睿覧あるに、胎内三年《みとせ》居玉ひしかば、其さま六、七才計りの如く、言語動止則《のり》に合ひしかば、御歓び不斜《なゝめならず》。降誕の時三十四の瑞応、および諸の奇特悉く達せずと云事なし。因て御諱《おんいみな》を悉多《しった》太子と呼び奉り、日々に麗はしく生立《おいたち》玉ふに、摩耶此世に在《いま》せば、何《いか》ばかりか悦び玉ふらん。せめて夕陽山の廟へ太子を詣でさせ、御母の尊霊を慰め進《まい》らせばやとて、幸ひ卯月にもなりたれば、来ん八日に憍曇弥、孀母《うば》に皇太子を守らせ、烏将軍夫婦、女官数多召具して、夕陽山の廟に参詣なるに、草木欝茂し草茫々して、烏雀《うじゃく》物かなしげに啼《なき》、盛者必衰《せいじゃひっすい》の理《ことはり》眼前《まのあたり》に見へ、無憂樹の花は昔ながらに咲ぬれども、手折りし主は苔の下に朽果《くちはて》、さしも七宝《ひちほう》荘厳の宮殿も、住人なければ荒《あれ》のみ増し、狐兎《こと》の栖《すみか》となる光景《ありさま》なり。然るに太子幼《いとけな》き御意に無憂樹の花を愛《めで》玉ひ、木の下へ走り行、烏将軍に「彼《あの》花折よ」と仰《おふ》ずるに、故夫人此花を折んとし玉ひてぞ、御産の気《け》もつき、終に逝去《みまかり》玉い〔き〕とおもひ、いろいろすかせど、もてあまし、「聞分《きゝわけ》よき若君や、人にかはりて三年《みとせ》まで孕《たね》ごもり玉ひ、終に母君を見放し玉ふも、此花ゆへぞかし。此花を御母后とも見玉《まみへ》ひ、増て枝なんどは仮にも折せ玉ふまじ」と。「偖《さて》は丸には実《じつ》の母おわするか。御名を何と申、何ゆへ逝去《みまかり》玉ひしぞ」と、問を止《やみ》玉はざれば、せんすべなく、花の宴の折から右の脇より降誕ありし後、七日にして逝去玉ひ、遺言に

依て夕陽山に葬り、無憂樹を移し植へしまで、あらまし語り聞せ奉るにぞ、太子雅心《おさなごゝろ》に思しけん、雨々《さめ〱》と泣《なき》、泪流し、「然《さら》ば彼《あの》花を折てえさせよ。母君とおもひ、朝夕に見《まみへ》ん」と仰《おふ》ずるに、是非なく一枝折て進らせければ、限りなく悦びながめ玉ひける。斯て長き日も傾きければ、太子を誘《いざな》ひて青陽城へ還幸し玉ふ。其のち年月立て、太子五才になり玉へば、加冠《かくわん》の儀式なり。偖《さて》七才にならせ玉へば、射芸の堪能を召《めさ》れ、太子に射術を学ばしめ玉ふに、一月経ずして、悉く妙術を極め玉ふにぞ。其外諸般の技芸を学び玉ふにも、旬日にして蘊奥を悟覚《さとり》玉ふにぞ、諸人奇異の思をなしぬ。偖八才にならせ玉ひし時、文《ぶん》道《だう》を学ばしめんとて、欝頭覧弗《うづらふつ》といふは博学多才なるを以て是を師範とし、入学、博士の許へ参り玉ふに、御学の友となるべき星光《せいくわう》の嫡男烏陀夷《うだい》は賢明人に勝れ、其余俊才の童子十余人択み、扈従《こじう》とし、吉日良辰を獲《えらみ》て入学し玉ふ。先《まづ》文道の階梯ならばとて筆道を学ばせ奉るに、一旬の日をも経玉はざれども、筆力悉く法に合《かふ》ざる事なく、覧弗も及ざる事遠からず。猶も太子の才を試んと、二百部の世益《せえき》論、百部の誠諦《じやうたい》論、二部の秘書を採出《とりいだ》して、「此内御意に学びんと思召《おぼしめし》、書を択《えら》み玉へ、何にても教授なし奉らん」と。太子外題を見玉ひて、一は神変妙奇集とあり、一は発心報謝論とあり。太子思《おもへ》らく、「妙奇集は仙家道術・医術の書にて、国家に益ある書。報謝論は上求菩提の書なる事明けし。転輪王の位を践《ふむ》とも百年の栄花を極むる事能はじ。出家学道として一切種智をなして、母君の霊をして永く生死輪廻《りんゑ》を離れしめ奉らんこそ、せめての孝道たるべし」と思慮し、「丸は唯誠諦論を学ぶべし」と仰せあるは、国家有益の書をさし置、上求菩提の書を望み玉ふは、全く出家得道の御望ありと覚へたり。「若我が許に留学し玉ふ内、出塵ましまさば、国王の責《せめ》免かる事能はじ。早く宮中へ召還し、良師を撰みて御師範たらしめ玉へ」と。「其師範には、維那里《いなり》国香山《かうさん》に住する阿私陀《あしだ》仙人は神通広大の賢仙なれば、彼を召し師範となし玉へ」と。頓《やが》て阿私陀仙、天眼通を以て一瞬の間に来れり。「我前《さき》に大王の太子藍毘尼園无憂樹の下に出誕し玉ひ、三十四の瑞応現じて、七歩して法語を発し玉ひしを聞候ひぬ。然るに欝頭覧弗、我を召して太子の師とせよと奏せしは、彼ら一時の方便にて、我に太子を相《さう》させ、大王に告る所あらしめんとす」。太子の相貌および四肢を見て、一賞三歎し、「此君実に三十二相を具足し玉へり。若王位を践《ふみ》玉へば、十九にして転輪王と成玉はん。もし出塵し玉はば一切種智なして天人を済度し玉ふべし。卅二相とは、一は頂髻肉成《うなじのかみにくとなり》、二は眉間白毫、三は眼賠《めのかたち》牛王、四は眼色金精、五は音声迦陵頻伽、六は舌煗面覆《したやわらかおもておゝふ》、七は咽中津液《しんえき》流、八は味中上味、九は方頬《はうのほね》車師子の如、十は四牙最白、十一は歯白斉密《はしろくそろいこまか》、十二は口中四十歯、十三は肩円、十四は耳広端正《ひろくたゞしく》、十五は師子王の如、十六は両脇下満、十七は両足下両腋下両肩上項中皆満字入、十八は皮薄、十九は身色微妙、二十は毛青色右旋《みぎにめぐる》、二十一は毛孔一毛生、二十二は身竪横等、二十三は陰蔵相象馬王、二十四は平住両手膝摩《ひざをすり》、二十五は足腨纖好《あしのかたちはそく》、二十六は足趺《うら》高平好跟《きびす》相称《あいかない》、二十七は足指合縵網、二十八は足跟《あしのうら》広具足満好、二十九は手足柔煗、三十は手足指長、三十一は千幅網転満相、三十二は足下安下奩底《はこのそこ》の如し」と、逐一指示して香山をさして去けり。

十四　悉達太子、提婆達多と競技

斯て太子十歳の春正月、恒例にて小弓はじめの式あり。浄飯王の諸釈種の貴冑《きんだち》を召、其役を定め玉ふ。東の大将を悉達太子とし、副将を甘露飯王の皇子広耶太子とし、其余百人の童子俊才を択み従へしめ、西の大将を斛飯王の皇子提婆達多とし、副将を白飯王の皇子旋陀太子とし、其余百人の童子の奇才を撰みて従はせ、浄飯王はじめ三大臣等列座し、斯て小弓の式はじまり、最初弾丸の的を空中に投上、落下るを射る。西東の副将互にはげみ合しが勝負互角なり。次は東西の頭《かしら》の勝負あれば、西陣より提婆達多歩出て、弾丸、的を取、虚空に投上れば、りうりうとなり上り落下るを、悉多太子弓を満月の如く彎《ひき》しぼり、虚空に向ひて射玉ふに、四寸の丸を射貫き、地上に噹《はた》と落《おち》、万人是を見て、感賞する声小時《しばし》止ざりけり。悉多太子徐《しづ》かに丸を把て虚空に投上れば、りうりう鳴上り落下るを、待設けたる提婆達多やとかけ声して、切て放つに過《あやま》たず射るといへども射ぬくこと能はず。諸人是を賞《ほむる》とい〔へ〕ども、悉達太子に及ばず。提婆面目を失ひ、是ぞ遺恨の初めなりける。偖《さて》弾丸の式畢り、次は鉄鼓的《まと》の式。提婆は悉達に弾丸の的を射負け、憤怒止まず。此度は我、鉄鼓を射通し、悉達に恥辱を与んものと意に巧み、旋陀にも示し合せ、已に広耶太子の番にあたり鉄鼓を射るに、的には中《あたり》ながらやじり砕て飛かへり、旋陀太子出射るに、一ツの鉄鼓を射ぬきたり。次に提婆達多ねらひを固て射るに、過たず三ツの鉄鼓を射貫たり。悉達太子は七ツの鉄鼓を射貫《いとふ》し、尚余れる矢巌《いわほ》を穿ち、忽ち清泉《きよきいづみ》涌出たり。上帝王より下卑官に至るまで、感嘆する声止まず。提婆は二度の曠《はれ》勝負、悉く負たるを遺恨にさしはさみ、大觴《おほさかづき》を把て数盃を傾け、酒気に乗じて広庭に狂ひ出で、「悉達太子、射芸堪能なりといへども、筋力《ちから》に於は我に及ばじ。力量の覚あらん者は、来《きたつ》て我に角觝《すもう》の勝負を試よ」と叫びにけるに、諸童の中《うち》にも、「憎き提婆の広言かな」と、「いでや力を競んもの」と、我も我もと組合といへども、勝ものなく、旋陀太子のみ提婆と力を等しく勝負引分。悉達太子、「丸も戯《たはむれ》に力くらぶべし」と、提婆・旋陀一斉《いつしょ》に取かからせ、右に撲《うち》、左に揉み、組合しが、終に力衰へ大地へ投られけり。提婆整《なまじ》に事を好んで三度恥辱をとり、熱湯を涼《さます》に由なし。不興げに従者を引て城門を出けるに、城門の外に大象有て門を遮り、敢て進みがたきを、提婆大に怒り、躬《みづか》ら先立て城門に至り見るに、果して大象門に横はり、牙を怒《いから》して停立す。提婆少も怕るる色なく進み依て、拳を固め象の頭を磕《はた》とうちしに、さしもの大象、金剛力に搏《うた》れて地に蹶《たほ》れ、是に依て難なく門を出る事を得たり。旋陀、城門を出るに前行《ぜんかう》立停《とゞまり》て進まず。何事かあらんと見るに、先に大象遮り立て路を妨げしを、提婆一拳《ひとこぶし》に打ち倒して、今城門の傍らに苦臥《くるしみふ》すを打笑ひ、「此畜生、何ぞ我が行路を妨るや」とて、足を以て礑と蹴に、金剛力なれば五《いつ》尋斗《ひろばかり》飛で、堀際に仆臥《たほれふし》、苦み死に向《なん》たり。悉達太子是を見て微笑し、「罪なき獣類只追退《おいしりぞけ》ずして、猥に傷《きず》付痛《つけいたま》しむるや。丸、其象を救ひ得させん」とて、件の象の辺《ほとり》に行、象の牙を手にて採《とり》、曳立《ひきたて》玉ふに、さしもの大象かろがろ引立られて身を起し、しかも苦悩頓《にはか》に愈て甦り、太子を見て耳を垂、尾を伏て拝謝の躰をなし、山路をさして走回《はせかへ》りけり。

十五　浄居《じやうご》仏、一《ひとたび》悉達太子を試む

年月推移《おしうつ》りて、早や悉達太子十五才になり玉ひしかば、浄飯王百官を召して、当二月八日に立太子の儀式、先例の如く四海水を以て太子の項《うなじ》に灌ぎ、東宮に立つべし。此を諸国の王に朝勤あるべく、宣旨ありしかば、諸国の小王、五百の釈種、我も我もと聘物《へいもつ》を捧げ、迦毘羅城へ着す。斯て其日になりしかば、浄飯王太殿に出御あり。小王群臣列座し、其時悉達太子羅綾《られう》の御衣、七宝《ひちほう》の宝冠を頂き立出玉へば、白玉の盤に四海水を湛へて、官人是を捧げ出、先《まづ》甘露飯王はじめ諸国の王、月卿雲閣に至まで、座順に受伝へ戴き畢り、祝賀《しうが》を奏して、浄飯王の御前に捧げければ、帝《みかど》、盤水を捧て天地を拝し玉ひ、盤水を太子の項に灌ぎ、高声に唱て曰《のたまは》く、「今日悉達を以て東宮に立《たて》、朕が世嗣《せいし》とす。因て今天地に告《つぐ》、乃至、夫々《それ〴〵》に告」と、御手づから七宝の印を授玉ふ。是によつて各々万歳を唱へ、芽出《めでた》かりけり。其後、太子、烏陀夷等と書巻を開きて、古今に眼をさらし、書毎《ふみごと》に其理を究め玉へども、尚良師なきを患《うれ》ひ玉ひ、憍曇弥は此体を見て心を痛め、却て患病《いたつき》を生じ玉ては益なき事、只其意《こゝろ》を慰るに知《しか》（ママ）じとて、「幸ひ時今春の季《すへ》なれば藍毘尼園に出遊し、花盛《はなさかり》を叡覧、御意を慰《なぐさめ》玉へ」と諌玉ふ。太子御意《おんい》に叶へば、准備《ようい》十分に調《とゝのへ》しかば、太子は出遊を楽しみ玉はざれども、母公《はゝぎみ》の仰せを背ん事を厭ひ、烏陀夷をはじめ数多の近臣・児童を従へ、宝輦を回《めぐら》して出遊し玉ふ。玆に天上の浄居仏、悉達太子の悞楽に愛着し、本願を失忘あらんかと疑ひ、其心を試みんと、神通を以て老さらばいし翁となり、杖にすがりてよろよろと、貴賎男女の太子の行粧《かうさう》を拝見する中に交り、路の傍に停立《たゝずみ》居たりしを、警固の官人是を見て大いに怒、「此老奴《おいぼれ》、何ぞ路頭にさし出て、太子の御光臨を妨るや」と罵り、老翁を策《むち》にて撃てば、其侭《そのまま》地に仆臥《たほれふし》たり。太子宝輦の内より是を見玉ひて、急に官人を制し、「是《こ》は何《いか》なる振舞ぞ。猥《みだり》に人を撃《うち》痛ましむべからず」。扶起《たすけおこ》さしめ、烏陀夷に問て曰く、「是を何物とかいふ」「是は老人」と申。「何をか老といふや」と問玉ふに、「此人昔日《むかし》は嬰児・童蒙たりといへども、年月重りぬれば皮膚おとろへ、終に枯てかかる姿となり、貴賎とも何人に不抱《かかわらず》、老て如是《かくのごとく》なりしや。一切衆生皆如是《かくのごと》し」と。太子此事を歎息し玉ひ、「我身富貴にして転輪王の位を保つとも、焉《いずくん》ぞ頼《たのみ》にたらん。世の人何ぞかく転変の世を厭《いとは》ざるや」と感慨の心生《せうじ》、厭離のおもひ胸にみちて、園游すべき意《こころ》を失《うせ》はて、「早く車を返せ」と。いろいろと諌め候へども、敢て承引し玉はざれば、止《やむ》を得ず半途より還幸し玉へり。

十六　浄居仏、再び悉達太子を試《ため》す

復説《さても》憍曇弥は此由を聞召して憂ひ玉ひ、浄飯王に此由を密奏し、帝王は宸禁を悩まし、太子の為に倍々《ますく》遊楽の具を増して、厭離の念を除かんとて、百般《いろく》に計《はから》ひ、新に百工を集合《つどひあは》して、山水の奇観を画《えがき》し如くに、万花園《ばんくは》を造、太子の遊覧に備へ、太子は此事を好ざれども、父王の斯迄《かくまで》叡慮を尽《つくし》玉ひしを、忝なく承諾《うけがひ》し玉へば、烏将軍は厳しく布達して、拝見人を固く禁じ、往来を留て道路閑静《しづか》に塵も立《た》ゝず。此時太子宝輦にめされつ、夥多《あまた》官女近臣等御供して出御ましまし、徐行《ねりゆく》ほどにまたも浄居天は病人と化《け》し、道端に臥悩《ふしなやみ》居ければ、清道怠りなかりしに、「奇なり奇なり」と云つつ、追退《おいしりぞけ》んと動揺《さはぎ》たつ。折しも宝輦《みくるま》近づきければ、太子早くも叡覧《みそなわ》すに、死付形状《しにつくありさま》なりしに、太《いた》く憐み、「渠《かれ》も原来《もと》は壮健《たつしや》なりしも、恣に色欲の度を過《すご》し、飲食を過し、遂に肺胃を痛め、気力弱り、親兄弟に見はなされ、宿《しゆく》する処なく今は死するに至なん不愍さよ」〔と〕思《おぼ》し、典薬に「彼の病者に服薬を与へよ」と。「噫、一切衆生皆この難あり、然るを、しらず、嗜慾《ぎよく》に耽り、逸楽に荒《すさ》み、是凡体の浅猿《まし》さ」と憂玉へば、遊覧の御意《おこころ》も思召れども、父君の叡慮に背《そむき》不孝ならんと、御心つかれて万花苑へ渡《と》御《ぎよ》し玉へば、俟《まち》奉りし烏将軍大に怡《よろこ》び、種々《さまざま》饗応《もてなし》奉れども、太子は些《すこし》も楽《たのしみ》玉はす、唯落花に无常を観じ、流《ながる》る水に光陰の早きを惜み玉ふのみ。日も稍西に傾きければ、寮馬に乗《めさ》れて還御せらるる折から、再三浄居天、悉達太子に死相を示し、道心を励さんと思へど、堅固《かため》の官吏等が打擲《てうちやく》するに困《こう》じ玉ひ、這回《このたび》は諸人の眼《まなこ》に見せず、太子と烏陀夷とのみ見せばやと、痩し肌悉く土色に変じ、死人と化して、道路に倒臥し居たれども、諸人は知ず。太子は忽ち御覧ありて、寮馬を止て、烏陀夷に「彼を見よ。身体空しき体《からだ》となりしは、王侯庶民に至まで、死を免がるる者あらず。朝《あした》をも知らで、無常の風に誘《さそはれ》なば、皆此人の如し。浩《かか》る浮世を厭ざる凡夫の人ぞ浅猿《あさまし》」と歎き玉ひける。怏々《わうわう》として月景城へ回《かへ》り玉ふに、憍曇弥は「太子仮山《つき》へ出遊し玉へば、旬日《とふか》ぐらいは滞留あるべしと思しが、只半日にして還幸し玉ひしかば、如何の事」と烏陀夷を召して其否《いなや》を問玉ふに、隠《かくす》事能はず逐一言上しけるに、「這回《このたび》は路上《みちのへ》老人病者死人等無之《これなき》やう、堅固《かたく》厳しく候ひしに、此全外吏《やくにん》の怠りなり」と、夫々命じて罪を糺《たゞ》せども、「何国《いづく》ともなく忽然と出現し、何者とも知者《しるものも》なく、其行方しれず、還幸の際死者の在し由は絶て知者はなし」と。誰有て死者を見たりと申者なければ、全く天魔破旬の障碍なるべしと、外吏《やくにん》の罪を恕し玉へり。其後大王太子已に十六才、百般《ももの》技芸達せずといふ事なけれども、歓楽に意を止めず、旦夕《あけくれ》書巻のみ翫び、「出家学道せんの望ならば、朕が血脈茲に絶て、縺綿たる釈種他人の有となるべし。太子の道心を退け、王位を嗣べきやう計べし」と宣旨あるに、月光臣申やう、「太子已に成長し玉へど、未だ宮妃定り玉はず。依て四天下に佳人を需《もとめ》て宮妃に備《そなへ》玉はば、自然《じぜん》愛憐の心生じて、学道を止まり、宝位に即《つき》玉ふべし」と奏しける。

十七　悉達太子、耶輸陀羅女《やすだらによ》を娶《めと》る

斯て諸臣新宮を備へんと、我も我もと心を尽し、諸国に美女を求め、都城《みやこ》へ召し寄《よす》る。其数七百余人。憍曇弥は、其中《うち》にて殊に勝れし佳人を二人択出《えらみいだ》し、其一人は摩訶那摩国王愛女鹿野《いぎ》女、今一人は釈種の親族執杖《しつじやう》といふ人の女《むすめ》瞿陀弥《くだみ》といへり。此両人は智才勝れ技芸達せずといふ事なし。大王初最《はじめいと》たのもしく思玉ふに、太子は曽《かつて》心を動し玉はず。夜は枕衾《ちんきん》を倶にしたまはず。両人は心を尽して太子の春情を誘《いざな》へども、更に心を移し玉はず。茲に迦夷衛国に耶輸陀羅女といふ美女あり。賢才智恵天下に双《ならび》なし。百々技芸に達せずといふ事なし。是を太子の后妃に備る事に議決し、されども是まで憐（ママ）国の王太子の為に耶輸陀羅女を娶《めとら》んとする事、八ヶ国、然《され》ども承引《うけかは》ず。摩訶陀国と婚儀を結ばば、憐国の王怒て兵を発し攻来るも難斗《はかりがたし》。是には八国の太子を集て、「誰にても我小姐《むすめ》と婚を結《むすば》んと欲する者は、七日の後此場に来て芸術を闘はせ、技の勝たらん者を女婿《むこ》とすべし」と触しむに依り、各迦夷衛国の都に聚る。程なく其日にも成ければ、国王、耶輸陀羅女・諸臣と供に高楼に昇り、其勝劣を望見る。東の門より悉達太子、西の門より提婆太子、其郭《くるは》に入り、馬術を望めり。悉達之を諾《うべない》玉へば、二領の駿馬を率《ひき》出し、両太子に与へ、東西斉しく馬上に跨り、乗り出しけるに、悉達は手綱をかいどり、左右前後に乗回し玉ふに、進退疾《とやき》こと電光の如し。しかと見とむる事能はず。提婆は大いに慌て、鞍踏《ふみ》はずして馬上より逆さまに落けり。赤面して退き出《いで》、其余諸国の皇子と筋力競くらべ、或は算数、日月星辰の度数、天門地理、八万の医術を問答し、或は書画管弦の諸芸を競《くらぶる》に、一人として悉達太子に勝る者なければ、各々慚愧して其国々へぞ回《かへ》りける。迦夷衛国王大いに悦び、八国の皇子と技芸を闘はし、悉達勝を得、婚姻を約して回りける。浄飯王、憍曇弥の悦び、限りなし。頓て耶輸陀羅女を迎へ、亀鶴《きかく》の婚姻を取結せ玉ひけり。

十八　浄居仏、三《みたび》悉達太子を試む

斯て耶輸陀羅女新宮に備はりて後は、鹿野・瞿陀弥の三妃《さんにん》、其外好色絶世の美人、昼夜寝食の間も御側を離れず、糸竹の調べ、歌舞を奏し、只管《ひたすら》太子の心を慰《なぐさめ》奉たると雖も、心動玉はず。又閨門《ねや》へも入玉はざれは、三新宮とも望を失ひ、高峯《たかね》の花をながむる心地し玉ふ。或時太子宮中《くうちう》に在て、稍気鬱を生ぜり。依って郊外に遊んことを思へり。可然《しかるべく》其準備《ようい》あるべしとの事なれば、城北の眺望よき処に行宮《あんきう》建《たて》、道路灑掃《せいそう》し、先に出遊の時は老病死の三苦を見て憂《うれい》しめ、此度はかやうの事なきやう厳しくして、烏陀夷はじめ三宮・後宮・婇女《さいじよ》を随従し、烏将軍を先導として、出遊百般《いろ〳〵》慰進《まい》らせども、太子は逸楽好《このみ》玉はず、遠近《おちこち》を眺望し玉ふに、一大樹あり。其下に平なる石あり。「烏陀夷等、此処に待《まて》よ、丸は彼石上にて風景を翫《もてあそ》ぶべし」とて静に端坐し玉ひし時、浄居仏化《け》して一人の比丘となり、法服を着し、右の手錫杖、左の手に鉢を持来れり。「一切衆生皆五濁《ごぢよく》の為に身を汚し、六欲の為に心を惑されて、老病死の迅速なる事を不知《しらず》、生死の苦界に沈淪して、無上菩提の快楽《けらく》有ことを知らず。我《わが》修学する所の如きは、色声《しきしやう》香味触《そく》法に執着せず、無漏の聖道に游ばしめ、遠くば苦の海を過《すぎ》、解脱の岸に着《つき》、無為の都に到《いたる》なり」と、出家の要道を示し玉ふを、余人は此比丘を見《みる》事なし。此《こゝ》に於て太子は還御《くわんぎよ》ありてより、比丘の示教を聞しより、其心豁然《かつねん》として雲霧を開て、白日を見るがごとし。況や先の比丘立去し時、忽ち微妙の色身を現し、金色の光明を放ちて昇天し玉ふ。太子愕然として、初て悟り玉ひ、大道心ここに決定《けつてい》し、父王は其挙動《ふるまい》を聞、王城を忍び出玉はん事を慮り、城門の守衛堅固に、開閉《あけたて》の音四十里が間響《ひびく》やうに造守《つくりまもら》せける。此日破利舎那の好容夫人、皇子を産玉ふ〈後に難陀太子と申奉る〉。

釈迦御一代記図絵巻之上　終

釈迦御一代記図絵巻之下　不二良洞

十九　悉達太子、暗に檀特《だんどく》の法台を知る

斯て悉達太子は檀特の方角を知《しり》、便りにならん者をと、賢才ある者十三人召ししかば、月卿雲客の中《うち》にも、殊更文学諸芸に上達の者を撰み、早速御前へ召れ、衆童に仰せられけるは、「何《いか》に汝等達、凡そ天地の間に生《いけ》とし生る程の者、皆予が心の友たる者を聚め、遊《あそぶ》事やある」と何心なく仰せられしに、一童答て申上る様は、「仰せの通、物皆類を以て集ると申して、心事の類するを友とし、交りあそぶ。別して心の合たるを心友《しんゆう》とて深く契合《ちぎりあい》」と申すを、太子は興じ玉ひ、なを夫々《それぞれ》の童子に、文武諸学、天文地理、名山古跡の物語に託し、聞まほしく思召す処を探り玉ふ。又先の童《どう》の曰く、「此国の天門に当て、行程三百里にして檀特山あり。夫より雪山《せっせん》・迦毘羅《かびら》・阿私窟《あしくつ》陀《だ》・般若山等の真仙修法の峯嶺《ほうれい》あり。又鬼門に当て千二百五十里程を経ては、阿育山・阿私陀山・阿閦《あしく》部・妙見台等、梵行学道の霊窟羅列せり。皆何れも聖賢老者の神人、心《しん》を友とし遊ぶと聞ける」と語りければ、太子其行程険易を尋ければ、答へ申すは、「千三百里の中、五百里は陸野にて民家あり。五百里は大河幽谷にて漁猟の住家《すみか》希《まれ》にありて難所なり。三百里は山道にて誠に険阻のよしと承り候」と何心なく語りける。太子よくよく聞とり玉ひ、「偖《さて》は往《ゆく》に難からず。是や出離の先達なりけり」と、心ひとつに収め玉ひ、「今日汝達の物語りにて日来《ひごろ》の鬱を晴しぬ」と怡《よろこ》び玉ひける。

二十　悉達太子、宮中を出でて、檀特山に赴く

悉達太子は児童等が物語りを聞玉ふに、一人の童子、「檀特山等霊山の方角は巽《たつみ》の方〈天門なり〉」といふ。彼方へ分登《わけのぼり》、発心の師をもとめ、年月の宿意を遂ばやと思召ども、浄飯王の法令厳しく、仮令《たとひ》の御出遊にも数多の官人前後に囲繞し、夜は四門の守護《まもり》固ければ、宮中を潜出《しのびいで》玉ふ便なく、御歳十九歳に成せ玉ひける。太子頻に心苛《いらだ》ち、「宮中に有《いませ》ば成道の時有《ある》べき」と、「如何がせん」と案じ煩ひ玉ふに、浄居天並に梵天王等来至して、「我等其事は護念侍衛すべく、善哉《ぜんざい》、太子、遅々たる事なかれ」と。此《こゝ》に於て太子心を決し、思念し玉ひ、「耶輸陀羅女は賢智にして、其性慎密なれば、夫人に託して城を出ばや」と密に御物語あるに、夫人大に悲泣し対《こたへ》て曰、「父王・御養母、此事兼て厳命ありて、若《もし》油断ありては妾《わらは》が罪至重なり、と。如何がせん」と。太子曰《のたま》く、「我発心し、無為の楽果を証し、現在の父母・養母の恩徳を報じ奉り、兼ては亡母《なきはゝ》の菩提、其外一切衆生を教育済度せんが為に、無上の仏道を修行せん。娑婆の快楽《けらく》は楽にあらず。況や電光撃石の芭蕉・泡沫の人身《にんしん》をや。まして遅々すれば、千悔《せんくはい》すとも益なし。かかる一大事を妨げあらば、七百生の契を絶ち、自ら出べし」と起《たち》玉ふを、夫人抑留《おしとど》め、「是《こ》は如何なる御事ぞや。誓奉りし詞を争《いかで》か背き候はず。然《さり》ながら、此宮中に参りて新宮に備はりしは名のみにて、一度も衾《ふすま》をともになさしめ玉はず。飽《あか》ぬ別をなし奉るさへに、御父母君の問玉はんに何といらへよしもなく、自《みづから》を責恨《せめうらみ》玉ふにぞ」と伏沈《ふししづみ》泣玉ふを、太子其心中を察し、右の手にて妃の懐を指《ゆびざ》し玉ひ、「丸、御身と今日までは枕席《ちんせき》を交じへざれども、三年《みとせ》の後必ず男子《なんし》を産べし」と。「丸、発心修行のうち死去すとも、遺孤《かたみ》と思ひ慈しみ育て玉へ、只願くは我に替つて、父母に孝養の事御身に頼むは是なり。とく案内せられよ」と。妃《ひ》は仰せを聞《きく》甲斐も絶ぬばかり、玉の緒

の何と答《いら》へも有ればこそ、泣入《なきいり》玉ふ。偖も太子は、「若《もし》も外に洩《も》れ聞へなば一大事」と妃を諭し玉ひ、局《つぼね》々の戸を開《あけ》、争《やが》て妃に案内させ玉に、其戸障子の開閉《あけたて》には殿中にひびきわたる様に工作ありしに、少しの音もせざりしは、不思議なる天の冥助なりと、心大に勇み玉ひ、妃に「是迄なり」と仰あなるに、妃は御袖をひかへただ咽入《むせびいり》玉ふを、其袖裂て妃の手に残り、又馬屋に至り玉ひ、車匿《しやのく》〈馬の口取なり〉を召さるに、車匿は驚き起出ける。太子「犍陟《こんしよく》を〈太子の乗馬也〉是へ引くべし」と仰あるに、車匿弥々《いよいよ》愕《おどろ》き、御諌め止め奉るといへども、御気色《けしよく》荒く急がせ玉ふ故に、泣々犍陟を進《まいら》すに打乗り玉ひ、城門を出させ玉ふに、門戸自ら開《ひらひ》て、少しの音をもせず。城外に乗出玉ふ。不思議や一朶《だ》の雲下り来りて、太子《たいしの》馬も車匿も此雲に乗じ、空中を行《ゆく》こと飛が如し。是則ち浄居仏・諸天・善神・梵天・帝釈・四大天王等、威《い》神通力《しんづうりき》にて余人をして是事を知るべからしむ。故に城門守護の者、熟睡して死人の如くなりしとぞ。是《こゝ》に太子は益々心を励まし、持念の信力を貴《とふ》とみ玉ふ。車匿は唯酔《ゑひ》るが如く、是迄住馴《すみなれ》し玉殿を捨、恩愛の父母妻妾をも不顧《かへりみず》、駒をはやめて、我しらず、雲霞につつまれて彼険阻難所を一夜の間馳せ来りて、其夜《そのよの》明る頃は巍々たる高山に着《つか》せ玉ふは、不測《ふしぎ》といふも愚なり。扨《さて》も太子は少し平地なる処に馬を憩ひ、仙林奇木人間《じんかん》に異なるを眺望し、心感ずるに堪玉はずとぞいふ。

二十一　悉達太子、遺物《かたみ》を車匿に託す

斯て太子は暫し平地に躊躇《ためら》ひ玉ふ所へ、異人来り、「謹《つゝしん》で、我は心に大願有て檀特山に分登り、発心修行の師を需《もと》めんため、王位を捨《すて》て此所《こゝ》まで来れり。願くは憐《あはれみ》を垂て、檀特山へ登べき道を教たまへ」と。老翁曰く、「汝不浄の身を以て、檀特の法嶺に登らん事、思ひもよらず。然《しかし》ながら遥々此所まで来れる志、しほらしさに行程を教へん。是より四十里いた

れば、汝が尋ぬる法嶺なり」と。神仙の法名を問玉ふに、「我は是跋迦《こればつか》仙人なり」と答へて往過《ゆきすぎ》けり。夫より法嶺を指して歩ませけるに、又も嶺より仙人下り来り、太子及車匿を見て、噹《はた》と白眼付《にらめつけ》、「太膽凡俗《きもふとき》かな。不浄の身を以て何国《いづく》へ往んとするや」と罵りければ、太子公然として、「我は迦毘羅城主浄飯王の息男悉達なり。一度発心修行の大願を発して、宮中を潜出《しのびいで》、此に来れり。願くは檀特山の行程を指示《さししめし》玉へ」と。仙翁冷笑《にがわらひ》して曰く、「十悪五逆の罪を犯す大悪人の身を以て、无上正覚の霊場に到る事能はず。若真実発心修行の志あらば、懺悔滅罪して不浄の衣帯を脱捨《ぬぎすて》、従者を追返して檀特に到よ」と云さとし、身は隠れけり。太子、仙人の誡《いましめ》を聞て悟り、車匿に「是まで従来《したがひきたり》し志しかへすがへすも神妙なり。今聞如く、仙家の法令あらば、你《なんじ》は馬を率《ひい》て回《かへ》れよ」とて、身に纏《まとひ》し御服《ぎよふく》・剣・宝冠を取り、父王初め夫々への遺物《いもつ》をわたし、遺言《いごん》を托しければ、車匿は路上《みちのへ》に伏泣、よふよふ泪を拭て、「是迄随従《おんとも》しながら、今更争《いかで》か此に捨奉りて、回り候べき。願くは発心の道を断《たち》、一度都城《みやこ》へ還幸ありて、父大王・后宮《こうごう》・新宮の御歎きを止め玉へ。左《さ》なくんば、下官《やつがれ》のみ回り候はば、大王其罪を責玉ひ、刑戮を加へ玉ふべし」と泣悲しめども、太子は道心を動かし玉はず。心強く跡に振捨て、素足になつて檀特山へ分登り玉ふ。車匿は足を翹《つまだ》て後影《うしろかげ》の見へぬまで見送り、声の限り泣叫び、御馬揵陟も膝を折り、耳を垂、黄なる泣《なみだ》を流し、頻に悲衾《(ママ)》の声を発し、別を惜み奉る。止《やむ》を得ず、主なき馬を曳て、愁然として回りしは、殊勝にも亦哀れなり。

二十二　迦毘羅城騒動、車匿遺物を献ず

却説《さてとく》、迦毘羅城に其夜明て、太子の寝殿に入て見れば、錦の厚衾《あつふすま》はあれども、只是蝉の脱空《ぬけがら》の如し。「是《こ》は何国《いづく》へ行幸《みゆき》なりし」とぞ、殿中間《ま》ごと間ごとに至迄捜し奉れども、見へ玉はざれば、益《ます〱》騒ぎ驚き、四

方八方手を尽せども、踪跡《ゆくえ》知れされば、浄飯王是を聞玉ふと等しく、「苦《あつ》」と叫んで昏倒し玉ふ。女官近臣騒ぎ驚《おどろき》、薬湯を奉り、稍暫くあつて息吹かへし玉ふ。三大臣申さく、「大王、太子を追慕し玉ひ、睿慮を悩し玉ふは御理《おんことはり》ながら、未た遠くは往玉ふまじ」。四方へ追手の兵馬をさしむけ、御行方を尋捜《さがさ》しめ玉ふに、数日にして東西南の追手は手を空《むなしく》して回りけるに、北方へ向ひし兵、車匿と犍陟を率て回り、王宮にて云云《しかく》の旨を奏達す。大王、車匿を見玉ひて、逆鱗つよく、「如何《いかに》や、你《なんじ》兼て朕が命ぜし法令を守らず、太子を潜出《しのびいで》し、何の顔《かんば》せ有て、主なき馬を牽て回れるや。其罪牛裂《うしざき》にするとも飽たらず。太子を何国《いづく》へ走《はしら》せしや。速に行方告《ゆくへをもうせ》よ」と責玉ふ。車匿逐一云々の事を言上し、依て是に持回りし宝剣・玉冠・衣躰(ママ)等、大王初《はじめ》、母君・三新宮《しんきう》等への遺物にと指出しければ、大王も車匿始終《しやのくのしゞう》物語りを聞て、感涙に堪玉はず。依て智勇勝れし臣下五人を択《えらみ》出し、米穀絹帛を運ばせ、車匿を教導《あんない》として、遠く檀特山へ到らせ玉へども、雲霧遮り、登る事能はず。空しく立回りける。実《げ》にや上なき悲しきは、生別に増者《ますもの》あらじと、古き世より言伝たり。

二十三　悉達太子、檀特山に於て阿羅《あら》々仙を師とす

却《さ》て悉達は車匿に別れを告還《つげかへ》し、而して髪を剃り、金繍の衣服を脱捨《ぬぎすて》、草衣を着し、出家となり、檀特山に分入玉ひ、則ち阿羅々仙人に就て求法給仕し玉ふ。是れ現世得生の肉身を帯ぶる分斉なる業報を示し玉ふ義あり。是に依て阿羅々仙の処に於て、水を汲み薪を採り菜つみし難行苦行、言語に尽し難し。阿羅々仙に求法得忍の為め、呵責打鄭《ちやうちやく》し懲すのさまは、即ち難値の法位に進むを知しむ善巧《ぜんぎやう》方便也。既に三年の後に、亦伽羅《からら》々仙に仕て三年、法輪宝・錫杖《しやくじやう》・妙真摩訶薩《めうしんまかさつ》如意の法器を授け説て曰、「此錫杖は解《げ》(ママ)化《け》衆生の功徳をこめ、毒蛇悪獣《あくじゆの》害を加へず。

諸虫、音を聞《きい》て道をさくれば、殺生戒を破らず。如意は神力《じんりき》自在にして、虚空飛行の法器なり」と。先に阿羅々仙に仕へし時、御名を瞿曇《ぐどん》といひ、塵世の汚無《けがれなきに》より改て、照普《せうふ》比丘と呼び、又伽羅々仙に仕へて、改て妙舎利《めうしやり》仙と呼《よば》せ玉ひ、是より師の教示に応じ雪山《せつせん》へ赴き玉ひけり。

二十四　天女霊鬼、因位の善悪応報を告ぐ

太子は伽羅々仙に別れ、雪山へ赴き、疾已若干《とくすでにそこばく》の路を過玉ふ所に、忽然と無数の餓鬼顕れ、太子を拝して悲哀の声を出し、訴る事有が如し。又一場の墓原に天女、香を焼《たき》、花を供し、礼拝し居たりしを、太子其故を問玉ふ。天女答て曰、「彼方なる摩訶伽耶《まかかや》の市人の子にて候。三年已然に死去し、世に有し時三宝に供養し、其他善根を積み、其福有に依て、今は上天の楽界《らくかい》に生を受け、此古墳《ふるつか》の下なる因位の形に香花を供《くう》じ候なり。其所《そこ》を過行玉ふに、又古墳《こふん》の前に一頭の悪鬼、墳《つか》を発《あば》き、土を荒し、古骨を堀(ママ)出し、焔をはきかけて、噛砕き、又探り出しては打摧きて居たりしを、太子見玉ひ、「如何なる悪業にてなすや」と問玉はば、悪鬼答て、「我は摩訶伽耶の市人なりしが、生得《しやうとく》愚痴邪悪にして、人を妬み、其悪報に依てかかる鬼畜の生を受、苦患《くげん》をかふむる。因位の古骨を恨みて、かくの如し」。善悪の応報なる事如斯《かくのごとし》。恐べし恐べし。蘉(ママ)去来即是如夢、諸法従本来常自寂滅相、故以善悪不二、邪正一如、真無為と唱へ玉ふ。此所を過て、道を急で稍雪山へ近づきぬと覚しく、満山雪に埋れて銀世界の如く、且《しばらく》樹下に停立《たゝずみたち》玉ふ所へ、浄居仏、樵夫《きこり》となり、柴を担ひきかかるを、太子大に悦び、「如何に山人、是は雪山へ趣く修行者なるが、あまりの大雪にて前後を弁へず。登るべき道を教へ玉へ」と。樵夫笑て曰、「不惜身命《ふしやくしんめい》の沙門として、是ばかりの雪に何ぞ往《ゆき》煩ふ。夫外道は寒き雪吹《ふゞき》と見て手足凍へ、悪魔は刀剣と見て魂を消し、仏菩薩は法の英《はなぶさ》と見て下化衆生の慈悲を垂《たれ》玉ふ。是《これ》法地の三

見と謂《いゝ》り。「厲《はげめ》や厲や、修行者」とて失せければ、太子忽ち悟り、身躰の凍忘《こゞへ》て、行歩《ぎやうほ》心の侭《まゝ》になり、遂に雪山の法台にたどり着玉ふ。

二十五　耶輸陀羅《やしゆだら》女、群疑を蒙る、〈並〉提婆婬欲を逞《たくましく》す

却《かく》て耶輸陀羅女は太子別離に臨み、其懐《ふところ》を指さし、「三年の後、丸が種を産べし」と仰せけれども、別離の悲しさにまぎれ、おぼろげに思ひ、二年《ふたとし》立し冬の頃より、何となく日に増、胎内に物ある如く覚《おぼへ》、ひとり心を困《くる》しめ玉へども、人にいひあかすとも、よも誠とはせじ、深く包み玉ふとも、次第に腹ふくれ、包《つゝむ》とすれど女官等は是《これを》知り、「太子宮中を出玉ひしより数多の年月を送りしに、斯重く身になり玉ふは、如何なる草の種やらん」と。「密男《みそかおとこ》ありて、此頃孕《みもごり》しより、其主は誰か渠《かれ》か」と云ふらし、弾指《はじき》して「淫婦《いたづら》よ」と謗りけり。茲に亦提婆達多は総角《あげまき》の時よりして、太子の多能を猜《そね》むが故に、自己《われから》心も安からずや、稍青年《としごろ》に及びては、耶輸陀羅女の艶色に迷ひ、隙《すき》を覘《うかが》ふ非義の痴漢《しれもの》。先に太子宮中を出玉ひしより、事なるべしと怡び、大王の従子《いとこ》なるを以て、月景城の内宮へ憚からず入ければ、他視《ひとみ》を盗みて耶輸陀羅女に逼る事、屡《しばしば》なれども、貞心堅固の耶輸陀羅女、争《いかで》か不義に走るべき。皓《いた》く罵り辱しむれば、提婆は怒を含み、短慮は功を成がたしを、不明《わから》ぬ種を孕《はら》みしと聞《きき》、胸は燃立《もへたつ》。我先立密夫《われにさきだつみそかを》の在《ありし》が恨むべしと、思ふ底意は明さねども、恋の遺恨を根にもちて、不義の証拠を見たる如云行《ごとくいひふら》し、針程の事を棒ほどに邪説するにぞ、釈種の一族群臣等相議《はかり》するに、皆提婆の為に説き惑はされて、太子の示し措《おかれ》し由は、全く其身の罪を宥《のがれ》ん為の偽りなるべしと、終には刑《つみな》はずは有べからずと商議一決して、大王に奏聞す。不得止《やむをえず》睿慮を定め玉ひければ、群臣等相謀りて、「密夫《みそかを》の罪軽からねば焼死《やきころ》し玉へ」と奏す。大王是に従ひ、其旨勅命ありけるは、実に驚くべし。端正の

賢女なりしも、事の茲に逮《およ》びしは天命なる哉、嘆くべし。

二十六　耶輸陀羅女、火坑に堕ちて瑞を現はす、〈並〉羅睺羅《らごら》誕生

耶輸陀羅女は既に早《はや》不義の罪科に陥り、刑罰すべく究《きはま》り、法場《おきてには》へ引裾《ひきすへら》れば、豫《かね》て刑法に儲けなる地中を九尺斗り穿ちし中へ、束ねし柴に油を澡《そゝ》ぎて、坑の半まで投入《なげいれ》、火を付、忽に燃上る猛火の中へ耶輸陀羅女を突落し、散火《ちるひ》の熢《こ》烟《けぶ》りに巻れて立上る勢、すさまじかりけり。可惜《あたら》美玉も一塊の啻《ただ》灰にのみ遺るべしと思ひしに、ふしぎなる哉、今まで熾んに燃立し猛火忽滅《きゆ》ると斉《ひとし》く、坑の底より突然と霊水湧《わき》、蓮《れん》池《ち》と変じ、大輪の蓮花の上に耶輸陀羅女は些《すこし》も衣《きぬ》の端さへ焦《こげ》もせず端坐し玉ふ。浩《かか》る奇特に刑吏等《やくにん》驚きて、皆胆をつぶし、依て太子の示し玉ふ由、偽りならで、刑を止《とゞま》りて、月景城へ廻《かへ》り、奥殿に篭《こもら》せ玉ふ。

寂寥として心憂《こころうき》月日を送らせ玉ふ程に、既一年半《すでにひと、せなかば》過て、竟《つい》に平産し玉ひしは、玉の如き男子《だんし》に在《おは》しぬ。羅睺羅尊者と稟《もう》せしは此若宮なり。太子世に在しまさば、満朝の百司百官群をなし慶賀すべきに、誰在て祝すべきなし。却て主《ぬし》だに知ぬ捨種《すてたね》と、人毎に誹謗《そしる》のみ。耶輸陀羅女は心苦しさ譬《たとへ》ん方なき。此若宮成長《ひと、なり》し玉はば、打連《うちつれ》音に聞《きく》檀特山へ分登り、如何なるけはしき巌《いしがね》をも尋て、太子に一回見参《ひとたびまみへ》奉りなんと、果《はか》なき憑みを心中《こころあて》に、憂《うき》年月を送り玉ふ心こそ可念《あはれ》なれ。

二十七　悉達太子、雪山に苦行して、魔軍を降す

再説《さてとく》、太子は嶮岨《けんそ》絶壁を経て、雪山の法台に着玉ふ所に、一人の異人樹下に端坐し、「妙舎利仙、我、汝を待こと久し」と呼《よば》はりぬ。太子、「願くは神仙、無上正覚の教えを示し玉へ」と。仙翁、「善哉《よきかな》、妙舎利

こそ鞞羅《びら》梵志なり」と。「三業九品《さんごうくほん》の勤行、一日も懈《け》怠《だい》なく、夜は石上に結跏趺坐し、定《ぢやう》心・浄心・寂然心・妙真心・真无心、此五定心を煉《ねつ》て、諸天に皈命《きみやう》せよ。今日より妙舎利を改めて、雪山闍梨《じやり》と呼べきなり。一点も怠慢の心を生ずる事なかれ」と、虚空を歩み去にけり。夫より大子《（ママ）》は仙翁の教へを日々に怠慢なく、一心不乱に勤行おはしますを、茲に三十三天の中《うち》、第六天の魔王、悉達の雪山に在て昼夜を捨ずして苦行し玉ふを見て、大に駭《おどろ》き、「斯《かくの》ごとく信力堅固なれば、久しからずして正覚を得べし。必ず法輪を転じて一切衆生を利益し、仏法世に盛に行はれなば、我眷属彼が為に苦められ、遂に魔道壊乱《えらん》せん」とて憂へ、「此魔王に女《むすめ》あり、此に美服を飾り、下界へ下らしめ、色香を以て悉達を惑し、婬欲を以て戒行を妨げしむ」とて、夜中雪山の北台に入、太子を礼拝して曰、「君が多年の苦行を感じ、上界の中《うち》にて才智勝《すぐれ》たる者を択み、太子の薪水を扶《たすけ》しめ玉ふ。妾《わら》は其択《えらみ》に抽《ぬきん》でられ、茲にきたり」と。如何なる石心《せきしん》鉄腸《てつしやう》の者たりとも、色香の為に蕩《とらか》さるべきに、太子は一点の心を動《どう》じ玉はず。魔女猶も其行を妨んと、玉盆に菓《このみ》を盛り、太子に捧げて曰、「是は天帝御園の橘なり。一菓を食する者は百年《もゝとせ》の齢を保ち、十菓を食する者は千歳《ちとせ》の寿《ことぶき》を延る仙菓也」と言《ことば》巧に勧むれども答玉はず。「外面《げめん》似菩薩、内心女夜《（ママ）》叉」と唱へ玉へば、本相を顕はし、狼狽《うろたへ》して逃回り、夫より魔王百般千般《いろくさまく》に方便をかへ、太子の道心を妨んと計れども、太子の石心動ぜざる事、須弥山の如し。信力堅固にして、雪山に修行し玉ふ事、六年にぞおよびける。

二十八　悉達太子、四句の偈を得、正覚成道す

太子、雪山に苦行し玉ふ事、已に六年の星霜を経れども、いまだ欝陀羅摩師耶《うつだらましや》に見《まみへ》玉はされば、如何《いかに》もして相見《そうけん》し、正覚成道の奥義を究《きはめ》んと心中に願ひ玉

ひ、法性の峯に到り玉ふ所に、遥の谷底に天にも轟く大音声にて、「諸行無常、是生滅法」と唱へける。太子は此句は微妙解脱の法文なりと、心耳《しんに》を澄し聞玉ひしが、尚も其次の法文を聴聞し、又尊体を拝視せんと、巌石荊棘《けいきよく》の嶮岨《けんそ》を攀《よぢ》、渓間《たにま》の雪氷《ゆきこおり》を踏越て、漸く其処《そのところ》ぞと思《おぼ》し召せしに、一大鬼を見る。其丈《たけ》二丈余、八面九足にして眼光鏡の如く成者《なるもの》、岩《いわ》に佇立《ちよりう》し、太子進みより、「今唱へられし法文は、御身なりや」と。鬼曰、「然り」。太子、其次の偈文を聞んと懇求し玉ふ。鬼曰、「我、飢に臨めり。汝身を我が食に与へなば、我、汝の魂魄に説聞《とききか》せん」と云。太子心念し玉ふ、「法の為、道の為に身を捨るは菩薩の行なり」。則ち歓喜し諾して身を以て鬼の口中へ飛入玉ふに、不思議や八葉の蓮花、太子の身を受て、大鬼と見へしは即ち毘盧遮那仏と現じ、「誠は我は悪鬼に非ず。鬱陀羅摩師耶《うだらましや》にて、本体は毘盧遮那仏なり。御身前後十二年の戒行怠り玉はざるにより、今已に正覚成就せり。早く世に出《いで》て天人供《とも》に利益し玉へ」と。是より悉達を改て、釈迦牟尼如来と申奉り、頃は十二月八日、暁の明星を戴き、初て雪山を立出玉ふ。世に出山《しゆつさん》の釈迦と唱るは、此時の御姿なり。

二十九　三迦葉《かせう》、釈尊を師とす

爾時《そのとき》に十方一切の諸仏菩薩、一切の諸天・善神・天龍八部、天地に充満し、南無大恩教主釈迦牟尼仏と称讃し玉へば、三十二相八十種好、一切所有の功徳を表示《へうじ》し玉ふ。則ち十九歳に出家し、十二年の間なり。先《まづ》現在一切衆生を済度利益せんと、山を出《いで》、即ち波羅奈国にいたり、鹿野苑《ろくやおん》にて梵天王等、四大天王の為に四諦の法輪を説玉ふ。憍陳女《きやうぢんによ》・頞鞞跋提《あびばつだい》・十力迦葉《かせう》・拘利《くり》太子等、機縁ある衆生は、聞法得益す。夫より摩訶陀国に到り玉ふに、日将《まさ》に暮なんとす。則ち優楼頻螺《うろびんら》と云仙道を学ぶ者に一宿を乞ひ玉ふに、彼者《かのもの》諾して曰、「我《わが》一石の窟《いわや》あり。毒蛇有て住《すむ》事を得ず」と。世尊は之に宿せんと請玉ふ。此優楼頻螺、名を迦葉と云ふ。兄弟三人あり。次の弟を那《な》提《だい》迦葉、其次を迦耶《かや》迦葉といふ。各々二百五十人の弟子あり。国王頻婆娑羅《びんばさら》王に尊崇《そんそう》せられける。今世尊の三十二相八十種好を具足し玉へる威神の相好《すがた》を見奉りて、心大に訝《いぶか》り、其法験の程を試みんと欲して、彼石窟の一室に毒蛇の害あるをいふ。然《しかれ》ども世尊は少しも心とし玉はず。其石窟に案内をこひ、宿し玉ふ。扨《さて》世尊は石窟に入、端坐し、諸法実相を観念し坐《まします》に、半夜の頃毒蛇出来り、毒気を吐き、世尊を害せんと其身を搏撃《うつ》て火を出し、石窟を焼亡《やきほろぼ》す。扨三迦葉は火の起るを見、急に水を洒《そゝげ》ども、中々及ばず。今は力なしとて、本所にかへりて、各々安眠しけり。偖て《さて(ママ)》も釈尊は毒蛇の猛りて石窟を焼立けれども、金剛法性の色身、猛火といへども焼こと能はず。世尊は安然として毒蛇を一喝し玉へば、毒蛇忽ち縮蹙《ちぢまり》て、一小蛇と成《なり》、働く事能はず。是を取て鉄鉢入置《いれおき》玉ふ。扨三迦葉は夜明て石窟に到り見《みる》に、石窟は焼亡《やけほろぶ》と雖も、世尊は安然として端坐ましますを、大に愕き、其故を問ふ。世尊曰く、「彼何ぞ我を害する事を得ん。彼毒蛇は此鉄鉢の中に縮《ちぢま》り居り」。世尊は迦葉等の我慢心の仙法を折伏《しやくぶく》せん為、此《こゝ》に留まり玉ふ事七日、三人の迦葉大に慚愧し、世尊の弟子と成り、依て四諦の妙法輪を説玉ふ。迦葉是に依て法眼浄を得、阿羅漢の聖位を証す。依て二弟《で》しの迦葉、同じく仏道に入、聖位を得、二百五十人づつの弟子も同じく仏弟子となり、各々法眼浄を得、阿羅漢果を得たりけり。

三十　舎利弗《しやりほつ》・目連《もくれん》、釈尊の法門に皈《き》す

摩偈《まかつ》国の三迦葉、仏法に信入皈順《しんにふきじゆん》し、世尊の徒弟となりて、僧となりしよし、摩訶陀国の主《あるじ》頻婆娑羅《びんばしやら》王は三迦葉を大に信敬し、中に兄の迦葉は師とし、大に尊崇致されしに、釈尊の徒弟となりしを聞玉ひ、大に驚き、然らば朕も釈尊の法門を拝聴せんと願ひ玉ひ、亦茲に迦陵《かれう》長者と云人あり、大福徳力有て、

而も天性慈善を修し、布施を行ず。世尊を拝視してより、我《わが》竹園に精舎《しやうじや》を建《たて》、仏に献ず。世尊は是を感じ、彼の三迦葉並に徒弟と供《とも》に五百人此に住し、説法教化し玉ふ。迦陵長者大檀那たり。頻婆娑羅王も夫人及び大臣卿相《けいしやう》と倶にこの竹園精舎に詣で来り、世尊の説法を聴聞し、大に歓喜信受し玉ひ、数多《あまた》の布施物を供給《くきう》せられける。又国中に命じて牢獄の罪人大赦を行い玉ひしが、国人大に世尊の説法を信仰尊崇せり。

○因《ちなみ》に云、時に偸羅《しゆら》蹶刃《けつしや》国に婆羅門あり。迦葉といふ。家富て善く布施を行ず。婦人は無双の美人なり。而して此夫婦曽て欲心なし、又寝所を共にせず。迦葉、天性聡明利根にして、三十二相を具し、ただ無常遷変の事を思惟しけるが、仏、摩訶陀国の竹園精舎に在《いま》して説法教化し玉ふを聞、直に仏所に詣して仏足を礼し、出家授戒して阿羅漢果を証せり。後に大迦葉と称するは即ち此聖者なり。

茲に世尊の法弟に安陸《あんりく》と云沙門あり。鉢を持して市中に入りて乞食しけるが、一人の婆羅門に逢ひぬ。此人の名を舎利弗と号す。王舎城の産なり。性質聡明利根にして、一切の書論に通達せずといふ事なし。同学の友を目健《(ママ)》連と云ふ。二人供に摩竭陀国に来り住せしが、今日舎利弗、安陸沙門が乞食するを見るに、威儀端然として、市人《いちひと》往来の人まで皆是を恭敬《ぐけう》尊重せり。舎利弗も心に大歓喜を生じ、則ち安陸に問て曰、「我今汝を見るに、新に出家得道の者の如し。而も汝が師は如何なる法を以て教誡するや」と。安陸答て曰く、「我《わが》師はこれ釈迦牟尼如来と号《がうし》、無上正覚を成じ、一切種智を得玉ひ、普く人天の師として妙法を演説し玉ふ。我若年にて学《まなぶ》こと日久しからざれば、如来の妙法を万が一をも説事能はず。唯一偈を聞《きけ》り。汝に説聞《ときか》さん」。

一切諸法本　因縁生無生　若能解此者　即得真実道

〔一切諸法の本は、因縁より生じて無生なり、若し能く此を解すれば、即ち真実道を得ん〕

○舎利弗、此偈頌を聞、神心に徹し、雲霧を開て白日を見るが如く、歓喜踊躍《ゆやく》し、別を告て宅に皈る。目健連は舎利弗が面色和悦《めんしよくわえつ》し、平素に異なるを以て、子細を問ふに、安陸沙門に逢ひし始末を語る。目連人に悦び、「是必ず明師ならん」と。「往詣して供に教を受ん」と。仏所に至るに、世尊の威徳広大にして、三十二相八十種好を具足し、三世了達の尊容を拝し奉り、直ちに仏弟子となり、出家授戒し、无上の法聞《ほふもん》、遂に阿羅漢果を証せり。則ち智恵第一の舎利弗、神通第一の目健連と称するは、此聖者なり。爾時世尊は三明六通円満し玉へる、以て豫《かね》て安陸が舎利弗に逢て、此に来る事を十日前に諸弟子に語り玉ひしが、果して然り。依て舎利弗・目連、其徒二百人、各聞法得益す。

三十一　世尊、浄飯王に謁し、若宮、如来を認む

斯て世尊は竹園より舎衛国・狗耶尼《くやに》国等を経行《きやうぎやう》・説法・化益《けやく》して、摩訶陀国迦毘羅衛国の境、波優祇耶《はうぎや》と云処に在《いま》して、舎利弗に告て曰く、「我無上正覚の道を得んが為、慈父悲母の恩愛を捨離し出家す。今已に志願満足して、是《こゝ》に来る。願くは父王の竜顔を拝し、説法教化し奉らんと欲す。請《こふ》汝まづ父王に見《まみへ》て、是《これ》を願ひ奉れ。而して後に我参朝して、不孝の罪を謝し奉らん」と。舎利弗は仏勅を拝承し、神通力を以て一瞬の間《ま》に王城に至り、宮門の官人に就て、「悉多太子、十二年の難修の行法を成就し、正覚成道して釈迦牟尼仏と号す。今弟子を以て不孝の罪を謝せしめ玉ふ」といふ。浄飯王大に歓喜し玉ひ、舎利弗を厚く供養し玉ひ、又世尊奉請《ぶじやう》の車駕を遣し玉ふ。扨世尊は迎ひの車駕に召し玉はず、諸大弟子阿羅漢衆と同じく、草鞋《ざうあい》をはき、千五百人の大衆前後左右に羅列させ、整々として夕陽山の青瓏殿へ赴き玉ふ。此里程数百里ありて、路傍に尊容を拝し奉らんと、日々群集針を立る地もなかりしとぞ。又空中には梵天・帝釈・四大天王・諸眷属等、侍衛し

奉り玉ふ事、彷彿として其左右に在《いま》すが如し。偖《さ》て世尊は青瓏殿に入玉ひ、父王御養母に御対面あれども、皆一様の僧形故、是を見、世尊と見認《みとめ》奉りがたし。耶輸陀羅女、「羅睺羅《らごら》太子十一歳に成《なら》せ玉ふに、御別れ奉りし時、引裂け我手に有し御片袖を、是ぞ御身の父君と思し召す。彼の阿羅漢衆の中の方に進《まいら》せ玉へ」と遺物《かたみ》の片袖を渡し玉へば、羅睺羅太子是を持して、第三人目の阿羅漢の前に跪き、謹で片袖を捧げ玉ふ。爾時世尊、无上正覚の法相《ほうそう》を現じ、父王其餘の方々へ御対話あり。扨父王の為に説法し玉ふ。羅睺羅太子を法弟となし玉ふ。尋《つい》で甘露王の太子広耶君《くわうやきみ》出家し、阿難と号し、白露王太子旃陀君も出家し、伽難陀《かなんだ》と号す。倶に後に十大弟子の聖者たり。又耶輸陀羅女も後に比丘尼となり、授戒得度す。妙恵尼《めうゑに》と号し、女人の出家仏弟子と成事は、妙恵尼がはじまりなりける。

三十二　釈尊、忉利《とうり》天に於て二世の母君に謁す

仏母摩耶夫人、前世の功徳広大なるが故に、忉利天の福相を受、既に生天の果を得玉ひて、今は帝釈天の御姫宮と傅《かしづ》かれ玉ひしを、三明六通を得玉ひし世尊は、敏《とく》に知覚《しり》し玉へば、昇天して二世の母君に見《まみ》へ奉らんと思ひ玉へども、仏法障碍《しやうげ》の悪魔外道、虚《ひま》を覘《うかゞ》ふ折なればとて、摩訶薩《まかさつ》如意を以て虚空を麾《さしまね》き玉へば、奇なるかな、金色の雲たなびき降り、八葉の蓮華座あり。是に乗じて忉利天の善現殿に昇り玉へば、数多の飛行童子に囲繞《ゐねう》せられて、帝釈天出現し玉ひ、世尊を恭敬礼拝し玉ふ。其時世尊は亡母《なきはは》の生天の果を得たりしを物語り玉ふにぞ、帝釈天黙頭《うなづき》ゐ(ママ)ひ、姫宮に「斯《かく》」と告玉へば、姫宮頓《やが》て立出玉ふて、二世の御対面をなし玉ひ、仏母の姫宮も釈尊も御歓《おんよろ》喜《こび》限りなし。斯て世尊は帝釈天と姫宮との為に報恩経を説玉へば、姫宮おん歓びの餘りに、挿《かざし》の花を手

折玉ひて、如来に捧げ玉へつつ、「願くは一仏浄土の引接《いんぜう》を違《たがひ》玉ふ事なかれ」と固く結縁して、拝し玉ひけり。摩訶曼陀羅華《まかまんだらげ》是なり。今も仏前に花を献ずる人、「慚愧《ざんぎ》懺悔万徳円満の摩訶曼陀羅華」と此文を唱へ捧ぐべきなり。然《さ》れば諸天諸菩薩納受ありて、一仏浄土の台《うてな》に到らんこと疑なし。

三十三　提婆達多、世尊に寇《あだ》す
〈附〉卒都婆《そとば》の功徳

世尊已に慈母と二世の向顔なし玉ひ、説法残る所なく、今は下界へ下らんと、別れを告て下天し玉ふに、不思議の魔障ありて、世尊の叔父斛飯王の御子提婆達多は、往年《そのかみ》小弓の始め、相撲の勝負等に敗せしより、遺恨を含み、悉達太子苦行中は其瞋怒もしばし忘れしが、世に出、万人に説法教化し、皆尊信せざる者なければ、提婆大に妬み、世尊を害し、仏法を破滅せんと大悪念を起し、元より神仙外道の妙術を学び得しが、尚も法性妙顕とて、神通広大魔神を役使する道士を師として、邪道を学び、今如来の忉利天より降《くだ》り玉ふを知り、是ぞ究竟《くつきやう》の時節よとて、天魔・諸梵士、百種の諸悪鬼等を招き集め待受しを、世尊は早くも是を知り玉ひ、かかる悪魔・外道をも遂には仏果を得せしめんと、却て大慈悲を起し、些《すこし》も怕《おそ》れず、諸羅漢を引連て下り玉ふを見かけ、悪風毒霧を起して、矢石《しせき》を飛《とば》すこと雨のごとし。然るに世尊は摩訶薩如意を以て揮ひ玉へば、毒霧は五色の雲と変じ、悪風は香風となりて、衆魔軍の剣撃は手を離れて空に翻り、却て魔軍に向て降りければ、百万の魔兵も大に潰乱《くわいらん》散失せり。世尊は自若として、迦毘羅衛国城に還り玉ひて、夕陽山の青瓏殿を摩訶摩耶山天性寺《まかまやさんてんしやうじ》と号す。又提婆太子は這々《ほうく》に逃皈りしが、尚も諸悪兵を募り、世尊の波羅那国に赴き玉ふを埋伏《まいふく》して、不意に起て害し奉らんとす。仏及び諸弟子、身より光明を放ち玉へは、悪兵忽ち善心と成て、恭敬し奉り、諸天善神の守護厳密なれば、力に及ばずして、提婆太子も本国へ引回《かへ》りける。斯て世尊使徒は提婆の難を避て、波羅那《はらな》国高盧《かうろ》山の麓にて金色の卒都婆を礼拝し玉ひ、「往昔《むかし》慈明《じみやう》王難病故、御子金色太子御自殺あつて、其生膽《いききも》を取て薬に和し、父王に捧げしに、難病忽ちに平癒し、然《され》ども金色太子薨去ありし事、父王・好容夫人、聞て大に歎き悔《くやみ》玉へども、其甲斐なく、太子菩提の為にとて卒都婆を建《たて》し、即ち其太子は今予が父浄飯王と生れ、四天下の富を極め、大王因位の卒都婆なり」と諸羅漢に告《つげ》、「抑も卒都婆の功徳広大にして、他の教へをまたず。即心即証の功力あり、一見卒覩婆、永離三悪道、何況造立者、必生安楽国と唱るなり」と説玉ひて、各々随て波羅那国へ赴きけり。

三十四　提婆達多、斛飯《こくぼん》王に謀叛を勧む

斛飯王の太子提婆は、這般《このたび》も謀計画餅《ぐわへい》と成ければ、大に望を失ひ、飽《あく》まで仏法を妨ぐべき企をなせしが、思ふに樹を枯さんと欲する時は、其枝よりは根を断に知（ママ）ずと、釈迦を亡さんとするには、摩訶陀国を伐《うつ》て、浄飯王を殺せば、釈迦は自《おのづか》ら滅亡すと、大悪心を起し、言巧《ことばたくみ》にして偽りを斛飯王に告《つぐ》、「頃日《このごろ》迦毘羅城には、『独《ひとり》斛飯王のみ野心をいだき、久しく参《さん》覲《きん》せず、驕奢放逸に耽、民を苦しめ、又提婆は悪逆無頼にして、淫酒に耽り。是捨置《これをすておく》時は、遂に逆乱の基ひ、国自《おのづか》ら他人に併呑せられ、朕四兵を発して、其罪を問《とひ》、父子を誅して、伊沙那国を取り、其を釈尊に与へ、香華料とせば、国家豊饒の基となる』と、密に征伐の準備《ようい》いたし居。又悉達は天魔の為に惑されて、深山に入りて、外道を師として邪術を学び、釈迦などと自称し、邪道を勧め、愚盲の男女惑されて、妻子を捨て、剃髪染衣の姿となる者、枚挙するに遑《いとま》あらず。已に甘露飯等の太子も惑されて、僧となり、遂に愚男《わらは》にも勧る者ありしが、『争《いかで》か大恩の父母を捨《すて》、血脈を断ち、悪道に入るべきや』と恥《はづか》しめし事、耳に入、恨を含て讒せしにより、攻亡《せめほろぼす》」などと告

れば、斛飯王も子の言事《いひしこと》を誠に取り、培怒《ますく》り、我《われ》天下の為、親兄《しんけい》ながらも、浄飯王も釈迦も、師徒等挙《こぞ》て伐亡《うちほろぼ》し、末代邪法を信ずる者、誡めにと、提婆の妄言に惑され、心合《あは》し、是より臣下へ触、攻伐の準備をなしけるに、其日より陰雨洪水降つづき、三ヶ月に及び、大飢食《きゝん》となりて、国中大に困難を生じ、是偏に釈尊を害せんとせしを、皇天の悪《にく》み玉ふなるべしと告ければ、斛飯王も懺悔の心生じ、攻伐の念を止ければ、其日より白日を拝し、悦ぶ事限りなし。

三十五　世尊、難陀・羅睺羅をして三冥土《めいど》を見せしむ

世尊は波羅那国の説法終りて、又摩訶陀国に皈り、一千二百五十人の阿羅漢と倶に、天性寺に住し、九月十日より『発心三昧経』を説き玉ひ、諸羅漢に法・律・実の三行を附属あり。翌卯月八日より、『父母報恩経』を説玉ふ。浄飯王・憍曇弥・新宮・後宮・百官・妙恵尼、皆々聴聞あり。説法畢りて、世尊、難陀・羅睺羅の両太子を招きて、「汝心を開き、智を発明する為に見する事あり」と、御手を取、摩訶薩如意を以て虚空を招き玉へば、二人の太子は座を離れて、尋《つい》で十大弟子も浄雲に乗じて、天に昇り玉ひ、偖て難陀・羅睺羅の二太子に指示し、「即今三冥土の景勢《ありさま》を見すべし」と、東に向て指《ゆびさ》し玉へば、忽然《たちまち》と雲中に金殿楼閣高く、七宝荘厳端的《あざやか》に微妙の音楽聞へ、諸天人快楽《けらく》のさまを見せしめ、世尊、難陀に曰く、「是即ち発心妙智土なり。仁政を以て人民を恤《めぐ》み、三宝に皈順する者は、此土に生ずべし」。亦北に向ひ、指揮し玉へば、忽然《こつねん》と雲開て、天地震動し、十六大地獄出現す。其一地獄毎に八ツの小地獄あり。其数都《すべ》て一百廿八地獄、黒煙り焰々として、猛火燃上り、牛《ご》頭《づ》・馬頭《めづ》・羅刹等、無量の罪人を呵責する声、天地も砕る有様なり。其外紅蓮《ぐれん》・大紅蓮の堅氷に閉ぢられて、苦む事刹那の猶豫もあらず。両太子は言語《げんぎょ》も出ず、世尊の御袖にすがり、世尊曰く、「是方便化身

土なり。悪政を行ひ、国民《くにたみ》を苦しめ、殺生を好みし悪業の軽重に依り、堕落して、如斯《かくのごとき》の苦報を受」。「彼《かの》罪人の中に猛火に陥り、登らんとし、叫ばんとして、苦しめるは如何なる罪報ならん」と問奉るに、世尊曰《のたまは》く、「是儀伯・無間の二仙人なり。我胎内に在《いませ》し時、馬将軍と云者の託《たの》みに応じ、母摩耶夫人を呪詛し、出産の門を閉塞せし故、現身に地獄に堕《おち》、如是《かくのごとく》苦を受る事、三十余年なり。今救済《くさい》すべし」とぞ、如意にて祈念し玉へば、二仙の霊漸くに火坑より這ひ出で、世尊に近付、「南無大慈大悲釈迦牟尼仏」と唱名し礼しければ、煙《けぶり》の如く消去りぬ。夫より西方を指示し玉へば、極楽浄土雲中に出現す。宮殿七宝荘厳殊妙にして、無量の化仏・化菩薩、虚空に遍満し玉へり。両太子は信心肝に銘じ、仏曰く、「是則ち法性法身の浄土なり。発心修行して、生老病死を離れんと願ふものは、此浄土に生ず。総て生前善悪の行業に依り、苦楽を受、依《よりて》悪業を捨《すて》、善業を修すべし」と教化し、虚空を如意を以て払へば、本の座に皈りける。斯て浄飯王は忉利天性寺にして、世尊に法衣を献せんとて、「錦繍等は忌玉ふや」と仰せられしに、「修行中は其美麗を忌むと雖ども、今日御施物と有らば、決して辞《いな》み申さず」とて、仏弟供に施物の法服を受納し玉ふ。依て浄飯王初め、憍曇弥・新宮・後宮・官人・女官等、仏及ひ阿羅漢衆に施物を進《まい》らせらる。後世、国王の僧に法衣を賜ふ濫觴《らんしょう》なり。

三十六　離婆多《りばた》、無失に因って獄中に囚《とら》はる

茲に尸羅摩《しらま》国の人に離婆多といふ人あり。天性聡明利根にして、能《よく》仙法に神通を行たり。然に世尊の無上法門を説玉ふを聞て、頓に仏法に皈依し仏弟子と成しが、世尊曰《のたまは》く、「汝が前世にて人の讒言を信じて、無実の罪を以て人を呵責す。其悪報、今現に来らんとす。汝古郷《こきやう》に皈り、阿羅漢の行を修し、其業報障を果し尽て、茲に来るべし」と。仏勅を奉て国

に皈り、広脇《くわうけう》山と云山に入り、草庵を結び、食を断ち、水を喫して、行法を修する事一年間。或時、木蘭《もくらん》染《そめ》の布衣《ぬのころも》を洗濯し、木蘭樹の枝を切て是を煎じ、其汁にて之を染て、木の枝にかけて乾しける。此時数日にして、戒行稍怠りけるが、然に広脇山の麓に牛を販売する村あり。或時一匹の牛綱を切て、此山に逃上りし故、牛主《うしぬし》急に「彼よ、此処よ」さがすれども、更に知れざりしが、次の日又尋ね廻りしに、一人の比丘草庵に座《いま》せしに、牛主来り、牛の行衛《ゆくえ》を尋ぬるに、離婆多敢て知ざれば、其由を答。牛主は外に道なきを以て、大に疑惑を生ず。然に彼の木に掛し木蘭染の衣を見て、牛の皮に能《よく》似たるを以て、全く剥取《はぎとり》し物と見、其側《かたらは》に鋼刀あり、一器に血の如《ごとき》汁あり。其傍に骨の様なる〈木ノ皮〉物あり、依て肉は喰《くら》ひ皮を曝すと心得、其由を官に訴へ、遂に囚人と成。无実の呵責に遇ふ。其後牢獄に繋がる事七年にして、事実明白に分り、国王甚だ哀憐し、法衣を賜ふ。離婆多大に喜び、恩を謝し退き、夫より世尊の鉢利那《はりな》国に御在《ましまし》て、説法教化し玉ふと聞て、則ち仏所に詣《けい》す。世尊は離婆多を見玉ひ、「汝既に前業を果したり」とて、其前生の因縁を説示し玉ひき。離婆多大に信受慚愧して、至心に修行して、阿羅漢果を得たりけり。

三十七　難陀王即位、〈並〉浄飯王崩御

且説《かつとく》、迦毘羅城には浄飯王、世尊の金言に因て難陀太子の譲位あらんとて、百司・百官参朝有て、先例の如く御儀式相済ければ、上下一同万歳を唱へける。是に依て、浄飯王は仙洞に移住し玉ふ。然るに一朝御異例あらせられしかば、憍曇弥・好容・芙蓉の三夫人、いへば更なり、満朝の諸臣大に驚き、難陀王の歎き一かたならずといへども、終に薬効なくして逝去に移らせ玉ふ。其時世尊は王舎城の霊鷲山に御《まし》座《まし》て、父王《ちゝきみ》の御終焉を観察し玉ひ、阿難・羅睺羅・目連・舎利弗を従《した》がへて、浄雲に駕し、一刹那に迦

毘羅城に着玉ひ、父王の御臨終御引導あらせられける。御尊骸は忉利天性寺摩耶夫人の廟と並べ納め、塔廟を建てて、世尊・諸羅漢等供養し玉ふは、実に尊とき御孝養哉と、見聞の人は感涙にむせびけり。

三十八　霊鷲《りやうじゆ》山に三迦葉大いに魔軍と闘ふ

斛飯王の太子提婆達多は、先にも懲《こり》ず、浄飯王の崩御を聞て大に喜び、「世尊は忉利天性寺に在《いま》す。彼《かの》霊鷲山は諸弟子等にて迦葉が輩《ともがら》上首たり。先《まづ》是を滅さん」とて、第六天の魔王眷属を招請し、霊鷲山馳集り、悪風毒霧を起して、気を奪はんとし、又は百万の悪鬼・羅刹の魔軍現じ、其心を挫《とりひし》がんとすれども、千五百人の仏弟子は端坐して、一々是を降伏す。又魔衆百尋《ひろ》の悪龍と変じ、毒気を吐《はき》、一口に呑んとす。迦葉忽然と身を動し、金翅鳥《こんしてう》と成、両翼一天を覆ふ。自若として是を降伏す。提婆〈並〉天魔の障碍悩害を加へし事、七日の間なりしが、悉く推破せられて退散す。又提婆は世尊の忉利天性寺にて説法ありしに、先の魔衆を牽て、其会座に列ならせ、四衆聴聞の群集を混乱迷倒せんとせしに、世尊是を知見し玉ひ、妙法修行の儀式を指示し玉ふ故に、皆悉く擯斥せられしは、愚なるかな。斯て提婆は白髪の老翁と変じ、頻婆裟王の皇子阿闍世太子、顕明《けんみやう》王の皇子龍種太子、阿迦膩《あかに》王の皇子鹿仙《ろくせん》太子等を蠱惑し、不孝不仁の邪法を勧《つと》め、淫酒放逸の虐政を以て、出家沙門の徒は悉く誅戮し、親族妻子を捨離の天罰と称し、仏法弘通を遮障しけるを、世尊は是を眼前に在るが如くに知見し玉ひ、千五百人の羅漢に告て曰く、「実際の里地には一塵も受ず、仏事門の中には一法も棄ず、魔界如《によ》・仏界如も一如にし二如なし。遂に彼も仏法に入るべきなり。併し其蠱惑に逢ひ、毒酒に酔《あひ》し人々を本性に皈《き》せしむべし」と。一結《けつ》の大《だい》衆《しゆ》を引具して、前《さき》の国王太子を悉く教化し、真実の性徳に皈入し、仁譲を以て政道を施しければ、国人大に喜び合り。偖世尊は各国の君臣人民を教化し玉ふに、大旱《だいかん》の雲霓《うんげい》を望が如くにして、皆法雨に潤沢《うるを》へり。

三十九　世尊に寇《あた》せんと欲して、提婆、活《くわつ》地獄に堕つ

茲に提婆は猜妬《ねたみ》の怨念止《やみ》がたくして、自ら少年と変じ、世尊の通行し玉へるを見かけて、隠し持し剣《つるぎ》を閃めかし、世尊を刺《さゝ》んとするに、目前に大地烈《さけ》て火煙を噴出《ふきいだ》す。驚き退かんとする後も、火の坑となり、遂に猛火に閉《とぢ》られて、活《いき》ながら地獄に堕つ。自業自得の果報は影の形に随がふが如し。提婆達多、極重の罪業既に至て、生前に堕獄す。其一声苦しき体《てい》、心耳《しんに》に徹し、恐べし。爾時阿難尊者悲み、「世尊は無縁の衆生も済度御座《まします》に、彼《かの》極重悪人たりとも、世尊弟子等が従弟《いとこ》なり。願くは大慈悲を以て堕獄の苦を救ひ玉へ」と。世尊曰《のたまは》く、「彼素より仏性具足すと雖ども、生前《しやうぜん》の罪業深重なれば、其罪滅する程の呵責を受ずんば、適《かなふ》べからず」。然れども、阿難・伽難の二人、是を嘆願あり玉なり。目連之を見、供に悲み、自ら地獄に赴かんと乞ふ。世尊之を許し玉ふ。目連即ち神通力を以て、一刹那に冥府《みやうふ》に至り、冥官《みやうくわん》獄卒に請て、提婆達多を見るに、顔色憔悴して、古骨の如く、目連尊者を見、悲涙眼中に溢れ、只管《ひたすら》に哀愍を乞ふ。目連即ち閻羅王の庁に至り、「提婆已《すで》に懺悔至心、願くは本土に還し玉へ」と。閻王之を許し玉ふ。依て目連、提婆を将《ゐ》て世尊の御座《まします》処に詣す。世尊、提婆に問玉はく、「幾許の苦患なりし」と。答て云、「三十年間の受苦、無量無辺也」と。世尊曰く、「天上の一日は人間の十年、人間の一日は地獄の十年なり。汝が堕獄は三日なれども、地獄の呵責は三十年と思へり」と。提婆是に於《こゝ》て出家得度す。名を調達《てうだつ》と号し、後に阿羅漢果を証せり。是即ち提婆達多は権化《ごんげ》の応作《おうさ》なる事明けし。『法華経』提婆品に、逆即是順にして、邪は正に勝《かた》ざるの事相を知しめんが為に、无二の怨敵と成て、正法の徳顕《あ》らはし、

正道に引入する応身如来の化道なる事、実に難有方《ありがたき》便なりける。

四十　須達《しゆだつ》、月蓋《ぐわつうがい》が舎《いへ》に宿し、世尊を拝す、〈並〉須達、祇陀園《ぎだのゑん》を買ふ　舎利弗、六師を降す

茲に舎衛国に一人の長者あり、名を須達と呼《よべ》り。家富《とみ》一国に冠たり。爾《しか》も慈善の性質にして、貧民を賑《しん》恤《ぢつ》せり。其第七男の妻室を求めんとて、王舎城の月蓋長者といふ、同く富豪《ふうがう》に少女《むすめ》あり、容色甚《はなはだ》美艶たり。諸国修行の婆羅門の紹介にて、婚儀の為に須達長者、王舎城に来り、月蓋長者に面会す。月蓋此時慈悲持善の人なれば、倶に可愛の僥倖《しあわせ》なりと大に喜悦し、月蓋の許に淹留《あんりう》しける時に、月蓋長者、世尊の諸大弟子方を請待《しやうだい》供養し奉らんと、設けをせんと奔走す。須達長者其由来を問に、月蓋、世尊の恩徳を語る。須達大に随喜し、「我も供養し奉るべし」と云。当日なれば、世尊、諸大弟子衆と月蓋が家に来臨し玉ひ、則ち為に演説し玉ふ。須達も始て世尊の説法を聞、随喜信心貫徹し、因て世尊に、「我国へも大慈大悲、一切度衆生の願ましまさば、来臨あらせ度《たく》」と願ひ奉りける。世尊曰く、「其事を望まば、先《まづ》道場を造営すべし」と。是故に、須達願て舎利弗尊者を請し給て、国に皈《うつ》り、巨万の黄金を以て国の皇子祇陀太子の園林を償《つぐな》ひ求ん事を国王に願ひ出《いで》、国主波斯匿《はしのく》王の命に、彼の園林は祇陀太子の随意《ずいい》、彼に付て懇望するに、太子曰く、「園林に黄金を以て少しの隙地《すきち》なく布列《しきつら》ねなば与ん」と。須達大に喜び、七頭の大象に黄金を負せ、満地に布列る事、泥沙《でいしや》の如くして、須達が財尽《つくる》事なく、太子も其至誠を感じ、満地の樹木を寄進し、倶に精舎造営の功を助力《じよりき》して、将来の冥福《みやうふく》を祈らんと請ふ。是に依て、須達亦力を得、普く工匠《くしやう》を募りて寄進す。然に此国に尊信せられし六人の道士あり。能《よく》仙術を学びて神通自在を得て、国家の君臣人民に敬《うやまは》れしが、此精舎造立の

事を聞て大に怒り、舎利弗尊者と其法力を争はんと願ふ。国王此を許し玉ふ。舎利弗も是を諾し、而して六人の道士、論義問答は皆閉口す。次に法術を以て六人種々《いろく》奇異の化相《けさう》を現ずれども、舎利弗一々是を破る事、芭蕉の如し。時に一士身を動かし、夜叉神と現じ、其丈《たけ》十五丈、頭上に火焔を出し、鉄棒を振廻して舎利弗に向ふ。尊者も又身を変じて、二十丈とも覚しき毘沙門天と現じ、三叉《しや》の戟《ほこ》を以て、一《いつ》声《せい》に之を叩き倒す。是《こゝ》に於て、舎利弗尊者大に神通を現じければ、六士は弥々屈伏し、其身の邪法を悔悟し、各仏弟子たらん事を願ふ。舎利弗尊者、「善哉《ぜんざい》善哉」と称し、尚又説法教化し玉へば、一巨《きよ》の暗室に燈火を点ずるが如く、婬祠の邪見開《ひらひ》て、仁政徳沢の国家と上下喜びけり。斯て波斯匿王・祇陀太子始《はじめ》、一国の人民大に讃嘆随喜し、須達長者は祇陀太子を請じ、工匠《こうしやう》を募りけるに、月蓋長者出来《いできた》りて、「我にも善根を得させよ」と。茲に於て、三人力を合せて、舎利弗尊者の指揮を模範とし、方六里廿四丁〈日本のリスウ〉に祇陀院・療病院・施薬院・安養院・快楽院を建て、其余四十九院、又千二百房三千の回廊等、善美を尽《つく》くて落成す。之に依て、大王の奏しければ、勅使を以て世尊を請待《しやうだい》し奉る。世尊之を随喜し玉ひ、王舎城の善勝《ぜんしやう》道場を立て、彼地に赴き玉ふ。精舎の結構を見、歓喜し玉ひ、給《きう》孤独園《こどくえん》と名附玉ひ、又祇園精舎ともいふ。是其願主の名を表するの仏意なり。世尊此精舎説法教化し玉ふ事、七年に及びたり。病者救療し、薬を施し、貧困を恤《めぐ》み、孤独を哀《あはれ》み、一国の人民大に化《くは》し、国王臣民皈伏せざるはなしといへり。

四十一　毘首羯摩《びしゆかつま》、木仏《ぼくぶつ》を彫《きざ》む

或時世尊、三摩耶定に入、三十三天の兜率の内院に昇り玉ふ。帝釈天及び后妃大に歓び玉ふ。諸弟子は是を知《しら》ず。時に大王参詣ありしに、世尊在《いま》さず。舎利弗尊者、「世尊は独り昇天し玉ふ。是四部の衆、諸弟子の懈怠《けだい》を勧戒《くわんかい》の為なり」と。大王依て如来の像を模刻し奉らんと願ふに、忽ちに毘首羯磨と云名工を撰び、旃檀の良木を与ふ。羯磨喜んで一室に籠り、之を彫むに、一刀毎に三礼《さんらい》して工作す。其妻竊《ひそか》に覗き見るに、天童数十人、羯磨が左右に在《いまし》て助力あり。則ち日を重て、御在《います》が如き丈六の尊像を模刻せり。黙して之を制し、説て之を示すに、仏知見の深恩測《はかる》べからず。爾時四部の大衆等、懈怠心千悔《くはい》しければ、世尊は兜率天の説法畢りて、祇園精舎へ降臨し、模刻の尊像を見玉ひ、合掌礼拝して、「我《われ》滅後正法流布の善知識なり」と、其功徳を称讃し玉へり。「後仏《ごぶつ》出世の血脈、無仏中間の法主たり。若後世仏像を造りて供養する人は、必ず成仏得脱すべし」と説玉ふ。

因《ちなみ》に曰、此後、優填《うてん》王、世尊を追慕して、紫摩黄《しまわう》金《ごん》を以て仏像を造る。是金仏《かなぶつ》の権与《はじまり》なり。其高サ五尺、亦阿育王石像を造る、高サ一丈五尺、是石仏の権与なり。

茲に世尊の継母憍曇弥夫人は、一度《ひとたび》嫉妬の悪念を翻して、心を善道に皈し玉ひ、浄飯王崩御の後は如来の徒弟となりを（ママ）大愛道比丘尼と称せらる。御年六十一歳にて命終《めいしゆ》あり。世尊引導の説法し玉ふ事、尊とき御事なり。

四十二　流離《りうり》王、伊娑那《いざな》国人民を屠《ほふり》殺す

茲に阿世羅《あせら》国といへる都に、羅狗耶《らくや》城の主優填王と申人は、世尊の妙法に皈依し、黄金の仏像を鋳させ、信心の余り、優填王は甘露飯王の御女《おんむすめ》を娶らんと申し遣さる。舎衛国は甘露飯王逝去有て、匿娑《のくしや》王なりしが、優填王婚儀の使者を得て、君臣之を欺き、摩《ま》訶男《かなん》と云者の小女《むすめ》を王女と偽り遣しける。優填王喜び、愛幸し一子を設く。流離太子と号す。扨八歳の時、舎衛国と射術稽古の為、摩訶男が家に在《あり》。然るに国の大臣下官の人々、本《もと》摩訶男の女に出生し故、是を軽蔑す。流離は心に怨み怒りけるが、後皈国して父優填王の嗣と成。爾時舎衛国の君臣に以前の罵《め》

辱《ぢよく》の怨を報ぜんと、猛軍を率《ひい》て攻入けるが、舎衛国の軍兵防戦尖《するどく》して、流離退かんとす。好苦梵子進んで曰く、「舎衛国は慈悲を先とす。射《いる》とも鏃《やじり》なし。何の恐か有《あら》ん」と。之に依て大に激戦して、一国の君臣を屠り鏖《みなごろ》しにす。摩訶男一家は助《たすけ》ん事を兼て下知すと雖とも、已に摩訶男一家は「我《わが》孫なる流離王の暴悪の所為《しわざ》故、面目なし」とて、家族挙《こぞつ》て自殺し、或は縊《くび》れて、初に在て池水泉井《せんゐ》に投じて、死屍《しかばね》を隠し、流離王は大に殺戮を縦《ほしいまゝ》にし、城内に乱入し、婦女子の美貌《みはう》なるを見て、又も暴淫し、之を辱しめんとす。皆従がはず、却る（ママ）怒り、流離を面辱す。大に之を怒り、悉く之を屠殺《ほふり》し、堀の埋草となしけるは、言語絶せし暴悪なりけり。

四十三　流離王雷死、天火、宮殿を焼く

爾時釈尊、目連はじめ諸弟子に告て曰《のたまは》く、「往古《むかし》此舎衛国大に飢饉に及び、人民皆草根木皮《さうこんもくひ》等を服用す。又大池《だいち》の水を涸《から》し、魚類を取食《くら》ふ。唯二人の小児之を食はず。却て之を器に入《いれ》隠し置ぬ。而して後に之を放たんと。斯して日を経て出し見《みる》に、悉く水に乏くして死す。亦池水に二尾の大魚あり。一を拘璅《こうそ》と名附《なつけ》、一を多舌《たぜつ》と名附、二魚の曰、「我等は是水族なり。敢て此国人民、我等が種類を尽し食ふ事、怨恨《うらみ》ならずや。生を易《かゆ》るとも、此怨を報ひざらんや」と。終《つい》に大魚も生捉《いきとら》れ、屠殺され、食用となる。今夫舎衛国の君臣人民は、彼魚を敢食《ざんしよく》せし国人なり。又拘璅は今の流離王、又好苦梵士は多舌魚の変生なり。又彼魚を隠し置て助んとせし二人は、阿難・目連なり。故に此二人、神通を以五千の釈種の人を鉄鉢の中に隠して、天上に置て、餓死せり」と、三世了達の仏知見を以て、其因果応報必然なる事、毫もたがわず。「因位の果報は、聖者といへども遁るべからず。然に舎衛国の君臣人民は、流離王の為に無慙なる屠《と》殺《さつ》に遇うとも、生前《しやうぜん》に戒善を持《たもつ》て、死に及んで殺をなさず、此戒善に依て皆天上に生ずべし」と説示《ときしめ》し

玉ひける。扨も流離王は残念の余り、舎衛国人民殺虐する事数を尽して、其心を快《こゝろよ》しとしけるが、不《はか》図《らず》世尊の「応報有べし」と洩れ聞て、心大に懊悩を生ず。寝食も安ぜずして在けるが、好苦梵士之を諫て曰く、「大王、何ぞ婦女子の如く、世尊慈仁柔順の説を聞て、恐懼《きやうく》を生じ楽まざるべけんや。今夫国人《くにたみ》は大威福の善政に皈伏し、又四隣の国々は皆大王の猛威に恐怖して、更に堺を浸《おか》す事なく、茲に何の災害を生ずる道理あらん」と。此語を聞て、流離王は其佞弁《ねいべん》に惑《まどは》されて、美女を召集め、酒肉の戯楽《けらく》をなし、夜を日に継で娯楽《たのしみ》をなす。然るに或時、阿脂羅《あしら》河という河辺に巡遊し、美女酒肉を移して召聚ひ、諸臣下と縦遊《しやうゆう》娯楽しけるに、俄頃《にわかのころ》に一陣の黒煙りの如くにして、暴風大雨咫尺《しせき》も分ち難く、尋《つい》で雷鳴山岳も砕くる如く、天地に轟き渡りければ、流離王を始め、諸臣下婦女子は更なり、東西南北に奔迷して、泣叫ぶと雖、誰一人助《たすく》る者なし。唯是世の地獄とや云ふべき。時に天雷の声、百千とも覚へて、流離王・好苦梵士及び諸臣下・婦女子迄、随従の者に落ち懸て、微塵になして殺せしは、実《げ》に恐しき因果応報の天罰と聞《きゝ》、人皆驚きけり。加之《しかのみならず》、同時に羅狗耶城へも天火降て、宮殿諸房焼亡し、宮女諸官人城中一人も不残《のこらず》死しけるは、恐ろしといふも疎《おろ》かなり。

四十四　釈尊遺言〈並〉涅槃

斯て釈迦牟尼世尊、一切衆生を済度の為、四天下を経歴し玉ひし事は、四十九年。其教経は八万五千の法門、是なり。偖《さて》も世尊御年七十九歳にして、諸天・弟子・大阿羅漢等に将来の遺法を殷勤《いんぎん》に附属を宣揚し玉ひ、又拘尸那《くしな》城跋提《ばつだい》河の辺《ほとり》娑羅《しやら》双樹《さうじゆ》の間に御在《ましまし》て、二月上旬の頃より頭痛・背痛を患《うれ》ひ玉ひ、樹下《じゆげ》法《のり》の床に頭北面西右脇臥に臥《ふ》し玉ひ、諸羅漢衆大に愕き、名医を需め、治療し奉らん〔と〕惑ひしを、世尊制し止め玉ひ、「已に滅度の時至れり。医薬に及ばず」。入涅槃の相光を現じ玉ふ故、大衆人天悲泣す。

忉利天の后妃摩耶夫人、五夢の知せに依て、世尊の涅槃を悲み、天宮に秘する起死回生の不老薬を取り出し、錦の嚢入《ふくろいれ》奉つると雖ども及ばず。霊丹は霍林樹の梢に停りて、如来の手に渡らざるにぞ力なき。双林には、三千世界の諸仏・薩埵《さつた》・梵天・帝釈・阿修羅・迦留羅《かるら》・諸天将・八大龍王等にいたる迄、如来涅槃の相好を拝み奉る。時に二月十五日寅の刻、大恩教主釈迦牟尼文仏、生滅々已、寂滅為楽の儀を示し、遂に寂光の都へ皈らせ玉ひける。

四十五　釈尊滅後、五妙神力を現ず

諸羅漢達は斯て在果《ありはつ》べきに非ざれば、如来の尊骸を守護して、跋提河を渡り、天冠寺へ入奉り、浄香湯を以て仏体を沐浴し、是を金棺に収め、旃檀の槨《くはく》に入れ、郊外に送り奉り、其人々は十大弟子・十六羅漢・五百羅漢、四部の大衆、法棺の前後を囲繞して送り奉る。涅槃の五妙神力を現じ玉ひ、摩耶夫人は金棺の内に尊顔を拝す。又迦葉に法衣と鉄鉢を与へ、阿難に袈裟と臥具を与へ玉ふ。金棺自《おのづか》ら閉《とぢ》ければ、則ち茶毘し奉る。七日七夜《なぬかなゝよ》に火気鎮り、帝釈天敬礼《きやうらい》して、舎利を宝塔に入《いれ》、昇天し玉ふ。次に各国の諸王、信心恭敬して、仏舎利を感得頂戴し、宝塔に納め、大象に負せ、守衛して皈国す。又諸大衆、四部の人々、皆是を感得して、歓喜限りなく、今も仏舎利は火に焼ず、水に没せず、打《うつ》とも砕けず。豈に凡下の比量する事を得んや。釈尊の功徳は、天上下界迄普く源《みなもと》遠くして、末益《すゑます〳〵》分り、三宝に皈依し、如来の妙法を修して、生老病死の四大苦を脱し、極楽界に往生する者、世々億万の数を知らず。信ずべし、尊むべし。尚諸伝記に因て、其功徳広大の諸説を知玉ふべし。

釈迦御一代記図絵巻之下　終

釈迦応化略諺解　大冥

カリフォルニア大学バークレー校蔵（三井文庫旧蔵）

甲州天崖禅師撰釈迦応化略
尾州前妙光団大冥諺解

釈迦応化略

「釈迦」とは釈迦牟尼仏を云梵語なり。華《くわ》には釈迦を能仁と云、姓《うぢ》なり。牟尼を寂黙と云、名なり。仏を覚者と云。「応」は同声相ひ応ずと云、応の如し。「化」は教化なり。道業を以て人を誨《をし》ゆるを教と云ひ、躬《み》上に行つて風《ふう》下に動くを化と云。「略」は簡なり、忽なり。○釈迦牟尼仏、世に出《いで》玉ひ、衆生の根機に応じて其《それ》々に教化し、遂に仏知見に悟入せしめ玉ひ、滅度の後大教東流して、吾日本までひろまりし由来を、あらましざつと頌《じゆ》ずと云意《こころ》なり。

夫れ如来大悲の法雨、一たび五天に濺《そそ》ひで、漸く震旦に漫《はびこ》り、四夷に溢れ、吾朝に流れて、今在世を去ること二千八百年に向《なんく》とすれども、遺法の弟子大教を宣揚し、信受奉《ぶ》行して、六十余州島嶼《しまじま》に至るまで、朝磬暮鐘相ひ聞へて、上《かみ》王侯貴人より下《しも》山野海浜の漁夫樵童鳥獣魚鼈《べつ》に至るまで、見聞巨益《こやく》を被むること、豈広大ならずや。然れども、此はこれ人力の至る所、舟車の通ずる所のみ。其の外天上には梵王・帝釈・四天王を始め、龍宮には八大龍王を始め、天龍八部の化益《けやく》を被むること無量無辺なり。又在世及び正法・像法・末法の大弟子、願輪に乗じて、十方世界に於て衆生を化益し玉ふことも、亦無量無辺ならん。又法華会《え》上に聚会《じゆえ》し玉ひて、此の三千大千世界の空中に充満し玉へる分身の諸仏、及び地より涌出し玉へる無量恒河沙数の弟子菩薩の化益し玉ふ所を察するに、一仏一菩薩の化益し玉ふ所も無量無辺ならん。況んや無量恒沙の仏・菩薩をや。又他方を察するに、東方に阿閦鞞《あしくび》仏・須弥相仏・大須弥仏・須弥光仏・妙音仏等の恒河沙数の諸仏あり。南西北方下方上方にも亦かくの如く、恒河沙数の諸仏あり。この無量恒河沙の諸仏、各々その世界に於て獅子座に坐し、大光明を放ち、広長舌相を出して、大衆に告玉はく、「娑婆世界に仏在り、釈迦牟尼と号す。能く五濁悪世の中に於て、衆生を度脱し玉ふ。汝等応《まさ》に恭敬し供養し帰依すべし」とて讃歎し玉へり。その諸の世界の衆生、その仏の教を信受奉行し、結集流通して、吾釈迦仏に帰依すること、猶この土《ど》の衆生の弥陀仏・薬師仏等に帰依して、大利益を得るが如くならん。想ふに、他方の仏は在世一劫・二劫乃至百劫・千劫、正法・像法・末法、動《やや》もすれば百千万劫に至る。然らば、一仏土の衆生の巨益を被むることも無量無辺ならん。況《いは》んや十方無量恒沙の世界の衆生をや。又未来世番々出世の諸仏の法中にも、吾釈迦仏に帰依して利益を得ること、猶今の四衆及び天龍八部の過去の諸仏を恭敬し供養し礼拝して利益を被むるが如くならん。又過去因位を思ふに、最初発心し玉ひしより、十信・十住・十行・十回向の位に化益し玉ふ所の衆生も亦無量無辺ならん。その地上・等覚に登り玉ふに及では、百千万億の仏世界、乃至無量無数の仏世界に分身作仏し玉ひて、衆生を化益し玉ふことも、亦無量無辺ならん。是《かく》の如く、三際に亘り、十方に亘て化益し玉ふこと、言語・文字・算数《さんじゅ》・譬喩・心慮の及ぶ所にあらず。今初心の僧雛《すう》に、如来応化の由来、恩徳の深広なることを聞《きか》しめんが為に、愚陋《ぐろう》の小見を以てかくの如く説くといへども、猶管《くだ》を以て天を窺ひ、蠡《しじみ》を以て海を測るにだも及ばず。普賢菩薩の曰《のたま》はく、「如来の功徳は仮令《たとひ》十方不可説不可説の仏刹《せつ》、極微塵数の劫を歴て、相続して演説すとも、究尽《ぐじん》すべからず」と。嗚呼実《まこと》なる哉。

閻浮中心土、此産悉達多

〈閻浮《ゑんぶ》中心の土、此《ここ》に悉達多《しつだつた》を産す〉

「閻浮」は樹の名なり。此の南洲は此の樹有るによつて名を得たり。「心」は臓の名なり。心の臓は五臓の要なる故に、地の中要《ちう》なるに譬ふ。宋の恵厳・恵観の二師、太史何承天と共に華梵中辺の義を論じて曰く、「此の土は夏至の日なを余陰あり。天竺には無し。昔し周公土圭《とけい》を以て景《ひかげ》を測り、潁川《えいせん》の陽城を中《ちう》とするは、唯この土に就て中とするのみ。天の中には非ず」と云て、『周礼《しゆらい》』の日景《ひかげ》を測る法を以て、夏至の日の午時にこれを試むるに、表《ひやう》の北に景一尺五寸あり。地上の余陰一寸は、天上の万里なれば、明かに天竺は地の中なることを知れり。「悉達多」、華には頓吉《とんきち》と云。〇南閻浮洲の正中《まんなか》なる中天竺の迦毘《かび》羅《ら》国の王城に、悉達多と云太子を出生せり。

大海の正中に須弥と云《（いふ）》大ひなる山あり。その四方に洲《す》あり。南の洲を閻浮提《ゑんぶだい》と云。今世典に記す天竺・震旦・日本その外数多の国々を、皆合せて閻浮提と云なり。其の中に天竺は大国にて、五印度とて五つに分れてあり。其の中の中印度の迦毘羅国は閻浮提の正中なり。この国に王城あり。其の王は釈迦氏なり。その先祖を原《たづ》ぬるに、昔し光音天の衆此の国に遊戯《ゆけ》し下れり。各身光有て飛行自在なり。その時この地に香しく甘き味ひあるを取り食《くら》ふがゆへに、身重くなり、光り失《うせ》て飛行すること能はず。時に日月始めて現じ、昼夜を分つ。食を思ふ故に粳米《かうべい》を生ず。長さ四寸半なり。朝《あした》に苅《か》れば暮に生ず。米を食ふ故に男女の形《かた》ち分る。後に貪意発《をこ》り聚め積む故に、苅れば再び生ぜず。漸々に貪意深くなり侵し奪ふが故に、評議して一人の智者を択《えら》んで王とす。是を平等王と云。平等王より三十三世善思王、転輪聖王の位を証して四天下に王たり。是より百一万五十六王を経て、師子頬《けふ》王に至る。師子頬王の子を浄飯《ぼん》王と云。浄飯王の后を迎へんとて択び玉ふに、善学と云長者に八人の女《むすめ》あり。その第一の摩耶と、第八の憍《けう》曇弥《どんみ》と、二女を迎へ入れて后とし玉へり。周の昭王二十五年癸丑に当る。七月十五日、摩耶夫人暫く仮《かり》寝《いね》し玉ふ夢に、白象日輪を負て右の脇より入ると見玉ひ、夢さめて胎重くなり玉へり。八相の中には是を第二託胎と云。その後所以《ゆへ》あつて久く御不例なりしが、諸天擁護の力にや、医療験《しるし》あつて漸々快《こころよ》き方にならせ玉ひ、明る甲寅の春になり、全快ましませば、君臣喜悦の眉をひらけり。頃しも日長く風暖かになり、毘藍《びらん》苑の景色も盛りなりければ、四月八日数多の宮女に擁護せられて、苑《その》の中《うち》に遊び、無憂《むゆう》樹の下に徜徉《しやういやう》し玉ふに、忽ち右の脇より太子誕生あり。便《すなは》ち地より大《おおひ》さ車輪の如くなる蓮華湧出し、太子の御身を捧げたり。時に九つの龍、空中より香湯を吐き、太子を灌浴す。太子便ち七足《なゝあし》歩み玉ひて、一手は天を指し、一手は地を指し、妙なる音《みこえ》にて、「天上天下唯我独尊」と唱へ玉へば、四天王下り来て、天の緇《かとり》を持て太子の御身を受て机上にをき、帝《たい》釈《しやく》天王天の宝蓋を執り、梵天王払子《ほつす》を持て左右に立ち、天龍八部空中に天楽をなし、妙なる香花・瓔珞・天衣を雨ふらす。太子便ち三十二相の御身より大光明を放ち、普く世界を照し玉ふ。八相の中には是を第三出胎と云。同日に八大国王皆太子を生じ、諸の釈氏五百の男子を生じ、国中の居士・長者も亦悉く男子を生じ、及び八万四千の厩《むまや》の馬駒を生じ、宮中五百の伏蔵発現し、又諸の商人《あきびと》宝を採て倶に還りければ、太子を悉達多と名づけ玉へり。然るに、御母摩耶夫人は七日を経て遂に命終し、忉《たう》利天に生じ玉へり。それより姨母《をば》憍曇弥夫人、御母となり玉ふ。その頃阿私陀《あしだ》と云梵志あり。太子を見て涙《なんだ》を垂て泣ければ、浄飯王怪んでその故を問玉ふに、答て云ひけるは、「太子の相を見奉つるに、在家ならば転輪聖王となり玉はん。出家し玉はば等正覚を成じて、大法輪を転じ玉ふべし。我今百二十歳なり。説法を聞こと能はず。空く死せんことを悲む」と云へり。其の後大自在天の廟に参詣ありしに、廟中の神像悉く起つて太子を礼拝す。父王驚き玉ひ、我《わが》太子は天神の中にも最尊最勝なりとて、天中天と字《あざな》し玉ふ。

漸々長《ひとゝな》り玉へば、父王遍く天下を尋ね択んで、選友と云聡明なる師を召て、書を教へ玉ふに、太子選友に問て言《の玉》く、「書は幾体《いくてい》あるや」。彼の師答て曰く、「一体あり」と。太子の曰く、「書は六十四体あり」とて、却て師に教へ玉へり。其の外諸の伎芸・書籍《じやく》・算射・天文・地理、自然と知り玉へり。父王ある時難《なん》・陀《だ》・調達《てうだつ》その外名ある勇力《ゆうりき》の者を集めて射を試み玉ふに、一つの象、射場の側《かたは》らにあり。調達象を見て手にて擲倒《なげたを》せり。難陀は足にて路傍に擲つけたり。太子是を見て力を現ずべき時なりと思し召し、象を空中に擲げ、手を以て受て、少しも象を痛め玉はず。それより射始まりけるに、太子の弓勢《ゆんぜい》的を貫ぬき了《をはつ》て、鉄囲《てちい》山を射透せり。有る時太子出て遊観せんと願ひ玉へば、父王勅して衢《く》道をきよめさせ、数千の従者擁護して、東門を出玉ふに、拝見に聚《あつま》る者雲の如し。時に浄居天化《け》して老人となり、頭《かふべ》白く背傴《くゞま》り杖《つゑ》を拄て羸歩《るいほ》す。太子従者に問て曰《の玉》はく、「あれは何者ぞや」と。答て曰く、「老人なり」と。又問玉はく、「何をか老人と云」。答て曰く、「昔は児童なりしが、次第に遷変し、形枯れ色衰へて、余命暫くなるが故に、老人と言《まふ》すなり」。太子又問て曰く、「彼一人か。余人も皆然るか」。答て曰く、「人々皆是《かく》の如し」と。太子是を聞て曰く、「我富貴なりといへども、豈是を免れんや」とて、宮中に還て甚だ悩み玉へり。又南門に遊び玉ふに、王勅して道路をきよめ、悪き者を見せしむべからずとて、百官に命じて擁護せしめ玉ふ。時に浄居天病人と化し、肉消へ骨露《あら》はれ、喘息《ぜんそく》し呻吟し、二人に扶けられて路の傍らにあり。太子問て曰はく、「あれは何者ぞや」と。従者答て曰く、「これ病人なり」と。又問玉はく、「何をか名づけて病とする」。答て曰く、「病とは百《もゝ》の節《ふし》疼痛し、気力虚微《きよび》なり」。又問玉はく、「彼一人然るや。余も皆然るや」。答て曰く、「貴賤皆然り」。太子嘆じて曰く、「何為《なにそれ》ぞ世の人楽《たのしみ》に耽《ふけつ》て、斯様《かいやう》の事を畏れざるや」とて、宮中に還て甚だ悩み玉ふ。王聞て憂悩《うなう》し玉ひ、群臣に問ひ玉ひけるは、「太子向《さき》に東門に遊び、老人を見て楽まず。今南門に出《いづ》るに、汝等に勅し厳く擁護せしむ。何ぞ病人を見せしめたるや」。群臣奏して曰く、「臣等固く勅命を守るといへども、何《いづ》くともなく忽ち病人来て、太子の御前に立《たて》り。臣等が罪に非ず」と。王、優陀夷《うだい》と云婆羅門、智弁深しと聞て、召て語り玉ひけるは、「太子世に在ることを楽まず。恐くは出家せん。汝、友となつて能く慰めよ」と。太子その後復出《またいで》て遊んことを願ひ玉ふ。王拒むに忍び玉はず。勅して道路を厳く固め、香・華《げ》・幡《ばん》・蓋多く両辺を囲み、若し不祥あらば遠く駆逐《かりをふ》べしと勅し玉へり。其の時、太子、優陀夷と共に西門を出玉ふに、浄居天念言すらく、「先に老病を現ぜし時は、従者皆見る。王、従者をせむれども幸に辜《つみ》を免れたり。此の度は死人と化し、唯太子と優陀夷と二人に見せしめん」とて、号哭して死人を送り通れり。太子問玉はく、「是何者そや」。優陀夷、王の勅命を恐れて答へず。時に浄居天、神力を以て覚えず「死人なり」と云はしむ。太子又問玉はく、「死人とは如何なる者ぞ」。答て曰く、「風力形《かたち》を解き、神識去り、四体諸根また覚知する所なし。誠に哀むべし」。太子又問玉はく、「彼一人か」。答て曰く、「人々皆然り。一人も免るる者なし」。太子宮中に還り、益《ますく》憂悩し玉ふ。王委細を問ひ玉ふに、優陀夷が曰く、「城門を出《いで》て遠からざるに、忽ち何方《いづく》ともなく死人を送り来れり」と。又群臣に問ひ玉ふに、「皆見ず」と云。王の曰く、「是天力なり。汝等が罪に非ず」と。復北門に遊び玉ふに、浄居天化して比丘となり、太子の前に来れり。太子問ひ玉はく、「汝は何者ぞや」と。答て曰く、「比丘なり。世間は無常なり。我《われ》聖道を修して彼岸に超ゆ」と云つて、空《くう》に騰《のぼ》り去れり。太子念じて言はく、「先に老病死を見て苦悩す。今比丘に逢て我心啓悟せり」とて、欣《よろこ》び玉ふこと限りなし。王聞て転《うた》懊悩し玉へり。其の後は太子唯禅観のみ修し玉へり。

娑婆八千返、来往速擲梭

〔娑婆八千返、来往擲梭《てきさ》よりも速かなり〕

「娑婆」、華には忍土と云。「八千返」は『梵網経』の説なり。「梭《さ》《ひ》」は織具、緯《よこ》を行《や》るものなり。古句に「光陰擲梭《てきさ》の如し」といへり。〇さて、この太子は過去久遠劫に発心し玉ひしより、勤苦精進し、百劫に心地を修行し玉ひ、この娑婆世界へ八千辺出没往来して、衆生を度し玉ふこと、織女の梭《ひ》を擲《なぐ》るが如く数《しば〱》し玉ひ、今浄飯大王の宮に出生し玉へるなり。擲梭の字、古句の意は光陰の速かなる義に取れり。今は往来の数《さく》々なる義に取れり。速の字、如の字にて可ならんか。

さて、太子の因位の修行を尋ぬるに、過去久遠劫、人寿百歳の時にこの閻浮提に仏あり。釈迦牟尼と号す。父を浄飯王と云ひ、母を摩耶夫人と云ひ、常随の弟子を阿難尊者と云。時に陶師あり。仏所に詣して麻油を献じ、大誓願を発《はっ》して曰く、「我《われ》当来に作仏して、仏名・眷属・時処・弟子、今の世尊の如くならん」と。其の時の陶師は今の太子なり。それより罽那尸棄《けいなしき》仏に至るまでを初阿僧祇と云。この間に七万五千仏の出世に逢ひ玉へり。尸棄仏より然灯《ねんどう》仏に至るまでを第二阿僧祇と云。この間に七万六千仏に逢ひ玉へり。時に然灯仏、記莂《きべつ》を善恵仙人に授けて言《のたまは》く、「汝当来に作仏して、釈迦牟尼如来・応供・正偏知・妙行足・善逝《ぜい》・世間解・無上士・調御《でうご》丈夫・天人師・仏世尊と号すべし」と。この善恵仙人は、即ち今の太子なり。然灯仏より毘婆尸《びばし》仏に至るまでを第三阿僧祇と云。この間に七万七千仏に逢ひ玉へり。毘婆尸仏より太子に至るまで九十一劫なり。合して三祇九十一劫なり。この間の修行、言語譬喩の及ぶ所にあらず。或は皮を剥いで紙となし、骨を折て筆となして法を請ひ、身を以て床座《じやうざ》となして法を聴き、半偈の為に身命を捨て、身体を割截《かっせつ》すれども瞋恨を生じ玉はず。一禽一獣の為にも身命を惜み玉はず。況んや頭目髄脳身肉手足、及び余の難行苦行をや。国城・妻子・田苑・舎宅・資材・珍宝・金銭・

米粟《べいぞく》、一切皆捨施して、一心に道《だう》を求め玉ふが故に、修行純熟して、始めて迦葉仏の時輔処《ほじよ》の大弟子となり玉ひ、御《み》名を善恵菩薩と云へり。夫れより兜率の内院に上り玉ひ、御名を聖善白と云。日夜法を説き、衆生の根機の熟するを鑑み玉ひ、一日天衆に告て曰はく、「期運正に至んとす。我まさに下て作仏すべし」と。時に五種の瑞を現じ玉ひ、白象に騎り、下て摩耶夫人の右脇より入り玉ふ。八相の中には是を第一生天・下天と云。時に兜率天の衆念言すらく、「菩薩已に下て浄飯王の宮に託し玉ふ。我等も亦人間に下生すべし。菩薩成仏し玉はば、我等法を聴くことを得ん」とて、便ち諸国の王臣、或は婆羅門・長者・居士等の家に託すること凡そ九十九億なり。

曽長閟宮裡、進止触官娥

〔曽て閟《ひ》宮の裡《うち》に長《ひとと》なつて、進止官娥《が》に触《ふ》る〕

「閟《ひ》」は秘なり、深閉なり。『詩』の魯頌《ろしやう》に閟宮の詩あり。閟宮は僖公の廟なり。此《こゝ》に「閟宮の裏に長ず」と云は不可なり。作者の意は、深宮と云意なるべし。「娥《が》」は秦晋に好《よき》を姪娥《けいが》と云。「宮娥に触る」と云へば、犯し玉ふに似て快《こころよ》からず。然れども、作者の意は、触れ近づき玉へども、一念を動じ玉はず、触《そく》界に入て触惑を被むらずと云意なるべし。〇深き宮中に長《ひとゝ》なり玉ひ、起居動静《どうじやう》、妃を始め美《うるは》しき官女等近く侍《はん》べり事《つか》へ、一室同床《じやう》に起臥し玉へども、一念を動じ玉はずとなり。

さて、太子日往き月来て、御年十七歳になり玉へば、浄飯王、太子の妃を迎へんとて、尋ねさせ玉ひけるに、耶《や》輸《しゆ》大臣の女《むすめ》に耶輸陀羅《やしゆたら》といへる聡明・仁譲・端正《たんじやう》・有相《うさう》なるあり。やがて内裏に迎へ、太子の妃にそなへ玉へり。然れども、太子は意《こゝろ》つねに禅定を動じ玉はず、年月を経れども俗意を生じ玉はず。

侍衛素柔軟、縝密類繭窩

〔侍衛素柔軟《もとにうなん》、縝《しん》密なること繭窩《けんあ》に類す〕

「柔《にう》」は順なり、弱なり。「軟《なん》」は柔なり。「縝」は密致なり。「繭」は蠶房《さんばう》なり。「窩」は蔵なり、窟なり、穴居なり。方秋崖、寿蔵を名づけて繭窩と云。又繭窩の賦あり。此《こゝ》にては風も漏さぬ深宮と云ほどの意なるべし。○太子は年月をふれども妃にも意をかけ玉はず。唯禅観のみ修し玉ひければ、王なにとぞ出家の志を変ぜんとて、侍衛の美女は元より柔軟なる者多けれども、天下を尋ね択んで五百人の妓《まいこ》を集め、歌舞婬媚《いんび》を以て太子の意を動かさんとし玉ひ、又夜中などに潜《ひそか》に奔《はし》り玉はんことも有らんとて、門々を厳く固め、番衆を増し玉ひしは、繭窩の如くにして、風も漏るべきやうはなかりけり。

さて太子出家の望み日々に益《まし》ければ、浄飯王甚だ憂悩し玉ひ、兎角外のことにては出家の望みを変じ難しと思ひ玉ひ、妃に勅して太子の側を離れしめ玉はず。昼は妙なる楽をなし、供御には山海の珍味を尽し、うるはしき五百人の妓を択んで、暮には妙《たへ》なる淫楽をなし、美酒嘉肴を列ねて、出家の望を変ぜんとし玉ひ、門戸を開閉する声も四十里に響く様《いやう》にさせ玉ひ、所々の番所を益《ま》し、番衆を加へ、夜は篝《かゞり》を焼《たひ》て警護せしめ、三条九陌《はく》、所として、番衆の絶間《たえま》なく水も漏《もる》べき様はなかりけり。

浄居知時至神力醒微酡

〔浄居《ご》、時の至るを知り、神力、微酡《だ》を醒ます〕

「浄居天」とは、色界の第四禅の中の無煩・無熱・善現・善見・色究竟の五天なり。唯聖人のみ居して、異生の雑するなし。故に浄居と云。今浄居と云は、浄居天衆を云。「酡《だ》」は酒を呑で面《かほ》のあからむなり。

○太子出家の望み頻《しきり》にならせ玉へども、門戸の固め厳しければ、如何せんと思ひ煩ひ玉ふ折節、浄居天、太子の出家の時到れりと知り、太子の前に来り、「我ら神力を以て出し奉らん」とて、太子の少し酒に酔ひ玉ふが如くなるを醒《さま》されしとなり。

さて、太子十九歳の春になり、出家の志《こゝろざし》切《しきり》に促《もよほ》しければ、或日父王に向て言《のたま》ひけるは、「恩愛は必ず離る。願くは出家を聴《ゆる》し玉へ」。王泣て許し玉はず。太子又言はく、「王よく我《わが》四の願ひを与へ玉はば出家を止《やめ》ん。一には不老、二には無病、三には不死、四には不別」と。王の曰く、「この願ひ世に誰か是を得ん。我今嗣子《しし》なし。宜く一子を生ずべし。さあらば出家を許さん」。太子便ち輸多羅の腹を指ざし玉ふに、輸多羅便ち娠《はら》める心地あり。其の時羅睺羅《らごら》、天より変《へん》没《もっ》して化託《けたく》あり。時に周の昭王四十四年二月八日なり。其の夜、浄居天及び諸天下り来て、頭面《づめん》に足《みあし》を礼し、太子に告て曰く、「無量劫来勤苦修行し玉ひ、今成熟して出家の時至れり」。太子の言はく、「防衛厳密なり。唯出でがたきを憂ふ」。諸天の曰く、「我等、方便して出し奉らん」と。

弘誓深於海、寧溺栄辱渦

〔弘誓《ぐぜい》、海よりも深し、寧《むし》ろ栄辱の渦《くわ》に溺れんや〕

「渦」は水回《めぐ》るなり○この太子は、久遠劫より衆生無辺誓願度等の四弘の誓願、蒼海よりも深くましませば、王何《なに》やうに五欲を以て惑《まどは》し玉ふとも、何ぞ栄華に著《ちゃく》すると、恥辱を厭ふとの人情の渦窟《くわくつ》に溺れ玉はんや。

静夜跨犍陟、憤焉踰愛河

〔静夜犍陟《こんでい》に跨つて、憤焉《ふんえん》として愛河を踰《こ》ふ〕

「犍陟」は駿馬なり。「憤」は心に通ぜんことを求めて、未だ得ざるなり。○夜半、人の寝静まりたる頃、犍陟と云駿馬に騎り、憤《いきどを》りを発し、城を踰《こ》へ出で玉ひ、実に踰へがたき恩愛の大河を踰へ玉へりとなり。

さて太子竊《ひそか》に車匿《しやのく》を召て、委細仰せありければ、車匿便ち犍陟を牽《ひき》来る。太子喜んで騎《の》り玉へば、四天王、馬《むま》の四足を捧げ、並びに車匿を接し、帝釈、蓋《がい》を持《ぢ》して易々と城外に踰へ出で、それより跋伽《ばつが》仙林に至て、唱へて言《のたま》はく、「過去の諸仏、菩提を求めんが為に、身の飾りを棄て、鬚髪《しゆはつ》を剃除《たいじよ》し玉ふ。我も亦爾《しか》せん」とて、宝冠と瓔珞《やうらく》とを脱で、車匿に与へ、父王に上《たてま》つらしめ、忽ち剣を抜て自《みづから》髪を剃玉へば、帝釈、髪を接し、天に上て塔を建つ。時に浄居天化《け》して猟師《かりうど》となり、身に袈裟を着て来れり。太子七宝の衣を以て替へて着玉へば、車匿大ひに哭し、犍陟も悲鳴して別れをいたみ帰りけり。八相の中には是を第四出家と云。京《みやこ》には父王を始め、姨母《をば》及び輸陀羅等は哀み号《さけ》んで悶絶し玉ひ、国中の上下悲慕《ひぼう》せざるはなし。王、人を八方に出だし、尋ねさせ玉ふに、国中にも隣国にも太子及び車匿を見たる者一人もなかりければ、尋ぬる便りもなく、皆々空しく還りけり。其の後数月あつて、城外に犍陟の嘶《いなゝ》く声聞こへければ、「すはや太子の御還りならん」とて、人々走り出でけるに、唯車匿一人、犍陟を牽いてすごすごと門に入れり。人々いそぎ王に奏しければ、王便ち姨母及び輸陀羅等を集め、近く車匿を召して委細御尋ねあり。其の後太子を迎へ還さんとて、大臣を勅使とし、又内戚外戚の中にて、憍陳如《けうぢんによ》・頞鞞跋提《あびばつだい》・十力迦葉・拘利《くり》太子の五人を添へ、従者千人を付け、車匿を案内者として太子の方へ遣されけるに、皆太子の所に至り、詔《みことのり》を宣べ、御還りあるべき旨、力を竭《つく》して勧めけれども、中々御聴納《きゝい》れなかりければ、憍陳如等の五人思はれけるは、「我等空しく還らば、何の顔《かんば》せあつてか王に見《まみ》へん。寧ろ此《こゝ》に止まり、太子に随ひ修行せばや」と憶《をも》ひ、太子の御意を窺ひけるに、太子もその思し食《め》しなりければ、五人は止《とゞま》つて太子に侍《はん》べり、其の外の人々は皆空しく京に還りけり。

咨詢究竟義、二仙帯鎖枷

〔究竟の義を咨詢《しじゅん》すれば、二仙、鎖枷を帯ぶ〕

「咨」は事をはかるなり。「詢」は咨なり。「二仙」とは阿羅邏《あらら》仙・伽蘭《からん》仙なり。○それより仙人の所に至り玉ひ、究竟解脱の道義を問ひ玉ふに、二仙ともに解脱を得ず。人の鎖に縛せられ、枷をはめられて、身の自由ならざるが如く、解脱を得ざりしとなり。さて太子、跋伽《ばつが》仙人の所に至り見玉へば、草葉を被《き》たる者もあり、樹の皮を被たる者もあり、草木の華《け》果を食し、或は荊棘の上に倒れ、水火の前に臥し、或は一日に一たび食し、二日に一たび食して苦行す。太子問て言《のたまは》く、「何の果を求むるや」。答て曰く、「天に生ぜんことを求む」と。太子の言く、「諸天楽しといへども、福尽れば下墜《げつい》す。終に苦聚たり。何ぞ諸苦の因を修して、苦報を求めん。是解脱真正の道に非ず」と云つて別れ玉ひ、夫より阿羅邏・伽蘭仙人の所に詣り、其の断ずる所の生老病死の法を問ひ玉ふに、仙人の曰く、「衆生の始めは冥《めう》初より始まり、冥初は我慢より起り、我慢は痴心より生じ、痴心は染愛より生じ、染愛は五微《み》の塵気より生じ、五微の塵気は五大より生じ、五大は貪欲・瞋恚及び諸の煩悩より生ず。此に於て流転して、生老病死憂悲苦悩す」。太子復問て言く、「説くところ、生死の根本を知れり。復《また》何の方便を以てか是を断ぜん」。答て曰く、「断ぜんと欲せば、禅定を修習して、欲悪不善の法を離れ、覚あり、観有て、初禅を得、覚観の定を除き、喜心に生入して第二禅を得、喜心を捨《すて》て正念を得、根楽を具して第三禅を得、諸楽を除ひて浄念を得、捨根に入て第四禅を得。無相の報を獲、色相を離れて空処に入り、有対《うたい》の想を滅して識処に入り、無量の想を滅し、識ただ識を観て、無処有処に入り、種の種想を離れて非想非々想処に入る。この処《ところ》を名づけて究竟の解脱とす。是《これ》諸の学者の彼岸なり」。太子思惟し玉ひけるは、「その知見する所、究竟の処に非ず」と。又問て曰《のたま》はく、「非想非々想処は我《が》ありとやせん、我無しとやせん。若し我無しといはば、非想非々想処と云べからず。若し我ありといはば、我は知ありとやせん、我は知なしとやせん。我若し知なくんば、木石に同じ。我若し知あらば攀縁あり。既に攀縁あるときは染著あり、染著を以ての故に解脱に非ず。汝麁結《そけつ》を尽せども猶細結あり。彼岸に度《わた》るに非ず。若し能く我及び我相《がそう》を除ひて、一切尽く捨《すて》ば、是を名づけて真の解脱とす」と云つて去り玉へり。

遂去闍山麓、寒暑棲烟蘿

〔遂に闍山の麓に去て、寒暑、烟蘿に棲む〕

仙人の所を去り、それより伽《が》闍《しや》山の下《もと》尼連禅《にれん(ぜん)》河の辺に至り、寒暑を厭はず、雲烟薜蘿《へいら》の中に安坐し玉へり。

さて太子苦行林に至り、尼連河の側《ほと》りに勇猛精進し玉ふに、その頃王、人を遣され太子の行李《あんり》を尋ねさせ玉ふに、その人還て白《まふ》しけるは、「太子は伽闍山の辺の林中に御坐《ござ》ありけるが、家とてもなく、麁《あら》く垢づきたる異《あやし》げなる御衣を著《め》し、食物等も有げには見へまふさず」と奏しければ、王及び姨母・輸陀羅等は勿論、満朝の百官感涙を垂れけり。やがて勅詔《ちよくじやう》あつて、衣服・臥具・食物・金銭等を多くの車に載せ、数百人を以て太子の所に贈り遣されけるに、太子少しも受玉はず。又諸天も数食《しばく》を供《くう》じけれども、一つも受玉はざりけり。

但喫麻米粒、加味断鹹鹺

〔但、麻米の粒を喫して、加味、鹹鹺《かんさ》を断つ〕

「鹹鹺」は塩味《えんみ》の厚きなり。○太子、闍山の下に幾度も寒暑を経玉ふに、唯麻の実米粒をそのまゝ食し玉ひて、塩加減などしたる食はなかりしとなり。

其の頃御坐の左右に自《をのづか》ら麻米生じければ、其の実を食して精気を続《つ》ぎ玉ひけるが、唯一日に一麻一米を食し、或は二日に一麻一米を食し、若し乞者《こふ》あればこれに施し玉へば、痩て枯木《かれき》の如くなり玉へり。嗚《あ》呼《あ》、太子九重《きうちやう》の中《うち》に居玉ふ時は、金殿玉楼に綾羅・錦繍・宝冠・瓔珞、御身を装ひ、梅檀沈《ぢん》水の香り潔く、歌舞音楽の声、耳に美《うるは》しく、侍従百官尊んで勅を承け、妃嬪媵嬙《ひんいようしやう》争て命に随ひ、食は易牙《えきが》が手を並べて、山海の珍味を調《とゝの》へ、床は西施が粧《よそほ》いを凝《こら》して、錦繍の茵《しとね》を治め、人間の娯楽何《いづ》れか是に勝らんや。然るに是を捨《すて》て、枯《こ》木の如くなる身にならせ玉ふ。是悲願力《りき》広大にして、栄辱を蛻脱《ぜいだつ》し、恩愛の大河を踰《こ》へ玉ふに非ずや。若し人能く是《かく》の如くせば、仏法幽玄なりといへども、豈それ遠からんや。古徳入道の状《かたち》を稽《かんが》ふるに、事の大小異なりといへども、その意大《をゝ》概《むね》皆是の如し。故《かるがゆへ》に務《つとめ》ずして能《よく》し玉ふに似たり。一切衆生、三界に流転することは、唯この窠窟《くわくつ》に溺るればなり。この窠窟実に脱出し難し。深く慚愧すべき所なり。

牧女献乳糜、芳潔治旧痾

〔牧女、乳糜《び》を献じ、芳潔にして旧痾《あ》を治す〕

「牧女」は牛を牧《か》へる富家の女《むすめ》なり。「糜」は粥《しく》なり。黄帝初めて教へて糜を作らしむ。「乳糜」は粥《かゆ》の乳ににたるものか。○太子久く一麻一米のみ食し玉ひければ、痩て枯《こ》木の如くなり玉ふに、牧家の女、難陀波《ば》羅《(ら)》と云者、乳糜を取て供《くう》じければ、太子食し玉ふに、その味はひ芳《かうば》しく潔ふして、漸く肉かかり身健《すこや》かになり玉へり。

さて太子念言し玉へるは、我若しこの羸《るい》身を以て道《だう》を取らば、彼《か》の諸の外道凡夫、餓《が》は是涅槃の因なりと計《け》すべし。我まさに食を受て、而《しか》ふして後に成道せんと。時に浄居天化し来て、林外の牧家の女難陀波羅を勧めて供養せしめられけるに、忽ち池中より千葉の蓮華を生ず。その上《う》へに乳糜あり。牧家の女是を見て、奇特《きどく》の思ひをなし、便ち取て太子に奉つる。太子是を受け巳て、身体悦豫《えつよ》し玉へり。

親族避苦楽、薫洒欠釜鍋

〔親族、苦楽を避けてより、薫洒として釜鍋《ふくわ》を欠く〕

太子初め山に入り玉ひし時は、五人の親族侍《はん》べりしが、苦を厭ひ楽を嘲《あざけ》つて逃《のが》れ去りければ、独身にてさつぱりとなり玉ひ、炊《かし》きもし玉はねば鍋釜《なべかま》も無かりしとなり。

さて太子十九歳の春より三十歳の冬まで、十二年の間修行し玉ふに、初めは憍陳如等の五人侍べりしが、二人は太子の苦行甚だしければ、堪《た》へ難く思ひ逃れ去れり。三人は思へらく、「究竟解脱は苦行にあらずんば争《いか》でか得玉はん」とて、益《ますく》苦行して侍《はん》べりしが、その後「太子苦行は解脱の因にあらず」とて、苦行を止め玉へば、三人は思へらく、「太子退屈して苦行を止《やめ》玉へり、何ぞ解脱を得玉はん。我等随ひ侍べるとも益なからん」とて、逃れ去れり。

涌出金剛座、端坐伏群魔

〔涌出《ゆじゆつ》す金剛座、端坐して群魔を伏《ぶく》す〕

「金剛」とは堅利に譬ふ。堅なるが故に物能く沮《やぶ》ることなし。利の故に物として摧かざることなし。○さて太子三祇百劫勤《ごん》苦し玉ひしが、今修行成満して、大地より金剛座涌出《ゆじゆつ》しければ、その座に坐して成道せんとし玉ふに、諸の魔来て障碍せしを、一々皆降伏し玉へり。

此の南洲は三千界の中央なり。故《かるがゆへ》に諸仏出世し玉ふ。余の南洲には仏出世し玉はず。この南洲に金剛座あり。三世の諸仏皆この座に坐して、等正覚を成じ玉ふ。此の座は上《かみ》地際を窮め、下《しも》金剛輪際に至る。今涌出すとは、此の座に坐して正覚を成じ玉ふべき、金剛の如くなる定現前するを云。太子、閻浮樹下金剛座にして、樹を観て思惟し、天を感じ、地を動じ、大光明を演《の》べて、魔宮を覆蔽し玉へば、波旬《はじゆん》恐怖して、四女を太子の所《みもと》に詣《いた》らしめ、花顔妖媚を以て惑はせども、動じ玉はず。復八十億の衆を将《ひき》い来て曰く、「もし立ち去らずんば、汝を海中に擲《なげ》ん」。太子の曰《のたま》はく、「汝先《まづ》我浄瓶《じんびん》を動かして、然ふして後に我を擲ぐべし」と。八十億の衆、力を尽せども、少しも瓶を動かすこと能はず。種々に威をなし、若し石を抱ひてなげ付けんとすれば挙《あぐ》ること能はず。若し挙れば、又下すこと能はず。刀を飛し、剣を舞せば、空中に停まり、雷電雹《はく》雨を化作《けさ》すれば、五色の華《け》となりければ、群魔力尽て退散せり。八相の中には是を第五降魔と云。

忽開嬢生眼、見星辞嵯峨

〔忽ち嬢生《じやうしやう》の眼を開いて、星を見て嵯峨《さが》を辞す〕

「嵯峨」は山のさかしき貌《かたち》。○さて太子、母の生みつけたる両目を以て、臘月《らふげつ》八日の暁に明星を見て、久遠劫来の所得を失し、洒《しゃ》々落々としてさがしき山を下り玉へり。

周の穆《ぼく》王四年癸未《きび》に当る。十二月八日の暁明星出る時、菩提樹下にして廓然《くはくねん》大悟、等正覚を成じ玉ふ。八相の中には、是を第六成道と云。予、曽て頌あり、曰く、「三祇百劫歴艱難、一顆明珠磨得団、不合妖星遭照破、朝来空手下層巒」。〔三祇百劫艱難《かんなん》を歴《へ》て、一顆《くわ》の明珠磨し得て団《まどか》なり。不合《ふがふ》に妖星に照破せられて、朝来空手にして層巒を下る。〕

朔風飄破衲、積雪埋敗鞾

〔朔風、破衲《のふ》を飄し、積雪、敗鞾《くわ》を埋む〕

山を下り玉ふに、ころしも臘八《らうはつ》のことなれば、北風に破れたる衣を吹き飄《ひるが》へされ、破草鞋《はそうあい》積れる雪を踏《ふん》で歩み玉へり。○物の比倫に堪《たへ》たるなし。我をして如何が説《とか》しめん。

此《こゝ》に嵯峨を辞すと云ひ、破衲敗鞾と云ひ、その後に七日思惟の句ある時は、臘八の暁、遽然《きよぜん》として破衲衣破草鞋にて他所に往き玉ひ、思惟し玉ふなり。今《いま》句の意に随て解《かい》すといへども、恐くは非ならんか。成道の時は円満の相好なるべし。破衲敗鞾憔悴の相なるべからず。然らずんば、仏身を成就し玉ふにあらず。無上の仏果と云ひがたし。又、他所に往《ゆい》て思惟し玉ふにあらず。見星出山等と云も非ならんか。識者に問弁して可なり。

不受然灯記、独歩号釈迦

〔然灯《ねんどう》の記を受けず、独歩して釈迦と号す〕

昔し燃灯《ねんどう》仏の記莂を授け玉ひしに違《たが》はず、今作仏して釈迦牟尼仏と成り玉ふ。然るに、「燃灯の記を受けず、独歩《どくほ》す」とは、一切衆生本来智恵徳相を具足して、欠くることなし。修証を労せず、箇々円成す。何ぞ他仏の指示を仮《から》んや。飢へ来れば飯を喫し、困し来れば眠り、行《ゆか》んと要すれば便ち行き、坐せんと要すれば便ち坐し、箇々独歩す。釈尊豈他の指示を仮り玉はんやとなり。「独《どく》」は猛獣なり、猿に似て大《をゝひ》なり、猿を食《くらふ》。

初七思惟畢、雅音比頻伽

〔初七思惟し畢て、雅音、頻伽《びんが》に比す〕

「頻伽」は鳥の名、鳴声最も善雅なり。◯さて成道の後、菩提樹下に於ひて七日思惟し玉ひ、涅槃せんとし玉ふに、大梵王等下て懇請《しやう》ありければ、始めて頻伽鳥のやうなる雅《たゞ》しき音《みこえ》にて法を説き玉へり。爾時大地振動し、天、伎楽をなし、華を散じ、香を焼《た》き、龍天八部、供養を設く。如来七日思惟し玉はく、「我《わが》所得の法は甚深にして解し難し、唯仏と仏とのみ是を知り玉へり。一切衆生は貪欲・瞋恚・愚癡・邪見に覆ひ障《さへ》られて、智恵なし。如何ぞ能く我所得の法を解せん。我《われ》今法を説かば、彼必ず信愛すること能はず。還て誹謗を生じて悪道に堕せん。我寧ろ黙然として涅槃に入らん」と。爾時、大梵天王・他化《たけ》自在天及び釈提桓因《だいくはんいん》等、足《みあし》を礼して云く、「世尊久しく生死に住《とゞ》まり、放身捨命して法を求め玉ふは、衆生を度し玉はんが為なり。今《いま》法海已に満ち、法幢《どう》已に立てり。開導の時なり。如何ぞ涅槃に入り玉ふべき」と。三たび請《しやう》を受けて、法を説き玉ふ。八相の中には是より『涅槃経』の終り迄を第七転法輪と云。

唯似為根熟、華厳先四阿

〔唯根熟のものの為めにするに似て、華厳、四阿に先だつ〕

「華厳」は具《つぶさ》には『大方広仏華厳経』と云。「阿含《あごん》」、華には無比法と云。『四阿含経』とは、一には増一阿含、二には長阿含、三には中阿含、四には雑阿含なり。◯さて仏先づ根の熟したる大機の為に法を説き玉ふに似て、別・円・頓・大の『華厳経』を小乗浅権《せんごん》の『四阿含経』より先《さ》きに説き玉へり。

影響与聾唖、交参雑龍蛇

〔影響《やうがう》と聾唖と交参して龍蛇を雑ゆ〕

「影響」とは、影の形に随がひ、響の音《こえ》に応ずるが如く、十方より来り、仏に随て化《け》を佐《たす》け玉ふ法身の菩薩を云。四衆の一なり。四衆とは発起と当機と影響と結縁となり○さて華厳を説き玉ふに、その会座は影響の大機と、小乗未熟の聾唖《りやうあ》の如くなる聴衆にて、譬へば天に上る龍と草中に潜む蛇と雑《まじ》はり列《つら》なるが如くなり。聾唖交参すとは、唯華厳の後《ご》分に拠て云なり。阿含以前には声聞等は一向に有るべからざればなり。

『華厳経』は、如来始め正覚を成じ玉ひし時、寂滅道場に於て、四十一位の法身の大士、及び宿世に根熟せる天龍八部、一時に囲繞《いにやう》して、雲の月を籠《かこ》むが如し。爾時に如来、盧舎那の身を現じ、円満の教を説玉ふ。この経には、一切衆生、如来の智恵徳相を具足す、「心・仏及衆生、是三無差別」等と、別・円・頓・大の教を説玉へば、小機の聴衆、一向に仏語を解すること能はず。「是は大菩薩のことなり、我等が及ぶ所に非ず」と思へり。『華厳経』は七処九会三七日の説なり。今の本は三十九品あり。旧《く》訳は三十四品なり。華厳を三七日の説とし、阿含の前とするは、五時の次第を為《なさ》んが為なり。古来より、華厳の時長しと云義もあり。出現品に、文殊、善住閣より出《いで》て、諸の天龍と如来の所《みもと》に至り、頭面《づめん》に足《みあし》を礼す。時に舎利弗已に六千の弟子あり。自房より出て仏足を礼し已《をはつ》て、文殊の所《ところ》に至るとあり。是方等・般若の時の教を結集《けつじふ》して、華厳に入《いる》るものか。華厳の時長しと云は、此の謂ならん。

柰苑衣弊垢隠珍御舎那

〔柰苑《ないをん》に弊垢《へいく》を衣《き》て、珍御の舎那《しやな》を隠す〕

「柰苑《ないをん》」とは鹿苑なり。群鹿の所居なるが故に、鹿苑と云。樹によつて名づくれば、柰苑と云。二仙の所居なるによって、仙苑とも云。「舎那」、具《つぶさ》には盧舎《るしや》那《な》と云。華には浄満と云。報身仏なり。○『華厳経』

を説き玉へども、所化の根、未熟にして益なきがゆへに、寂場を動ぜず、波羅奈国鹿野苑に遊び、珍御《ぢんぎょ》の服を脱し、麁弊垢膩《そへいくに》の衣《ゑ》を着け、舎那の身を隠し、小乗浅権の教を説玉へり。『阿含経』は十二年の説なり。

仏に二身あり。一には法身毘盧遮那仏。是れは青黄赤白の色に非ず、長短方円の形に非ず、中道実相の理体なり。二には報身盧舎那仏。是れは如来内証の自受法楽の智恵なり。此の報身に自受用《じじゅよう》・他受用あり。華厳の教主は他受用報身なり。是れは音声無辺・色像無辺の身なり。三には応身釈迦牟尼仏。是れは衆生に応同して、八相成道し玉ふ身なり。勝応身・劣応身あり。阿含の教主は劣応身なり。此の三身所居《ご》の国土に四種の不同あり。一には同居《ご》土。是は劣応身の所居なり。凡夫・聖人雑はり居《を》る故に、同居土と云。二には方便土。是は界外《げ》の勝応身の所居なり。見思の惑を断じたる二乗・菩薩の生処なり。三には実報土。是は他受用報身の所居なり。是れ無明を断じ、中道を証する菩薩の所居なり。帝網《たいまう》無礙の境界なり。四には寂光土。是は法身自受用報身の周遍法界の理、唯仏と仏との境界なり。爾時に、仏、寂滅道場に於て、菩提樹王を観じ、目暫くも捨て玉はず。禅悦を食として、七日を経て座を起ち玉はず。時に欲界・色界の諸天子等、手に金盆を捧げ、各宝瓶《びやう》を執り、香水を盛り満《みて》て、仏所に詣し、頭面に頂礼して、澡浴し玉へと請ふ。仏、請を受て浴し玉ひければ、諸天子等、各《をのく》天の妙衣を奉《たてま》つり、天の妙香を焼《た》き、天の妙花《け》を散じて、供養す。その後龍王の請を受て、七日龍宮に坐し玉ひ、三帰五戒を授与し玉ふ。夫より尼拘陀《にくだ》樹下に往《ゆ》き、一人の天子を度し、夫より四天王の四鉢を受て、一鉢と作《な》し玉ひ、夫より二人の商主の供養を受け玉ひ、二人の請によって髪と爪とを与へ玉へば、喜び還て塔を起つ。又大梵天王・帝釈天王及び三十三天衆等、来て大法輪を転じ玉へと懇請あり。夫より波羅奈国に往て、憍陳如等の五人を度し玉ふに、五人、四諦の法門を聞て阿羅漢果を証し、仏弟子となれり。此《こゝ》に於て、仏法僧の三宝始めて成ず。夫より富樓那《ふるな》及びその友三十人を度し玉ひ、夫より大迦旃延を度し玉ひ、夫より恒河《がうが》の岸に至り玉ひ、見玉ふに、諸人皆船師に銭を与へて渡りけるに、仏は一銭もなかりければ、仏、船師に向て、「我は一銭もなし。願くは我を南の岸に渡しくれよ」と言《の玉》ひけるに、船師、「銭なき人は堅く渡さじ」と云ければ、仏暫く立ち止《とゞ》まり見玉ふに、一群の雁、空を飛で南の岸に往きければ、我も雁の如くせんと思《をぼ》し食し、空を飛で南の岸に往き玉へり。船師、是を見て奇特の思ひをなし、後悔して摩伽陀国の頻《びん》頭《づ》王の所に至て訟へければ、王、其の事を聞て国中に令して曰く、「今より後、出家の人の河を渡らんとするに、銭を取ることなかれ」と。夫より長者の子耶《や》舎《しや》、及びその友五十人を度し玉ひ、夫より優樓頻螺《うるびんら》迦葉《かせう》の家に至り宿を仮り、石室に火龍を降伏し玉ひ、優樓頻螺迦葉及び其の徒五百人を度し玉ひ、又那提《なだい》迦葉・竭夷《けつい》迦葉の二人、各二百五十人の弟子あり、共に仏に帰して沙門となれり。夫より羅髻《らけ》梵志、及び其の徒二百人を度し玉ひ、夫より千二百五十余人と共に王舎城に入り玉ふ。頻婆娑羅《びんばしやら》王、諸王百官と共に城を出《いで》て仏を迎ふ。仏、為《ため》に説法し玉ふに、王、竹園に於て諸の堂舎を起て、仏を請して法輪を転ぜしめ、親《みづか》ら百官を将《ひき》い来て、供養をなせり。時に舎利弗百人の弟子と共に来て、沙門となり玉へり。又舎利弗の沙門となり玉ふを見て、目犍連も百人の弟子と共に来て、沙門となり玉へり。時に偷羅厥叉《ゆらけつしや》国に婆羅門あり、迦葉と云。その家巨《をゝ》ひに富んで、善く布施す。其の婦《つま》端正なること、天下に双《なら》びなし。この夫婦二人、曽て欲想なし。空中より告《つぐ》る声を聞て、自《みづか》ら髪を剃り、仏の所に至らんとす。仏是を知り玉ひ、往て是を度せんとし玉ふに、途中にて逢ひ、迦葉乃《すなは》ち仏足を頂礼して曰く、「是吾《わが》大師なり」と。仏の言《のたま》はく、「応に知るべし、五陰《をん》の色身は是大苦聚《くじゆ》なり」と。迦葉聞き已て、便ち阿羅漢果を証し玉へり。この師、大威徳あるを以て、仏、大迦葉と名づけ玉ふ。仏の滅後、法化を住持し、来世に被むらしめ玉ふ者は、正に此の師の力なり。其の頃、旃遮摩那耆女《せんしやまなぎによ》と云女《むすめ》あり。阿闍羅翅舎欽婆羅《あじやらししやきんばら》が弟子なり。其の女、日々仏の所《みもと》に来り、外には清信女の容《かたち》をなし、内には邪師の教を懐《いだ》ひて、往来して人に見せしめんとす。草を以て腹をこしらへて、日《ひゞ》に大ひならしめ、後には産に臨める女の如くにす。邪師問て曰く、「汝、如何ぞ其の身になれる」と。答て曰く、「我、日々仏の所に往き、仏に親んで、斯の身になれり」と。邪師嗔《いか》り怒て仏の所に至り、大衆の中にて大声を発し、「瞿曇、何ぞ吾が弟子を辱しむる。汝、婬欲を犯す。何ぞ道《だう》を得ん」と云つて、大ひに怒る。時に帝釈、鼠と化し、女の裙《くん》の内にあつて、縄を食ひ、草を截て、地に落しければ、腹暫時に小くなれり。衆人同声に罵《のつ》て曰く、「汝邪師、聖人を謗てかくの如き罪を作る」と。その頃、浄飯王、優陀夷《うだい》に語て曰《のたまは》く、「太子出てより、今十二年を経たり。頃日《このごろ》聞くに、已に道を得たりと。汝尋ね往て、国に還らしむべし」と。優陀夷、命を奉《うけ》て仏の所に至り、王の詔《みことの》りを宣《のべ》ければ、仏便ち法を説玉ふに、優陀夷便ち道果を証し、沙門となる。仏、優陀夷に告て言《のたまは》く、「汝、先づ国に還て、十八神変を現じ、吾が到んとするよしを父王に白《まふ》すべし」と。優陀夷還て王の前に神変を現じければ、王、優陀夷が神変を見、仏の来り玉はんとするを聞て大ひに歓喜し、百官に勅して、城を出て四十里の外に迎へさせ玉へり。仏、千二百五十人を将《ひき》いて、禁門に入り玉ふに、威儀端厳《たんごん》、光明赫輝《かくやく》たり。王の曰く、「離別してより多年、今相見ることを得たり」と。百官、稽首作礼《さらい》す。時に王、国内の豪族五百人を勅して沙門となし、仏の左右に侍《はんべ》らしめ玉ふ。時に仏の従弟《いとこ》難陀の臣優波離《うはり》も亦沙門となれり。其の後、難陀も亦沙門とならんとして、仏及び諸の大弟子を礼拝するに、優波離に至て礼《らい》を成さず。時に仏、難陀に告て言く、「仏法は海の如し、百川を容《い》る。四流これに帰す。皆同く一味なり。授戒の後、貴賤なし。四大和合して、仮に身となる。本吾我《ごが》なし。憍慢を生ずることなかれ」と。難陀遂に礼をなせり。夫より曰く、「大ひに供養あつて、無量の人を度し玉ふ。時に耶輪陀羅、手に羅睺羅を携へ来て仏足を稽首して、仏に向て曰く、「久く侍奉《じほう》に違す」と。時に諸の釈種、皆疑心あつて謂《をもへ》らく、「太子、国を去り玉ひて十二年なり。何《なん》に由てか羅睺羅を生《うめ》る」。時に仏、父王及び諸の群臣に告て言《のたまは》く、「輪陀羅は節を守れり。貞潔にして瑕疵あることなし」と。時に羅睺羅七歳なり。其の後、仏、難陀を将いて天宮に上り、又地獄に入り玉ひて、遂に道《だう》に入れ玉ひ、又羅睺羅を度して沙門とし玉ひ、夫より王舎城の大臣護弥《ごみ》が家に到て、供《く》を受け玉ひ、又須達長者が為に四諦を説て、須陀洹《しゆだをん》果を得せしめ玉ふ。須達、仏に白して言《まふさ》く、「願くは舎衛国に降臨し玉ひて、衆生の邪を変じて、正に帰せしめ玉へ」と。仏の言く、「彼《かし》こに精舎なし」と。須達が曰く、「吾能く精舎を起立せん。願くは許し玉へ」と。仏便ち舎利弗に勅して地を択《えら》ばしめ玉ふに、唯祇陀《ぎだ》太子の園のみ精舎を建《たつ》べき所なり。須達便ち太子の所に到り奏して曰く、「我今如来の為に精舎を建んと欲す。願くは太子の園を与へ玉へ」と。太子の曰く、「汝、若し能く黄金を以て地に布《し》いて、空しき処なからしめば、園を与ふべし」と。須達便ち人と象とを以て黄金を搬《はこ》ばしめ、須臾に満《みて》たり。太子謂《をもへ》らく、「仏は大徳あつて人をして宝を軽んずること、かくの如くならしむ。我、何ぞこの金を取んや。園は汝に属す。樹木は我に属す。我自ら仏に奉つて、共に精舎を建ん」と。須達喜んで精舎を建て、王に奏して曰く、「我、精舎を建つ。願くは大王、使を遣し、仏を請し玉へ」と。時に王、使を遣して仏を請せらる。爾時に仏、光を放ち、地を動じて、舎衛国に入り玉ふ。其の頃《づ》、給孤《ぎつこ》長者が子の新婦《よめ》玉耶《ぎよくや》を教訓し玉ひ、又百頭の大魚を見玉ひて、因行を説て、多くの漁人・牧牛《ぼくご》の人を度し玉ひ、又申曰《しんわつ》長者が供《く》に応じ玉ふに、毒味即ち香味となり、為に法を説玉ひければ、長者が意《こゝろ》開解せり。又舎衛国の城下の無悩と云ふ者、大力あり。邪師に随つて邪道を学ぶ。其の師教へて曰

臨川書店の 2024/9~10

新刊図書

寺院文献資料学の新展開 全12巻

真福寺善本叢刊〈第三期〉神道篇 本巻全4巻 別巻全2巻

ヒンドゥークシュ南北歴史考古学載攷 全4巻

近世仏教資料叢書 全6巻

内容見本ご請求下さい

川村悠人／アダム・アルバー・キャット 著

パーニニ文法学講義

■A5判上製・356頁　別冊「規則早見表」付録 五、二八〇円

岸野亮示 編

戒律研究へのいざない

■四六判並製・二段組・432頁　三、七四〇円

臨川書店

〒606-8204 京都市左京区田中下柳町８番地 ☎(075)721-7111 FAX(075)781-6168
E-mail : kyoto@rinsen.com　http://www.rinsen.com　〈価格は10% 税込〉

パーニニ文法学講義

川村悠人（広島大学准教授）
アダム・アルバリー・キャット（京都大学教授）著

インド古典文献の精密な理解とインド学・仏教学の更なる発展のために——本書は、サンスクリット語を分析して説明する土着の伝統文法学、パーニニ文法学に対する本邦初の入門書である。パーニニ文法の働き方や用語の解説に加えて学習に役立つ基礎資料を提示。最終講では近現代の言語学との繋がりも論じる。別冊付録「規則早見表」付。

■Ａ５判上製・356頁・別冊「規則早見表」付録　五、二八〇円

ISBN978-4-653-04580-9

戒律研究へのいざない

岸野亮示（京都薬科大学講師）編

戒律を研究する意義や醍醐味から、その研究手法の特徴、さらには将来の課題まで——今後の戒律研究の蓄積と発展をにらむ次世代の研究者達が、国内外で熱気を帯びる戒律研究の最前線へと誘い出す。インド仏教とジャイナ教からそれぞれ三篇の論考を収録。戒律から見えてくる宗教者の姿とは。船山徹氏・佐々木閑氏も特別寄稿。

■四六判並製・二段組・432頁　三、七四〇円

ISBN978-4-653-04583-0

新刊

寺院文献資料学の新展開

第８巻「近世仏教資料の諸相Ｉ」（山﨑　淳 編）

中山一麿 監修
落合博志・伊藤　聡・山﨑　淳 編

中央の主要寺院との関わりの中で注目される地方寺院の悉皆調査の成果を、論文および資料翻刻・解題により紹介。個々の資料分析にとどまらず、長きにわたって各寺院の経蔵に蓄積・伝存してきた聖教類の集合体としての意味を問うとともに、10カ寺近くに及ぶ寺院調査の成果を横断的に考察し、寺院間ネットワークの実態を明らかにする。

■第８巻　菊判上製・約450頁　予価一二、四〇〇円

8 巻：ISBN978-4-653-04548-9
ISBN978-4-653-04540-3（セット）

…類文化遺産テクスト学研究センター 監修
伊藤 聡・大東敬明 編

真福寺善本叢刊〈第三期〉神道篇

別巻刊行開始

別巻1「神皇正統録・元元集」

真福寺（大須観音）は、仏教典籍と共に、鎌倉・南北朝時代に書写された数多くの中世神道資料が所蔵されており、研究上比類ない価値を持つ。先の『真福寺善本叢刊』第一期～第三期において刊行された神道資料集に、この別巻全二冊が新たに加わり、真福寺神道文献のうちの重要なものはほぼ出揃うことになる。

■別巻1 菊判上製・696頁 三五、二〇〇円

別巻1：ISBN978-4-653-04731-5

全巻完結

桑山正進（京都大学名誉教授）著

ヒンドゥークシュ南北歴史考古学攷

ヒンドゥークシュ山脈南北地方、そこは大文明の地ではない。しかし、ここを押さえる政治勢力は、中央アジアばかりか東アジアまで及び、歴史の経過は大きく影響を被った。この地域は、アジアの歴史の鍵鑰である―考古学調査と文献精読の成果（すべて未単行の論考）を結集し、全4巻に編む。

■第4巻 B5判上製・約700頁 一五、四〇〇円

4巻：ISBN978-4-653-04594-6
ISBN978-4-653-04590-8（セット）

第1巻 異相ガンダーラの仏教 一六、五〇〇円
第2巻 新興バーミヤーンの時代 一六、五〇〇円
第3巻 玄奘三蔵の形而下 一六、五〇〇円
第4巻 COLLECTED ARTICLES 一五、四〇〇円

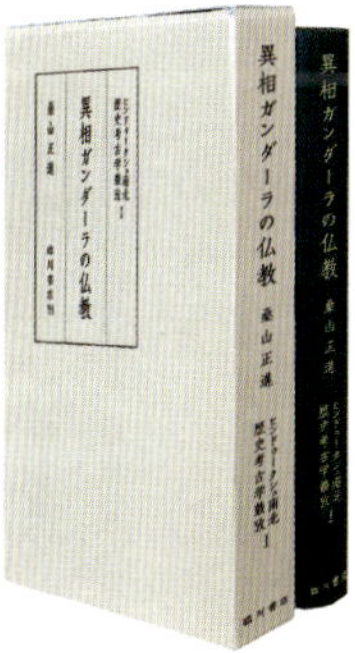

2024年8月刊行開始

末木文美士（東京大学名誉教授）
引野亨輔（東北大学准教授）
監修

近世仏教資料叢書

第1巻 **通俗仏書の出版と民衆仏教** 引野亨輔 編

第2巻 **仏伝と教学** 末木文美士／前川健一 編

第3巻 **国家を守護する仏神** 曽根原理／W.J.ボート／M.M.E.バウンステルス 編

第4巻 **唱導文学と商業出版** 万波寿子 編

第5巻 **女人教化と救済** 芹口真結子 編

第6巻 **仏教天文学と仏教世界観** 岡田正彦／平岡隆二 編

江戸時代に出版された仏教書を中心として、重要資料をテーマ別に精選。原典翻刻（書き下し）・解説・解題を中心に構成する。個々の資料紹介にとどまらず、仏教と近世社会の関係性をも鮮明に浮かび上がらせることを企図した本叢書は、この時代の宗教文化の解明に新しい光を当てるものと期待される。

■第1巻 Ａ５判上製・392頁 一九、八〇〇円

1巻：ISBN978-4-653-04761-2
ISBN978-4-653-04760-5（セット）

く、「七日の中に千人の首を斬り、其の指を取て、首《かふべ》の飾りとすれば、梵天来迎して、梵天に生ず」と。無悩、教を受けて刀を持し、走り廻《めぐつ》て人を殺す。人皆号して央掘摩羅《わうくつもら》と云。七日の朝《あした》に至て、九百九十九人を殺して、唯一人を得ず。人皆逃《のが》れ去て遍く覓《もと》むれども人なし。時にその母、食を持して往けり。無悩、遂に母を見て、殺さんとす。母の曰く、「汝、何ぞ我を殺さんとする」。無悩が曰く、「我、七日の中に千人を殺して、梵天に生ぜんとするに、今　人を欠けり。この故に殺さんとす」と。時に仏化《け》して沙門となり、其の辺に到り玉へば、無悩、母を捨《すて》て速かに来り、仏を殺さんとす。仏、法を説て開悟せしめ、沙門とし玉ふ。又洴《べう》沙王の国に、六師とて外道あり。各多くの弟子あり。六師、洴沙王に随て仏の所に到り、神術を闘はしめんとす。仏便ち臂を伸べ玉ふに、五大神王あつて、便ち六師を降伏せり。又拘弥《くみ》国の婆羅門夫婦、仏を害せんとす。仏、是を度して道《だう》に入れ玉ひ、又、仏、大火聚を化し、正に火に入て死せんとする五百人の尼犍子《にけんし》を度し、皆沙門となし玉ふ。又祇樹給孤独園《ぎじゆぎつこどくをん》に於て、楼至《るし》菩薩、仏を請して戒壇を起て玉ふ。又憍曇弥及び跋陀《ばつだ》女等の出家を許し玉ひ、再び迦毘羅国に還り、父王の為に法を説玉ふ。王、無生忍を得玉へり。此等の事は前後審《つまび》らかならずといへども、成道の後十二三年の中の事ならんか。

人天因果外、持律嘉護鵞

〔人天因果の外、持律、護鵞《ごが》を嘉《よしと》す〕

さて此の柰苑の教は、人天の因果を明し、界内の煩悩を断じ、戒律を持《ぢ》すること、護鵞の僧の如くすることを説き玉へりとなり。

さて鹿野苑説法は三蔵教とて、小乗の戒定恵を説玉ひ、三悪道を防ぎ、人天の因果を明し、四諦の法輪を転じ玉ひ、八十八使の見惑を断じ、真諦を悟り、聖位に入り、須陀洹果を得、欲界の思惑を六品断じて、斯陀含《しだごん》果を得、欲界の九品を断じて阿那含《あなごん》果を得、上八地の思惑を断尽し、界内の生死を離れて阿羅漢果を証し、三明六通を得る声聞の修行を専ら説き玉ひ、又十二因縁・六度等の法門も説玉へり。皆小乗教なり。昔し比丘あり、乞食して玉人《きう》の家に到る。時に玉人、王の命を奉《うけ》て、摩尼珠を穿《うが》てり。食を施さんと欲して、珠を盤の上に置きて、内に入れり。その舎《いえ》に鵞《が》《あひる》あり。珠の色、肉に似たるを見て、来て珠を呑む。玉人、食を施し了《をはつ》て、珠を見るに無し。比丘に問ふ。比丘思へらく、「若し鵞、珠を呑むといはば、必ず鵞を殺さん」と。黙して答へず。玉人の曰く、「汝、珠を還さずんば縦《ゆる》さず」と云つて、棒を以て打つ。比丘、偈を説《とき》ければ、玉人怒て曰く、「何ぞ多言を用ひん」と云つて、絞縛して打つこと甚だし。耳眼口鼻《にげんくび》より尽《ことごと》く血出ければ、彼の鵞来て血を食《くら》ふ。玉人瞋り忿《いか》つて鵞を打ちければ、鵞便ち死す。比丘、鵞の死するを見て、悌泣して鵞に向て偈を説て曰く、「我受諸苦悩、望使此鵞活、今我命未絶、鵞在我前死」〈我、諸の苦悩を受けて、此の鵞を活かしめんことを望む。今我が命未だ絶えず。鵞、我が前に在りて死す。〉と。玉人問て曰く、「汝と鵞と、何の親《したし》み有て愁悩する」。比丘偈を説て曰く、「菩薩往昔時、捨身以救鴿、我亦作是念、捨身以代鵞、由汝殺鵞故、心願不満足」〈菩薩往昔《そのかみ》の時、身を捨てて以て鴿《はと》を救ふ。我れも亦た是の念を作し、身を捨てて以て鵞に代る。汝が鵞を殺すに由るが故に、心願満足せず。〉と云て、仔細を語りければ、玉人便ち鵞の腹を剖《さ》いて珠を得たり。声をあげ泣て曰く、「汝、鵞の命を護て身を惜まず、我に非法の事を為《なさ》しむ」と云て、偈を説て曰く、「南無堅持戒、為鵞身受苦、不作毀欠行、此事実難有」〈南無堅持戒、鵞の為めに身、苦を受く。毀欠《きけつ》の行を作さず、此の事、実に有り難し〉。

頓漸半満教、随意有自他

〈頓漸半満の教、随意に自他有り〉

「頓」とは頓速に深理を談ずるなり。「漸」とは浅きより深きへ誘引して、漸々に説《とく》なり。「半」とは蔵教なり。「満」とは通・別・円の三教なり。「随意に自他あり」とは、随自意・随他意なり。○凡そ如来一代の説教は、機に臨み変に応じて、或は頓、或は漸、或は秘密、或は不定、或は半教、或は満教、或は直《ぢき》に妙心を示し、或は恢《をゝ》ひに教網を張玉へり。如来応化の事跡、甚だ多しといへども、雛《すう》僧の宜しく先づ知るべき者数条。時の前後を論ぜず、今此《こゝ》に略して記さば、仏那乾訶《なけん(から)》羅国に往き玉ふ。時に、五羅刹あり。化して龍女となり、毒龍と通ず。其の龍、雹を降《くだ》し、羅刹乱行し、国中を饑饉し、疾疫せしむること四年なり。其の国王、仏を請しければ、仏、舎利弗・目連等と共に到て、降伏し玉ふに、龍王及び五羅刹女、并《なら》びに十六の龍子、五体を地に投じて五戒を受く。又舎衛国に多くの婬女あり。巧みに人を惑はす。国中の男子《なんし》、金銭を費し、家財を亡失する者甚だ多し。時に如闍達《にょりよたつ》と云長者の子華徳と云もの、数《しば》その所に到て多く金を費せり。其の父怒て、王の所に至て、国中の婬女を誅し玉へと請ふ時に、仏、神通を現じ玉ひ、法を説て、数千の婬女を開解せしめ玉ふに、皆五体を地に投じて、三帰五戒を受て、清信女となれり。又維耶離《ゆいやり》国に摩耶利《まやり》と云梵志あり。仏法を信ぜず、甚だ慳貪《けんどん》なり。仏、阿難を遣はし、牛の乳《ち》を求め玉ふに、梵志遂に正信を発す。その牛も宿因あり。今は畜生なりといへども、後必ず解脱を得べしと記《き》し玉ふ。又調達、阿闍世《あじゃせ》王を勧めて仏を城内に請し、五百の酔象をして踏殺《とうせつ》せしめんとす。仏、五指を挙玉ふに、五つの獅子化現して、五百の大象と大ひに吼へて、その声天地を動ず。遂に五百の象屈伏《くつぶく》して、涙《なんだ》を垂れ、過《とが》を悔ゆ。王及び臣民も驚ひて過を悔ゆ。時に仏法を説玉ふに、皆歓喜せり。又調達、仏を害せんと欲して、五百人の射を善《よく》する者を雇《やとう》て林中に置き、仏の通り玉ふを見て、一時に矢を発《はな》たしむるに、その矢皆種々の妙花と変じければ、五百人皆弓を捨て、仏前に出《いで》て懺悔す。仏、為に法を説玉ふに、皆須陀洹道を得て、沙門となり、後大阿羅漢となれり。又仏、首波羅城に往かんとし玉ふに、その国に慮志長者と云ものあり。

尼犍《にけん》に事《つか》へて邪道を学ぶ。尼犍、仏の来り玉ふと聞ひて、慮志に告て曰く、「仏この国に到らば、人民、仏に帰依して、農業を怠たり、五穀登《みの》らず、人民死亡の者多からん。仏は叢林清水を好む。今国中の樹木を伐《き》り、泉流池井を不浄の物にて汚し埋め、我等術を作し、兵器を列ねて厳く境を守らば、仏、国中に入ることを得ざらん」とて、国中に令して防ぎ守らしむ。時に仏、大慈心を以てその国に入り玉ふに、樹木皆生じ、泉流池井、清水となり、兵器皆花樹と変じ、城門自ら開け、宮殿墻壁皆琉璃となつて、人民皆城内を徹見することを得たり。時に長者及び人民、皆仏前に来て懺悔し、菩提心を発して、戒法を受けたり。又波斯匿《はしのく》王の末利《まり》夫人、女子を生むに、面相甚だ醜し。形《かた》ち人に似ず。年長《たけ》ければ、国中を択び、豪族の貧窮なる家の男子を求め夫となし、一室を作り、七重の墻《かき》を作り、夫に命じて云く、「汝若し外に出でば、鑰《じやう》を執て自ら閉《とぢ》て出でよ。我が女《むすめ》を人に見せしむることなかれ」と云て、その夫を大臣となす。その大臣、数《しばしば》他の大臣等と交会をなすに、他の人々の所にては、婦《つま》も出《いで》てもてなしけるに、この大臣の所ばかり遂に婦を出さ不《ざ》りければ、人々かの大臣の婦は極美人なりと云へるもあり、又極悪女なりと云へるもあつて、議論区《まちまち》なりけるが、或時彼の大臣に酒を強ひて大ひに酔《よは》しめ、鍵を取て人をして七重の門を開かしめて、その婦を見んとす。時にその婦一心に仏を請して、「我何の罪あつてか暗室に閉籠《とぢこめ》らる。願くは哀愍を垂れ玉へ」と念じければ、仏即時にその室に到り、為に法を説玉ふに、心意開解して、悪相忽ち変じ、その美麗なること天女の如し。人々門を開き、入て見るに、天下無双《ぶそう》の美女なり。やがてかの大臣、還て婦を見て、「君は何れの所の人ぞや」と問ふ。婦の曰く、「吾は君が婦なり」と云つて、仏の神力を語り、夫婦共に仏の所《みもと》に詣《いた》て供養せり。又王舎城の太子阿闍世、調達が教に随て、父頻婆娑羅《びんばしやら》王・母韋提希《いだいけ》夫人を執《とら》へて、深宮に閉籠たり。時に韋提希、遙に仏を念じ上《たてま》つるに、仏空を飛で到り玉ふ。韋提希、仏に白《まう》して曰く、「唯願くは、無憂悩《うなう》の所を説玉へ。我まさに往生すべし」と。仏、時に西方極楽世界に往生する法要を説玉ふ。又仏、祇園より摩竭提《まかだ》国に到らんとし玉ふに、群鳥に値ひ玉ふ。その中に鸚鵡《あうむ》王あり。仏の通り玉ふを見て、迎へて唯願くは、「世尊、大衆と共に我が林中に到り、一宿の請を受け玉へ」と念ず。仏その意を知り玉ひ、林中に向ひ玉ふに、鸚鵡王速かに林中に還り、諸の鸚鵡に勅して仏を迎へしむ。仏、大衆と共に林中に入り、各坐具を樹下に敷て坐し玉ふに、諸の鸚鵡甚だ喜んで、通夜《よもすがら》翔《かけ》り飛で、仏及び大衆を囲繞して守護せり。夜明《あけ》ければ、鸚鵡王殷勤に仏及び大衆を送り已て、飛で王舎城に到り、頻婆娑羅王に仏の来り玉ふ由を告ぐ。その日の暮に鸚鵡王命終して、忉利天に生じ、後《のち》天より下り来り、天の香華を持て仏に供《くう》じ、法を聞て、須陀洹果を得たり。又仏、ある時、道を往き玉ふに、悪牛あつて仏に向ひ来て害せんとす。時に仏の五つの指の端より五つの獅子出て、仏の左右にありければ、悪牛恐れて走らんとするに、四方皆大火聚となつて、去る所なし。唯仏の前すこし清涼なりければ、仏の前に蹲《ひざま》づき、仏の足《みあし》を舐《ねぶ》れり。仏その意の調伏するを知り玉ひ、偈を説玉ふに、悪牛それより水草を食せず、命終して忉利天に生じ、天より下り来て、仏を供養し、又法を聞て、道果を得たり。又仏、乞食して舎衛国の都《と》提《だい》が家に到り玉ふに、都提、他に往て未だ還らず。その家に白狗《く》あり、食を喫《くら》ふ。仏の入り玉ふを見て、床を下て吼へければ、仏、白狗に語て曰く、「汝、財を護るに因て狗《いぬ》となる」と。狗大ひに嗔《いか》り愁へて臥せり。都提、家に還り、狗の地に臥すを見て、「誰かこの狗を嗔る」と問ふ。家人の曰く、「是世尊なり」と。都提便ち仏の所《みもと》に詣《いたつ》て、その故を問ふに、仏の曰く、「かの狗は汝が父なり。汝若し信ぜずんば、家に還て狗に問へ。汝が為に伏蔵を示さん」と。都提、家に還て、狗に語て曰く、「汝若し我父ならば、伏蔵の所を示せ」と。狗便ち口及び足を以て伏蔵の所を示す。

都提その処を掘て、大ひに宝物《もつ》を得たり。都提、信心を発し、又仏の所に詣て、宿因の行業果報を問ふ。仏の曰《のたまは》く、「短命は殺生の報なり。長寿は不殺の報なり。貧きは慳貪の報なり。富は布施の報なり。悪智あるは悪人に近づくの報なり。善智あるは善人に近づくの報なり」等と。又瞻婆《せんば》国に長者あり。継子《けいし》《よつぎ》なし。その婦《つま》懐妊せり。長者一日六師が所に往て、「是男子《なんし》ならんか、女子《によし》ならんか」と問ふ。六師が曰く、「是女子なり」と。長者愁へて仏の所に詣て問ふ。仏の曰く、「是男子なり」と。六師是を伝へ聞て、心嫉み、菴羅《あんら》果を毒薬に和して長者に与えて曰く、「産に臨まば是を服せよ」と。長者、婦に与へて服せしむるに、婦便ち死す。長者哀んで、是を葬り焚《や》く。仏、阿難に語て曰く、「我往て邪見を摧《くだか》ん」とて、仏、大衆と共に葬所に至り玉ひ、長者に語て曰く、「汝元《もと》男子を求む。婦の死を哀むことなかれ」と。時に火葬の火熾《さかん》にして婦の腹裂《さけ》たり。仏、耆婆《ぎば》に告て曰く、「汝、火中に入て児《じ》を抱き来れ」と。耆婆便ち火中に入て、抱き来て仏に授く。仏、長者に与へて言《のたまは》く、「寿命の無常なること、泡の如し。若し福厚ければ、火も焼くこと能はず。毒も害すること能はず」と。長者礼《らい》を作して帰命し、後更に外道に事《つか》へず。又阿《（あ）》質《しつ》国王、威勢勇猛にして隣国を侵して、殺伐止《や》まず。人民甚だ怨む。仏是を化せんと欲して、往玉ふに、王是を聞て、群臣を将《ひき》い、大道に出陣して、仏を拒む。仏、大衆の先きに立ち、大光明を放て、陣中を通り玉ふ。王頻りに号令すれども、鼓《つゞみ》鳴らず、弓施さず、刀兵《たうへい》抜けず、象馬《め》倒れ、歩兵転《まろ》び、天地陰冥す。王及び群臣迷惑して走る。仏、王城に到り玉ふに、門自《をのづか》ら開け、仏、王宮に入て坐し玉ふに、諸天下り来て、四方を擁護せり。王、群臣を将いて宮に還り、仏を見て、覚へず礼をなして、懺悔し、君臣皆五戒を受く。又舎衛国の長者の女《むすめ》三摩竭《さんまけつ》、有難《うなん》国の王宮に在て、香を焼《た》いて仏を請す。仏、大衆と共に空を飛で至り玉ひ、王及び太子・群臣・諸の外道を度し玉へり。又波羅奈《はらな》国に長者あり、梅檀と云。甚だ慳貪にして、乞食などを門内に入れず。その父を越難《ゑつなん》と云。是も甚だ慳貪なりしが、死して貧しき盲婦の子となれり。其の子も盲なり。七歳の時、盲婦疾《やまひ》して少しの食もなし。その子、杖を銜《つゐ》て、母の為に食を求んと欲して、旃檀長者が門に入れり。長者、是を見て門を守る者を甚だ叱りければ、門を守る者、その子を捕へて頭《かうべ》を打ち、臂を折り、血を流す。仏是を知り玉ひ忽ち其の所に至り食を子に与へて頭を摩《なで》玉へば、目便ち開けて宿命を知る。仏の曰《のたまは》く、「汝、前世は越難なりや」。答へて曰く、「是《ぜ》なり」と。諸人是を聞て慳貪の意を戒め、布施を行ず。又修羅陀《しゆらだ》長者、財富無量なり。篤信にして仏に帰依す。毎年臘月八日に仏及び大衆を請して供養す。死する時その子の比羅陀に告て曰く、「我《わが》死後、毎年定日《じつ》の供養を怠ることなかれ」と。その子、父の遺言を守て、毎年供養す。後《のち》貧くなつて供養を設くる手だてなく、如何せんと思ひけるに、仏、度すべき時至れりと思し召し、目連尊者を遣し、「明日は毎年の定日なり。往くべしや」と問はせ玉ふに、比羅陀答て曰く、「唯願くは、憐愍して降臨し玉へ」と。目連還り玉ひければ、比羅陀、妻を売り、百金を得て供養を営む。仏、大衆と共にその舎《いゑ》に入り、供養を受け、呪《しう》願し玉ふに、比羅陀大ひに歓喜す。その夜、諸の空蔵に宝物自然に充満せり。又舎衛国に五百人の賊あり。王、是を誅せんとす。仏、阿難尊者を王の所に遣して曰く、「王、慈心あり。何ぞ五百人を誅するや」と。王の曰く、「若し是の後盗まずんば誅せず」と。仏又阿難を遣し、王に告て言《のたま》はく、「唯放たしめよ。我重ねて盗ましめず」と。王、五百人を仏の所に送らしむるに、仏前に到れば、五百人の縛、自然に解《とけ》たり。仏、法を説玉ふに、皆須陀洹果を証して沙門となれり。又舎衛城の旃陀羅《せんだら》除糞《じょふん》の児《じ》、仏に帰して、未だ十日を経ずして阿羅漢果を証せり。又阿難尊者疾《やまひ》して仏の所《みもと》に詣《いたつ》て曰く、「我昨夜面燃《めんねん》餓鬼を見る。我に語て曰く、『汝三日にして死して餓鬼の中に生ぜん』と。我問て曰く、『何の方を以てか免れん』と。鬼の曰く、『汝若し恒河沙数の餓鬼、及び婆羅門諸仙等に飲食を施さば、寿を増《ます》ことを得ん』と。世尊、我今如何してか是を免れん」。仏の言はく、「一切徳光無量威力《いりき》陀羅尼あり。先づ飲食を取り、浄盤に安置し、此の呪《しう》を誦ずること七遍、弾指《たんじ》七下《げ》して、四方に散じ擲《なげ》うてば、其の恒河沙数の餓鬼の前に各四斛《こく》九斗の飲食あらん」と。又目連尊者始めて六通を得て、父母を度せんと欲して、道眼を以て見玉ふに、亡母、餓鬼の中に在り。目連悲泣して食を鉢に盛り、母に与ふるに、母、食せんとすれば忽ち化《け》して火炭となれり。目連大ひに叫び、還て仏に告《まう》す。仏の言《のたま》はく、「汝が母、罪根深重なり。汝一人の力、如何ともすることなし。唯十方の衆僧威神の力を以て解脱を得べし。七月十五日に飯《はん》百味五果を盆器に盛り、世の甘美を尽し、十方の衆僧を供養すべし。この自恣《じし》の僧を供養せば、現在の父母は長寿にして病なく、乃至七世の父母は三途の苦を離れて、善処に生じて福楽極りなからん。今より後、吾《わが》弟子たらん者は、孝順心を以て年々七月十五日に盂蘭盆会をなし、仏及び衆僧に供養すべし」と。又舎衛国の財徳長者に一子あり、五歳なり。父常に教へて、「南無仏」と称せしむ。或時、散脂鬼神、飢火に逼《せま》り来り、彼の子を取り食《くら》はんとす。彼の子「南無仏」と称しければ、鬼神食ふことを得ず。仏遙に是を知り玉ひて、其の所に至り、光明を放ち玉へば、鬼神大石を挙て仏に擲《なげ》つけんとす。仏、火光三昧に入り玉へば、火四方に起る。然れども、鬼神なを伏せず。時に金剛神、手に金杵《ちよ》を奮ひ来て、鬼神の頭《かふべ》を摧かんとす。鬼神驚怖して、彼の子を抱き来て、仏に上《たてま》つて曰く、「唯願くは、大慈、我《わが》性命を救ひ玉へ」と。時に金剛神の曰く、「汝、仏に帰して五戒を受くべし。若し然らずんば、汝を砕ひて微塵になさん」と。時に鬼神、仏に白《まふ》して曰く、「我常に人を噉《くら》ふ。若し殺さずんば、何を以てか食《くら》ふべき」。仏の言はく、「唯殺さ不《ざ》れ。我、弟子に勅して、常に汝に食を施さん。乃ち法滅に至ても我《わが》力を以て飽満《ばうまん》せしめん」と。鬼王、是を聞て歓喜し、礼をなして三帰五戒を受けたり。又鬼王あり、般闍迦《はんじやか》と云。その妻、五百の鬼子を産む。皆大力あり。其の最末の子を嬪伽羅《びんから》と云。面貌端正なり。此の鬼子母、凶暴にして常に人の児を取り食ふ。人民是を愁ふ。時に仏、嬪加羅を取て鉢の中に置き玉ふ。鬼子母、四方を尋ね廻《めぐ》ること七日すれども、嬪加羅が所在を知らず。大ひに哀《かなし》んで仏の所《みもと》に至て問ふ。仏の言く、「汝は五百の子あり。今唯一子を失ふ。何ぞ愁ふるや。世間の人は或は一子あり、或は二三子あり。然るを汝取り食ふ」。鬼子母が曰く、「今若し嬪加羅を得ば、更に人の子を殺さす」と。仏便ち鉢の中の子を見せしめ玉ふ。然れども鬼子母及び五百の子、力を尽せども子を取ること能はず。仏の曰《のたまは》く、「汝、今、三帰五戒を受け、身を終るまで殺生せずんば、汝に此の子を帰さん」と。鬼子母便ち三帰五戒を受く。又仏乞食し玉ふに、道に多くの小児あつて、土を以て舎《いゑ》を作り、或は倉を作り、或は土を米と云つて、戯《たはふ》れをなす。其の中に、一人の小児遥に仏を見て施心を発し、戯れに米とする土を取て、仏に上《たてま》つる。仏便ち受け玉ひ、阿難に与へて言《のたまは》く、「是《これ》を以て我《わが》房地を塗れ。此の功徳に因て、我《わが》般涅槃百歳の後、かの児、国王となつて、阿輸迦《(あ)しゆ(か)》と名《なづ》くべし」と。又毘舎離《びしやり》国の人民、大ひに悪病を憂ふ。耆婆、道術を尽せども救ふこと能はず。時に月蓋《ぐはつかい》長者、仏の所《みもと》に詣《いたつ》て白《まふ》して曰く、「世尊、大悲、願くは病苦を救ひ玉へ」と。仏の曰く、「西方に仏あり、阿弥陀と云。其の国に菩薩あり、観世音・大勢至と云。汝、今、衆生の為の故に、彼の仏及び二菩薩を請し奉つるべし」と。此の語を説玉ふ時、仏の光明の中に於て、阿弥陀仏・観世音菩薩・大勢至菩薩を見ることを得たり。其の時、光明、毘舎離国を照し玉ひて、皆金色《こんじき》となる。時に毘舎離の人、便ち楊枝・浄水を具へ、観世音菩薩に授け上つる。其の時、観世音菩薩、十方諸仏救護衆生神呪《しゆ》を説玉ふ。この呪を説玉ふ時、毘舎離国の人の病ひ、忽ち愈《い》ゆ。又舎衛国に一人の貧女あり、難陀と云。諸の国王・臣民の仏を供養するを見て思ひけるは、「我、宿世《しゆくせ》に布施せざるが故に、貧賎なり。今福田に遇ふといへども、施すべき種なし。我乞丐《こつがい》して、以て布施せん」と。一日乞丐して供《く》を設け、比丘の来るを待てども、終日《ひねもす》到らず。暮に至て、唯一銭を以て油を買ひ、仏の所に至て見れば、数千の灯明あり。貧女是を見て、一灯の中に其の油を入れ畢《をはつ》て、心中に願を発して曰く、「我今貧窮《びんぐう》にして、小灯を以て仏に供《くう》ず。願くは此の功徳を以て、我、来世に於て智恵の灯《ともしび》を得て、一切衆生の垢暗を除滅せんことを」と。誓をなし、礼をなして去る。暁に至て、諸の灯漸々に尽滅して、唯此の一灯のみ明かなり。時に目連その灯を見て、「天已に明《あ》く、此の灯のみ何ぞ明かなるや、白日に灯は益なし」と思ひ、手を以て消し玉ふに、灯益《ますく》明かなり。又衣を以て扇《あほ》ぎ玉へども、消へず。仏是を見玉ひて、目連に告て曰く、「此の灯は汝が能く滅する所にあらず。此はこれ、広済大心を発する人の施《ほど》こす所なり」と。貧女復《また》来て仏を礼す。仏、記莂を授けて言《のたまは》く、「汝、阿僧祇百劫に作仏して、灯光如来と号せん」と。貧女、出家を求めければ、仏便ち許し玉ふ。又浄飯王、病に臥し玉ひ、諸王群臣に語て曰く、「我、死せんこと久しからず。死することは愁へとせず。唯仏及び難陀・阿難・羅睺羅を見ざることを愁ふ」と。仏是を知り玉ひ、阿難・難陀等と神力を以て速かに迦維羅衛《かいらゑ》に到り、大光明を放ち玉へば、王の病苦安きことを得たり。王、仏の到り玉ふを見て、両の手を挙て言《のたまは》く、「唯願くは、如来手づから我身を摩《ま》して、我をして安を得せしめよ」。仏、手を以て王の額の上に著《つけ》て言く、「命将《まさ》に終らんとすと雖ども、意を寛《ゆる》ふし玉へ」と。王便ち手を以て仏の手《みて》を捉《とつ》て、心《むね》の上に著て曰く、「我、今如来を見て、我《わが》願ひ已に足る」と。此の時、王、心中に仏の足下を礼し玉ふ。仏是を知り玉へり。時に仏の手、猶王の心の上に在り。王、寂然として崩《ほう》し玉ふ。時に慇懃に殯《かりもが》れし畢《をはつ》て、葬所に送らんとし、仏、世間の人民凶暴にして、父母養育の恩を思はず、不孝の者有《あら》んことを念じて、仏自《みづか》ら王の棺を担《かゝ》んとし玉ふ。時に四天王、倶に来て長跪して仏に白《まう》して曰く、「願くは、我等、王の棺を擡《もたげ》ん」と。仏是を許し玉ふ。四天王、各人《をの〳〵》の形と変じて、手を以て棺を擎《さゝ》げ、肩の上に擡げて葬所に到る。仏、手づから香爐を執り、導き引いて葬所に到り玉ふ。諸王及び群臣・人民、悲泣して葬所に随ふ。仏、大衆と共に香薪を積み、棺を其の上に挙げ、火を放て荼毘し玉ふ。又仏の姨母《をば》大愛道比丘尼、除饉女《じよきん》五百人と共に仏の所に到て、仏に白して言く、「我、今涅槃せんと欲す」と。仏黙して可《ゆる》し玉ひ、為に甚深の法を説玉ふに、皆歓喜し、仏を繞《めぐ》ること三匝し、稽首して去り、精舎に還り、五百の座を敷き、各《をの〳〵》座に著《つ》き、大愛道、神通を現じ、座より地に入り、又空《くう》に上り、又座に到り、東方の空に往き、又西方に往き、十方に往来して、大光明を放つて、上《かみ》諸天を照し、身より大火を出《いだ》し、又大水を出す。五百の除饉女も皆かくの如く、神通変化し畢て、同時に涅槃す。時に仏、諸の賢人を勧めて、五百の装具幢幡を作らしめて、送葬し、法の如くに荼毘し玉ふ。

毘耶門始啓、問疾詣維摩

〔毘耶《びや》門始て啓け、疾を問て維摩に詣す〕

「毘耶離《びやり》」、華には広厳と云。「維摩」、華には浄名と云。〇さて諸の大弟子、奈苑《ないをん》の小乗教を聞て、見思の惑を断じ、小果を証し、仏と同じと思へり。其の時に毘耶離城の維摩長者の法門始めて啓け、大衆、疾《やまひ》を問て、彼の丈室に到れり。

さて鹿苑の説教を聞て、諸の大弟子精進し、見思の惑を断じ、三界の生死を離れ、三明六通を具し、真理を証し、同入法性の思ひとて、仏に同じと思へり。爾時に、毘耶城外に長者あり、維摩詰と号す。智恵甚深、慈悲広大にして、一切菩薩の法式《ほつしき》悉く知り、諸仏の秘蔵得入せずと云ことなく、衆魔を降伏して、神通に遊戯《ゆけ》せり。方便して疾を示し、問《とふ》者を度せんとす。時に長者・居士・婆羅門等、多く疾を問ふ。維摩一日思惟すらく、「世尊大悲、何ぞ我《わが》疾を問ひ来らしめざる」と。仏、是を知り玉ひ、舎利仏・目連・迦葉・須菩提等の大弟子に勅して、疾を問《とは》しめんとし玉ふに、皆辞退ありし故、文殊菩薩に勅して問はしめ玉ふに、大衆以為《おもへ》らく、「文殊、維摩の所に到らば、必ずよく法を説かん。我等、随ひ往いて、是を聞ん」とて、八千の菩薩、五百の声聞、十万の人天、文殊を擁護していたれり。

須弥容丈室、如其高広何

〈須弥を丈室に容《い》る、其の高広を如何〉

「須弥」、華には妙高と云。〇大衆、維摩の所に詣《いた》られしに、須弥灯王、仏の高広の座を、多く方々一丈の室中に列ねられたり。其の狭き丈室に、多く高広の座を容《いる》ること、是れ如何。「容」の字、坐、穏《をだやか》ならず。

爾時に、維摩、神力を伸《のべ》ふれければ、東方三十六恒河沙の仏土を隔てたる須弥相国の須弥灯王仏の、高さ八万四千由旬なる妙荘厳の獅子の座三万二千、即時に丈室の中《うち》に来入せり。時に維摩、諸の大衆に向て、「皆この座に著き玉へ」とありければ、具神通の菩薩は、皆身の長《たけ》四万二千由旬となつて、獅子の座に坐し玉へり。新発意の菩薩、及び大弟子は上ること能はず。維摩の教によつて、須弥灯王仏の名号を念じて、座に上ることを得たり。維摩又五人の菩薩を化作《けさ》して、上方四十二恒河沙の仏土を隔たる衆香国の香積仏の所に遣し、飯を乞ひ求めらるるに、彼の仏、香飯を衆香の鉢に盛り満《みて》て、五人の化菩薩に与へ玉へば、彼の土の九百万の菩薩、化菩薩と共に維摩の室中に来入し玉へり。時に維摩、又九百万の獅子座を化作して、他方の菩薩を坐せしめられたり。

鶖子智慧最、面語憚弾訶

〈鶖子《しうじ》、智慧の最すら、面語して弾訶《たんが》を憚る〉

「舎利仏」、華には鶖子と云。「弾訶」とは、辱かしめ斥《きら》ふ義なり。〇さて其の時、大衆皆慚愧《ざんき》を生ぜり。

中にも舎利弗は智恵第一なれども、維摩に訶《しか》り斥《きらは》れんことを憚り怖れられしとなり。

仏弟子の中に、摩訶迦葉は浄行第一、阿難は多聞第一、舎利弗は智恵第一、須菩提は解空第一、富楼那は説法第一、目連は神通第一、迦旃延《かせんゑん》は論義第一、阿那律は天眼第一、優波離は持戒第一、羅睺羅は密行第一なり。さて『維摩経』は方等部なり。方等教は小乗の衆を弾訶し、小乗を恥ぢ、大乗を慕はしめ、小乗の心を回《ゑ》して大乗に向はしむる方便なり。『維摩経』は弾訶多き故に、方等の弾訶の益の第一なり。方等の説時は十六年と云説もあり。又得果の後に弾訶ありと釈して、説時を立ざる義もあり。

枵腹能充足、香飯盛竹籠

（枵《けう》腹能く充足し、香飯、竹籠に盛る）

「枵」は虚なり。「籠」は竹器なり。江南に、筐《はこ》の底方《けた》に、上圜《かみまどか》なるを籠と云。〇その時維摩、一鉢の香しき飯を以て、大衆及び諸方より聚会したる人天の空腹なりしを、皆充満させられたり。

爾時に維摩の室中の香飯の香り遠く聞《きこ》へければ、月《ぐわつ》蓋《かい》長者その香を聞《かい》で、八万四千の眷属を随へ来り、諸天及び地神等も多く来会せり。維摩、香飯を与へて、無量の大衆を飽《あか》しめらるるに、一鉢の香飯故《もと》の如し。

「竹籠」の二字、快からず。想ふに、此の頌は百十二句一韻なれば、一、二の瑕纇《からい》《きず》あるも、亦宜《むべ》ならずや。況んや作者の意《こゝろ》は、専ら如来応化の由来を知らしめんと欲して、言《こと》を以て芻狗《すうく》となせり。読む者、魚を得、兎を得て、筌蹄を忘ずるを得たりと云べけんか。

恥小慕大者、富貴夢南柯

（小を恥ぢ大を慕ふ者、富貴、南柯を夢む）

其の時維摩のせばき丈室に於て、高広荘厳の座に坐し、未曾有の事を見、甚深の法を聞き、微妙の香飯に飽き、小乗を恥ぢ、大乗を慕ふ心になりし大衆は、譬へば淳于棼《うふん》が夢に小《すこ》しき蟻穴《ぎけつ》の中なる槐《くわい》安国の帝都に到り、宝殿に登り、帝に謁し、公主を妻《め》とし、南柯郡の太守となり、富貴にして娯楽せしことを見たるが如し。

般若淘汰水、平地起洪波

〔般若淘汰《たうだ》の水、平地に洪波を起す〕

「般若」、華には智恵と云。○諸の弟子衆、大乗を慕ふ心になりければ、仏、『般若経』を読玉ふ。般若は智なり。智は水に譬ふ。般若の智水出《いで》て、高山を推《をし》崩し、幽谷を充塞し、ゆりそろへて平地となし、大波を起せり。

華厳を擬宜《ぎぎ》の教と云ひ、阿含を誘引の教と云ひ、方等を弾訶の教と云ひ、般若を淘汰の教と云・淘汰とはゆりそろゆる義なり。又三照の譬へとて、華厳を日出て先ず高山を照すに譬へ、阿含を次に幽谷を照すに譬へ、方等・般若・法華を次に平地を照すに譬ふ。華厳は但上根の為に説き、阿含は但下根の為に説き、今般若は上根下根を別《わか》たず、内外の諸法皆空《くう》と説き玉ひ、大小乗を淘汰し玉ふ教なり。般若の説時を三十年と立る説もあり。又方等十六年、般若十四年と立る義もあり。般若は四処十六会の説なり。

漫解真空理、湛々没汨羅

〔漫《ひろ》く真空の理を解せば、湛々として汨羅《べきら》に没せん〕

汨《べき》水、羅にあり。故《かるがゆへ》に「汨羅」と云。長沙の屈潭《くつたん》是なり。汨羅の二字快からず。潭《ふち》の意に見て可なり。○此の『般若経』に説玉へる真空の理を了解せば、譬へば湛々とたたへたる深潭に物を投ずるに、忽ち沈没して見へざるが如く、般若真空の理に達すれば、議論の心みな滅して、世出世間に於て一塵一法を見ず。日の出る時、朝露の一時に失するが如くならん。

将示円融旨、鷲嶺吹貝贏

〔将に円融の旨を示さんとして、鷲嶺《じゆれい》に貝贏《ばいら》を吹く〕

「円」は、円妙・円満・円足・円頓の義なり。「鷲嶺」は、霊鷲山なり。「貝贏《ばいら》」は介虫《かいちう》なり。文彩あつて錦に似たり。大ひさ数斗を容るべし。○仏の出世の本意は、衆生を仏知見に入らしめん為なれば、始めより此の法華を説玉はんと思し食せども、所化の根機未熟なる故、先ず方便の教へを説て、鹿苑《ろくをん》以来機を調《とゝの》へ玉ひしが、今所化の根機熟しければ、円妙融通の旨を開示し玉はんとて、霊鷲山に於て貝贏を吹くが如く、大ひに法を説玉へり。

仏、『無量義経』を説玉ひ已《をはつ》て、結跏趺坐し、無量義三昧に入て、身心動じ玉はず。天、曼陀羅華・摩訶曼陀羅華・曼殊沙華・摩訶曼殊沙華を雨ふらして、仏の上、及び諸の大衆に散じ、普く仏世界六種に震動す。爾時に会中の無量の大衆、未曾有なることを得て、歓喜し、合掌して、一心に仏を観上《たてま》つるに、仏、眉間の白毫相の光りを放て、東方万八千世界を照し玉ふ。時に弥勒菩薩この念を作《なさ》く、「今世尊、神変の相を現じ玉ふ。何の因縁を以てか、此の瑞ある。文殊師利法王子は、曾て過去の無量の諸仏に親近《しんごん》し、供養せり。必ず此の相を知らん」。自の疑ひを決し、又大衆の疑ひを決せんが為に、文殊師利に問て曰く、「何の因縁を以てか此の瑞あるや」。文殊師利の曰く、「我が忖《はか》るが如くならば、今仏、大法を説き、大法雨を雨ふらし、大法螺を吹き、大法鼓を撃ち、大法義を演《のべ》んと欲し玉ふらん」と。

窮尽諸法実、九一従偏頗

〔諸法の実を窮尽《ぐじん》すれば、九一、偏頗《ば》に従《まか》す〕

「諸法」とは、十界の依正を云。「九」は九界なり。「一」は仏界なり。合せて十界なり。十界とは、仏・菩薩・縁覚・声聞・天・人・修羅・餓鬼・畜生・地獄なり。九界とは、仏を除くなり。「偏頗」は頭《づ》偏なり。又偏頗は不正なるなり。○此の経に説玉へる十界の依正、一実相なる旨を窮尽せば、九界差別《しやべつ》あつて偏頗なれども、そのままやはり一仏乗なり。

爾時に、仏安詳として三昧より起て、舎利弗に告玉はく、「仏は甚深未曽有の法を成就して、宜しきに随て説玉ふ所、意趣、解し難し。舎利弗、吾《われ》成仏してより已来《このかた》、種々の因縁、種々の譬喩を以て、言教を演《の》べ、無数の方便を以て衆生を引導し、諸著《ちやく》を離れしむ。舎利弗、要を取てこれを云ば、無量無辺未曽有の法、仏悉く成就し玉へり。止《やん》なん、舎利弗、復《また》説べからず。所以者何《ゆへいかん》となれば、仏の成就し玉へる所は、第一希有難解の法なり。唯仏と仏とのみ乃《すなは》ちよく諸法の実相を究め尽し玉へり。いはゆる諸法は如是相・如是性・如是体・如是力・如是作・如是因・如是縁・如是果・如是報・如是本末究竟等なり」。是法華の要文なり。本経を熟読し、深く究め明らむべし。法華は二処三会、八年の説なり。

等牛車遠轟、直下万仭坡

〔等牛《ご》車遠く轟き、直に万仭の坡《は》を下る〕

法華以前は五性各別にて、二乗は甚だ下劣、仏乗は万仭の高《たかき》が如く、懸《はるか》に隔たりしに、忽ち開会して、一仏乗なりと説玉へるは、譬へば大白牛車を万仭の高より下して、等しく賜ふが如くなり。

法華に火宅三車の譬へと云は、長者あり、その家広大にして、唯一つの門のみあり。火、四面より起り、その家焼けんとす。長者、門外に在て見るに、諸子、宅中に嬉戯《きけ》し、火の起るを知らずして、怖《をそる》る意なし。長者速かに出で来しと云へども、楽著《らくぢやく》して出づる意なし。時に長者、方便して告て曰く、「汝等出で来らば、汝等が玩好する羊車・鹿車・牛車を与ふべし」といへば、諸子走て門外に出づ。時に等一の大白牛車を与ふ。此の譬へは、仏、始め衆生の火宅の如くなる三界に貪著して、生死を怖る意なきを憐んで、声聞・縁覚・菩薩三乗の法を説て、三界の生死を出離せしめ、今「三乗即ち一仏乗なり」と開《（かい）》会《ゑ》し玉ふに譬ふ。

側耳迅雷震、挙目闡電過

〔耳を側《そばだ》つれば迅雷震ひ、目を挙ぐれば闡《せん》電過ぐ〕

「迅」は疾なり。「闡」は大なり、明なり。恐くは閃の字か。閃は暫《しばらく》見るなり。○さて此の経は、言々事々迅雷の震ふが如く、閃電の過《すぐ》るが如くなり。豈唯三会のみならんや。四十九年三百餘会、みな然らざるは無く、又妙法蓮華ならざるは無し。

時に高さ五百由旬の七宝の塔、地より涌出《ゆじゆつ》し、多宝如来その塔中より大音声を出して讃歎し玉ひ、又釈迦仏、白毫の光りを放ち玉へば、大衆皆十方恒沙の分身の諸仏の世界を見、妙法を演説し玉ふを聞く。又十方恒沙の分身の諸仏、即時に聚会《じゆゑ》し玉ひ、この三千大千世界の空中に充満し玉ひて、釈迦仏を慰問し玉ふを見聞せり。又釈迦仏、宝塔を開き、塔中に入て、多宝仏と同く坐し玉ふ。時に仏の神通力を以て、一会の無量の大衆を皆空中に在《を》き玉へり。又文殊菩薩、竜宮より還り、智積菩薩と妙法を論説《ろんぜつ》ありしに、文殊の所化の無量無数恒河沙の菩薩来つて、二世尊を頂礼《ちやうらい》し玉へり。又八歳の竜女来つて、宝珠を献じ、偈を説き、即時に成仏して、三十二相八十種好を具し、妙法を演説するを見る。又地中より六万恒河沙の菩薩涌出し玉へり。是は皆唱導の師にして、曽て仏の度し玉ふ所なり。各六万恒河沙等の眷属あり。共に涌出して、二世尊を讃歎し頂礼し玉へり。

羊鹿同運載、稟性異邁矬

〔羊鹿、運載を同じふす、稟《りん》《ひん》性、邁矬《くわざ》を異にす〕

羊車は声聞乗、鹿車は縁覚乗なり。同く運載するは、大白牛車を云。「稟性」とは、宿因によって生質《うまれつき》に根機の利鈍あるを云。「邁矬」とは、「邁」は寛大なり、菩薩乗を云。「矬」は短なり。たけひきしと訓ず。二乗を云。〇二乗と菩薩とは、根機の大小・利鈍・熟未熟の差別あつて、二乗は永《やう》不成仏と嫌《きらは》れしが、今は皆一仏乗なりと開会し、大白牛車に載せ玉へば、生質の利鈍あるも、皆等く大車に載れり。

行矣宝所近、徒莫唱哩囉

〔行け、宝所近し、徒《いたづら》に哩囉《りら》を唱ふること莫れ〕

「哩囉」は歌助の声なり。〇「宝所は程近し。汝等進み行け。化城に止《とゞま》つて、いたづらに戯楽《けらく》することなかれ」と云が如く、仏果は近きにあり、小果に住在して、楽著《らくぢやく》することなかれとなり。

法華に化城の喩へと云は、衆《もろく》の人あつて、五百由旬険難の道を過て、珍宝の所に到らんとするに、半途にして身疲れて進みかねたり。其の中に一人導師あり。思ひけるは、「衆人疲れて、宝所に到る意怠たれり。我《われ》方便を設けん」とて、一《(ひと)つ》の大城を化作して、衆人に告て曰く、「此の城に入て休息せよ」と。衆人喜んで城に入り、戯楽して、疲れを忘れたり。導師又告て曰く、「是は化城なり。長く留まるべき所に非ず。宝所は程近し。進み行べし」と云が如く、仏、諸の弟子を教へて、初め三界の見思の惑を断ぜしめ、小果を得せしめ玉ひ、今法華に至て、「みな方便なり、三乗皆一乗なり」と説玉ひ、成仏の記を授け玉ふに譬ふ。

朱顔稍消痩、鬒髪易皤々

〔朱顔稍《やゝ》消痩し、鬒《しん》髪、皤《は》々たり易し〕

「鬒」は黒なり。「皤々」は髪の白きなり。〇長者少壮なりし時は、顔色も美《うる》はしかりしが、はや年老て、肉消へ、身衰へ、黒き髪も白くなりければ、親族を集め、あの窮子《ぐうし》は我子なりと云て、家をつがしめたるが如く、仏、諸の声聞を真の仏子なりと云て、成仏の記をさづけ玉へり。

法華に長者窮子《ぐうじ》の譬へと云は、大長者あり。その子幼稚の時、父を離れ、他国に在て、窮困し、乞食して、諸国を遊行せり。長者常々に「我《わが》子を得て、この家を相続せしめば、我意足りなん」と思へり。一日かの窮子、長者の門に来て、門内を見れば、七宝の殿中に、長者、獅子の座に踞《しりうた》げし、多くの貴人側《かたは》らに待座せり。窮子是を見て、「このやうなる所に留らば、必ず叱り打《うた》るべし。早く去るには如《しか》じ」と思て、疾《とく》走り去れり。時に長者、傍人を遣し、追ひ捕へしむるに、彼の窮子、驚き泣て、「我、何の悪き業《わざ》をもなさず」と云て、遁《のが》れ去らんとするを、急に捕へ還れば、窮子甚だ驚怖して、悶絶せり。時に長者、是を見て、先づ放ち去らしめよとて、放ちければ、窮子喜んで貧里に去れり。其の後、長者方便して、二人の形衰へ、威徳なき者を遣し、窮子に語らしむ。「長者の汝を傭《やと》ふことは、唯糞を除かしめんが為なり。傭賃《ようちん》は餘所に倍して賜ふべし。我等も共々糞を除くべし。兎も角も長者の方に到るべし」と云はせければ、窮子納得し、来て糞を除けり。其の後、長者も麁弊垢膩《そへいくに》の衣を著《つ》け、手に除糞の器《き》を持て、時々窮子に近づきければ、窮子も漸く怖る意なくなりぬ。時に長者、命じて家内の金銭財宝等を出入せしむるに、日を経て家内のことを能く知れり。長者も老衰しければ、親族を集め、窮子に語て曰く、「汝は我《わが》実の子なり。今日まで出し入れたる一切の財物は、皆汝が物なり」とて、家を続《つが》しむるが如く、仏始め華厳を説玉ふに、一向に解することなし。故《かるがゆへ》に阿含を説て、見思の惑を断ぜしめ玉ひ、それより般若の時、転教せしめ玉ひ、今法華には三乗即ち一乗と説玉ひ、皆《みな》成仏の記を授け玉ふに譬ふ。

髻内珠元在、豈是待琢瑳

〔髻《けい》内、珠元在り、豈是れ琢瑳《たくさ》を待んや〕

「瑳」は玉の鮮白なるなり。〇人々髻《もとゞり》の中に元より明珠あつて光《て》りかがやけり。何ぞ琢磨を労せんや。人々具足する本有の霊光、仏にあつても増さず、衆生に有ても減ぜず。修し得、証し得るものにあらず。

君看花落謝、堅核含幺荷

〔君看よ、花落ち謝するを、堅核、幺荷《えうか》を含む〕

「謝」は退なり、凋落なり。「核」は蓮実《れんじつ》なり。「荷」は芙蕖《ふきよ》なり。其の根は藕《ぐう》、その茎は茄《か》、その葉は蕸《か》、その本《もと》は蔤《みつ》、その華いまだ開《ひらか》ざるを菡萏《かんたん》と云ひ、已に開くを芙蕖と云。その実は蓮、その中は菂《てき》、菂《てき》の中《うち》は薏《よく》なり。〇蓮華の落ち散るを見よ。中に核《このみ》あつて、幼《いとけ》なき荷を含めるが如く、仏始めこの経を説んが為に、先づ権教を説玉ひ、後、権を開ひて実《じつ》を顕はし、権を廃して実を立て玉へば、皆《みな》当来作仏の人となれり。

この経を蓮華に譬ふるに、三の意《こゝろ》をふくめり。蓮《れん》の為に華あるを、実の為に権を施すに譬へ、華開き蓮現ずるを、権を開ひて実を顕はすに譬へ、華落ち蓮成ずるを、権を廃し実を立るに譬ふ。権とは方便なり。実とは一乗なり。爾時に、魔王波旬、仏の所《みもと》に来て曰く、「我昔し速かに涅槃に入り玉へと勧請す。その時、仏、我に答て曰く、『我、諸の弟子いまだ具足せず。是の故に未だ涅槃に入らず』と。今諸の弟子已に具足す。唯願くは、速かに涅槃に入り玉へ」と。仏の言《のたまは》く、「善哉《ぜんざい》、汝応《まさ》に知るべし。我、却後三月、涅槃に入らん」と。時に波旬、仏の語を聞て、歓喜踊躍し、仏足を礼して、天宮に還へる。時に天地震動し、天龍八部駭《をどろ》き怖れ、仏の所に集り、空中地上に充満し、大衆皆悲哀を生ず。時に阿難、仏に問て曰く、「世尊の常に説玉ふは、『四神足の人は、住寿一劫、住世若くは減一劫、意に随て自在なり』と。如何ぞ如来、久しく世に住し玉はざる」。仏の言く、「一切の諸行の法、皆かくの如し。常に存することを得ず」と。阿難聞き已て、迷悶懊悩して悲泣し玉ひ、大衆皆悲哀せざるはなし。又拘尸那城外に力士三十万人あり、仏の涅槃に入り玉はんとすと云ことを聞て、この路より多くの諸天・王・臣・人民等、娑羅林に到るべしと思ひ、共に出て道を弘め平ぐ。時に仏、化して沙門となり、独り往いて、諸の力士を度し玉ふに、皆菩提心を発せり。

涅槃追説泯、攈機猶拾禾

（涅槃追説泯《みん》じ、機を攈《ひら》ふことは猶禾《くわ》を拾ふがごとし）

「涅槃」、華には不生不滅と云。「攈《くん》」は収拾なり。「禾」は嘉穀なり。〇仏、法華を説玉ひ了《をはつ》て、般涅槃《はつねはん》せんとし玉ひ、五時の説教にもれたる者の為に、五時の説教を略して、追説追泯とて、もれたる機縁を捃拾《くんじう》して度し玉ふこと、譬へば秋収の後、残れる穂《ほ》粒《つぶ》を拾ふが如し。故《かるがゆへ》に捃拾教と云なり。『涅槃経』は一日一夜の説なり。

瞥視常住相、誰亦隔縠羅

〈常住の相を瞥《べつ》視せば、誰れか亦縠羅《こくら》を隔てん〉

「瞥」は目を過すなり、暫く見るなり。「縠」は緦《ほそ》き紗《しや》なり。〇この『涅槃経』に説玉へる仏性円常の旨を一見せば、一切衆生皆仏と同一にして、縠羅ほども隔てなからん。

度母于忉利応供乎純陀

〈母を忉利《たうり》に度し、供《く》に純陀に応ず〉

「忉利」、華には三十三天と云。「純陀」、華には妙解と云。〇仏曽て忉利天に昇り、母の為に法を説玉ひ、又最後に純陀が供に応じ玉へり。

帝釈の請によつて、仏、忉利天に昇り、一夏《げ》九旬、母摩耶の為に説法し玉ふ。摩耶、時に須陀洹《しゆだをん》果を証し玉へり。爾時優填《うてん》王、久く仏を見上《たてま》つらず、渇仰の餘り、仏の像を刻み、供養せんとて、巧匠《ぎやうしやう》を択び、香木を択《えらば》せらるるに、毘首羯磨《びしゆかつま》天、巧匠と化し、来て斧を操《とつ》て、木を斫《き》り刻むに、その声、上三十三天に徹れり。仏の神力によつて、声の及ぶ所の衆生、罪垢煩悩、皆消滅することを得たり。今本朝嵯峨の尊像、是なりと云へり。世尊、四十九年三百餘会、衆生を度脱し玉ふこと、その数無量無辺なり。涅槃、時《とき》至て、大衆に告て曰く、「吾初め五比丘を度してより、漸々に誘進し、最後須跋陀羅《しゆばつだら》に至て、皆道《だう》に入れ竟《をは》り、所作已に弁じ、能事已に畢る。今当《まさ》に入滅すべし。汝等勤めて衆生に教へて、放逸を得せしむることなかれ。未だ三界を脱せず、早く出離を求めよ。一たび人身を失せば、追て復《ふく》すべからず」と。大衆、仏の付属を聞て咸《ことごと》く哀恋を生ず。時に優婆塞あり、純陀と名づく。最後の供を設けて、檀度を具足せり。爾時に世尊、獅子座に於て僧伽梨《ぎやり》を却けて、紫金身を顕し、大光明を放て、大衆に告て言《のたまは》く、「当に知るべし、如来、汝等が為の故に、累劫に勤苦修行して、菩提を成就し、此の金剛不壊《ふゑ》の身を得て、三十二相を具足す。優曇華の遇ひがたきが如し。縁畢て涅槃す。汝等心を誠にし、我《わが》金身を看《み》て、まさに浄業を修し、未来世に於てこの果報を得べし」と、かくの如く三たび告玉ひ、虚空に昇り玉ふこと、高さ七多羅樹。また空より下り玉ふこと、凡《すべ》て二十四反して、大衆に告玉はく、「是最後に如来を見る。是より復観《またみる》こと無し。我、今、時至て、挙身疼痛す」と。即ち初禅に入り、初禅より出て第二禅に入り、次第に非々想処に至り、非々想処より出て滅尽定に入り、滅尽定より出て還《また》非々想に入り、次第に還り入り、直《じき》に初禅に至て、復《また》超禅に入り玉ふ。かくの如く逆順に展転《ちんでん》すること二十七反《へん》、大衆に告て曰《のたまは》く、「我、仏眼を以て三界を観るに、一切諸法、性本《もと》解脱す。十方に於て求むるに、了《つゐ》に得ること能はず。根本無きが故に、所因枝葉、皆悉く解脱す。無明解脱の故に、乃至老死も皆解脱を得」と。

晨曦恒赫々、却怪西沈歌

〔晨曦恒ねに赫《かく》々、却て怪む西沈の歌〕

此の句は、仏を日に譬ふ。「赫」は火の赤きなり。「赫々」は光明顕盛なるを云。○仏、今権《かり》に滅度を示し玉へども、真仏恵日は出没なく、常に赫々たり。然るに、「金烏《う》東に上れば、人みな喜び、玉兎《と》西に沈めば、仏祖迷ふ」と歌をつくりしは、けつく怪しきことなり。

仏の曰く、「我、諸の衆生を見れば、苦海に没在せり。故に為に身を現ぜずして、渇仰を生ぜしむ。その心の恋慕するに依て、乃ち出て為に法を説く。神通の力、かくの如し。阿僧祇劫に於て、常に霊鷲山、及び餘の諸の住処に在らん。衆生、劫尽て大火に焼《やかる》ると見る時も、我《わが》此の土は安穏にして、天人常に充満せり。園林、諸の堂閣、種々の宝を以て荘厳せり。宝樹には華果多し。衆生の遊楽する所なり。諸天、天の鼓を撃ち、常に衆《もろく》の伎楽をなし、曼荼羅華を雨ふらし、仏及び大衆に散ず」と。

匍匐百億衆、悲泣雨滂沱

〔匍匐《ほふく》す百億の衆、悲泣して雨滂沱《ばうだ》〕

「匍匐」は地に伏す貌《かたち》なり。「滂沱」は大雨なり。○仏、娑《しゃ》羅双樹の下《もと》にて滅度を示し玉へば、人天四衆は勿論、鳥獣魚鼈《べつ》に至るまで、伏し倒れ、或は悶絶し、悲み泣て、雨のばらばらふる如く、涙《なん》だを流せり。

澆季標榜顕、双樹覆紫磨

〔澆季《げうき》まで標榜顕《あらは》なり、双樹、紫磨を覆ふ〕

「澆」は薄なり。「季」は末世を云。「標」は高枝なり。○今、後五百歳も已に過ぎ、澆《うす》き末法の世なり。殊に十万餘里を隔てたる異域なれども、高き梢の遠方へ見ゆる如く、如来出生の威儀容貌八相の始末、昭々として隠れなく、貴賤老少みな仏の尊ぶべきを知て、帰崇せり。さて仏、滅度を示し玉へば、娑羅樹垂れて、紫磨金身を覆へり。

周の穆《ぼく》王五十三年壬申に当る。春二月十五夜、拘絺《くち》羅国抜提河《ばつだいが》の辺、沙羅樹の下《もと》にして、大衆に示誨《じけ》し玉ひ已て、背《せなか》を東にし、面を西にし、頭《つむり》を北にし、足《みあし》を南にし、右脇にして臥し、示滅し玉へり。八根の沙羅樹、合して二株となり、白く変じ、垂て如来を覆へり。十方震動し、苦空を演出し、哀嘆の声、大海涌沸《ゆほっ》し、川流枯涸《こかく》し、日月光なく、黒風鼓扇し、草木摧折し、諸天哀号して、香華を雨ふらし、天楽《がく》を奏し、或は仏に随つて滅する者あり、或は心を喪失する者あり。或は大ひに叫んで胸を搥《うつ》者あり、或は悶絶して地に躃《たをる》る者あり。八相の中には、是を第八入涅槃と云。時に転輪王の法に依て、棺槨《くはんくはく》を営み、拘尸羅城の人議して、仏棺を城に入れて供養し奉らんと請ふ。衆《おほく》の力士、力を尽せども、挙《あぐ》ること能はず。少しも動くことなし。楼逗《るづ》の曰く、「縦《たと》ひ傾城の人も、亦よく挙ることなけん。世尊は平等なり。諸の人天をして福を得ること異なることなからしむ」と。時に棺自《を(のづか)》ら挙《あがつ》て虚空に昇り、拘尸羅城の西門より入て、東門に出で、復《また》南門より入て、北門に出て、城を遶ること七匝《さう》、菩薩・声聞・帝釈・諸天、宝台・華蓋を持して空中に随ひ、幢幡・音楽・種々の供養、地上空中に弥満《みまん》せり。悲泣哀慟すること七日、爾時、摩耶、天宮に於て、五衰の相現じ、五種の悪夢を見玉ふ。時に阿那律尊者、忉利天に上り、摩耶に謁し、偈を説て、仏の入滅を告げ玉ふに、摩耶、諸の天女に囲繞せられて下り玉ひ、棺の所に至り、涙《なんだ》を垂れ、悲悩して言く、「過去無量劫より、世々母子《もし》となつて、未だ曽て捨離せず。今、生死を脱し、涅槃に入り玉ふ。永く相見るの期《ご》なし。嗚呼、哀《かなし》ひかな。衆生福尽て昏迷なるべし。誰か為に開導せん」とて、天の種々の妙花を散じ、偈を説き、仏の袈裟及び鉢盂・錫杖を見て、挙身《こしん》地に倒れ、悲泣慟絶し玉ふ。時に棺の蓋自《を(のづか)》ら開け、仏、合掌して出で、棺の上に立ち、大光明を放ち玉ふに、光明の中に無量の化仏あり。皆合掌し玉ひ、梵軟の音《みこえ》を以て摩耶を問訊して言《のたまは》く、「遠く屈して此の閻浮提に来下《らいげ》し玉ふ、諸行法爾り。願くは啼泣することなかれ」と。便ち偈を説玉へば、摩耶すこし安慰し、顔色少《しばら》く悦んで、蓮華の敷《ひらく》るが如し。時に仏、摩耶を辞し玉ひ畢て、棺内に入り玉へば、蓋自《を(のづか)》ら蓋《をほ》ふ。摩耶、棺を遶ること三匝して、天上に還り玉ふ。時に大衆議して無価《げ》の栴檀沈水《ぢん(ずい)》を持て、大香楼を作り、炬《たいまつ》を持て荼毘し奉つるに、火悉く滅す。大衆号慟《がうどう》して曰く、「如来、何の縁あつてか畢り玉はざるや」と。帝釈の曰く、「必ず迦葉を待玉ふならん」と。迦葉既に至り玉へば、棺自然に開けて、両足を出し玉へり。即ち千輻輪の相始めて現ず。迦葉見已て、慟哭し、作礼し玉ふに、足《みあし》自然に収まり入れり。忽ち如来の胸中より三昧の火発し、棺の外に迸《ほとば》しり出て、漸々に荼毘し、七日を経て、香楼乃ち尽く。時に帝釈、七宝の瓶《びやう》及び供具を持《ぢ》して至れば、火頓《とん》に息《や》む。帝釈、大衆に白《まう》して、仏の許し玉ふ右の牙《きば》の舎利を請ひ竟れり。時に舎利を分つて三分となし、一分をば天上に迎へ、一分をば龍宮に迎へ、一分をば地上に留め、是を分て八分となし、八大国王各一甖《をう》を得て、悲喜して之を収め、香華幢幡を以て迎へて、本国に還て塔を建つ。尚餘《なを》の灰炭《けたん》も収拾して、皆塔を建つ。是を灰《け》塔・炭塔と云。以て供養し仏事をなせり。

骨身留濁世、火宅救飛蛾

〔骨身、濁世に留めて、火宅、飛蛾を救ふ〕

「舎利」、華には骨身と云。「濁」は五濁なり。五濁とは、劫濁・見濁・煩悩濁・衆生濁・命濁なり。○仏滅度の後、舎利を此の五濁悪世に遺《のこ》し留めて福田となし、火宅の如くなる三界に貪著して、種々の苦を受る衆生の、譬へば夏の虫の灯《ともしび》を貪り求めんとて、或は火に焼かれ、或は油に投じて死するが如くなるを救ひ玉へり。

飲光主結集、瀉瓶無舛訛

〔飲《をん》光、結集を主どつて、瓶に瀉《そそ》ひで舛訛《せんくわ》無し〕

「迦葉」、華には飲光と云。「瀉」は傾なり。「舛」は相ひ背《そむく》なり。「訛」は謬なり。○迦葉尊者、大教を流通せんが為に、王舎城に在て、羅漢果の聖者千人と共に夏《げ》を結んで、三蔵を結集《けつじう》し玉ふ。乃ち経蔵は阿難尊者、論蔵は迦葉尊者、律蔵は優波離尊者を主として結集し玉ふに、一瓶の水を一瓶にうつすが如く、少しも仏説に謬《あや》まり違《たが》ふ事なし。

漢帝前兆信、殊域杳合和

〔漢帝前兆の信、殊域杳《かす》かに合和す〕

仏教未だ震旦に渡らざりしが、始めて後漢の明帝、仏教の東流する兆し、音信《をとづれ》を夢み、西域に使を遣されけるに、途中にて二高僧の西より来れるに逢ひ、迎へて還れり。古人謂《いは》く、「時哉《ときなるかな》、大教の東流すること。衰周・暴秦には論なし。漢朝を稽《かんがふ》るに顕宗《けんそう》の時に如《しく》はなし」と。後漢の永平七年、顕宗孝明帝、丈六の金身、項《くび》に日輪を佩《を》び、空《くう》を飛て至り、光明、殿庭を照すと夢みて、群臣に問はるるに、通事舎人傅毅《ふき》と云者対《こた》へて奏しけるは、「昔し周の昭王の時、西域に聖人あり、仏と云。陛下の夢み玉ふ所の如し」と。帝、此《こゝ》に於て老将秦景・博士王遵・蔡愔《さいいん》等十八人に勅して、仏法を迎へんが為に、天竺へ遣さるるに、月支《ぐわつし》国にて迦葉摩騰《まとう》・竺《ちく》法蘭の二僧の釈迦の画像及び『四十二章経』等を白馬に駄し来るに遇ひ、邀《むか》へて洛陽に帰れり。これ大教東流の権輿《けんよ》《はじめ》なり。

騰蘭遊化節、梵夾白馬駄

〔騰・蘭遊化の節、梵夾《けふ》、白馬に駄す〕

「夾」は挟持なり。唐の懿《い》宗、禁中に於て講席を設けて、自ら経を唱へ、手づから梵夾を録すと云へり。

○その時、摩騰・竺法蘭の二師、梵経を筺《はこ》に入れ、白馬に駄して遠く遊化せらる。是より仏教漸々に震旦に弘まれり。

騰・蘭の二梵僧、帝に見《まみ》へらるるに、帝悦んで白馬寺に舘せしめらる。時に方士費叔才《ひしゆくさい》・褚《ちよ》善信等、是を忌妬んで、是《し》に非ずと云。二僧、帝に白《まふ》して言《まふ》さく、「吾《わが》仏の法は水火も壊《ゑ》すること能はず。願くは方士とこれを験《こゝろ》みん」と。此に於て、帝、叔才等に勅して、方士の奇経秘訣を出して右に積み、二僧の持来れる経像を左に積み、焼《やか》しめらるるに、方士の書は忽ち灰燼となれり。二僧の経像は、蓮華涌出して捧げて、一字を損せず。唯経像黄になり、軸赤くなれり。其の時、百官・士庶、皆声を発して曰く、「左義長也《や》、尊哉《たふとや》」と。それより仏書を黄巻赤軸《しやくぢく》と云。その後、二僧、漢の言を習ひ、『四十二章経』等の五経を翻訳あり。二僧、ある時、帝に奏せらるるは、「阿育《あいく》王、仏舎利を八万四千所にをさむ。此の震旦国の中にも、仏舎利を蔵《をさ》むる所十九所あり」と云へり。「白馬寺の東の阜《をか》はその一《いつ》ならん」と言《まふ》されければ、帝、二僧を従へてその阜に幸《みゆき》ありしに、忽ち阜の上に円光あり。三身その中に現じ玉へり。帝喜んで九層の塔をその上に建らる。その高さ二百尺なり。明年、又光り塔の頂きに現じ、金色の一尺計りなる手あつて、天香郁然たり。帝又幸せられけるに、光り歩に随て旋繞《せんねう》せり。午時より申《さる》に及んで滅す。その後、建和二年、安息国の沙門安清、字《あざな》は世高至る。同く三年、月支国の沙門支婁迦讖《しるかしん》至る。曹魏の嘉平元年、天竺の沙門竺仏朔至る。茲歳《ことし》、安息国の優婆塞都尉安玄至る。嘉平二年、天竺国の沙門曇柯羅《どんから》至る。茲歳、天竺の沙門康僧《（かうそう）》鎧《がい》至る。又西域の沙門曇無徳至る。正元中に安息国の沙門曇諦至る。甘露元年、西域の沙門帛延至る。孫呉の赤烏四年、康居国の三蔵康僧会、金陵に至て、舎利を感得あり。東晋の太始元年、月支国の沙門曇摩羅察《どんもらさつ》至る。大康四年、天竺の沙門耆域《ぎいき》至る。永嘉五年、天竺の沙門仏図澄《ちやう》至る。弟子数千万人を度せり。以上の高僧、各々経を訳し、法教を闡揚《せんいやう》ありけれども、大教東流してより、仏図澄に至て始めて盛なり。

什奘既詔訳、剞劂擅削劘

〔什・奘既に訳を詔りして、剞劂《きけつ》、削劘《さくび》を擅《ほしいまま》にす〕

「訳」は夷夏の言を伝へて、転じてこれを告るなり。「剞」は曲刀なり。「劂」は曲鑿なり。剞劂氏は字を刊する工を云。「削劘」は、ゑりけづるなり。〇その後、羅什・玄奘等、詔《みことのり》を奉て経論を翻訳あり。それより判工師、専ら梓《あづさ》に鏤《ちりば》め弘めしとなり。漢明以来、経論を訳せし人数多《あまた》なれども、今此に二師のみを挙ることは、この二師の訳せし経論、最も正ふして、多きが故なり。

羅什三蔵は丘茲《き（じ）》国の人なり。具《つぶさ》には耆婆鳩摩羅《ぎばくもら》と云。華には童寿と云。鳩摩羅は父の名を取り、耆婆は母の名を取れり。什は華の文字の什を善《よく》するを以て、称して什公と云。羅什とは、華梵共に挙るなり。什師七歳にして、日《ひゞ》に三万二千言を誦《じゆ》ぜり。九歳にして、母に随て出家し、偏《あまね》く西域に遊び、群籍を淹《えん》貫し玉へり。尤も大乗に善し。隆安四年、姚秦の天皇、西内に於て逍遥園を剏《はじ》め、什師に命じて衆経を訳せしめらる。秦王機政の暇《いとま》、師と対訳あり。沙門僧叡・僧肇等、八百余人その旨を伝授して、経論凡そ三百余巻を出せり。又秦王と『実相論』二巻を著はし玉へり。秦に在ること十九年にして、寂に臨んで曰く、「我《わが》出す所の経論の義、仏心に契《かなは》ば、身を焚《や》くの日、舌焦壊《せうゑ》せざらん」と云て寂す。闍維《しやゆい》の日、舌果《はた》して紅蓮の色の如くにして、壊せず。

玄奘三蔵は、洛州陳氏の子なり。隋の末に出家具戒して、博く経籍を貫き、唐の貞観七年、私《ひそか》に遁《のが》れて、原州より玉関を出で、高昌に抵《いた》れり。高昌王麹《きく》文泰《たい》行《かう》、資を奉じて護送して、罽賓《けいびん》国に達せしむ。僧伽論師に従て、倶舎・因明・大毘《び》婆《ば》沙《しゃ》等の論を決し、夫《それ》より大林国に至り、婆羅門に従て、『中論』及び異道の典籍を学び玉ふ。時に婆羅門七百余歳なり。夫より僕底国に至り、伏光法師に従て、対法・宗顕・理門等の論を学び、夫より那伽羅国に至り、月胄論師に従て、衆事分・毘婆沙を学び、夫より禄那国に至り、闍那屈多三蔵に従て、二の毘婆沙を学び、夫より中天竺に至り、大乗の居士に遇ふて瑜伽師地を聴き、即ち王舎城に入る。王預《あらかじ》め奘師の至れるを聞き知て、礼を具し郊迎《かうけい》して、那蘭陀《ならんだ》寺に安置せらる。この寺は七宝の所成なり。僧万餘人あり。上方の戒賢論師に見《まみ》へ玉ふ。時に歳一百有六なり。道徳西土の宗師たり。正法蔵と号す。奘師見へ玉ふ時、賢師咨嗟《しさ》流涕して曰く、「吾曽て疾病して死せんとす。夢に文殊大士、吾に語て曰く、『汝未だ世を厭ふべからず。後三年に大沙門あつて、震旦より来り、汝に従て道《だう》を受くべし』と。それより已来《このかた》三年なり」とて、慰喜交《こもぐ》集つて旧識の如し。奘師、尋《つい》で王に見へ玉ふに、王、象車及び従者三十を給《たまは》つて日々に上饍を供《くう》ぜしめらる。奘師、此《こゝ》に寓し、正法蔵に従て、大乗の秘奥を窮め、それより王舎城を発し、祇羅国に入り玉ふに、国主郊迎して、是を重じ、青象・名馬を以て奘師を助け、経を駄して還らしめらる。貞観十九年正月、奘師、経像を賷《もつ》て京師に帰り玉ふ。留主房玄齢、弘福寺に舘《くわん》せしめ、表を以て奏聞す。奘師、東都にゆき、二月己亥の日、太宗帝に見へ玉ふ。帝大ひに喜んで、敬重あり。奘師、西域にして得る所の経論梵本六百五十七部、嵩山の少林寺に就て、国の為に訳せんと請ひ玉ふ。帝の曰く、「頃日《このごろ》、穆《ぼく》太后の為に弘福寺を剏《はじ》む。彼所《かしこ》に就て訳すべし。所須は玄齢と平章せよ」と。奘師、尋で数《しばく》訳経を献じ玉へば、帝、聖経の序を製し、手《てづ》から書して賜ふ。又奘師、慈恩寺に於てまさに大塔を建て、獲る所の経論梵本を奉安せんとして、表を以て奏聞し玉ふ。帝、中書舎人李義府に勅して、大内及び東宮掖《えき》庭等の亡人の衣物を以て、師を助けて営弁せしめらる。此に於て、奘師、授くるに西域の制度を以てして、躬《み》自ら土を負《を》び甎《かはら》を運び、未だ幾《いくば》くならずして成る。高さ二百尺なり。麟徳元年二月、奘師疾《やまひ》に臥し、弟子大乗光等に命じて、訳する所の経論一千三百三十五巻を録し、右脇に安臥して寂し玉ふ。春秋六十三なり。この夕《ゆうべ》白虹四道に北より南に亘て井宿を貫き、慈恩の塔の方にひけり。訃音《ふいん》、朝《てう》に達しければ、帝哭して甚だ哀《かなし》み、左右を顧て曰く、「朕、国の宝を失ふ」と云て、朝を輟《やむ》ること三日、葬るに及んで五《いつ》たび御札《ぎょさつ》を降して遺典を裒《はう》録し、喪事を勤め邮《めぐ》み、夏四月、勅して仏世尊の故事に準じて、斂《をさ》むるに金棺銀槨を以てし、塔を滻《さん》水の東に建らる。

六宗尊授手、精修備十科

〔六宗、授手を尊び、精修、十科に備ふ〕

夫より六宗の僧衆、尊重して手より手に授け、如説に修行せり。其の修に至ては、十科を分ち備へたり。

諸宗とは、一には法相宗。三時教を立て、五位を明す。深密《じんみつ》・瑜伽《ゆが》等の六経十一論を以て所依とす。唐の玄奘三蔵の所伝なり。二には三論宗。三法輪を明す。『中論』『百論』『十二門』論を所依とす。後秦の羅什三蔵の所伝なり。三には華厳宗。五時教を明す。『華厳経』を所依とす。大周の法蔵法師の所伝なり。四には天台宗。四教五時を明す。『法華経』を以て所依とす。隋朝の智者大師の所伝なり。五には真言宗。三部を明す。一には大悲胎蔵界、二には金剛界、三には蘇悉地。毘盧遮那《びるしゃな》内証の説法、直《ぢき》に真語を以て門となす。ゆへに真言宗と名く。『毘盧遮那経』『金剛頂経』『蘇悉地経』を以て所依とす。但し、善無畏三蔵は胎蔵を伝へ、金剛智三蔵は金剛界を伝へ、大唐国に至て互に師資となつて、両部を伝ふるなり。

六には倶舎宗。三学を明す。『倶舎論』を以て所依とす。世親菩薩の所造なり。七には成実宗。二十七賢聖を明す。訶梨跋摩《かりばつま》の造なり。八には律宗。五部を開く。一には曇無徳部、二には薩婆多部、三には弥沙塞部、四には波麁富羅《はそふら》部、五には迦葉遺部なり。如来の滅後二百餘年、毱多《きく(た)》三蔵に五人の弟子あり。大部の毘尼に於て各々一見を執して、終《つゐ》に五部の毘尼となるなり。以上、是を八宗と云。別に禅宗あり。所依の経論を定めず、教外別伝、不立文字、直に人心を指して、性の成仏せるを見せしむ。菩提達磨大師の所伝なり。今六宗とは倶舎・成実・律宗を除く乎。十科とは、一には翻訳、二には解義、三には習禅、四には明律、五には感通、六には遺身、七には読誦、八には護法、九には興福、十には雑科なり。

吾禅専誨励、医方任病瘥

（吾が禅、専ら誨《け》励し、医方、病の瘥《いゆる》に任す）

「誨」は教訓なり、「励」は力を勉むるなり。『円覚』に四病を説けり。一には作《さ》、二には任、三には止、四には滅なり。是に依らば、「任病瘥《いゆ》」と読べし。然れども、前後の句意を味《あぢは》ふるに、『円覚』にかかはらず、「病の瘥るに任す」と読んで可なり。○其の中にも、吾禅宗は専ら大教の玄旨を明らめて、定法を執せず、機に臨み、変に応じて、誨励し、譬へば良医の病に応じて薬を与へて、諸病を治するが如くせり。

禅宗は先づ己事を窮明し、仏の恵命を継ぎ、広く内典・外典に渉り、外《ほか》、凡聖を取らず、内《うち》、根本に任せず、見徹して謬らず、人を誨励するに当《あたつ》て拈出すれば、瓦礫も是黄金。故《かるがゆへ》に唯仏祖の言教のみならず、詩・賦・史・子・拈槌《ねんつい》・竪払《じゆほつ》・熱喝・痛棒・挙手・動足、機に臨み、変に応じて、仏事をなす。このゆへに、我、爾《なんぢ》に隠すことなしと云に因《よつ》て、省《せい》する者あり。「頻に小玉《ぎよく》と呼ぶも、元《もと》無事。唯檀郎が声を認得せんことを要す」と云に因て、省する者あり。「三茎・四茎は斜なり」と云に因て、省する者あり。棒・喝・槌・払の下《した》に省する者尤も多し。譬へば、医師の善き一方を以て諸病を治《ぢ》せんとするは良医に非ず。先づ広く医方を知り、諸病を見てよく病根を知り、機に臨み変に応じて薬をあたへ、病を治するを良医とするが如し。

洞上及済北、両家巧唫哦

〔洞上及済北、両家巧みに唫哦《ぎんが》す〕

禅宗は五家《け》なりしが、三家は断絶して、曹洞・臨済の両家のみ日《ひゞ》に盛んにして、仏祖不伝の一曲を巧に吟哦せり。

洞山悟本禅師、諱《いみな》は良价、法を雲巌に嗣ぎ玉へり。越州諸曁《しょき》の人なり。姓は兪氏。初め忠国師に謁し、次に潙山に参じ、終りに雲巌に到て法を得玉へり。後、曹山の章禅師、雲居の膺禅師等を得玉へり。雲巌より伝る所の宝鏡三昧、五位の秘訣を以て曹山に授け玉ふ。曹山元証禅師、諱は耽《たん》章、法を洞山に嗣ぎ玉ふ。泉州黄氏の子なり。此の師の下を曹洞宗と云。臨済恵照禅師、諱は義玄。曹州南華の人なり。姓は刑氏。初め深く毘尼を究め、博く経論を探る。俄《にはか》にして歎じて曰く、「是《これ》済世の医方なり」と。衣を更《かへ》て黄檗に参じ、次に大愚に謁し、復黄檗に回《かへつ》て法を得玉へり。後、興化《こうけ》の奘禅師、三聖の然禅師等を得玉へり。是を臨済宗と云。我《わが》禅宗は世尊拈華《ねんけ》、迦葉微笑し玉ひしより、的々相承し、二十八伝して菩提達磨大師に至る。大師、震旦に来り、九年面壁、恵可大師、臂《ひぢ》を断て髄を得玉ひ、夫より僧璨・道信・弘忍の三大師を歴《へ》て曹渓の恵能大師に至る。是を六祖と云。是より禅風漸く振ひ五家を分つて、大ひに行《をこな》はる。今此《こゝ》に略して図を出すこと、左の如し。

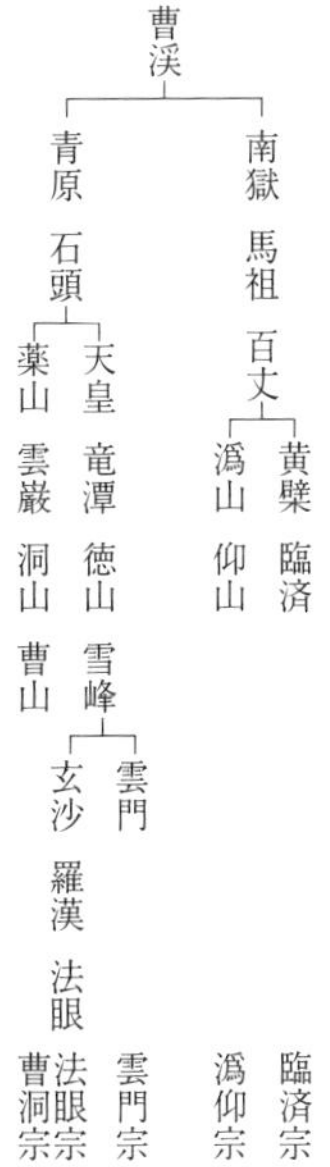

伝灯によつて略して五家の図を出す。潙仰宗は五世にして絶へ、法眼宗は三世にして絶へ、雲門宗は九世にして絶へたり。

五位別兼正、三玄競甲戈

〔五位、兼正を別ち、三玄、甲戈を競ふ〕

さて此の両家《け》は、亀毛兎角の五位君臣、三玄三要等の甲《かぶと》を被《き》、戈《ほこ》を横《よこた》へて、競ひ戦ひ、能く学者の諸見を催破せり。

洞山授け玉ふ所の五位とは、正中偏・偏中正・正中来・兼中至・兼中到なり。正位を君とし、偏位を臣とす。臨済の曰く、「一句語に須く三玄門を具すべし。一玄門に須く三要を具すべし。権《ごん》あり、用あり。汝等諸人、作麼生《そもさんさん》か会せん」と。この五位・三玄等は自ら照し、又衲子《のっす》ら鍛煉するの具なり。明師に就て参究すべき者なり。

当欽明登祚、像設寄編艖

〔欽明の登祚に当りて、像設、編艖《へんさ》に寄す〕

「登祚」は即位を云。「像設」は『名義集』に、「西方の三聖の像設を造る」と云へり。『通論』に、「桑門を集め像設を羅《つら》ぬ」と云へり。仏像等を造立するなり。此は仏像・経巻・幡蓋等を云。「編艖」は舟の名なり。

○震旦には仏教盛んに行はれけれども、未だ日本へは渡らざりしに、欽明天皇宝祚に登り玉ひしころ、始めて百済《ひやくさい》より仏像・経巻・幡蓋等を大船に載て、本朝に至れり。

本朝人王三十代欽明天皇、諱は天国押開広庭《あまつくにをしひらきひろには》の尊《みこと》。磯城嶋金刺《しきしまかなさし》の宮に位に即《つき》玉へり。十三年壬申十月、百済国の聖明王、大夫西部の姫氏を遣して、釈迦仏の銅像及び経論・幡蓋を献ず。その表に曰く、「此の法は、諸法の中に於て最も殊勝たり。解《げ》し難く、入り難し。周公・孔子、尚知ること能はず。此の法は、能く無量無辺の福徳・果報を生ず。乃至、無上菩提を成弁す。譬へば、人の随意宝を懐《いだ》くが如し。須《もと》むる所、情に依る。この法宝も亦然り。願ふ所、意《こころ》に依る。乏く欠く所なし。且夫《かつそれ》天竺より爰《こゝ》に三韓に洎《およ》び、順教奉持《ぶぢ》して尊敬せずと云ことなし。是に依て、百済王臣明、謹んで陪臣怒利斯《とりし》を遣し、書を致して、帝国に伝えて、寰宇《くわんう》に流通す。又仏の記し玉ふ所、我《わが》法東流せん、と。聖識徒《たゞ》ならず。天皇是を知り玉へ」と。又十五年、百済の僧量道深来朝す。

偶罹物氏阨、覚路恐蹉跎

〔偶《たまく》、物氏が阨《やく》に罹《かゝ》つて、覚路、蹉跎《さだ》せんことを恐る〕

「偶」は期せざるなり。「阨」は礙なり、危なり。「蹉跎」は、その意をとげざるなり、又足をふみたがうるなり。〇その後、高僧も来朝し、経論も追々渡り、天皇及び太子大臣等も帰崇あつて、大教良《やゝ》行はれんとせしに、大連、障礙をなし、衆生の本覚の都に向ふ大道を遮り、三悪趣の邪路・傍径に迷はせんとせり。物部の弓削の大連、中臣の勝海の連等、寺塔を堕《こぼ》ち、仏像を毀破し、火を放てやき、焼き餘せる仏像を難波の堀江に棄て、僧尼を捕へて法服を奪ひ、海石榴市《つばいち》の亭《あばらや》に就て笞を加へて辱しめ、天皇及び太子、蘇我の大臣等の仏法を興隆せんとし給《たまふ》を妨げ、種々の悪行をなし、太子等に敵し、悪逆をなし、仏教を滅せんとす。此の時、仏教既に滅せんとせしが、太子便ち大連等を誅して、遂に仏教を興隆し玉へり。

豊聡摂政後、仏種播東倭

〔豊聡《とよさと》摂政の後、仏種、東倭に播《し》く〕

「摂」は総持なり、佐なり、捕なり、収なり。〇その頃、豊聡《ほうそう》太子、四天王の矢を放つて守屋を誅し、その後、推古天皇の時、国政を摂し玉ひ、大教を広め、衆生の成仏すべき種子をこの東方大日本国《やまとぐに》に蒔播《まきほどこ》し玉へり。

聖徳太子は、八人一時に奏するを能く聞き定め玉ひし故に、八耳《やつみゝ》の太子とも云ひ、豊聡とも云ひ、又厩《むまや》の下《もと》にて生れ玉ふ故に、厩戸の皇子とも云ひ、上宮に居玉ふが故に、上宮太子とも云、凡《すべ》て十二名あり。用命天皇の子《みこ》なり。用命天皇は欽明天皇第四の子なり。庶妹間人穴大部《そまいはしひとあなほへ》の皇女《くはうじょ》を納れて妃とし玉ふ。妃、ある夜、金色の僧、口中に入ると夢みて懐脤あり。欽明天皇八年正月朔日、太子厩の下にて出産あり。

時に赤黄の光り、殿中に耀《かゝや》けり。二歳の時、人の教によらず、掌を合せ、東に向て南無仏と称して再拝し玉へり。六歳の時、百済国より経論並びに律師・禅師・比丘尼等、来朝せり。太子奏して言《のたまは》く、「願くは献ずる所の経論を見ん」と。天皇の言く、「何の由《ゆへ》ぞや」。太子の言く、「我曽て漢に在りし時、衡山の峰に住して、仏道を修行しき。仏の教を垂れ玉ふこと、有にも非ず、無にも非ず。諸善をば奉《ぶ》行すべし、諸悪をば作《なす》ことなかれと。故《かるがゆへ》に見んことを願ふ」と。天皇の言く、「汝、歳六歳なり。何《いづ》れの日か漢に在らん。何を以てか詐《いつは》れる」。太子の言く、「我《わが》前身、意《こゝろ》に覚ゆる所なり」と。七歳の時、奏して月の六斎日に天下の殺生を禁じ玉へり。十二歳の時、百済国の日羅来朝す。この人、耳に光明有て、火の焔の如し。太子を見て、驚ひて再拝して曰く、「敬礼救世観世音、伝灯東方粟散王」と。太子、日羅に告て言く、「汝の命尽《つき》なん、惜むべし」と。果して害に遇へり。太子、是を聞て、左右に語て言く、「日羅は聖人なり。我《われ》昔《むか》し漢に在りし時、彼は弟子たり。常に日天を拝せしゆへ、耳に光明あり。寃仇《をんきう》離れずして、命を断じて賽《つくな》ふ。必ず天に生ぜん」と。十六歳の時、大連《をゝむらじ》、朝敵となつて乱をなす。大臣、官軍の将となつて、是を征す。大連が軍勢強盛《がうせい》にして、官軍利あらず。太子、官軍の後《しりへ》に随ひ、誓て言く、「願に非んば成じ難し」とて、便ち川勝に命じ、白膠《ぬで》の木を取て、四天王の像を刻み、頂髪に置て、願を発して言く、「我をして敵に勝しめ玉はば、寺塔を起立せん」と。大臣も亦かくの如く願を発し、軍《いくさ》を進めて相ひ戦ふ。時に大連大ひなる榎の木に登り、物部の府《ふ》都《と》の大明神の矢と云て放てり。其の矢、太子の鎧に中《あた》れり。太子も亦舎人《とねり》跡見の赤檮《いちひ》に命じて、四天王の矢を放たしめ玉ふに、大連が胸に中り、倒《さかしま》に木より墜ければ、賊軍躁《さわ》ぎ乱れたり。川勝走り進んで、大連が頸を斬る。二十二歳の時、欽明天皇の皇女敏達天皇の皇后、諱は豊御《とよみ》食炊屋《けかしきや》姫《ひめ》。豊浦の宮に位に即《つき》玉ふ。是を三十四代推古天皇と云。豊聡を立《たて》皇太子となし、政を委ね玉ふ。この歳、天王寺を移し、難波の荒陵《くはうりやう》《あをはか》の東に建玉ふ。二十三歳の時、天皇勅して皇太子及び大臣をして三宝を興隆せしめ玉ふ。三十三歳の春、憲法十七箇条を製し、手づから書して奏し玉ふ。その後、天皇の請によつて、『勝鬘経』を講じ玉ふこと三日、講竟《をは》るの夜、蓮華雨ふる。又『法華経』を岡基《おかもと》の宮に講じ玉ふ。又小野の臣妹子等を大隋の衡州の南嶽に遣して、前身に持し玉ふ所の『法華經』を取り来らしめ玉ふ。又三昧に入り、前身に持し玉ふ経を取り来り玉ひ、恵慈法師に語て言く《の(たまは)》、「これ我《わが》前身に持せし所の経なり。妹子等が将《も》ち来れるは我弟子の経なり。南嶽の三人の老比丘、吾蔵《わがをさ》むる所を知らずして、他の経を取て送れり。故《かるがゆへ》に我魂を遣して取り来れり」と。又『勝鬘経』の疏、『維摩経』の疏、『法華経』の疏を製し玉ふ。四十二歳の時、和州片岡山の辺にして、飢人の道の頭《ほとり》に臥せるに遇ひ玉ひ、御袍《ぎよはう》を脱で、飢人の身を覆ひ、彩帛《さいはく》等を賜ひ、歌を賜へり。その歌に曰、「しなてるやかたをかやまのいいにうへふせるたびとあはれをやなし」と。飢人も亦首《かふべ》をあげて、答歌を進めて曰、「いかるがのとみのをがはのたへばこそわがををぎみのみなはわすれめ」と。飢人、目を開けば、中に金色の光り有て、身体甚だ香し。太子、時に相ひ語ること数十言して、宮に還り玉ひ、飢人死せりと聞て、大ひに悲んで、葬り埋《うづ》ましめ玉ふ。時に馬子《むまこ》の宿祢等、太子を怪み譏《そし》るによつて、彼等を遣して墓を開ひて、棺内を見せしめ玉ふに、その屍《しかばね》有ることなし。賜ふ所の斂《れん》物・彩帛等、帖《たゝ》んで棺の上にあり。御袍はなし。太子日夜に恋慕して、常にその歌を誦《じゆ》じ玉ひ、便ち舎人を遣して、斂《をさ》めし所の衣服を取て、これを御し玉へり。その後、天下に令して、数多の寺塔を建て玉ふ。推古天皇二十九年辛巳の春二月、太子、斑鳩の宮にして妃に命じて沐浴せしめ、太子も亦沐浴して、同く新潔の衣袴を服《き》玉ひ、妃に告て言く《のたまは》、「我、今夜《こよひ》遷化すべし。汝も共に去るべし」とて、妃と共に深殿に入り玉へり。明る旦《あし》た、太子並びに妃、久しふして起き玉はず。左右、殿の戸を開ひて、遷化し玉ふことを知れり。天下の貴賎、父母を亡《うしな》ふが如く、哭泣の声、行路に満てり。大日本《やまと》、又は山迹《やまと》とも云、昔《むか》し天地始めて分ち、泥土未だ乾かず、人往来して山間を以て路となして、人跡多きが故なり。又は山止《やまと》とも云。居住するを止まると云。この時皆山に居る故なり。又は大倭《やまと》とも云。『漢書』に曰く、「楽浪海中に倭人あり。百余国を分つ」と。『後漢書』に曰く、「大倭王、邪麻堆に居《おる》」と。蓋し此の国の使人、彼の土に到て大倭と称するゆへ、かくの如く書するか。又かの国の人、吾朝を卑《いやし》んじて、倭奴国と云と云説もあり。彼の方の大漢・大唐の大の如きは美称の語なり。大倭はこの例に非ず。或は倭と云ひ、或は大倭と云。皆同く邪麻土《やまと》と訓ず。日本・大日本の如き同じき訓のみ。又大和とも云、音《こえ》同じきが故なるべし。本朝始めて漢字を伝へ、国の名を書する時の字は、大日本にして、訓は邪麻土なり。

起信論註疏非詳略訣　鳳潭

龍谷大学図書館蔵

起信論註疏非詳略訣

幻虎主華厳寺鳳潭述

【序】

粤《ここ》に夫れ時に別体無く、法に因て立つ[1]。言は虚しく設けず、理に契て中《あた》る[2]。世聖嘗て謂ふ、「唯だ上知と下愚とは移らず」[3]と。是の言、誠に然り。而して、吾が法門の中、亦た誠に然り。尋ぬるに乃ち、

1　時に別体無く、法に因て立つ　物にはその時々で別の本体があるわけではなく、その物の原理によって成立している。

2　言は虚しく設けず、理に契て中る　言語表現の設定は虚偽ではなく、理法通りにぴったり真理を言い当てている。

3　唯だ上知と下愚は移らず　『論語』陽貨篇。暗に鳳潭の『起信論』解釈を批判した主真を「下愚」に譬える。

華厳大宗は帝心師[4]に創剏《そうそう》[5]し、雲華《うんげ》[6]・香象[7]よ

4　帝心師　杜順。七世紀前半の僧。中国華厳宗の初祖とされる。唐の太宗が教えを請い、「帝心」の号を授けたとの伝承による。

5　創剏　はじめる、はじまる。

6　雲華　智儼。六〇二 - 六六八。中国華厳宗第二祖。至相大師。

7　香象　法蔵。六四三 - 七一二。中国華厳宗第三祖。賢首大師。華厳宗の大成者。『大乗起信論義記』の著者。鳳潭は華厳の系譜のうち、杜順―智儼―法蔵まで認めるが、それ以後の澄観―宗密を批判する。

り雷奔[8]たり。清涼《しょうりょう》[9]・宗密[10]、遠猥《おんわい》に稟襲《ひんしゅう》する[11]に及んで、翻然として巨《おおい》に宗綱を味《まい》し[12]、覿旨《てきし》に思を覃《たん》し、極を究むること能はず[13]。特に終円両教の異を判ずること、理、濫《みだ》れて正しからず[14]。彼の台

8　雷奔　雷がほとばしるように、力強く教えを説く。

9　清涼　澄観。七三八-八三九。中国華厳宗第四祖。法蔵の重々無尽の縁起説に対して、心から世界の発生を説く一元論的な性起説を展開させた。鳳潭はそれを強く批判する。

10　宗密　七八〇-八四一。圭峰禅師。中国華厳宗第五祖。澄観に師事。もう一方で禅を学び、禅教一致の立場を取り、荷沢神会の流れを汲む荷沢宗を称した。特に『大乗起信論』に関しては、法蔵の『義記』をもとにして、『大乗起信論疏』四巻を著したが、鳳潭はその解釈を批判する。

11　遠猥に稟襲する　正しい伝統から遠く粗雑に受け継ぐ。

12　翻然として巨に宗綱を味し　華厳宗の正しい綱要をひっくり返し、それをまったく分からなくする。

13　覿旨に思を覃し、極を究むること能はず　示された趣旨に思いを深め、究極のところを極めることができない。「覿旨」は、底本の訓に従うが、あるいは「旨を覿て」か。「覃思」は、思考を尽くすこと。深く考えること。

14　終円両教の異を判ずること、理、濫れて正しからず　華厳の五教判は、小乗教・大乗始教・大乗終教・頓教・円教からなる。

家山外の一派、別円の二理に於いて、紛然として緒を失し[15]、四明、立ちどころに挫く[16]と似て相侔《ひと》し。幻虎、特に嘯《うそぶ》きて一口に噉却了《かんきゃくりょう》せし所以の者[17]に由

『大乗起信論』は通常大乗終教に位置づけられるが、鳳潭は、澄観・宗密はそれを最高の円教と同一視したとして批判する。

15　台家山外の一派、……紛然として緒を失し　「台家山外の一派」は、宋代はじめの天台宗の山外派。源清らが華厳や禅の影響を受けて、根源の真心を観察の対象とする真心観を唱えた。「別円の二理」は、天台教判の化法の四教（蔵・通・別・円）のうち、別教と円教。『大乗起信論』などの如来蔵説は別教に当るが、それを円教と混同していると批判する。

16　四明、立ちどころに挫く　「四明」は、四明知礼（九六〇-一〇二八）。山外派に対して、天台の立場はあくまでも衆生の妄心を観察の対象とするという妄心観を唱え、源清等を批判した。知礼らを山家《さんげ》派と呼び、源清等を山外《さんがい》派と呼んで、前者を天台の正統派とする。日本天台は長く山外派的な真心重視の立場を取っていたが、安楽律派は知礼の正統派の立場に戻るべきことを主張した。鳳潭もその影響を受け、山家派の妄心中心の立場を採用したばかりか、華厳解釈にもその立場を採り入れようとした。

17　幻虎、特に嘯きて一口に噉却了せし所以の者　「幻虎」は、鳳潭による『起信論』の注釈書『起信論義記幻虎録』（一六九九）。

りて、是《ぜ》にして他無し[18]。天下の学侶、霈然《はいぜん》[19]として之に靡《なび》くことは、響の谷に答ふるが若《ごと》く、水の壑《たに》に赴くが如し。街童・渓婦も又た能く諳《そら》んず。然るに近ろ《ちかご》忽ち、『起信』の疏に於て、扁して『詳略』と曰ふの編[20]にして而も出づるを睹《み》る。予、喟然として掌を拊《う》ちて歎じて曰はく、嗟嗟《ああ》、執密の下愚、長谷の学匠[21]、先に題名を掲ぐるに[22]、「詳」ならば応に略ならざるべし。「略」ならば詳ならざるべし。其の文略ならず。其の義詳ならず。並に人をして途を失せしむ。詳に非ず、略に非ずんば、戯論《けろん》を増さん。古今、例すること莫し。巻を繙《ひもと》いて之を閲するに、章章暗唶《あんさく》[23]す。嗚乎《ああ》、其の今の時に当りてや、邪を反救《はんぐ》せんと欲する者は、恰《あたか》も手に掬《きく》して大海を抒乾《じょかん》せんに似て[24]、決して其の分を絶して能はざる所たり[25]。遂に梗概を弁ず[26]。

「嘯」は虎が吠える、豪語する。「一口に噉却了」は、一口で食い尽くす。『幻虎録』の一書で、『起信論』の誤った解釈を完全に打ち破ったということを、「虎」の行為に譬える。

18　是にして他無し　原文は、「是也無他」。読みにくい。「是《ぜ》なり。他無し」（「そうであって、他ではありえない）と取る。

19　霈然　大きいさま。盛大なさま。

20　扁して『詳略』と曰ふの編　主真『起信論註疏詳略』（一七二八）。主真は同書で鳳潭の『幻虎録』の解釈を批判した。「扁」は門戸に掲げる文字。題して、の意。

21　執密の下愚、長谷の学匠　密教に執する愚か者である真言宗豊山派の学匠。主真のこと。長谷は長谷寺（奈良県桜井市）。豊山派の総本山。

22　題名を掲ぐるに　以下、主真の書名に「詳略」とあるのを、「詳」と「略」では矛盾すると批判する。

23　暗唶　言葉を失って歎くこと。

24　手に掬して大海を抒乾せんに似て　手で大海の水を汲みつくそうとするようなもので、邪説が多すぎて、とても論駁しきれない。

25　決して其の分を絶して能はざる所たり　自らの力を超えていてとてもしきれない、ということか。

26　遂に梗概を弁ず　そこで、あらましだけを論ずることにする。

【第一難・主真の批判】

愚編に云はく[27]、霊知の真心[28]、宗極と為すが故に、心の実相と為す《『一唾《いちだ》』が伴類[29]》。諸経論の中、皆な唯だ「由心造」〔心に由て造る〕[30]と云て、「色に由て造る」[31]と云はず。則ち唯心を本と為し、色法を末と為す。何に況んや、近ごろ自他師[32]は、二円家の性悪《しょうあく》[33]を培種して、妄解を動起し、自ら邪見の火

27　愚編に云く　以下、十六項目にわたって、『詳略』の文を引き、論難する。「愚編に云く」として、原文で一字落している箇所が『詳略』の引用で、その後、「議して曰く」として反論を記す。この箇所は、そっくり同文は『詳略』に見えない。次の二箇所を一つにまとめたものか。
①謂う所の真性とは、霊知の真心、即今の本源なり。是の故に諸大乗教僉な「心造十界」と説きて、未だ嘗て「色造十界」と説かず。（豊全一五、三三四下）
②近頃、自他の人師、二円家性悪の法門を培種せんと欲して、妄解を動起し、自ら邪見の火坑に淪む。悲しむべきの甚し。……華厳天台の云く、性悪若し断ずれば普現の色何に由て立たん。華厳に説く所の五熱身を焼く等、夫れ違理の悪法と為て可ならんや。（同、三七三下）

28　霊知の真心　霊妙な智慧の本体。心の本体を純粋で真実なものとして実体視する見方。宗密が強調した。主真はそれを肯定するが、鳳潭は否定する。

29　『一唾』が伴類　傍注は鳳潭の批判的コメント。『一唾』は鳳潭を批判した実詮の『偏界紅鑪一唾篇』。註二九〇参照。「伴類」はそれと同類の意か。

30　心に由りて造る　『勝天王般若経』二に、「種種世間、皆な心に由て造る」（大正蔵八、六九七下）などに見える。特に、『華厳経』（六〇巻本）一〇には、「所有の諸法、皆な心に由て造る」（大正蔵九、四六〇上）など、唯心思想を説くところが特徴とされる。同経一〇に「心は工画師の如く、種種の五陰を画く。一切世界中、法として造らざるなし」（大正蔵九、四六五下）とある箇所は有名。

31　色に由りて造る　「色」は物質的要素で、心に対する。天台では、「一色一香無非中道」と言われるように、「色」の要素を重視する。知礼は、『観音玄義記』二に、「何なる教文に、『心は色に由て造る。全体是れ色』と云ふや」（大正蔵三四、九〇七下）と問い、その可能性を説明している。鳳潭は、この知礼の説に基づいている。

32　自他師　鳳潭を指す。

33　二円家の性悪　「二円家」は、大乗の中でも最高の「円教」の立場に立つ天台と華厳。「性悪」は、天台の十界互具に基づき、仏にも本性として悪が具わっているという説。十界互具は、地獄・餓鬼・畜生・修羅・人・天・声聞・縁覚・菩薩・仏の十

坑に淪《しず》む。悲しむべきの甚し。天台の性悪・華厳の五熱[34]、夫れ違理の悪法と為て可ならんや。

【第一難・鳳潭の反論】

議して曰はく、霊知唯心を本と為ば、則ち華厳三無差の義、何を以て成ぜんや[35]。忽ち清涼の「心を以て本と為し、生・仏を末と為す」[36]の大邪坑に堕す。法華の三法妙の義、単に一妙と成て、三法不思議妙を成ぜず[37]。『大日経』の心の実相と為さば、真言、変じて権《ごん》教と成る。豈に本宗の秘を誹毀するに非ずや[38]。諸経は「唯心」にして、「由色」と云はずとは、

界の存在が、それぞれのうちに他の九界も含んでいるという思想である。それ故、仏の中にも地獄の要素があることになる。だからこそ仏は地獄の衆生をも救済できることになる。もと智顗の『観音玄義』に見え、知礼によって重視された。華厳ではもともと「性悪」は説かないが、鳳潭は華厳でありながら、天台の性悪説を採用している。

34　華厳の五熱　五熱炙身外道。灼熱の太陽のもとで四方に火を焚いてその熱に耐える苦行を行なう外道。華厳がそのような修行を勧めるわけではないが、『華厳経』に出るので、引いて、天台の性悪説がそれと同じくらいの外道の邪説だということを強調したと思われる。『華厳経』（六〇巻本）四七・入法界品（大正蔵九、七〇一上）など。

35　霊知唯心を……何を以て成ぜんや　「霊知」に基づく唯心思想を根本とするならば、華厳の「三無差別」はどうして成立するであろうか。「三無差別」は、『華厳経』（六〇巻本）巻一〇・夜摩天宮菩薩説偈品に出る「心仏及衆生、是三無差別」（大正蔵九、四六五下）。「心」だけが根本であれば、心・仏・衆生の無差別性が成り立たなくなる、というのである。

36　心を以て本と為し、生・仏を末と為す　清涼澄観にこのような文句があるわけではないが、澄観の唯心説をこのようにまとめた。「生」は衆生。

37　法華の三法妙……不思議妙を成ぜす　智顗の『法華玄義』では、迹門の十妙（『法華経』の前半部分に説く十の優れた点）のうち、第五として三法妙を挙げるが、それが成り立たなくなる。『法華玄義』二に「南岳師、三種を挙ぐ。謂く、衆生法・仏法・心法」（大正蔵三三、六九三上）と述べている。上述の『華厳経』の三無差別の箇所を、師の南岳慧思を通して智顗が承けている。その心法だけを絶対視すると、「三法不思議妙」ではなく、心という「一妙」だけになってしまう、と批判している。

38　『大日経』の……誹毀するに非ずや　その唯心論を『大日経』の心の真実のあり方とするならば、真言密教は究極の深い教え

是れ山外孤山の僻詰《へききつ》[39]に朋にして、唯色円頓不共《ふぐう》の談[40]を聞知せざるのみ。

近時、人有りて[41]、談じて即心念仏に及んでですら、専ら盛に「修悪《しゅあく》を全うして即ち性悪」[42]と倡《とな》ふ。

ではなく、心だけに偏った方便の教えということになってしまう。主真の立場である真言宗もまた、唯心論に立つと浅いものになってしまうので、自宗の根本の秘密教を誹謗することになると批判する。

39　山外派孤山の僻詰　孤山は孤山智円（九七六―一〇二二）。山外派の学匠。「僻詰」は、偏った難詰の意か。智円にそのままの語はないが、その立場を要約する。

40　唯色円頓不共の談　「唯心」だけでなく「唯色」も成り立ち、それこそが最高の円頓の立場だけの説である。「不共」は、他と共通しない独自性。

41　近時、人有りて　安楽律派の霊空光謙（一六七六―一七三二）。『即心念仏安心決定談義本』などにおいて「即心念仏」を説いた。四明知礼の『観無量寿仏経疏妙宗鈔』の説に基づいている。鳳潭は、霊空の講義を聞き、その影響を受けている。

42　修悪を全うして即ち性悪　「性悪」は本性としての悪。前述の通り。「修悪」はそれが実際に発現して悪行をなすこと。「修悪を全うする」というのは、実際に悪を徹底的に行うということではなく、修悪ということの根底を徹底的に突きつめる

偶《たま》たま仏門に入て肯《あ》へて信ぜざれば、則ち無聊強《ぶりょうきょう》戻《れい》[43]、進みて寝を移さざれば、豈に臻極《しごく》の下愚[44]なる者に匪ずや。真言一宗の碩大の恥辱、天下に流逞《るてい》するは、斯の典に在り[45]。早く荼毘せずんば[46]、甘んじて魔魅の伴侶と為る。誰が掌を撫して怪笑せざらんか。汝、指斥する所の違理の悪法とは、修悪に非ずや。修悪の当相、即ち是れ性悪。[47]九界の性徳、

と、それが性悪だ、ということであろう。この語は、宋代の文献には確認できないが、明の天台僧伝灯『維摩経無我疏』五に、「性悪を全うして以て修悪を起すは、即ち四諦を見ず。修悪を全うして而も即ち性悪なるは、即ち諦を見ざるに非ず」（続蔵一九、六四一上）と見える。

43　無聊強戻　「無聊」は、くだらない、つまらない。「強戻」は、強情で凶悪。次の「不進寝移」は不明。

44　臻極の下愚　「臻」は至。極めつけの下愚。

45　真言一宗の……斯の典に在り　真言宗の偉大な学者の恥辱が天下にほしいままに流布するのは、まさしくこの書物（主真の『詳略』）によるのである。

46　早く荼毘せずんば　すぐに火に焼いて葬り去らなければ。

47　修悪の当相、即ち是れ性悪　修悪（実際に悪を行なうこと）

是れに由て能く立す[48]。円頓家の極、秘密蔵なり[49]。纔かに九界天然の性徳を欠けば、則ち縁理断九にして、偏指真如一仏界の理に帰して、忽ち別教に堕す[50]。

若し「真言も霊知の心を以て、心の実相と説き、是れを攬《とり》て本と為し、之を宗源と崇《たうと》ぶ」と謂ふときは、則ち六大秘蔵[51]、変じて、象入れば則ち濁る[52]爛泥爛底と成る。汝ら下愚、固《もと》より宗祖の謂ふ所[53]

のありのままのすがたは性悪（本性として具わっている悪）そのものである。「当相」は、そのもののあるがままのすがた。修悪として現れているのが、性悪に他ならない。明・伝灯『楞伽経玄義』二にこの表現が見える（続蔵一三・一七中）

48　九界の性徳、是れに由て能く立す　修悪の当相が性悪であることにより、（十界のうち、仏界を除いた）九界が本来具有している徳性が成り立つのである。仏に修悪はないが、他の九界は悪をなすことがある。それは根本に十界互具が成り立ち、悪の本性（性悪）があるからである。善も悪も含まれることによって、円融が成り立つ。性善だけならば、本当の意味の円融にならない。

49　円頓家の極、秘密蔵なり　このような見方こそ、（華厳・天台の）円頓の究極の立場であり、（本当の意味での）秘密の教えということができる。主真が真言宗であることを念頭に、自らの説こそが本当の密教だと主張する。

50　纔かに九界……別教に堕す　九界が本来有している（性悪をも含む）本来の徳性を欠くならば、理法を機縁として九界の悪を断ずることによって（縁理断九）、ただ真如だけの一仏界の理に帰着することになり（偏指真如一仏界理）、別教に堕する。即ち、性悪の立場は、十界互具で衆生の中に善の要素も悪の要素も認めるから、悪を為すこともありうる。しかし、その本性を変えることなく、修道して向上することが可能である。しかし、それを否定するならば、仏性だけが真実であるから、九界の他の要素を否定しなければならない。それでは、円教の円融の立場が成り立たず、それ以前の別教の立場でしかない。「縁理断九」は、知礼が山外派を批判する際に用いる言葉。『十不二門指要鈔』巻一（大正蔵四六、七〇九下）など。

51　六大秘蔵　（地・水・火・風・空・識の）六つの原理を説く真言秘密の教え。

52　象入れば則ち濁る　『大智度論』三六「譬えば清浄池水の如し。狂象中に入れば、其をして混濁せしむ。若し清水に珠入れば、水即清浄なり」（大正蔵二五、三二五下）。

53　宗祖の謂ふ所　「宗祖」は真言宗の宗祖空海。以下の文はそのままでは空海の著作に見出せない。「（天台・華厳の）二つの一乗の立場の究極の悟り（妙覚）は〈始覚と本覚が一つとなる究極の悟りの位であるが〉水中の泡沫のようなもので、天台・華

の「両一乗の妙覚は〈始本不二究竟覚の位〉水中の漚《あわ》の如く、天台華厳は真如受熏の極唱に過ぎず」の誤りを執せん。一たび予に難ぜられて、既に三十年[54]、一介の強詰を通ずる者有ること無し。其の徒たる者、幾千万箇といふことを知らず。噫《ああ》、哀しきかな。口を鑰《とざし》て啓かず、耳を塞いで聵《みみしい》の如し。目瞪《みはり》て、土木偶に似たり。間《ま》まに、敵防せんと欲せば、全態鹵《ろ》莽《もう》[55]にして、恰も無手の人、拳を行ずるが如し。猶ほ沙竭拏[56]の酔倒して蝦蟇をも制すること能はざる

厳の立場は真如が熏習を受けて変化するという説の究極に過ぎない」というのである。「真如受熏」は、唯一の根本原理である真如が無明のはたらきを受けてこの世界に展開するという説で、鳳潭の批判する真如一元論になる。

54　一たび予に難ぜられて、既に三十年　『幻虎録』を刊行したのが元禄一四年（一六九九）であり、『非詳略訣』刊行の享保一四年（一七二九）まで、ちょうど三十年になる。

55　鹵莽　お粗末、軽率。

56　沙竭拏　求那跋摩訳『優婆塞五戒相経』一に出る莎伽陀のこと。竜を屈伏させるほどの神通力を有していたが、酒に酔った後では蝦蟇を制する力もなかったという（大正蔵二四、四二中～下）。

がごとし。

　是れより先、救うこと有り《密戒義者[57]》。「若し真如、熏を受けざれば、則ち性悪成ぜず、性具[58]も立たず」とは、大いに性具円融の奥を味すること、童奴の如し。毫《いささか》も先祖の謬鎛《びゅうか》を弛むこと能はず。惜しきかな。下愚、時、末運に膺《あた》つて、勢に乗じて突然として高刹に踞《きょ》し、学を礪《れい》し徒を匡《ただ》す[59]と雖も、懞懞懂懂[60]として菽麦《しゅくばく》を弁ずる[61]ことなく、岷《みん》玉を

57　密戒義者　実詮か。実詮の『密乗菩提心戒義』（一七一九）に対して、鳳潭は『偏界香爐雪』（一七二〇）を著わして論駁している。

58　性具　十界互具説、さらにはそれを展開させた一念三千説により、衆生の本性に一切世界が納められているという見方。天台の特徴を表わす説とされる。

59　高刹に踞し、学を礪し徒を匡す　高いところに坐りこんで、上から目線で学徒を督励する。

60　懞懞懂懂　「懞」は愚かなこと、「懂」ははなはだしく歎くこと。

61　菽麦を弁ずることなく　豆と麦の区別がつかない。愚かなさま。

分つことなし[62]。嘗て忠を其の祖に殫《つく》さんと欲せずば、奚《なん》ぞ能く幾ばくか誠を宗域に輸《つく》さん。《浄土老朽も亦た移改せず。大いに初学の為に軽笑せらる。況んや頃《このごろ》念仏、談斥せられて黙止すと[63]。》良《まこと》に以《おもんみ》るに、空しく檀信を蠹《と》[64]するの蟊賊《ふうぞく》[65]なる者なり。咄《とつ》、咄。

【第二難・主真の批判】

愚編に云く[66]、今の論及び疏に違理の悪法を揀《えら》んで善と云ふ。儒子、性善と云ふ。理、甚だ遠からず。

【第二難・鳳潭の反論】

議して曰はく、旧習の鈍妄判[67]を株守して、宗統[68]を暁《さと》らず。此の論・疏の義、終教に約すれば[69]、則ち性悪を明かさず、単に性善を談ず、宜《むべ》なり。若し円に約するときは、則ち爾らず。『仏心印の記』[70]に云ふが如し。但だ性善と云ひて、性悪を明かさざるは、無明、体無きも、尚ほ是れ永く九界の性徳を

62　岷玉を分つことなし　「岷」は「珉」の誤りで、玉に似た石のこと。
63　浄土老朽……黙止すと　傍注。相手を非難する悪口だが、意味は取りにくい。
64　蠹　きくいむし、あるいはしみ。むしばむ。
65　蟊賊　「蟊」はイナゴのような害虫。
66　愚編に云く　『詳略』上「今論及び疏、違理の悪法を揀んで善と云ふ。……儒子の、性は即ち是れ理、理は善ならざるなしと云ふが如し」（豊全一五、三七三下）。「今の論」は『大乗起信論』、『疏』は法蔵の『大乗起信論義記』。ただし、このような文句がそのまま出てくるわけではない。引用の形では、「理に背いた悪法を排除したものを善という。儒教で性善という理論と、それほど違わない」の意。『起信論』の説が、悪法を排除した純粋な善を説いている、という理解である。
67　旧習の鈍妄判　むかし習った誤った教判。
68　宗統　華厳宗の正統。
69　此の論・疏、終教に約すれば　この『大乗起信論』とその注釈である『義記』は、華厳教判の大乗終教の立場だという観点からすると。
70　仏心印の記　元の虎谿懐則の『天台伝仏心印記』（大正蔵四六）のこと。

闕き、縁理断九《えんりだんく》、別教の義と為す[71]。賢首《げんじゅ》大師、幸ひに終教《じゅうきょう》の義と作す。符契を合するが若し[72]。而るに、宗密・長水、却て円解に濫す[73]。誰か甄弁せざる可けんや。然るに、汝下愚、彼を取りて移らず。疾、膏肓《こうこう》に在て[74]驢年にも瘳《い》えざらん[75]。苦しきかな。

71　無明、体無きも……別教の義と為す　無明は本体がないのだから、その無明を払えば、仏性が現われるはずだが、山外派的な見方では、九界には仏性がないことになり、真理を対象として観照して九界を断じなければ、仏界に入れないことになる。それは天台の教判では別教の立場である。

72　賢首大師……符契を合するが若し　賢首大師（法蔵）は、これを終教だとしている。天台では別教、華厳では終教で、両者は符合する。

73　宗密・長水、却て円解に濫す　宗密や長水子璿《しせん》は、それを円教として混乱させている。長水は長水子璿（九六五－一〇三八）。宋代の華厳思想家。

74　疾、膏肓に入りて　病、膏肓に入る。「膏」は心臓の下部、「肓」は隔膜の上部で、からだの奥深いところ。ここに病気が入ると治らないという。

75　驢年にも瘳えざらん　十二支の中に「驢」はない。従って、永遠に癒えることがないということ。

【第三難・主真の批判】

愚編に云く[76]、真妄相即は終教に固より談ず。『幻虎』に円解と云うは、還て非なり。

【第三難・鳳潭の論難】

議して曰はく、於戯《ああ》、呆なるかな。『虎録』、本《も》と、終教、以て事理無礙[77]を明かすと許す。而も「具」を談ぜずんば、但だ「即」の名有りて、「即」の義成ぜず[78]。斯の謂たり。若し円解に就かば、賢首、恒に言

76　愚編に云く　『詳略』巻中（豊全一五、三七七下）。真（悟りの世界＝仏界）と妄（迷いの世界＝九界）とが相即するというのは、終教でも論ずるので、それを円教だけとする鳳潭の説は不適切だ、というのである。

77　事理無礙　理事無礙。普遍的な理法と個別的な事物との相即。四法界説の第三であり、いまだ事事無礙に達していない。

78　具を論ぜざれば……義成ぜず　「具」という意味で論じないならば、「即」という名が成り立つだけで、その実質の意味は成り立っていない。以下のように、鳳潭は、円教では「即」が「具」の意味で成り立つと考える。

ふ[79]、「煩悩の当相即是[80]」と。『孔目章』に云く[81]、「八万の塵労業苦即帝網無尽門の義を具す[82]」。此の「即」は是れ「具」の異称なり。眼と目と、左右殊号の如し。『妙玄』に「即」を以て「是」と為す[83]。当相全是にして、二物合して即と為すに非ず[84]、是《これ》なり。儞《なんじ》が如く、終円二理の分斉を分かたず、混じて一概と成《な》して、『幻虎』を非と為す、妄りに謳《そし》るの甚し。

79　賢首、恒に言ふ　法蔵の著作にはこの通りの言葉はない。

80　煩悩の当相即是　煩悩のそのままの姿が全面的に肯定される。「当体即是」とほぼ同義の言葉で、「当体全是」は、知礼『十不二門指要鈔』で最も重要な用語として使われる。同書は、湛然の『法華玄義』の中で、「不二」＝「即」に十種挙げた「十不二門」を解釈したものであるが、そこで知礼は「即」の意味として、二物相合と背面相翻という理解を批判して、当体全是でなければならないとしている。煩悩と菩提で考えると、二物相合は、煩悩と菩提という二つの異なるものが合一するという理解、背面相翻は、煩悩が裏返しになって菩提になるという理解である。それに対して、当体全是は、煩悩の本質がそのまま菩提だということである。「何となれば、煩悩・生死は既に是れ修悪、全体は即ち是れ性悪の法門なり。故に須く断除及び翻転すべからず」（大正蔵四六、七〇七上）と説明される。煩悩や生死は実際の悪（修悪）であるが、全体としてそのまま性悪＝性徳が成り立っているというのである。その「即」を鳳潭は「具」と解する。即ち、「性悪」も「性徳」も、十界互具の原理によって、自らのうちに悪や仏の要素を「具」していることだ、というのである。

81　『孔目章』に云く　『華厳孔目章』。華厳宗二祖智儼の著作。ただし、同書中にはそっくりの文章は見えない。巻四に、「一即一切、一切即一。帝網の喩の如く、無尽にして同じからず」（大正蔵四五、五八七下）とある。なお、原文の「孔目章章」の「章」の一字は衍字と見て省いたが、省かずに、「『孔目（章）』の各章」という意味に取る可能性もある。

82　八万の……義を具す　八万の煩悩・業・苦が、そのままインドラの網のような無尽の悟りに入る門を具えている。「塵労」は煩悩。「帝網」は帝釈天（インドラ）の宮殿には無数の宝珠を網の目のように張り巡らせ、それらが相互に映しあい、輝いているという。重々無尽のさまを譬える。

83　『妙玄』に「即」を以て「是」と為す　『妙玄』は、智顗の『妙法蓮華経玄義』（法華玄義）。そこで、「即」を「是」とすると明確に述べた箇所は不明。鳳潭の解釈によれば、「即」＝「是」＝「具」ということになるのであろう。

84　当相全是……為すに非ず　先に挙げた『十不二門指要鈔』の箇所参照。

実に上知に非ず。下下愚愚、倍徙《し》[85]の下愚なり。吾が邦の神書[86]に之を下愚土痴と謂う。倘《も》し自ら焚《や》かずんば、截て三段と成さんことを。於乎《ああ》、未だ務めざるなり[87]。

【第四難・主真の批判】

愚編に云はく[88]、「学窮」と云ふが如き、『幻虎』、「誤りの甚だしき」と為す。『弁偽』に斥くるが如し。

【第四難・鳳潭の反論】

議して云はく、『論』に「覚」と云ふ。『義記』に云く、「覚を窮む」と。倶に覚道成ずるに約す。如何んぞ誤と為んや。汝、『論』『疏』に欺《そむ》いて宗密を是《ぜ》と為すは、

85　倍徙　「多数倍」の意。「倍」は「二倍」、「徙」は正しくは「蓰」で、「五倍」の意。

86　吾が邦の神書　未詳。記紀神話に出る迦具土（火の神）のことを指すか。

87　未だ務めざるなり　まだ十分ではない、という意か。

88　愚編に云はく　『詳略』巻中（豊全一五、四〇一上）の取意。「学窮」は宗密編『大乗起信論疏』「如菩薩地尽。（十地学窮故云尽此是摠挙下二句別明）」（続蔵四一、一〇三中）を指す。この箇所は法蔵『大乗起信論義記』巻中本では「第四位中、菩薩地尽者、謂十地覚窮故云尽也。此是總挙。下二句別明也」（大正蔵四四、二五八中）となっており、「覚窮」を宗密が「学窮」に改めている。『起信論』に「菩薩地尽」とある箇所を、法蔵は「十地で覚が究極に至ったから尽というのである」と解している。その「覚」を宗密が「学」に改めたことの是非が問題となる。鳳潭は、『幻虎』で宗密を批判している。即ち、「第七地は有学の極なり。若し八地に至れば則ち無学の位なり。然るに十地満心、何が故に有学位の極と為すを得んや」（日蔵四三、一八五下）。即ち、菩薩の第八地に至れば、もはや学ぶべきもののない「無学」の境地に至る。『起信論』のこの箇所は、菩薩地の最後である十地の究極であるから、「学窮」ではなく、「覚窮」でなければおかしいというのである。これに対して、顕慧『起信論義記幻虎録辯偽』で反論して、「第八地を称して無相無功用等と為すも、未だ究竟円満位に到らず。故に無学と名付けず」（日蔵四三、三二七下）と、菩薩地の最後に到ってもまだ「無学」とは言えないので、「学窮」でもよい、としている。主真も『詳略』で『辯偽』に同意している。

則ち狂に非ずして何と為んや[89]。

【第五難・主真の批判】

愚編に云く[90]、然るに今唯だ「任運而起」と云ふ。賢首の揀釈《けんしゃく》、過無きに非ず。

【第五難・鳳潭の反論】

議して云く、於虖《ああ》、痛ましきかな。汝、愚かにして、深く圭山・長水が黤黔《えんけん》[91]たる僻見を膠執《こうしゅう》するに由りて、反して大師[92]を侮て、以て過無きに非ずと

89　『論』『疏』に……何と為んや　『論』は『大乗起信論』、『義記』は法蔵の『起信論義記』。そのいずれもが「覚」である以上、それを否定して、宗密を採用するのはおかしい、というのである。

90　愚編に云く　『詳略』巻中（豊全一五、一〇七上）。『大乗起信論』で「任運而起」と言われているが、それに対する賢首（法蔵）が取捨選択して解釈しているのは、誤りがないとは言えない、というのである。「任運」は、人為を加えずに、自然に、という意。

もとは、『起信論』で業識・転識・現識・智識・相続識の五識を説くうち、第三の「現識」について、「一切時任運にして起り、常に前に在るを以ての故に（以一切時任運而起、常在前故）」（大正蔵三二、五七七中）と言われている。この句を、法蔵『義記』巻中本では、「『任運而起』とは、六・七識の時有りて断滅するが如きには非ず。故に彼と簡異するなり。『常在前』とは、諸法の本為るが故に、此の識を諸法の先に在りと明らかにす。是を以て諸法の所依なるが故に、此れ末那識を揀異するなり」（大正蔵四四、二六五上）と解釈する。即ち、現識は第八阿頼耶識のことであるが、①第六・七識のように断滅することがないので「任運而起」と言われるのと、②諸法の根本であるから、「常在前」と言われるというのであり、「任運而起」と「常在前」を二つに分けている。

それに対して、それを改訂した宗密の『起信論疏』では、「一切時任運而起、常在前なるを以ての故に。〈六・七識の時有りて断滅するが如きに非ざるが故に「常在前」と云う。又た諸法の本為るが故に、此の識、諸法の先に在りと明らかにす。是を以て諸法の所依なるが故に、末那識を揀異するなり〉」とする。

議論はややこしいが、鳳潭の『幻虎録』四では、法蔵の解釈を正しいとして、宗密の改変やそれに基づく長水の解釈を批判する（日蔵四三、二〇七下）のに対して、主真の『詳略』では、法蔵の解釈はやりすぎで、宗密の改変のほうが適切だとしている。

91　黤黔　「黤」も「黔」も黒いこと。まっくろ。

92　大師　賢首大師法蔵。以下、法蔵を賛美するのみで、内容的な批判はない。

為すは、噫《ああ》、乃ち千古無匹の愚態たり。蓋《けだ》し夫れ賢首祖師は、其の徳、古に今に超卓し、其の眼、四天下を爍破《しゃくは》[93]す。況んや其の講は五彩の華を乱墜し、其の瑞は六種の地を震裂するをや。四明の法智すら尚ほ崇めて、四依[94]の称を推《ゆず》る。而して宗密が如き、古人罵《ののし》りて[95]、「破凡夫小草の漢」と曰ふ者をや。幾《ほと》んど蛍火を讃《ほ》め、桂輪[96]を蝕するに依稀[97]たり。猶ほ夫《か》の燕石を秘して夜光を芥蔕《かいたい》にするが若し[98]。其の迷ひの茫昧なること、此の如く著し。

【第六難・主真の批判】

『愚編』に屢しば云く[99]、一切の諸法、唯心を以て本源と為す。而も曽て色造と説かず。豈に爾らざらんや。

【第六難・鳳潭の反論】

議して曰はく、四明[100]謂ふ所、「唯心は、諸の大乗

93　爍破　「爍」は「鑠」に同じ。火によって金属を溶かす。ここは、眼力の鋭いこと。

94　四依　仏滅後、頼りにすべき四種の聖人。四種については諸説あるが、天台によると、①五品・六根、②十住、③十行・十回向、④十地・等覚。

95　古人罵りて　真浄克文（一〇二五―一一〇二）のこと。『大慧普覚禅師語録』三〇「答孫知県」に、「後来泐潭真浄和尚、『皆証論』を撰し、論内に圭峰を痛罵し、之を破凡夫臊臭漢と謂う」（大正蔵四七、九四一下）。

96　桂輪　月のこと。

97　依稀　よく似ていること。

98　燕石を……するが若し　「燕石」は、燕山から出る石。玉に似るが玉でないまがいもの。「夜光」は蛍。「芥蔕」はきわめてわずかなこと。希少価値のあるものとする。底本の振り仮名は不明。

99　『愚編』に屢しば云く　そっくり同文はないが、第一難で挙げられた「謂ふ所の真性とは、霊知の真心、即今の本源なり。是の故に諸大乗教僉な「心造十界」と説きて、未だ嘗て「色造十界」と説かず」（豊全一五、三三四下）などの箇所を指すか。

100　四明　「須らく知るべし、万法唯心は、尚お権教を兼ね、他師皆な説く。一切唯色は倶に円宗に在り、独り吾が祖よりす」（知礼『観無量寿経疏妙宗鈔』巻四、続蔵二二、三〇八上）。「不共」は、他と共通しない独自の説。

に説く。而るに、其の唯色は、是れ天台不共《ふぐう》の円談と称す」。是れより先、山外孤山、嘗て『金錍《こんぺい》』を解して、盛に斯の惑を致す[101]。四明破して云く[102]、「一塵虧けず」。委《つまび》らかには次に諭する如し[103]。然るに、汝、今尚ほ、手を擥《と》りて、山外の邪解に没溺《ぼつでき》す。その咎、必ず然り。逃るべきところ無し。如何、如何。

101　山外孤山……斯の惑を致す　孤山智円。もとは湛然『金錍論』に「法界を洞見するに、生仏依正、一念具足、一塵虧けず」（大正蔵四六、七八三下）とある。「法界を深く見ると、衆生と仏、依報（環境）と正法（主体）は、いずれも一念（わずかな思念）にすべて具わり、一塵（わずかな物）にも欠けることなく具わっている」の意。この「一塵不虧」の解釈が問題となる。智円は、「色香は即ち心なり。心に由て造らるるが故に、一色一香の処、生仏の心性に非ざるなし。心性遍く摂するが故に、『一塵虧けず』と云う」（『金剛錍顕性論』、続蔵五六、五三九下）と解する。即ち、心性の遍満という点から、一塵も虧けることがないというのである。

102　四明破して云く　『四明十義書』に、「若し色、三千を具せずんば」として、智顗の著作や『金錍論』を挙げて、山外派を批判している（大正蔵四六、八三六下）。

103　委らかには次に諭する如し。どの箇所を指すか不明。

【第七難・主真の批判】

愚編に云はく[104]、『幻虎』、『瑜伽』八十を援《ひ》いて、「五性宗に於いて、無余涅槃に入て廻心入大の義有り」と謂ふ。痛ましきかな。狂痴の方《まさ》に斯《ここ》に至る、千古未聞の妄解、誰か絶倒[105]せざらん。具《つぶさ》に『瑜伽』の文を引き広叙して云云す[106]。

104　愚編に云はく　『詳略』巻上（豊全一五、三三七下）。『幻虎』は、巻一（日蔵四三、一〇四下‐一〇五下）。『瑜伽』八十は、『瑜伽師地論』八〇（大正蔵三〇、七四九上）。「五性宗」は、五性（姓）各別説に立つ法相宗の立場。『幻虎』は、『瑜伽論』を引いて、無余涅槃（完全な涅槃）に入った声聞が、小乗の心を入れ替えて大乗に入ることがあるとする。主真はそれを批判する。

105　絶倒　豊山全書所収『詳略』では「絶例」となっているが、「絶倒」の方が適切。

106　具に『瑜伽』の文を引き広叙して云云す　『詳略』では、『瑜伽師地論』八〇の文（大正蔵三〇、七四九上）を引く。その箇所は、菩提に達した声聞は、無余涅槃で大乗の無上の悟りに向かうのか、それとも有余涅槃でそうするのか、という問いに対して、「唯だ有余依涅槃界中に住して、此の事有るべし」と答えている。即ち、無余涅槃に入った声聞は大乗に転ずることはないということになる。

【第七難・鳳潭の反論】

議して曰はく、怪なるかな。愚眼、牛羊の眼にだも如かざるかな。予、嘗て試みに問ふて曰はく、儞が異熟報の眼[107]、双瞳を具せずと為んや。眶《まなぶち》に在りと雖も、而も両眸無しと為んや[108]。半眼を亡ずと為んや。二眼倶に瞽すと為んや。陸に処する魚の如く物を見ずと為んや。飯を噉ふ屍の非同分[109]の眼と為んや。太《はなは》だ怪ならずや。嗚呼、汝を産する父母は何の県の人と為んや。魑魅魍魎と為んや。詳眼と為んや、略眼と為んや。将《は》た睽眼《きがん》[110]と為んや。是れ最も甚だし。

『華厳大経』已に説き、二乗始めて法界不思議の事を見て、眼見れども盲の如く、耳聞けども聾の如し。而して会の開くに値ふに及んで、父母所生の肉眼肉耳、十仏刹塵数の世界海を見聞する[111]等、是れ神通変現に非ず、是れ仏の加持力を与ふるにあらざるのみ。法爾如然、法界なるのみ[112]。

107 異熟報の眼　果報として生じた眼。

108 眶に在りと雖も両眸無しと為んや　「眶」は、目のふち。この文、分かりにくい。目のふちの間に目があっても、瞳がないのか、という意か。

109 非同分　もろもろの衆生に共通するものではないこと。

110 睽眼　「睽睽」は目を見張ること。

111 『華厳大経』……世界海を見聞する　底本に「『華厳大経』には」と送り仮名があるが、『華厳経』の引用ではない。仏が悟ってすぐにその境地を『華厳経』として説いた時、（声聞・縁覚の）二乗ははじめて法界の不思議の様子を見て、目で見ても盲目のようであり、耳で聞いても聾のようで、さっぱり分からなかった。（法華経の）開会（三乗の教えが一乗に帰結すると明らかにすること）に出会って、父母から生まれた肉眼肉耳で、十方の無尽数の仏の世界の大海を知るようになった、の意。天台の教判に基づいて、無余涅槃に入った声聞も、廻心して大乗に入ることを説明する。

112 是れ神通変幻に……法界なるのみ　最初はさっぱり分からなかった声聞が、仏の真意を理解するようになったのは、仏が神通力によって変現させたからではない。また、仏が衆生に適合して力を与えたからでもない。「法爾如然法界なるのみ」は、読み方がよく分からないが、「理の当然として、仏の世界はそうなのだ」という意味であろう。

然るに今、儞が眼、『幻虎録』を見て、盲聵《かい》唖の如く、未だ無余に入らず、廻心すること能はず[113]、則ち五性永隔の局情[114]にだも如《し》かず。黒漆桶[115]の如く永劫にも移らず。誠に憫《あわれ》むべきかな。

所以は何となれば[116]、予が『幻虎』の中[117]、『宝性論』の三余の義を解する章[118]に、既に数行の前に、彰灼《しょうしゃく》に断じて云く、『瑜伽』八十・『唯識』第十[119]に、並びに「二乗の無余、諸の戯論を離れて、唯だ清浄真如有り、相を離れ寂滅安樂なり」と明かす。〈此は是れ法相の拠る所[120]、有余には廻心、無余には廻せず。趣寂の二乗、是れなり。『幻虎』、豈に之れを知らずと云ふや〉。

其の次に、無漏業余を解する章[121]に、先に『瑜伽』八十[122]を引く。意は且《しばら》く彼を取て無漏業の義を証成

113　未だ無余に入らず、廻心すること能はず　お前（主真）は、無余涅槃に入ることもできず、大乗に廻心することもできない。『幻虎録』を全く理解できない主真を、小乗にも劣ると批判する。

114　五性永隔の局情　五性各別の狭い了見。

115　黒漆桶　真っ黒な漆桶。分別理解できないことを譬える。

116　所以は何となれば　以下が、『詳略』に対する理論的な反駁である。鳳潭によれば、無余涅槃に入った声聞が廻心できないというのは、大乗始教の説であり、大乗終教では、廻心できるというのである。

117　『幻虎』の中　『幻虎録』巻一（日蔵四三、一〇五下）。

118　『宝性論』の三余の義を解する章　『幻虎録』の該当箇所で、『宝性論』巻四の三種意生身の箇所（大正蔵三一、八三〇中）。「三余」は、「三種意生身」のことであろう。意生身は、悟りに達しても、寂滅の状態に入らず、自由に意のままになる身体をとって活動すること。三種は声聞・縁覚・菩薩。

119　『瑜伽』八十・『唯識』第十　『幻虎録』のその前のところ（日蔵四三、一〇五上）。両論ともに、文字通りこのように説くわけでなく、取意。二乗が無余涅槃に入ると、清浄真如で、寂滅安楽であるから、大乗に入ることはできない。

120　此は是れ法相の拠る所　法相宗の説では、有余涅槃には廻心ということがあるが、無余涅槃では廻心はない。この立場は、大乗始教に当るという。

121　無漏業余を解する章　『幻虎録』の続く箇所（日蔵四三、一〇五下）。

122　『瑜伽』八十　『瑜伽師地論』八〇（大正蔵三〇、七四九上−中）。『幻虎録』に引用された形は以下の通り。「無余依般涅槃界にお

す。「彼以所有」已下は、既に終教に約して謂はく、『宝性論』に言ふ所の業余とは、彼の法相始教に曽て許さざる所の無漏業余を取りて、終教の義を以て、尽《ことごと》く廻心入大の義を許す。直に『瑜伽』を指して法相始教に自ら趣寂廻心を許すと謂ふに非ず。

詳《つまびらか》に『教章』[123]の二乗の廻心の一章に、委《くわし》く始終二教の分斉を弁ずること分明なるが如し。然るときは則ち、『幻虎』奚《なん》ぞ此等の差別を暁了せず、誤りて五性宗に曽て趣寂の廻心を許すと為すや。而も汝、文の起尽に迷ひて混じて一律と為し[124]、却て妄に誣《ふ》罔《もう》して廼《すなは》ち「千古未聞の妄解」と云ふか。汝が絶倒する所は一介の『弁偽』[125]より劣れり。『弁偽』は二字の義訓を諳《そらん》ぜずして而も謬る[126]。誰か過なからんか。汝、今、能く知りて、故《ことさ》らに愆を犯す。瞭《さつ》するに夫れ、爾《なんじ》が眼、黒丸頑《がん》嚚《ぎん》、愚なるか、戇《おろか》なるか、将た顛狂なるか。此くの如き等の昧識昏見を以て鉅刹に主と為るは、最も危ふきかな。天下の奸賊と謂ふべし。法海の木頭の盲亀と為すべし、浮木に値ふことを得るに由無きのみ[127]。豈に痛傷すべきに堪へざらんや。是れに繇《よ》つて準例するに、始末、『幻虎』の是非

いて、已に般涅槃す。彼、留むる所の有根の実身を以て、其の楽《ねが》ふ所に随ふ。乃至、彼彼の世界に仏に親近供養す等、乃至広説」。「彼以所有」已下とあるのは、この引用箇所の「彼、留むる所の有根の実身を以て」以下を指す。なお、底本では、「既に終教に約して謂ふ」の「謂」を「謂く」と読んでいるが、それだと分かりにくい。

123　『教章』　『華厳五教章』三（大正蔵四五、四九六上）。

124　汝、文の起尽に……一律と為し　あなたは、文の最初の方と終わりの方とを混同して同じものとみなして。

125　『弁偽』　顕慧『起信論義記幻虎録弁偽』（一七〇五）。『幻虎録』批判書。それに対して、鳳潭は『幻虎録解謗』（一七〇五）で反論した。

126　二字の義訓を……而も謬る　鳳潭は、『幻虎録解謗』の冒頭で、「弁偽」という二字の使い方が間違っていると批判している。そのことを指すか。

127　法界の木頭……由無きのみ　盲亀浮木の譬。盲目の亀が大海の中で、たまたま出会った流木の穴から顔を出すことができるというので、きわめて確率の低いこと。

を弁ずる毎に、皆な是れ斯の類、一一指斥するに遑《いとま》あらず。此れを以て準じて知るべし。下愚の移らざるも諒《まこと》に所以有るなり。

【第八難・主真の批判】

愚編に云はく[128]、則ち知る、修性《しゅしょう》不二、三乗即一乗なり。縁起即性起《しょうき》[129]、妄心即霊知[130]の真心にして、

128　愚編に云はく　『詳略』巻上（豊全一五、三三四上）。「真心なり」と「此の心」の間に省略あり。他にも多少の字句の省略あり。大乗の諸経に説かれる説も、結局「自性清浄霊知の真心」こそ根源だとする。

129　性起　華厳の特徴とされ、天台の「性具」と対比される。もともと智儼・法蔵では、重々無尽の縁起のさまをいうものであったが、澄観・宗密では、一心から世界が展開する唯心論的な世界観（「心造」）を意味するようになった。主真はその立場を主張するが、鳳潭はそれを強く批判する。

130　霊知　根本の霊妙な知としての心のあり方。特に宗密によって強調された。宗密『禅源諸詮集都序』に、「空寂之心、霊知不昧にして、即ち此の空寂之知、是れ汝が真性」（大正蔵四八・４０２ｃ）とある。

若しは横、若しは竪、或は因、或は果、性起ならざる者有ることなし。『華厳』の法界、『法華』の仏慧、『涅槃』の仏性、『楞伽』の如来蔵心、皆な是れ有為の妄心、謂ふ所の自性清浄霊知の真心なり[131]。此の心、自在唯心廻転等、是れ豈に霊知の相に非ざらんや。『探玄』『綱目』『玄門』[132]、皆な心造に約して、性起の法門を明す。豈に虚誕ならんや。

【第八難・鳳潭の反論】

議して曰はく、若し海印一乗教義[133]に約せば、二種の門[134]有り。一には、別教。此の門に二有り。一に、分

131　『華厳』の法界……真心なり　これらの経典に説かれるさまざまな説は、いずれも、有為の妄心が、そのまま自性清浄霊知の真心だということを意味している、という意。

132　『探玄』『綱目』『玄門』　法蔵の著作『華厳経探玄記』『華厳経文義綱目』と智儼の著作『華厳一乗十玄門』。

133　海印一乗教義　「海印」は、海のように広大なさま。『華厳経』の特徴とされる。

134　二種の門　以下の別教と同教。華厳宗の教判は、先に述べた

相門。二に、該摂門[135]。二には、同教。此れ亦た二有り。一に、分諸乗。二に、融本末[136]。故に、「該」及び「融」に就けば、則ち大凡《おおよ》そ一切の世間の産業・外道、執纏《しゅうてん》[137]の二乗三乗も本来一乗、開権《ごん》即実[138]、絶待《ぜつだい》[139]

ように、小乗・大乗始教・大乗終教・頓教・円教からなるが、円教は同教と別教に分けられる。同教は、すべての教えが一つに帰することで、『法華経』を指す。別教は、他の教えを超絶した最高の教えで、『華厳経』を指す。天台では別教は円教よりも劣るが、華厳では別教が最高になる。

135　分相門・該摂門　「分相門」はそれぞれの特徴を区別する立場、「該摂門」はすべて統合する立場。分諸乗・融本末もほぼ同じ。

136　分諸乗・融本末　「分諸乗」は二乗・三乗などに分けて説くこと、「融本末」は根本も枝末もすべて融合すること。「分諸乗」は同教の「分相門」、「分諸乗」は「該摂門」に該当する。

137　執纏　煩悩にまとわれた状態。

138　開権即実　ふつう「開権顕実」という。権（方便）の教えを明白にすると、そこに真実が現われるの意。通常、『法華経』の説とされる。

139　絶待　「相待」に対する。対立を超えた状態。絶対。

深秘不思議なり。若し当分[140]に約せば、則ち烏《いづく》んぞ三即一・縁起即性起・性具の理有らんや。然るに、汝下愚の如き、徒《いたずら》に法界の稍《やや》幽忽[141]なるに局《かぎ》りて、分斉を蔽塞す[142]。誠に謂ふ所、夫《か》の牛跡を認めて大海と以為《おも》へるの儔《ともがら》[143]なり。豈に曽て、『起信義記』に真如性起門の義を解して、賢首自ら断じて「已上、終教に約す」[144]と云ふを見ざるや。而して、『探玄』に

140　当分　その人が今いる境地。「分諸乗」や「分相門」の立場。

141　稍幽忽　分かりにくいが、次の「分斉」に対して、合一的な「摂」や「融」のあり方を言うのであろう。「稍」は、やや、いささかの意。

142　分斉を蔽塞す　合一の面だけ見て、区別する見方を覆い隠している。

143　牛跡を認めて大海と以為へるの儔　『大智度論』68「須菩提、譬へば人の大海を見んと欲するが如し。〔宋元明本などにより「見已」二字削除〕反て牛跡の水を求め、是の念を作す、大海の水能く此と等しきや、と。須菩提、汝の意に於て云何、是の人、黠たりや」（大正蔵二五、五三五上）。

144　已上、終教に約す　法蔵『起信論義記』巻下本（大正蔵四四、二七五上）。

明す所の性起法界縁起[145]と、是れ天懸たり。爾、一概に混じて、竟《つい》に九界の全妄を圧遏《あつあつ》して[146]、一仏界自性清浄霊知真心に廻帰す。而して、是を以て、謂ひて『華厳』の法界・『法華』の仏慧・『涅槃』の仏性と為し、心造霊知の相と躭著《たんじゃく》す。性起の名同じくして、体義は霄壤《しょうじょう》[147]なることを知らず。嗟《ああ》、汝、一生兀兀として『起信』一論を蟻垤《ぎてつ》[148]とし、大方の極妙旨を覩《み》ず聞かず。今特に真言一宗の大罅釁《かきん》を掲露する[149]は何為《いかん》ぞや。

145 『探玄』に明す所の性起法界縁起　法蔵『華厳経探玄記』八「又、正国即ち卜仏国土海、正土即十仏の正報。功徳即ち性起の功徳。願即ち普賢願海。此れ円教に約す。同一無尽大法界縁起の故なり」（大正蔵三五、二五九中）。

146 九界の全妄を圧遏して　仏以外の九界（地獄から菩薩まで）を全て押えこんで断絶して。

147 霄壤　天と地ほど隔たっている。

148 蟻垤　蟻塚。

149 真言一宗の大罅釁を掲露する　このような愚説を説くのは、真言宗の大きな欠陥を暴露することになる。主真は真言宗豊山派に属する。第十難で、鳳潭は真言宗批判もしている。「罅釁」は「ひび。すきま」の意。

【第九難・主真の批判】

愚編に云はく[150]、華厳等の諸経、多く仏智及び如來智を以て能了[151]と為す。未だ色を能了能知と為すを見ず。智即ち是れ心なれば、心、神解《しんげ》[152]に非ざらんや。是《ここ》を以て、十方三世一切の教法は、皆是れ仏身の説にして、有情衆が為めにす。未だ非情を以て能説の主と為し、能聴の衆と為すこと有らず。真心、諸法を変造す。諸経論の中、按ずるに、総報主[153]は、悉く是れ心を以てして、色に非ず。国土身[154]も皆な

150 愚編に云はく　『詳略』巻上（豊全一五、三三四上～下）。

151 能了　知的活動の主体。「能」は「所」（客体）に対して主体の側をいう。「了」は、了知。

152 神解　霊妙な理解のはたらき。それは心にのみ可能であり、物質的要素（色）には不可能だ、というのが主真の立場。そこから、心を絶対視する唯心論的な立場となり、霊妙な真心が万物を造るという「心造」説になる。

153 総報主　業の結果を総括するものの意で、第八識を指す。『字銑鋁』五七「第八是総報主。持種受熏」（大正蔵四八、七四三中）。

154 国土身　『華厳経』（六〇巻本）二六に、衆生身・国土身等の

是れ仏身の所具なるが如し。猶ほ是れ毛髪等は是れ我身と言ふが如し。一理平等にして、事に随て性現はるるが故に、所起の色心も亦た重重無尽なり[155]。賢首云はく[156]、「真性、一切を融通す。故に彼の所現も亦た一切を具す」と。謂ふ所の真性とは、霊知真心、即今の本源なり。故に諸大乗教、僉《み》な、「心、十界を造す」と説きて、未だ嘗て「色、十界を造す」と説かざるなり。

【第九難・鳳潭の反論】

議して曰はく、甚だしひ（ママ）かな、下愚子、鈍駘《どんたい》[157]と謂ふべし。泛《あまね》く法性を談ずるに、具さに能所知を分かつは、是れ三科分別門[158]の一辺と為すのみ。浄影《じょうよう》専ら梨耶《りや》神解の性の義を用ゐる[159]。曷《なん》ぞ円融の極妙

十身を挙げる（大正蔵九、二七八中）。仏国土はあくまも主体である仏に具わるもので、従属的だとする。それはあたかも、毛髪などは自己に従属するものであるのと同様だとする。

155　事に随て性現はるる……重々無尽なり　本性たる真心（能変）がさまざまな色心の現象（所変）を通して現われるのであるから、現象した色心のすがた（所変）も重々無尽の真実のあり方をしている。

156　賢首云はく　法蔵の著作には見えないようである。澄観『華厳経随疏演義鈔』二七に、「若し法性融通に約せば、一切の因果は心性を離れず」（大正蔵三六、二〇七中）とある。能現（能変）の真性（真心）を根本とするので、現象（所現・所変）もまた一切と融通した重々無尽のすがたとなる、というので、澄観・宗密的な理解である。

157　鈍駘　駄馬。鈍く疲れて進まない馬。

158　三科分別門　五陰・十八界・十二入のこと。知礼『十二不二門指要鈔』において、三科のうち、五陰の識陰を観の対象とする場合を取り上げている（大正蔵四六、七〇六下）。

159　浄影専ら、梨耶神解の性の義を用ゐる　浄影は、浄影寺慧遠。隋の学僧。地論宗。『大乗起信論義疏』二巻があるが、ここは『大乗義章』三・四諦義の箇所を指すか。ここは、『起信論』の如来蔵を解釈する箇所で、如実心と如実法の二義を立て、前者に関して、「如実心とは、所謂真実の阿梨耶識の神智の性（甲本による）なり。阿梨耶神智性を以ての故に、無明と合すれば、便ち妄智を起す。無明を遠離すれば、便ち正智と為す」（大正蔵四四、五一一下）とある箇所を指すか。梨耶は「阿梨耶」に同じ。『大乗起信論』では、不生不滅の如来蔵と生滅心とが和合して

を尽くさんや。性具《しょうぐ》の三千、総在一念[160]、別分色心、各具互具、重重帝網《たいもう》[161]にして、玄妙なること測り叵《がた》し。一切の教法は皆な仏心の説、有情衆が為めにすとは、纔《わずか》に終教に当たり、円解に通ぜず。故に『義記』に云く[162]、「仏の報化の用を弁ずるは、則ち衆生の心中に在り。衆生の妄法を弁ずるは、則ち仏心の上に在り」と。仏心、妄を離れ一心の源を体す。然るに、此の本覚は生滅門の中に在て[163]、妄法の体と為る。一切の妄法は、並びに是れ本覚仏心の相なり。相、既に自体の上に現ず。体を以て其の相を照らす。是れ自体顕照等[164]なり。今汝が見解、是の義に過ぎず。

非一非異であるのを阿梨耶識として、阿梨耶識から妄心が展開する。

160　性具の三千、総在一念　天台の一念三千説。衆生の一念の中に、一切世界の様相が含まれるとする。十界互具を発展させたもので、「三千」は、十界×十界×十如是（十の範疇）×三世間（五陰・衆生・国土）。『摩訶止観』五（大正蔵四六、五四上）に説く。「総在一念、別分色心（総じては一念に在るも、別しては色心に分かつ）」は湛然『十不二門』（大正蔵四六、七〇三上）の句。

161　重重帝網　すべての存在が、重々無尽に相互に関係しあい、円融している世界の姿。「帝網」は、帝釈天の宮殿に張り巡らされた網で、その結び目ごとの宝珠が相互に無限に映しあうさま。因陀羅網。

162　『義記』に云く　『起信論義記』巻下末（大正蔵四四、二八一中）。

163　本覚は生滅門の中に在て　『起信論』の体系の根本は、心を心真如門と心生滅門に分けるところにある。心真如門は、心の真理（真如）を直接捉える立場、心生滅門は、心を生滅変化する状態で捉える立場である。その心生滅門のうちではたらく真如が如来蔵である。本覚は心生滅門で説かれ、真如＝如来蔵と同義であるが、始覚・不覚とセットになっている。不覚が迷いの状態で、始覚が迷いから悟りへと向かう段階であるのに対して、本覚は始覚の目指す目標としての悟りであるとともに、始覚・不覚を成り立たせる根源としても解釈されうる。「一切の妄法は、並びに是れ本覚仏心の相」というのはこの意味であり、本覚＝仏心を本体（体）として、「一切の妄法」をその現象（相）と見る。鳳潭は、そのように解釈された『起信論』を、心を本体として立てるという点から、あくまでも大乗終教（天台では別教）として、円教に至らないものと見る。

164　自体顕照　『起信論』に、「心は真実なるが故に，即ち是れ諸法の性なり。自体顕れて一切妄法を照らし，大智の用無量方便有り」（大正蔵三二、五八一中）。

故に「仏身の所具及び一理平等」等と云ふのみ。

　而して、「心を能了と為し、而も皆な色に非ず、色は唯だ所現、其の色、十界を造せず」[165]と云ふは、迷謬の甚し。『大品』[166]に説くが如し、「纔に一の色を挙ぐるときは、則ち一切の諸法皆な趣きて、唯色に過ぎず。一色一香、中道に非ざること無し」[167]。『華厳』の偈[168]に云はく、「一一塵中、法界を見る。一即一切なり」。『遊心記』[169]に、「一を言はば、法爾に一切の法を具す」と云ひ、「心を待ちて色重重」と云はず。

　那ぞ思はざるや、賢首、「真性は、霊知」と云ふが如き[170]、往往、終教に寄せて顕はすと。亦た『遊心記』

165　心を能了と為し……十界を造せず　主真の側の主張を要約したもの。

166　『大品』に説くがごとし　『大品』は、鳩摩羅什訳『大品般若経』。その注釈書が『大智度論』。『大品般若経』一五・譬喩品「一切法、色に趣き、是の趣過ぎず。何を以ての故に。色畢竟不可得なり、云何が当に趣不趣あらん」（大正蔵八、三三三中）。

167　一色一香、中道に非ざること無し　『大品般若経』にはそのままの形では出ない。『摩訶止観』一などに出る（大正蔵四六、一下）。前引の『大品般若経』の取意とされる。般若経典の中心となる思想を端的に述べたものとして重視される。

168　『華厳』の偈　『華厳経（八十巻本）』七「華蔵世界所有の塵、一一塵中に法界を見る」（大正蔵一〇、三九中）。

169　『遊心記』　法蔵『華厳遊心法界記』に、「如如は実に非ず、実は是れ妄縁。何となれば、一法既に一時に即ち一切法を具するを以てなり」（大正蔵四五、六四九下）の箇所を指すか。「心」を待つまでもなく、一法は一切法を具している。「法爾に一切法を具す」という表現は、法蔵ではなく、慧思（天台智顗の師）の『大乗止観法門』に、「法界法爾にして、一切凡聖は同一心を体と為すと雖も、而も相滅せず。……何をか法界法爾に一切法を具すと名づくるや」（大正蔵四五、六五一上）とあるが、これだと心が本体となるので、ここの趣旨に合わない。ちなみに、天台系統ではもともと『起信論』を用いないが、その中にあって、『大乗止観法門』は、『起信論』をもとにして議論を展開している。

170　賢首、「真性は、霊知」と云ふが如き　以下では、「色造」を説かず、「心造」を説く『起信論』などは、あくまでも大乗終教の立場だということを論ずる。なお、法蔵の著作には、「霊知」の語は見えない。

の中に弁ずるが如し[171]。未だ嘗て「色、十界を造す」とは説かざるは、『起信』[172]に云ふが如し。「一切の色法は、本来是れ心にして実に色法無く、唯だ一真心にして、偏ぜざる所無し」。又た云はく[173]、「解せざるを以ての故に、即ち如来の蔵に色心の法自性差別有りと謂ふ」。又た云はく[174]、「解せざるを以ての故に謂ふ、如来蔵の自体、具さに一切世間生死等の法有りと」。此等の論の意は終教に依るが故に、彼の円家の修悪即性悪[175]の義と、全く相い侔《ひとし》からず。還て孤山が色に三千を具することを許さざると、相似て一般なり。汝、今の所述、山外の羅刹に墜沈する故に、永く、色、十界を造することを遮する。

今試みに論を以て校正するに[176]、文に曰く、「即ち此の法身は〈真心霊知〉是れ色《波の如し》〈所現の報化の色は真如の用大〉の体《水の湿の如し》なるが故に、能く色を現ず。本より已來《このかた》、色心不二にして、色《波》性《水》即智《霊知》なるを以て《一切唯心》、故に色体無形、説きて智身《色相都《すべ》て尽き其の本に就くが故に。本覚の心智》と名づく。智性即色なるを以て《一切唯色》、故に説きて法身《真心》、一切処

171　『遊心記』の中に弁ずるが如し　法蔵は『遊心記』で、法是我非門・縁生無性門・事理混融門・言尽理顕門・法界無礙門を立て、それぞれ、小乗・大乗始教・大乗終教・頓教・別教に宛てている（大正蔵四五、六四二下）。

172　『起信』　『大乗起信論』に、「一切色法は本来是れ心なるを以て実には外色なし。……唯一真心、遍せざる所なし」（大正蔵三二、五八〇上）。

173　又云く　『起信論』（同上）。

174　又云く　同（同上）。

175　修悪即性悪　第一難の鳳潭の反論の「修悪を全うして即ち性悪」等の箇所を参照。「修悪即性悪」「修悪即是性悪」の表現は、知礼の『観音玄義記』や『金光明経文句記』などに見える。

176　論を以て校正するに　「論」は『起信論』。「文に云く」は、『起信論』解釈分の顕示正義のの最後の問答に出る文。「問いて曰く、若し諸仏の法身、色相を離るれば、云何が能く色相を現ぜん」という問に対する答の文（大正蔵三二、五七九下）。割注・傍注は法蔵『大乗起信論義記』巻下本に基づくが（大正蔵四四、二七六上）、法蔵は「霊知」などの語は用いていない。

《波の中》に偏ずと名づく。所現の色、心に随ひて能く示して皆な分斉無し」と。

応に知るべし、斯の論は、是れ終教の義なり。故に色即心なることを明して、「色無形」と曰ふ。但だ是れ唯心の一偏に結帰す。而も心即色を明かす、色に分斉無しと雖も、而も「心に随ひて能く示す」と曰ひて、唯色《ゆいしき》色具の三千を明さず。唯色円融の談に及ばず。既に是れ不共[177]なれば、豈に諸経論に説くこと有らんや。

然るに小乗論[178]に尚ほ、「法体恒有にして、能造の四大、諸法を造す」と談ず。豈に色法、能く諸法を造するに非ずや。況んや乃ち円談をや。『華厳』[179]に説くが如く、「一一塵中に法界を見る。一切世間の中に法として造せざること無し」と。賢首[180]云く、「一は即ち法爾に諸法を具足す。宝柱・瓔珞、皆な音声を出だし終日演説す。刹説・塵説、草木行遶《ぎょうにょう》す」。又た、『観経』の池観の文[181]に曰はく、「其の声微妙にして、苦・空・無常・無我・諸波羅密《小を説く》を演説す。復た諸仏相好を讃歎すること有り《大を説く》。乃至、常に念仏・念法・念僧を讃ず」。『妙宗』[182]に解

177　不共　前出。他と共通せず、それ独自のこと。ここは、天台独自の説ということ。

178　小乗論　以上、『起信論』が唯心＝心造説に立ち、大乗終教であることを明らかにしたので、以下は、それに対して、唯色＝色造説の可能性を説く。最初に、小乗の立場でも唯色が成り立つことを述べる。「法体恒有」は、説一切有部の説。いわゆる三世実有説で、法（存在の根本要素）の本体は変化せずに実在するというもの。

179　『華厳』　『華厳経（六十巻本）』三・盧舎那仏品「一一塵中に十仏世界塵數仏刹有り」（大正蔵九、四〇七中）。同一〇・夜摩天宮菩薩説偈品「心は工画師　の如し　種種の五陰を画く　一切世界中　法として造らざるなし」（大正蔵九、四六五下）。

180　賢首　該当箇所未詳。

181　『観経』の池観の文　『観無量寿経』（大正蔵一二、三四二中―下）。

182　『妙宗』　知礼『観無量寿仏経疏妙宗鈔』四（大正蔵三七、二二九中）。ここに引く「大師」は、天台智顗で、傍注にあるように、『四念処』四「一切法、身念処に趣き。即ち是れ一性色、有分別色、無分別色を得たり」（大正蔵三七、二二九中）。『涅槃経』の該当箇所は不明。

して云はく、「『涅槃経』の中に、琉璃光菩薩、此土に来たらんと欲して、先に光明を放つ。文殊の言はく、此の光明は、即ち是れ智慧なり。大師《『四念処』》、此を引きて、有分別色を立つ。若しは心、若しは色、唯だ是れ一色なり。今水声の説法、光明の化鳥、豈に有分別色において、色は能く心を造し、色は心を具する、唯だ是れ一色なるを彰はさざらんや。須らく知るべし、万法唯心は尚ほ権教を兼ぬれば、他師も皆な説けり。一切唯色は、但だ円宗に在り。独り吾が祖[183]よりす。変の義は別を兼ね、具《ぐ》は唯だ円に属するを以ての故なり[184]」。

何に況んや、『妙経』の十如[185]、已に諸法実相と説きて、止《た》だ心の実相のみならず。心は性如是、色は相如是、体・力・作・縁は、義、色心を兼ぬ[186]。荊《けい》渓《けい》[187]云く、「何ぞ怱ち独り心は諸法を造すと云はんや」。終日心に趣き、終日色に趣き、是の趣に過ぎず[188]。何にして偏へに「色、十界を造す」と説かず」と

183　吾が祖　天台智顗。

184　変の義は……以ての故なり　変（一心からの性起）ということは別教（天台の意味での）を兼ねているが、性具はただ円教だけで説くからである。

185　『妙経』の十如　『法華経』方便品に出る「所謂諸法如是相，如是性，如是体，如是力，如是作，如是因，如是縁，如是果，如是報，如是本末究竟等」（大正蔵九、五中）の箇所を、天台では「十如是」と呼んで重視する。ものごとの生起する十のカテゴリーで、それがそのまま諸法実相（ものごとの真実のすがた）であるとする。

186　心は性如是……　湛然『十不二門』に、「初め十如中、相は唯だ色に在り。性は唯だ心に在り。体・力・作・縁の義は色心を兼ぬ」（大正蔵四六、七〇三上）。「性」は本性、「相」は現象のすがた、「体」は本体、「力」は勢力、「作」は作用、「縁」は機縁。

187　荊渓　荊渓は天台六祖湛然のこと。知礼『十不二門指要鈔』巻上「故荊谿云く、今文を解せず、如何が偈の『心造一切三無差別』を銷せん。何ぞ怱ちに独り『心、諸法を造る』と云ひ、因と名づくるを得んや」（大正蔵四六、七〇八下）。該当する湛然の文は『止観輔行伝弘決』五（大正蔵四六、二九三上）だが、「何ぞ怱ちに……」はない。

188　終日色に趣き、是の趣を過ぎず　『大品般若経』一五に「一切法色に趣き、是の趣、過ぎず」（大正蔵八、三三三中）。智顗の『法

曰ふや。百界・千如・三千[189]、既に偏へに霊知清浄の真如を指さず。修悪は全く性悪の故に。

四明[190]云く、「是れ則ち三法は各おの二造を具して、方に差別無し」と。無差の妙、是の如く著し。奈何《いかん》ぞ妄に「真性霊知は即ち今の本源」と誇らんや。倘《も》し「真言の深旨亦た但だ爾り」と局せば、永く円融を昧《くら》くして、両一乗より劣ること、顕然として彰灼《しょうしゃく》なり。請ふ、深く恥ぢて恐る可し。良《まこと》に以《おも》んみるに、為めに洪慨《こうがい》[191]するに堪へたるかな。

【第十難・主真の批判】

愚編に云はく[192]、然るに彼謬りて自家六大縁起を認めて性起法門と以為《おも》ふ。色、十界を造ること有りと[193]。笑ふ可きの甚し。無畏三蔵曰く[194]、「心性甚深

華玄義』8に「『大品』に云く」として引用（大正蔵三三、七七七上）。そこから、天台で重視される。

189　百界・千如・三千　百界は、十界（地獄・餓鬼・畜生・修羅・人・天・声聞・縁覚・菩薩・仏の十の領域）がそれぞれ十界を含むこと。そのそれぞれが十如是を有することが千如。それが三世間（衆生世間・国土世間・五陰世間）にわたることから三千。これらが衆生の一念の中に具わっていることが一念三千。

190　四明『十不二門指要鈔』巻上（大正蔵四六、七〇八下）。上掲の引用の直前の文。心・仏・衆生の三つ（が世界を造るということ）は、それぞれが他の二つが造ることを含んでいるから、三つは差別がない、ということ。

191　洪慨　大いに憤慨する。

192　愚編に云はく　『詳略』巻上（豊全一五、三三四下〜三三五上）。「笑ふ可きの甚し」の後、及び「何ぞ克く善差別を識らんや」の後に省略あり。

193　彼謬りて……を造ること有りと　彼（鳳潭）は謬って、私たち真言宗の六大（地・水・火・風・空・識）を根本原理として、世界が成り立っているという説を、華厳の性起説と考えている。そこから、物質的要素が十界を造っていると見ている。鳳潭が、真言の六大説を自説に引き込んで解釈していることを咎める。

194　無畏三蔵曰く　無畏三蔵は善無畏のこと。善無畏・一行『大日経疏』五（大正蔵三九巻六二八下）。

を以ての故に、陰・界・入[195]等乃至一切種智[196]、皆亦た甚深なり。一切の法、心の実相を出でざるを以ての故に」。大師[197]、「謂はく諸法とは心法なり」と曰ふ。

然るに、心、一塵に於て観作するとき、此の一、有力の故、他の一切は無力にして、一の為めに摂せらる。彼、此を封執して認めて色具と為し、事の差別を壊す。則ち之を悪平等と云ふ。何ぞ克《よ》く善差別を識らんや[198]。是の故に、若しは事差別泯絶するは天台の六即[199]・荊渓氷水の喩[200]の如し。豈に然らざらんや。

『義海百門』[201]に曰はく、「四に性起に通ずとは、謂はく、塵の体は空にして所有無く、相尽きざる無し。唯一真性〈一真法界、霊知の真心〉、空、自性を

195　陰・界・入　五陰・十二入(処)・十八界。五陰は、色・受・想・行・識。十二入は、眼・耳・鼻・舌・身・意と、その対象となる色・声・香・味・触・法。十八界は、それに眼識・耳識・鼻識・舌識・身識・意識を加えたもの。一切存在を捉える範疇。

196　一切種智　すべてを知る仏の智慧。声聞・縁覚の一切智、菩薩の道種智を超える。

197　大師　弘法大師空海。『即身成仏義』(大正蔵七七、三八二中)。「能生随類形　諸法与法相」(同上三八二上)という自作の偈に対する注釈。

198　心、一塵に於て……善差別を識らんや　心が一塵(わずかな物質=色)に集中して観ずると、この一塵が力を持ち、他の一切は無力となって、一塵の中に摂せられる。そこで、一塵に執着して、色具(色が一切世界を包摂する)と考え、事実としての(心と色の)区別を壊してしまう。それを悪平等という。どうして(心と色の)正しい区別(善差別)を知ることができようか。

199　天台の六即　天台では、まったく教えを知らない凡夫の段階から、次第に修行を積んで悟りに達するまで、どの段階でも真理に即しているとする。そこで、修行の段階として理即・名字即・観行即・相似即・分真即・究竟即の六段階を立てるが、いずれも「即」であるとする。守真は、その点を正しい区別を見失った悪平等とする。

200　荊渓氷水の喩　湛然『止観輔行』一(大正蔵四六、一六六下)。菩提(さとり)と煩悩は、水と氷のようなもので、その本質は一つだとする。

201　『義海百門』に　法蔵『華厳経義海百門』差別顕現門第六の四(大正蔵四五、六三二中)。割注は、守真の解釈。法蔵もまた、「唯一の真性=霊知」を認めているではないか、という批判。

守らざるを以て〈吾が大師云はく[202]、「自性を守らず随縁す」は是なり〉即ち体を全うして諸法を成ず。是の故に、万像繁興すること有りて、万像、而も恒に真体一味を失はず」。

【第十難・鳳潭の反論】

議して曰はく、迂なるかな。局たり。苦口丁寧に膠盆子を逞しうして[203]、満面の慚惶、其の宿毒を尽大方に旌《あらは》す。於虖《ああ》、鈍漢虚生、此の若くなるは、縊《くびれ》て死なんに如《し》かず。卒《つい》に縊て死せば、則ち汝に饒《ゆる》す、縄を添へん。儞が僻、始めより心性甚深に由て余法も甚深と執して、甘んじて偏へに心の実相の一辺を確守して、円融中道の妙旨を了せず。汝が今挙ぐる所の大師とは何般の大師にして、汝が為め迷塗に導くの大師と称すべけんか。

且つ有力・無力、待縁・不待縁[204]の義の如きは、源《みなもと》、『摂論』[205]より出づ。賢首の『教章』、多く終教に寄せて縁起を助顕す。法爾法界の縁起、帝網[206]・十

202　吾が大師云はく　空海『十住心論』巻九「華厳の大意は始めを原《たず》ね、終りを要《もと》むるに、真如法界は自性を守らず、随縁するの義を明かす。」（大正蔵七七巻三五三下）。

203　苦口丁寧に膠盆子を逞しうして　「苦口」は、口に苦い忠言。「膠盆子」は、絵を描くとき、絵の具を定着させる膠を溶いた容器のことで、転じて人の動きを封じるもの。ただし、ここでは、主真を非難している文脈なので、それだと合わない。要検討。

204　有力・無力、待縁・不待縁　『華厳五教章』四「一切因皆六義あり。一空有力不待縁。二空有力待縁。三空無力待縁。四有有力不待縁。五有有力待縁。六有無力待縁。」（大正蔵四五、五〇二上）。空か有か、有力か無力か、待縁か不待縁かで六つの場合を分ける。

205　『摂論』　無著『摂大乗論』。通常、真諦訳が用いられる。有力・無力、待縁・不待縁については、未検。

206　帝網　帝釈天（インドラ神）の宮殿に張りめぐらされた網。その結び目ごとに宝珠が付けられ、相互に照らし合う。因陀羅網。重々無尽の縁起を譬える。

玄[207]を明かすに匪《あら》ず。誰か一理随縁[208]を封執して以て色具と為すこと有らんや。暗昏昏地に人を誣《そし》るの穢《おびただ》し。汝の牒する所は皆、終教、如来蔵に依て迷解の本と為すの義に当る。台家、之を別理随縁[209]と謂ふ。而るに、山外の徒、茫焉として此を昧して広く貶剥を致す。汝等罵る所の悪平等とは、彼の邪解に同じ。汝が善差別とは、謂はく、如来蔵、自性を守らず、皆無明に依て随縁差別す。是を事差別と為す。

噫《ああ》、下愚阿《あ》顚底《てんてい》迦《か》[210]の人言ふ、理長ずれば則ち就く[211]、と。而して、汝は移らず廻せず。真言の実義、変じて法相権宗の劣機と成る[212]。寔《まこと》に嘆息すべきに堪へたり。況んや、事差別眠絶とは、三諦の体一互融[213]を暁らめざること、賖《はるか》なり。凡そ事差別は一仮一切仮、空も亦仮、中も仮ならざること無し。若し徳用に随はば、謂はく、一空一切空、仮も空、中も空、

207　十玄　十の玄妙なあり方によって、重々無尽の縁起を説く。法蔵『華厳経探玄記』一によると、一同時具足相応門、二広狭自在無礙門、三一多相容不同門、四諸法相即自在門、五隠密顕了俱成門、六微細相容安立門、七因陀羅網法界門、八託事顕法生解門、九十世隔法異成門、十主伴円明具徳門。

208　一理随縁　唯一の真理である真如が、縁に随って展開すると説く説。終教に位置付けられる。

209　別理随縁　天台の別教では、真如の理が機縁に従って展開して、差別世界を造るとする。知礼の用語。『四明尊者教行録』三に、別理随縁二十門を立てて論ずる。

210　阿顚底迦　ātyantika の音写。畢竟、究極の意だが、畢竟無性有情の意で用いる。悟りの可能性がまったくない衆生。一闡提。

211　理長ずれば則ち就く　理が優れていれば、それに従う。『四明十義書』一（大正蔵四六、八四〇上）などに出る。

212　真言の実義、変じて法相権宗の劣機と成る　真言の実教のはずが、劣った機根のための法相宗の方便の教えに変じてしまった。

213　三諦体一互融　「三諦」は、空・仮・中という三つの観点から見られた真理。空諦は、一切存在は固有の実体を持たないということ。仮諦は、それぞれのものが実体は持たないあり方で存在していること。中諦は空・仮の一方に偏らない中道の真理。天台で説く。三諦の別はあるが、それらは根本的に一つであり、相互に円融している。「三諦体一互融」という言い方は、知礼『十不二門指要鈔』に対する宋・可度の注釈『十不二門指要鈔詳解』二（続蔵五六、四八一下）に見える。

空は亡泯を彰はし、一中一切中、空仮も即中、中は絶待を彰はす[214]。六即・氷水[215]、争《いか》でか然らずと云はんや。

『義海百門』は是れ助顕の辺、汝が大師、若し全く之に同じく、妄に「自性真心、偏へに差別無し。自性を守らず無明の縁に随ひて即ち真体を全うして諸法を成ず。是の故に、始めて万像繁興すること有りて、而も恒に真体一味を失はざる」を執して、究竟と為せば、則ち決して知る、汝が大師、真の大師に非ず。豈に人をして導きて迷獄に陥らしむるの悪大師と云はざらんや。悪大師の徒なる、詎《なん》ぞ羞死せざらん。吁《ああ》、悪大師の苗裔《びょうえい》、渾身を著くるに処無きのみ。痛ましきかな。

【第十一難・主真の批判】

愚編に云く[216]、然るに、彼偏へに霊知真心を貶するは、四明を承襲するを以ての故なり。『指要』の意[217]に云はく、「心具は解し易し。色具は解し難し。是の故に、強て心を観ぜしめむとす」。此、良《まこと》に未だ「諸法、心の実相作の故に、心具は本と為す、是の故に解し易し。色具は、末と為す、心を離れて成ぜざるが故に、解し難きこと」を知らざるに由る。故に、『探玄』及び『疏』『鈔』[218]に、心・仏・衆生に於て本

214　凡そ事差別は……中は絶待を彰はす　三諦のうち、仮は事差別（物事が区別される側面）を表わし、空は亡泯（すべて区別がなくなるという側面）を表わし、中はその両面を含む絶待（絶対的なあり方）を表わす。このように、三諦を重層的に見るべきという点から、単純に事差別だけに固執する守真の論難を批判する。

215　六即・氷水　「氷水」は、原本に「水水」とあるのを改める。天台の六即や、湛然の氷と水の譬喩も、単純に悪平等とすべきではなく、差別と平等の両面があるというのである。

216　愚編に云く　『詳略』巻上（豊全一五、三三五上）。

217　『指要』の意　知礼の『十不二門指要鈔』のこと。ただし、同書にはこの文句は見られない。知礼『観無量寿経疏明宗鈔』三（大正蔵三七、二一〇中）に該当する表現がある。

218　『探玄』『疏』『鈔』　『探玄』は、法蔵の『華厳経探玄記』、『疏』

末能所を論ず。符節を合するが如し。煥然として目に溢れて、彼、自己の昧慮に違ふが故に、蔀覆《ほうふく》して見ず。却て泝洄《そかい》[219]して他師の弊源に於て澄める真心の大海を渾《にご》す。悲しまざるべけんか。

【第十一難・鳳潭の反論】

議して曰はく、云ふ所の「心具は本と為す。故に解し易し。色具は末と為す。故に解し難し」とは、噫《ああ》、僻謬の最も甚しき者、歯録[220]するに足らざれども、余、汝を憐れむが為めに、已むことを獲ざるのみ。且く、「心具は本と為す」の言、独り心造に局りて、本と為すこと成ぜず。況んや、「色具は末と為す」の辞、毫も成立せざるをや。末と為す、曷《なん》ぞ具ならん。

故に『指要』[221]に云く、「他師、唯色の言を引くと雖も、亦た秖《た》だ曲げて唯真心を成ずるのみ」と。須く知るべし、煩悩の心、偏きことを。復た大いに荊渓に違す[222]。一切の諸法、皆妙に非ざること無し。豈に独り「心のみ妙にして、色は妙に非ず」と云はんや。一法を挙ぐるに随ひて、皆、本と為し末と為すことを得。事理の総別も準知すべし。

故に『探玄』[223]に云く、「本を挙げて末を摂すれば、則ち末即本なり。末を全うして本と為れば、本即末なり」。更に唯本、唯末、究竟平等を明かす。故に「三無差別」の文を解して云はく[224]、「此の三、縁起融通

『鈔』は、澄観の『大方広仏華厳経疏』『大方広仏華厳経随疏縁義鈔』。

219　泝洄　「泝」も「洄」もさかのぼる意。原本は、「沂」となっているが、「泝」に改める。

220　歯録　「歯」も録の意。記す、記録する。

221　『指要』　知礼『十不二門指要鈔』（大正蔵四六、七〇九上）。

222　大いに荊渓に違す　第九難・鳳潭の反論に出る「荊渓云く」の箇所（註一八七）を指すか。

223　『探玄』　はっきりこのような文はないが、次に引く箇所の前後を指すと思われる。

224　「三無差別」の文を解して云はく　『華厳経探玄記』六（大正

無礙、一に随ひて全く余を摂す」。夫の『涼疏』[225]に、「心を以て本と為し、能造の理と為し、而して生・仏を末と為し、心迷へば衆生と為り、心悟れば仏と為る」の邪解と、雲泥懸隔せり。何を以て「本末能所、符節を合するが如し」と云ふや。『探玄』、何の文に、「心は必ず本と為し、色は必ず末と為す」と云ふや。『探玄』[226]に謂ふ所、「衆生を総と為すは、一乗幽玄の理」と。

然るに、汝が執する所は、全く山外の『示珠指』[227]に「心は即ち生・仏の心、但し心を生・仏の本と為す」と云ふに同じ。又云く[228]、「一念霊知、性体常寂、一一の諸法、当体真如」と。孤山・浄覚[229]、皆、之に遵承するのみ。然るに、山外の破家、理を以て総と為し、事を以て別と為す。心は但、本なること有りて、末なること無し。色は但、末なること有りて、本なること無し。苟しくも其の末無くんば、何に於て本ならん。苟しくも其の本無くんば、何を以て色に趣かん。同じく刹那に趣き、色心不二門の義成ず。如何ぞ、偏へに割分して、本末の法と定むる者ならんや。具さに『指要』[230]に甄弁《けんべん》明了なるが如し。

蔵三五、二一五下)。「此の三」は、心・仏・衆生。

225 『涼疏』　澄観『華厳経疏』二一に、「若し心行普く世間を造ると知らば、則ち虚妄なし。便ち真を了す」(大正蔵三五、六五八下)とある。

226 『探玄』　『探玄記』巻一二「衆生を化さんが為を以ての故に、衆生を総と為す……応に一乗縁起無礙に依るべし」(大正蔵三五、三二〇上)。

227 『示珠指』　源清『法華十妙不二門示珠指』一「夫れ仏を真観と名づけ、生を不覚と名づく。心は即ち生仏の心にして、生仏外を離れて、別に心有るに非ず。但だ心を生・仏の本となす」(続蔵五六、三一〇上)。

228 又云く　『示珠指』一「夫れ十法界は全即一念にして、前後相生と謂ふに非ず。色含内外と謂ふに非ず。一一の諸法、当体真如」(同三〇八下)、同二「一念の霊知、性体常寂」(同三一八下)。

229 孤山・浄覚　孤山智円(九七六－一〇二二)、浄覚仁岳(九九二－一〇六四)。山外派の学匠。

230 『指要』　知礼『十不二門指要鈔』。湛然の「十不二門」を解釈したもの。そこに色心不二を詳しく説く。註80参照。

然るに、汝《汝新義の祖頼瑜《らいゆ》が『志心鈔』[231]中の如き、正しく『指要』の妄心、拋と為すと挙げて破せず。『開心鈔』[232]同じ》。「四明未だ、「心具は本と為すが故に解し易し。色具、末と為すが故に解し難し」といふを知らず、是れ他師の弊源たる」（といふ）が如きは、緊夫《ああ》れ、爾が如き、円極の理に於て、涓《わずか》も聞知せず、曽て理事本末両重の総別、皆絶妙を顕はすことを暁了せず。反倒して清涼・圭山・山外の積滞を認着して、円頓の正法蔵を毀謗する者、設ひ万斯歳を歴るとも、頭を掉《ふっ》て移らず。是れ上知に非ず。乃ち法門の下愚なり。実に是れ円家の旃荼羅なり。

231　『志心鈔』　頼瑜の『大日経疏指心鈔』のこと。言及されているのは同書七「問う。今此の一念は妄心なるか、真心なるか。答う、妄心たるべきか。……天台『指要』に一念三千を釈して云く、……」（大正蔵五九、六六二中－下）。頼瑜（一一二六－一三〇四）は鎌倉時代の真言宗の僧。加持説法説（密教教主の大日如来は自性身でなく加持身とする説）を唱え、それがもとになって新義真言宗が分れた。主真が属する豊山派は新義真言宗の一派。

232　『開心鈔』　杲宝の『開心鈔』のこと。同書巻中に『指要抄』を引用して天台の説を解説する。（大正蔵七七、七五九上）。杲宝（一三〇六－六二）は南北朝期の真言宗の代表的な学僧。

【第十二難・主真の批判】

愚編に云く[233]、十信の下、『記』[234]に云はく、「菩薩、位は外凡に在りと雖も、教に依るが故に、而も本識は因縁無性にして唯だ是れ真如と信じ、真如三昧を

233　愚編に云く　『詳略』巻中（豊全一五、四二一下）。以下、菩薩の階位の問題に転ずる。

234　『記』　長水子璿『起信論疏筆削記』十二「〈論謂依下二菩薩分知、疏十信等者、謂此〉菩薩雖位在外凡、而能信教、了知本識因縁所生、無有自性、決定無体、唯是真如。〈方成正故。下説十信菩薩信眞如。及〉修真如三昧、以成正信之行」（大正蔵四四、三六〇中）。〈　〉内を省略して引用。「下凡」は菩薩五十二位のうち、最初の十信位。十住・十行・十廻向が内凡、十地で聖位に入る。「本識」は阿梨耶識。最初の十信位にある菩薩はまず正しい教えを信ずる。その内容は、阿頼耶識は因縁によって作られたものであり、その根底にある真如を信じて、真如三昧を修する。このように、真如こそ阿頼耶識よりもさらに根底の原理だというのである。

修し、正信の行を成ず」と。因果の体とは、因は是れ無明、果は本識の三相、体は謂く真如なり。前位の信及び後位の証に異なる故に、観察と云ふ。初地は証法身の初め、五意の中の相続識を覚する故に、少分と云ふ。究竟の言は、果に通ずと雖も、今は菩薩に約するが故に、等覚位なり[235]。『幻虎』[236]、長水を破して「三賢の初住より真を証す」と云ひて、『教章』を引き其の義を証誠す。是れ鉅《おお》いなる過なり。

【第十二難・鳳潭の反論】

議して曰はく、婆羅[237]の愚眼、之に惑ふこと、宜《むべ》なり。『幻虎』に拠る所、『教章』の意は、謂はく、前教を簡び、正しく終教に依る。『瓔珞』[238]『摂論』[239]

235　因果の体とは……等覚位なり　子璿『筆削記』の先に続く箇所。「因果体者、因即無明、果即本識三相也。体即真如也。〈三賢等者、〉異前位之信、殊後位之証、故言観察」。その先は取意。「本識の三相」は、無明業相（不覚によって心が動く状態）・能見相（そこに認識の主体が生まれる状態）・境界相（認識の対象が生まれる状態）。主真の引用だと、省略があるので分かりにくいが、「前位の信及後位の証に異なる」は、主語が「三賢等」で、十住・十行・十廻向の段階。この段階は、外凡の信とも、十地の証とも異なり、観察の実践の段階。「初地証法身」からは、十地の段階。「五意」は、無明によって阿梨耶識から衆生の心のはたらきが出てくる五段階。業識・転識・現識・智識・相続識。初地では、そのもっとも低い段階の相続識を覚るだけなので、「少分」である。十地の後に、等覚を経て、仏の完全な悟りが妙覚である。ここでは、あくまでも菩薩の立場を問題するので、等覚が究極だとする。

236　『幻虎』　鳳潭の『幻虎録』四「三賢の初位より少分に真を証す。乃至、十地も悉く知ること能はず。（中略）『教章』の云ふに依れば、若し終教に依れば、又地前に於て但だ三賢あり。信は但だ行にして位に非ざるを以ての故に、名づけて信相菩薩、亦た仮名菩薩等と為す」（日蔵四三、二一四上）。三賢は、十住・十行・十廻向。長水は、初地に入って初めて部分的に悟りを得るとするのであるが、鳳潭は初住で部分的な悟りを得るとする。引用する『教章』は、『華厳五教章』巻二（大正蔵四五、四八九上）の取意。

237　婆羅　bāla。愚か者。

238　『瓔珞』　『瓔珞本業経』三「立信の菩薩、十住を得れば、尽く如来を見て、礼拝供養す」（大正蔵一六、二四下）。

239　『摂論』　『摂大乗論』三「十解より以上、悉く聖位に属す」（大正蔵三四、一七四下）。「十解」は、十住の古訳。

に云はく、十解已上を聖人の菩薩と名づく。而して、是の菩薩は三観[240]を修するに依りて、三諦の理を見る。謂はく、十住に空を見、初めて真理を解証す。十行に仮を見、十向に漸く中道を証す。那ぞ「鉅いなる過」と云ふや。

初住より真を証し中に入ると雖も、既に是れ次第修進す。故に、別向円修、円頓の一心三観に同じからず[241]。故に、『教章』[242]に「法身を見、真性に順ず」と曰ふ。而して言ふ所の「初地に法身を証す」とは、既に法身中道を証す。是れ初地の証道、円に同じと雖

240　三観　空・仮・中の三諦を観ずること。

241　別向円修、円頓の一心三観に同じからず　段階的に円かな修行を行なうのであって、円頓の立場で一心に三諦を観ずるのとは異なる。「別向円修」は、智顗の『四念処』に出る語（大正蔵四六、五七二下）。

242　『教章』　『華厳五教章』二「三賢初位中に少分に法身を見ることを得。（中略）又た三昧に依て、亦た少分を得て報身仏を見る。其の修行する所、皆な真性に順ず」（大正蔵四五、四八九中）。

も[243]、而も初地より七地に至り智相及び相続相を断じ、八地に現を離れ、九地に転を離れ、十地に業を離る。未だ等覚に入らざれば、已に三身を具足し四徳円備すと雖も、尚ほ是れ無明の辺域なるのみ[244]。

汝が大師[245]、「真如受熏の極唱に過ぎず」と云ふは

243　初地の証道、円に同じと雖も　初地の悟りだけ見ると円教と同じであるが、その後にさらに段階を踏んで進まなければならない。湛然『止観輔行』八之三「別の初地、証道円に同ず」（大正蔵四六、四〇一下）。

244　智相及び相続相……無明の辺域なるのみ　『起信論』に説く三細六麁。無明によってまず無明業相・能見相・境界相の三細が展開し、そこからさらに智相・相続相・執取相・計名字相・起業相・業繋苦相の六麁が展開する。修行の段階は逆の順にそれらから離れていく。七地までに六麁の最後の智相と相続相を離れ、八地から十地で三細を離れる。「現」は境界相、「転」は能見相、「業」は無明業相。「三身を具足し四徳円備す」の箇所、「三身」は法身・報身・応身。「四徳」は常・楽・我・浄。

245　汝が大師　空海『十住心論』九（大正蔵七七、三五三中）。第九極無自性住心（華厳宗に相当）に出る。「真如受熏」は、真如が無明の熏習を受けて世界を展開すること。空海はそこに華厳宗の最高の教えがあると見て、真言宗よりも劣るところに位置づけ

正しく是れ此れなり。須く知るべし、両一乗の極際と為すは、豈に汝が大師の鉅いなる僻見に非ずや。然るに、彼は即ち是れ別教の教道のみ、尚ほ証道に非ず。実に是れ終教の後門のみ。十玄門[246]に非ず。将に救はんとすれば、弥いよ艷る。猶ほ火を以て火を救はんとする、弥いよ焚焼を加ふるがごとし。噫、遂古無朽の祖禰《そでい》[247]の為め、也た甚だ慎しまざらんや。

【第十三難・主真の批判】

愚編に云はく[248]、問ふ、八地以上の一切の菩薩、煩悩障に於て永く伏《ぶく》して行ぜず。無漏の智果恒に相続するを以ての故に。既に現惑無し、何ぞ更に分段身を受くることを得んや。答ふ、但だ惑種を留め用て以て生を受く。故に『雑集論』に云はく、「一切の聖人、皆随眠力《ずいめんりき》を以ての故に、結生相続す」。解して云はく、聖は現潤《にん》に非ざれども、彼復た種を留む。如何ぞ分段を受けざらんや。若し「八地以上は、智障を縁と為し変易を受く」と言はば、所留の惑種、即便《すなは》ち用無けん。何ぞ第八地の初めに於て永く一切の煩悩を害せざら

た。しかし、それは天台で言えば別教、華厳で言えば終教であるに過ぎない、として、それを華厳の極位と見る空海を批判する。

246 十玄門　十玄縁起とも。華厳円教で説く十種の深遠な縁起のあり方。法蔵『華厳経金獅章』に拠ると、同時具足門・一多相容不同門・秘密隠顕倶成門・因陀羅網境界門・諸蔵純雑具徳門・諸法相即自在門・微細相容安立門・十世隔法異成門・由心廻転善成門・記事顕法生解品。

247 祖禰　「禰」は、みたまや、廟。

248 愚編に云はく　『詳略』巻中（豊全一五、四二四上）。八地以上の菩薩のあり方を問う。

んや[249]〈長水[250]云はく、「若し智増の者は、便ち煩悩の現行を伏し、仏に至りて、方《まさ》に断ず。若し悲増の者は、故《ことさら》の意を生ぜしめて、極めて八地に至りて、現行、方に伏す。随眠の惑を留めて願力を助くるを以て衆生を化利す」〉。何ぞ輒《たやす》く「賢首の意に非ず、始教に同ぜず」[251]と言ふことを得ん。智増・悲増の文、異なるに似て、義に於て爽《たが》ふこと無し〈云云〉。今詳するに、『幻虎』、相宗[252]の種子潤生《しゅうじにんじょう》[253]を以て

249　問ふ、八地以上……害せざらんや　法蔵『華厳五教章』二（大正蔵四五、四九一上-中）の引用。途中省略あり。「煩悩障」は「所知障」に対する。悟りを妨げる知的な障礙に対して、我執による障礙を煩悩障という。「伏」は「ぶく」と読む。断滅していないが、現象しないように種子の状態にとどめていること。「無漏」は煩悩のないこと。「分段身」は、寿命などに限りのある凡夫の身体。「変易《へんやく》身」（寿命などを自由に変化させることのできる身体）に対する。「惑種」は、「現惑」に対して、現われていない種子としての煩悩。『雑集論』は、『大乗阿毘達磨雑集論』。ただし、この通りの文はない。「随眠」は「ずいめん」と読む。表面に現われていない煩悩。「現潤」の「潤」は「にん」と読む。雨水が植物を潤すように、煩悩が生を潤し、迷いの世界に生れること。「現」は現に現われていることで、潜在的な「種」に対する。唯識教学では、八地以上は分段身ではなく、変易身を取るとする。「智障」は所知障。この問答は、八地以上の菩薩は、煩悩障を伏して、煩悩が現象していないのであるから、分段身を取るはずがない、という問いに対して、煩悩の種子を留め持っているので、それによって分段身を取るというのである。

250　長水　子璿『起信論筆削記』巻一二（大正蔵四四、三六一中）。この引用も『詳略』の中。「智蔵」は、智慧が優っているもの。「悲増」は、慈悲が優っているもの。智増と悲増に分けることが、鳳潭の批判の対象となる。

251　賢首の意に非ず、始教に同ぜず　『幻虎録』四「長水云云。賢首の意に非ず。（中略）又復た終教に順ぜず、始教に同ぜず。独り但だ長水の臆見よりす」（日蔵四三、二一六下）。子璿の説を批判するが、その要点は後の鳳潭の論難に示されるように、智増と悲増を分けるところに向けられる。「何ぞ輒く……爽《たが》ふこと無し」の箇所は、顕慧による『幻虎録』批判書である『起信論義記幻虎録辨偽』下（日蔵四三、三四九上）と同文。

252　相宗　法相宗。鳳潭の説を法相宗に類するものと批判する。

253　種子潤生　法相宗の唯識の理論。「種子」は、「しゅうじ」と読む。行為の結果が無意識の阿頼耶識に蓄積され、そこから新たな現象が引き起こされるもとになる。「潤生」は「にんじょう」と読む。煩悩が種子を育て、その結果を生ずること。それは煩悩と苦の連鎖であり、正しいあり方ではない。

正と為さざるに朋して、濫りに祖意を害す。最も痛む可し。

【第十三難・鳳潭の反論】

議して曰はく、下愚の人の中、極下愚なり。実の如く『幻虎』の意及び宗祖の深旨を解せずして、倉卒に人を誣《そし》る。何爲《なんす》れぞ光棍《こうこん》[254]なるや。『幻虎』に斥くる所の「賢首の意に非ず」とは、謂はく、地上[255]に智悲二増を立つるは是れ始教[256]の義、終教の意に非ず。故に、賢首斥けて云はく[257]、「若し智已に増せば、大悲を闕きて能く菩提を成ずること無けん。若し悲増の者は、是れ愛見の慈なり。皆、菩薩の智悲平等、車の両輪の如く、鳥の双翼の如きの義に乖く。乃至、互に廃す」。源、『孔目』及び『要問答』[258]より出づ。然るに、長水が釈、賢首の意に非ざること、炳然として径白なり。賢首の終教、始教に同じからず。然るに、長水、終教の地を解するに、始教の釈を作す。豈に祖意を害するに非ずと云はんや。何の痛む可き理か、之れ有らんか。而して、儞は邪に党して正を閇《ふせ》ぐ。偏倒の失、遯《のが》るべからざるもの、必せり。下愚中の下愚なるが故なり。自暴自棄、之を拒みて肯んぜず。聖人と環堵《かんと》[259]を隣ると雖も、善に遷ること能はざる者、是れなり。況んや故らに強戻して移らず。其の帰、誠に最愚なり。誣ると言ふこと勿れ。

254 光棍　ごろつき、ならず者。

255 地上　初地以上。

256 始教　大乗始教。華厳の教判で、大乗のもっとも浅い段階。三論宗や法相宗、特に法相宗の唯識説が該当。大乗ではあるが、小乗阿毘達磨と同じように分析的な方法を用いるので、低い段階に位置付けられる。それに対して、『起信論』は大乗終教に位置付けられる。

257 賢首斥けて云く　『五教章』三（大正蔵四五、四九二上）取意。

258 『孔目』及び『要問答』　智儼『華厳経内章門等雑孔目』と同『華厳五十要問答』。

259 環堵　家の周りの垣根のこと。聖人のすぐ隣にいながら、聖人に学ぶことができないと批判している。

【第十四難・主真の批判】

愚編に云く[260]、『唯識論』に十真如を明かす[261]。無性『摂論』に依りて名を列す[262]。『摂論』に〈七〉曰く、「初地は遍行の義の故に」。無性釈して云く[263]、「法界は遍の義」と。三の中[264]、倶生[265]は修道の所断なるが故に、此を法執の修惑[266]と云ふ。上の不断染は、見道の所断なるが故に法執分別[267]と云ふ。賢首の意、倶生・分別を分けざるに非ず。『幻虎』、之を思へ[268]。

260　愚編に云く　『詳略』中（豊全一五、四二五上）。

261　『唯識論』に十真如を明かす　玄奘訳『成唯識論』巻十（大正蔵三一、五四中）。十真如は、遍行真如、最勝真如、勝流真如、無摂受真如、類無別真如、無染浄真如、法無別真如、不増減真如、智自在所依真如、業自在等所依真如。

262　無性、『摂論』に依りて名を列す　『摂論』は無著の著で、世親釈と無性釈がある。ここでは、無性釈とされているが、該当箇所は世親釈（笈多・行炬訳）『摂大乗論釈』七である。そこでは、「十種法界とは、初地遍行義故、二地最勝義故、三地最上津液所流義故、四地無摂義故、五地体無差別義故、六地無染浄義故、七地種種法無差別義故、八地不増減義故、九地相自在依止義故、及剎自在依止義故、智自在依止義故、十地業自在依止義故」と述べる（大正蔵三一、三〇二中）。即ち、十種が十地に対応している。

263　無性釈して云く　同じく世親釈（笈多・行炬訳）『摂大乗論釈』七（大正蔵三一、三〇二下）。

264　三の中　見道・修道・無学道の三道。見道で真理を知的に理解し、修道でそれを繰り返し実践的に習得することで、もはや学ぶべきもののない無学の段階に至る。

265　倶生　煩悩の生起に倶生起と分別起がある。倶生起は有情の生ずるところにおのずから生起するもの、分別起は後に分別によって生起するもの。

266　法執の修惑　『大乗起信論義記』三（大正蔵四四、二六七下）。『起信論』で、無明から六染心が展開する中で、分別智相応染の説明の箇所。六染心は、執相応染、不断相応染、分別智相応染、現色不相応染、能見心不相応染、根本業不相応染。

267　法執分別　同じく『義記』で、不断相応染の説明（同上箇所）。法執分別は見道所断、法執修惑は修道所断。見道所断に較べて、修道所断の惑はそれだけ深くて断ずることが難しい。

268　『幻虎』、之を思へ　主真の理解では、『義記』では、分別の惑（見道所断）と倶生の惑（修道所断）を分けているのに、『幻虎録』はその区別をはっきりしていないというのである。

【第十四難・鳳潭の反論】

議して曰く、摩訶羅《まから》[269]来るや、我、儞が為めに弁ぜん。『幻虎』の意[270]、賢首、倶生・分別を分けずと謂ふに非ず。終教の正意、実に、始教の「初地は見道、住後は修道と、位に約して見修二道を分却する」に非ず。故に、倶生は修道の所断と曰ふ。見道の所断と曰ふは、是れ無性論始教の二道なり。而して法執の修惑と曰ひ、法執の分別と曰ふは則ち是れ終教の義なり。故に『幻虎』能く分かちて思察す[271]。何の不足有りて更に「思へ」と云ふや。

269　摩訶羅　無知な者、愚かな者。

270　『幻虎』の意　『幻虎録』では、法蔵が倶生・分別を一緒くたにしていると見ているわけではない。ただ、「初地は見道、住後は修道」と位によってはっきり分けるのは、唯識などの大乗始教の説であり、終教では、両者は階位によっては分けられない、というのである。

271　『幻虎』能く分かちて思察す　『幻虎録』四「法執分別は、即ち分別起の見惑なり。法執修惑は、所知障中の倶生の分なり。修道所断を以ての故に修惑と名づく」（日蔵四三、二一七）参照。

【第十五難・主真の批判】

愚編に云はく[272]、『八犍度《けんど》論』[273]に曰く、「彼の本の心・心所念の法、此れ世間第一法[274]に非ず。若し後の心心所念の法、此は是れ世間第一法」と。所依分別境とは、『本疏』に「依」の字無し[275]。『幻虎』に之を質す[276]。然るに、圭山は論疏の意を得て、以れ

272　愚編云く　『詳略』巻中（豊山一五、四二八上〜下）。

273　『八犍度論』　僧伽提婆・竺仏念訳『阿毘曇八犍度論』一「若当妙とは、彼の本心・心所念法、此れ世間第一法に非ず。若し後の心・心所念法、此れ是れ世間第一法なり」（大正蔵二六、七七二中）。法蔵『起信論義記』下本に、「迦栴延論中、名づけて心及心所念法と為す」（大正蔵四四、二六八上）とある箇所の註釈。

274　世間第一法　世第一法ともいう。四善根の最高位で、その後、初歓喜地に進んで、見道に入る。

275　所依分別境とは本疏に「依」の字無し　法蔵の『起信論義記』下本で、上掲箇所に続いて、「染浄差別に依るとは、是れ所分別境なり」（大正蔵四四、二六八上）と言われている。この「所分別境」が、宗密が添削を加えた『大乗起信論疏』では「所依分別境」となっている（乾隆大蔵経一四一、一一五上）。

276　『幻虎』に之を質す　『幻虎録』四「是の所分別の境は、染浄境

之を加ふ。則ち苟しくも改む可からず。謂はく、賢首、上、六塵の事境と科して、「執所依縁」[277]と云ふ。亦、下の論[278]に「依縁とは妄作境界の義」と云ふ。今文、「依染」等と云ふ。長水、随ひて解す[279]。失有ること無しと。

は是れ彼の王・数の所知・所縁の境を謂ふなり。然るに草堂（宗密のこと）の注に、疏の文を改易して、所依分別境と云ふは、論に既に『染浄差別に依る』と云ふを以ての故に、賢首の意に非ず。所依は是れ根にして、境に非ざるが故に。若し心境に約せば、応に後解に属す。長水亦た但だ圭山の疏を解す。却て本疏に違す」（日蔵四三、二一九上下）。「所分別境」と「所依分別境」の違いは、「所」だと分別の対象ということだが、「所依」だと拠りどころとなる分別の対象という意になる。

277　執所依縁　『起信論義記』中末「三に随事より下は、執所依縁を明す」（大正蔵四四、二六六上－中）。

278　下の論　『大乗起信論』「依縁とは、境界を妄作する義なるが故に」（大正蔵三二、五七八上）。

279　長水、随ひて解す　『起信論疏筆削記』一二（大正蔵四四、三六二下）。

【第十五難・鳳潭の反論】

譏して曰はく、下愚が眼翳、空華狂乱す。嗚呼、物に触れて繽紛せざること莫き、何ぞや。凡そ只だ「依」と云はば、是れ「由」の義のみ。「所依」と云ふは、是れ依托の義。「所縁」と云ふは、是れ所慮の義、亦た所念なり。護法の正義[280]、大いに「依」と「所依」とを分別して、広く取捨有り。之に由りて、賢首、『鞬度』に依ると雖も、義、便ならざるを以て、特に「依」の字を除く。科に「執所依縁」と云ふは、総じて根境を挙ぐるが故に。「依縁」「依染」と云ふは、「依」

280　護法の正義　護法は、『成唯識論』の中心的な論師として、その解釈が正しいものとされる。『成唯識論』四「有る義に前説皆理に応ぜず。未だ所依と依の別なるを了せざるが故に。依とは一切生滅ある法は、因に仗り縁に託して生住することを得るを謂ふ。諸の仗託する所、皆な説きて依と為す。王と臣の互ひに相依る等の如し。若し法、決定して境有り、主と為りて、心・心所をして自ら所縁を取らしむ、乃ち是れ所依なり」（大正蔵三一、二〇下）。「依」が相互依存関係一般を言うのに対して、「所依」はより限定的な依りどころを言う。

は秖だ「由」の義のみ。応に知るべし、根識に約しては而も「所依」と云ふ。塵境に約して「所縁」「所念」と云ふ。今は、所念の法、「所依」と曰はず。然るに、圭山は此の意を得ずして、「依」の字を加ふ。『幻虎』、之を質す。奈何して失無しと為んか。於噫《ああ》、儞が姓、是を非とし、非を是とし、曲を称し、直を拗《ねじ》る。顚か、倒か。車を推すに、横に斜ならん。幢を挿すに、竪に危ふきか。非横非縦、厥《そ》の不思議、胡《なん》ぞ思はざるや。

【第十六難・主真の批判】

愚編に云く[281]、『弁偽』に、『幻虎』を斥く[282]。云はく、「有るが謂はく、賢首、此の論、更に『別記』一巻[283]を撰す。本邦に流行す。然るに、彼の文を検するに、未だ和会有らず。又、大師の撰に非ず、と。今按ずるに、『教章』に〈所依心識章〉、備さに和会する有りと」〈云云〉。

按ずるに、『別記』に〈賢首〉云く[284]、「問ふ、上に根本無明と云ふは、起ること、何の識に在りや。答ふ、梨耶《りや》識より起る。問ふ、余論の中に説かく、梨耶の自体、無覆無記にして一向捨受と相応するが故に、熏を受くるに堪ふ。若し煩悩を起さば、即ち是れ雑染なり。豈に熏を受くるに堪へんや。答ふ、余

281 愚編に云く　『詳略』巻中（豊山一五、四三〇上～四三一下）。

282 『弁偽』に『幻虎』に云ふを斥く　『弁疑』は、顕慧『起信論義記幻虎録弁偽』三巻のこと。尾張の亀足山正覚寺（西山浄土宗。西山派七檀林の一つ。現在の名古屋市熱田区に所在）で元禄一六年（一七〇六）に『大乗起信論』を講義した際に成ったもので、一七四条を挙げて『起信論義記幻虎録』を批判したもの。鳳潭は『幻虎録解謗』で再批判している。『弁疑』の引用は、（已上、弁疑）まで、長文にわたる。同下（日蔵四三、三五二下－三五三下）。「云はく」は、底本「之」とあるのを改める。その後の「有るが……有りと」は、『幻虎録』四（日蔵四三、二二〇下）の引用。「云云」で後半を略している。

283 『別記』一巻　『大乗起信論義記別記』のこと。

284 『別記』に云く　以下、「仮説するなり」まで、『別記』の引用（大正蔵四四、二九〇下～二九一上）。一部省略あり。

論の中に教に約して麤相に就きて説く。而して実に此の識、無相真如の義辺に迷ふ。故に根本無明住地有り。若し爾らずんば、即ち応に常に第一義諦を縁ずべし。即ち、一衆生、半迷半悟ならん。謂はく、六七は迷にして、第八は悟なり。又、若し一向、煩悩無くんば、則ち無記法を成ずることを得ず。何を以ての故に。若し煩悩無くんば、則ち一向清浄ならん。無記と名づくることを得ず。是の故に、一向清浄ならば、即ち名づけて善と為し、一向染ならば、則ち不染と名づく。染浄無二なるが故に、則ち染浄に非ざるを、無記法と名づく〈准じて知る、苦楽不二の故に、捨受と云ふ〉。良《まこと》に以《おもん》みれば、浄を真分に属し、染を妄分に属す。二分不二を名づけて和合頼耶無記識と為すなり。若し此の位の中に染の細無くんば、何を以て浄を簡びて無覆無記を成ぜん。既に無記と、浄に非ず。故に知る、染の細有るなり。実を尅して之を言はば、唯だ眞如是れ体なり。是の故に、黎耶は異熟とは唯だ是れ位なり。廻心の声聞を引くが故に、仮説するなり」。

正しく余論を挙げて問答会釈す。故に、此を指して、「並びに諸論と相違す。和会すること、『別記』の中に説くが如し[285]」と云ふ。何ぞ「彼の文を撿するに、未だ和会有らず」と言ふや。

又、『教章』の「所依心識章」に云ふに依るに[286]、「若し始教に依らば、阿頼耶に於て但だ一分生滅の義を得。真理に於て未だ融通すること能はざるを以て、『但だ凝然として諸法と作らず』と説く。故に、縁起生滅の事中に就きて、頼耶を建立す。業等の種より体を辨じて生ず。異熟報の識として諸法の依と為る。方便して漸漸に引きて真理に向かはしむ。若し終教に依らば、此の頼耶に於て理事通融の二分の義を得。故に、『論』に云はく、『不生不滅と生滅と和

285　並びに……説くが如し　『起信論義記』下本（大正蔵四四、二六八中）。

286　『教章』の「所依心識章」に云ふに依りて　『五教章』巻二（大正蔵四五、四八四下～四八五上）。途中省略あり。

合して非一非異、阿黎耶識と名づく』。真如、熏に随ひて、和合して此の本識を成ずと許すを以て、前教、業等より生ずるに同じからざるが故に」。又云く[287]、「此の真如の二義の内に、前始教の中に法相差別門に約するが故に、但だ一分凝然の義を説く。広くは『起信義記』の中に記する如し。此れ復た備《つぶ》さに会すること無し」。

又、『義天録』[288]に云く、「別記一巻　法蔵述す」と。又、法蔵の伝[289]に〈崔致遠〉云く、「起信論疏別記一巻を製す」と。賢首の真作なり」と〈已上、『弁偽』〉。

今詳するに、嘗て本宗に於て旧来援拠す。但し文章散漫なる、是れ尚ほ艸創、未だ治せざる所以なり。若し夫れ義理の至尽を翫味せば、則ち常人の手に非ざることを知らん。復た其れ唯だ覚不覚の二分有ることを会して、未だ王数心境の別有ることを会せざるは、『教章』『別記』、倶に是れ一揆なり。然らば、一《ひと》へに何ぞ『章』を是とし『記』を非とすることを為さんや。意《おも》ふに、円に通ずる説有るを以て自らの姦謀を妨げんを忌憚するに在らんのみ。

又、記主の和する所、和、還りて違を成ず。且つ、「今の論、黎耶の縁境を説かず」と云ふ。此れ良に空しく当章を閲して始終を悉さざるに由る。謂はく、三細・五意・六染の三章、専ら能所縁境を弁ず。論の前後を熟覧せば、会せずして自ずから和す。又、六塵縁境を以て第八の麁分と為す、理に無く、亦た依憑無し。心内心外を混じ、二識建立を濫ず。

今試みに之を会す。謂く、相宗、「第八は五数相応す。現量にして無分別心なれば、境の自相を証す」と、亦た、「所縁不可知なり」と、亦た、「似有を縁ず」

287　又云く　『五教章』巻二（大正蔵四五、四八五上）。前の引用と少し離れた箇所。

288　『義天録』　義天編『新編諸宗教藏總録』三「別記一巻法藏述」（大正蔵五五、一一七五上）。

289　法蔵の伝　崔致遠『唐大薦福寺故寺主翻經大徳法藏和尚傳』「於是製起信論疏両巻別記一巻〈疏或分為上中下三〉」（大正蔵五〇、二八三上）。

と言ふ。彼、有為相に就きて、委悉に心相を弁ず。故に、工所及び能所縁の異有りと立つと雖も、而も性宗に依れば則ち三細は迷相至りて微薄にして、諸法、心に即して、知相・縁相分かたざれば、心念法の異無しと云ふ。是くの如く心念法の異無きに非ずんば、安《いずく》んぞ能く自相を証し、亦た無分別心なることを得ん。復た実に能所縁の異有り。豈に如幻似有を見ることを得んや。

彼、既に所縁不可知と云ふ。是れ心を言はんと欲せば、則ち境に似る。境を言はんと欲せば、則ち心に似て二相の分かつ可き有ること無し。何に況んや、王数の別有らんや。真如随縁の細相、最も理の在る所と為す。然るに、性宗にも亦た三相の異を論じ、断位の差を判じて、能所障の相を明かす。一概に之を遮するに非ず。

次に、覚不覚の義は、彼の宗は随縁真如を以て依他の諸法と為し、不変真如を以て円成実と為す。故に三細縁起を明かさず。此に由りて、法爾の三無漏根を以て因と為し修得の智を成ず。是れ、性宗の本覚の内熏、始覚の智を成ずるに同じ。有為「相宗無漏智」・無為「性宗の始覚智」の名、二宗別なりと雖も、相宗の浄分の依他・円成は、是れ性宗の三大に当たるなり。性宗も亦た、相用の二大功徳は染に翻対して顕はるるが故に相宗の有為生滅の義に同ずるを以て、即ち生滅門の中に在り。余は准じて知る可きか。

【第十六難・鳳潭の反論】

議して曰はく、此等の邪弁、強ひて禦ぐに足らずと雖も、姑く後の愚の為めに干城を成ぜんのみ。婆心甚し。先に『弁偽』を挫く。爾が輩《『一唾』[290]、眼

290　『一唾』　実詮『偏界紅鑪一唾篇』（一七二〇）のこと。実詮（一六六三～一七四〇）は真言宗の僧。実詮『密乗菩提心戒義』（一七一九年）に対して、鳳潭が『偏界紅炉雪』（一七二〇）で批判したのを再批判したもの。鳳潭はこれに『紅爐雪反唾剳』（一七三〇）で応酬し、実詮はさらに『反唾汚己指笑編』

を著けよ。恐らくは、反唾せられん》、委悉に『別記』の文義倶に僻妄なるを暁諭せざるが為め、以て真撰と認めて、故らに其の非を飾るのみ。

　初めに問詰する所、「余論の頼耶、無覆捨受ならば、何ぞ煩悩を起こす。是れ雑染が故、豈に熏を受くるに堪へんや」とは、都て問を起こす法を知らず。何となれば、法相は唯だ無記捨受の故に所熏の四義を立て、無記が故に所熏と為ると許すも、体、雑染に非ず。善悪は能熏にして、受熏の義無し。故に堅く、性宗の無明真如、受熏の義有ることを許さず、却て訳人の誤と為す。表義・顕境の三性名言種子は皆な能熏の法なり。頼耶の体に三性の種を持すと雖も、種の位は無記、現行すれば、雑染、自体を辨じて生ず。是れ七転の法なり。豈に之に対して「若し熏を受くるに堪へば、是れ煩悩、熏を受くるに堪へず」と問ふ可けんや。問ひ、既に鹵莽なれば、答へ、曾て会せず。七華八裂なり。

　「真如に迷ひて根本無明有り」と云ふは、法相の所立、又、恒行・独住の不共無明を立つ。是の義有りと雖も、頼耶無記唯捨を妨げず。是れ性相別論門なるを以ての故に、捨濫留純識の故に。那《なん》ぞ妨難を致さん。若し摂相帰性・摂末帰本・廃詮談旨に約せば、摂在一刹那、何ぞ常に第一義諦を縁ぜざらん。奚《なん》ぞ半迷半悟と云はんや。何ぞ「六七は雑染、第八は無記」を妨げんや。諸の無記、皆な真浄に属するに非ず。是くの如く、余論、問答和会すること、毫も成立せず。然るに、彼の邪義を以て、以て大師の真造と為すことは、噫、杜撰なり。大師を毀壊するの咎、焉《これ》に過ぎたること有ること莫し。而して、『教章』の中、性相の識分を和会すること、昭にして日星の若く甚しきかな。人の故執に嗜なむことや、也た移らず改まらず。塵劫にも復らざれ。

　一巻の『別記』は是れ高麗の偽撰なるが故に、義天・崔氏、真贋を弁ぜず、見るに任せて、集録す。証

（一七三二）で批判を加えた。

と為すに足らざることを諳《さと》らざるのみ《『一唾』、切に思へ》。汝が善導、『弥陀義』の如しと指すと雖も、世流布の本、真造と許す可けんや。『十疑論』の如き、四明・慈雲、専ら用ゐると雖然《いえど》も、豈に隋代の天台、盛りに唐の『雑集』及び『西域記』を用ゐるを許さんや〈旧本の撰題に「隋国清寺の智者説」と云ふ。国清の号、滅後に在りて賜ふ所なり〉。詎《なん》ぞ真論と為んや。天台挙ぐる所の『須弥域経』及び『像法決疑経』、皆な偽経に入る。至相・法蔵の採取する『金剛仙論』は呉僧の擬する所なり。智に依りて識に依らざるが如き、信《まこと》に下愚の儞に応ぜざることは、誠に宜なり。

今の新下愚、克《よ》く聞け。本宗に旧来、拠と為すも、頼るに足らざるのみ。儞が祖・頼瑜が『雑問答』を取れども、而も、人、偽作と言ふ。半巻の『義決』『菩提心論』も、而も他、多く議殺するのみ。能所念法覚不覚分を弁ずる如きは、児戯にだも如《し》かず。尚ほ又た『弁偽』者流だにも如かず。汝、嘗て聞かずや。彼、自ら非を知りて、炬を秉り、版を燔《や》きて、一時に荼毗す。敢へて設利を没し只だ焔媒なるのみ。前車の覆る所、後車の誡、更に何の日ぞや。

頻りに其の文を閲するに、『義記』・『義疏』・海東・圭山より広くして、甚だ略ならず。其の義を験するときは、則ち、理、漫にして、要を闕きて、太だ詳ならず。文、略に背き、義、詳に乖く。乾坤、闊しと雖も、茲を寘《お》くに処無し。法界、廓なりと雖も、偏倒を容れず。徒に幪袋を呈す。一旦、齏粉《せいふん》と成らん者、口吻を竢たず、遂に止む。咄、咄。

鉄壁雲片　鳳潭

龍谷大学図書館蔵

鉄壁雲片　評碧巌　華厳沙門　鳳潭撰

緊夫《そ》れ有宋[1]の勤[2]老漢、『碧巌』[3]を提唱してより邪鋒[4]焠《きた》[5]へり。其の嗣杲《こう》[6]上座[7]立《たちどこ》ろに炬を秉《と》りて以て之れを荼毘す[8]。是れ理実は則ち烈燄に付

1　有宋　「宋」は960年から1279年まで存続した中国の王朝。「有」は特に意味のない一種の接頭辞。

2　勤　圜悟克勤（1063-1135）中国の宋代の臨済宗楊岐派（楊岐方会に始まる派）の僧。五祖法演（1104没）より法を受ける。『碧巌録』の他、語録に『圜悟仏果禅師語録』二十巻がある。

3　『碧巌』　『碧巌録』のこと。北宋初期の雪竇重顕（980-1052）が古則百則に対して頌をつけた公案集『雪竇頌古』に、さらに北宋晩期の圜悟克勤が垂示・著語・評唱を加えたもの。

4　邪鋒　誤りを鋒にたとえた表現。『碧巌録』の希陵による後序に、「邪鋒自挫」（大正蔵48巻224c22）とある。

5　焠　熱した鉄を水に入れて鍛える。焼きを入れる。

6　杲　大慧宗杲（1089-1163）は、宋代の臨済宗楊岐派の僧。圜悟克勤より法を受ける。公案を用いた坐禅法を大成し、「看話禅」と称された。

7　上座　席次が上にある者のこと。僧侶の席次は出家した順なので、出家年数の長い長老のことを言う。

8　之れを荼毘す　「荼毘」は火葬すること。大慧は『碧巌録』の版木を焼いたと伝えられる。『碧巌録』の万里方回の序文（元・大徳4年〔1300〕）に「大慧已一炬丙之矣」（大正蔵48巻139a24-25）とある。ここでの「丙」は「焼く。火をつける」の意。

すと雖も猶ほ火浣布[9]のごとく弥《いよいよ》鮮明たり。蓋し之れを古に視れば、則ち若しは丹霞の木仏を焼き[10]、或は臨済の几案を焚く[11]、皆両塗[12]無し。惟だ是れに止《とど》まるに非ず。抑《そもそも》復た善財は身を五熱に炙かんとす[13]。薬王は臂を万歳に燃やす[14]。何ぞ必ずしも区区たる陳穀[15]冊をや。嵎中の張士[16]重ねて為めに丙後の遺燼[17]を拾ひ裒《あつめ》て、因て梓に寿す[18]。而して遂に二子の心疾に罹ること[19]を憚る、何ぞや。昔は、

9　火浣布　火に燃えない布。石綿（アスベスト）で作った防火具のこと。

10　丹霞の木仏を焼く　丹霞は、丹霞天然（739-824）のこと。寒さを凌ぐために、木彫の仏像を焼いたという話による。『景徳伝灯録』巻十四「後於慧林寺遇天大寒。師（丹霞）取木佛焚之。人或譏之。師曰「吾焼取舎利」。人曰「木頭何有」。師曰「若爾者何責我乎」」（大正蔵51巻310c13-16）。

11　臨済の几案を焚く　黄檗希運（850没）が臨済義玄（867没）の境地を認め、その証明として百丈慧海（749-814）黄檗の師）の禅板（坐禅の際に身を寄せる板）・机案（つくえ）を与えたところ、臨済がそれを焼こうとしたこと（結局、焼かなかった）。『臨済録』「黄蘗大笑、乃喚侍者。「将百丈先師禪板机案來」。師（臨済）云、「侍者将火來」。黄蘗云、「雖然如是、汝但将去。已後坐却天下人舌頭去在」」（大正蔵47巻505c4-7）。

12　両塗　「塗」は「途」と同義。「両塗（途）無し」は一致していること。

13　善財は身を五熱に炙かんとす　善財は『華厳経』「入法界品」で、多くの善知識を巡歴する童子。善財が勝熱（方便命）婆羅門のところに赴いたところ、この婆羅門は全身を焼くこと（「五熱炙身」）を修行としていた。善財が彼に倣い、身を火に投じたところ、火に焼けずに、三昧を得たという。

14　薬王は臂を万歳に燃やす　薬王菩薩は『法華経』「薬王菩薩本事品」に登場する菩薩。過去世において、七万二千歳にわたって臂（腕）を燃やして仏に供養したという。

15　陳穀　ふるき穀物。『呂氏春秋』に「新穀熟而陳穀虧」。ここは、陳穀冊で古い書物のことを指すか。

16　嵎中の張士　『碧巖録』序文の一つの「方回序」や「周馳序」に、宋代に大慧宗杲が『碧巖録』の版木を焼却したが、後に嵎中の張煒（字、明遠）が復刊したとある。

17　丙後の遺燼　「遺燼」は燃え残りの意。『碧巖録』を譬えている。

18　梓に寿す　印刷して後世に残すこと。「梓」は版木。「寿す」は「保存する」の意。

19　二子の心疾に罹ること　張明遠の子のうち二人が病にか

魏の崔浩《さいこう》[20]、金剛経を燬《や》き、燼《もえがら》を厠中に投ず。未だ幾くならず、渠《かれ》が口に溺せられ、終に之を腰斬せられ、誅、五族の者に及べる者、験《あきらけ》し。又聞かずや、徳山[21]は疏鈔[22]を爇《や》き、親しく龍潭を見、宗猷《しゅうゆう》[23]、旦日[24]に興れり。於乎《ああ》、張氏復た何をか覘《み》んや。余、嘗て未だ勤の真集[25]を覩ざるを以て、今居士が刊本を閲するに、顛末則則[26]、多く允《みと》む可からざる所有り。

かったこと。馮子振による『碧巌録』跋文に「居士（張明遠）二子得心疾」（大正48巻225a22）とある。

20　崔浩　中国南北朝時代の北魏の宰相（381-450）。道士の寇謙之とともに廃仏を行った。後に鮮卑族の怒りを買い、一族・関係者もろとも処刑された。『金剛経（金剛般若経）』を焼いたという事績は念常『仏祖歴代通載』巻八（元代成立の仏教史書）に北魏・太平真君十一年（450）の記事として「崔皓嘗見妻郭氏讀金剛經。乃奪之火焚棄厠」（大正49巻538a3-4）とある。崔浩一族の処刑の記述は、志磐『仏祖統紀』巻三十八の記述にもとづく。「帝懼甚。時崔浩刻所撰國史於石。以彰直筆。帝惡其暴揚國惡。乃令載浩露車。使十人椎。於車上溺其口〈溺乃弔反。小便〉腰斬之。誅及五族僚屬百二十人」（大正49巻354c10-13）。

21　徳山　徳山宣鑑（780-865）のこと。もともと『金剛般若経』に精通していたが、点心売りの婦人にやりこめられて、禅宗に転向し、龍潭崇信に師事した。龍潭のもとで境地を認められたとき、『金剛般若経』の注釈書を焼き捨てたという。『碧巌録』第4則、『無門関』「久響龍潭」参照。

22　疏鈔　注釈書のこと。「疏」は経に対する注釈、「鈔（抄）」は疏に対する注釈。ここでは徳山が持っていた『金剛般若経』の注釈書。『聯灯会要』巻20では徳山が持っていたのは「青龍疏抄」とするが、これによれば青龍寺道氤の『御注金剛般若波羅蜜経宣演』のこととなる。

23　宗猷　根本の教え。

24　旦日　明朝・明日の意。ここでは、「その後、すぐに」の意。

25　勤の真集　圜悟克勤が編集した、もともとの『碧巌録』のこと。現在伝わる『碧巌録』は、大慧によって焼かれた後、張明遠が焼け残りを刊行したものとされるので、これを以下で「居士が刊本」と呼んでいる。

26　顛末則則　「顛末」は「初めから終わりまで。一部始終」の意。「則則」は「一則ごとに」の意。

人をして玩ぶ毎に輙[27]く叱唾《しつだ》せ俾《し》む。而して奚《なん》ぞ以て然るや。凡そ事を挙ぐれば則ち大半、拠と差舛《させん》[28]し、或いは、臆度[29]空誕[30]なる者、十の六七なるのみ。其の教説を用ゐるや、倡侂として権実半満[31]の殊を糅濫して、最も莽鹵《ぼうろ》[32]なる者甚しきかな。其の理を譚ずるや、動《やや》もすれば、霊知[33]を執して、偏と円とを甄弁《けんべん》すること能はず。以為《おも》へらく、其の性、亀蓍《きし》[34]の另《ほか》に其の霊有るが如しと。一概に思量計較情識を絶せしめんことを要す。教を訶し離を勧め、文字語言は仇讐の若《ごと》しと想ふ。惜しきかな、従頭、妄を全うして真に即し、無明染悪、性徳に非ざること莫く、葛藤枝蔓[35]、総て是れ毘盧[36]の全身、醍醐の妙味なることを了せず、達せず。畢竟、妄を棄て、真に帰するを認めて極枢[37]と為すに過ぎず。嗟《あ》夫《あ》、固《もと》より未だ曽て円融の奥旨に霑《うるほ》はず、都盧[38]、

27　輙　輒の俗字。ここでは「たやすく」の意。
28　差舛　くいちがうこと。
29　臆度　推し量る。
30　空誕　ばかげた作り話。明 李東陽「送伍広州詩序」に、「井則有彭祖之空誕，祠則有黄石之奇秘。
31　権実半満　「権」は便宜的・一時的な言説。「実」は真実・真理。「半」は不完全な教え。「満」は完全な教え。
32　莽鹵　いいかげんなこと。
33　霊知　思慮分別を超えた絶対的な知のこと。後出の荷沢神会や澄観などが強調した。『碧巌録』自体には第99則に「但識靈知。莫認妄想」（大正蔵48巻222c20-21）の一回だけしか用例がない。
34　亀蓍　亀甲とノコギリソウ。いずれも占いに用いる。
35　葛藤枝蔓　迷いや煩悩の喩え。また、言語分別のこと。
36　毘盧　毘盧遮那のこと。梵語ヴァイローチャナの音写で、仏の覚りを人格化した巨大な仏。天台宗の湛然『金剛錍』の「阿鼻依正全處極聖之自心。毘盧身土不逾下凡之一念」（大正蔵46巻781a25-26）などの句をふまえる。
37　極枢　北極星と天枢（北斗七星の先端の星）。中心となるもののこと。
38　都盧　「すべて」の意。

荷沢[39]清涼[40]の邪阬に堕在すること有りて、台家の別門・山外《さんげ》[41]の梱閾を免れざる。爾に、余や、焉《ここ》に於いて果たして知る、此れ夾山《かっさん》[42]の手創する所に非ざることを。恐らくは後の昧者の妄《みだ》りに竄易を檀《ほしいまま》にするか。於乎《ああ》、今の禅家の者流を顧みるに、多くは目眇に、心亦た慌忽なるを以て、水乳を択ばず、碔玉[43]を辯ずること莫し。専ら用て以て命脈と為す。盛んに商量或いは講述するに及べり。間《まま》に然らざる者は、初め装包行脚し去て、業風に吹かれて、盲知識に遭ひ、僧堂裏に羈《ほだ》されて、恰も檻内の猿の如く、林中の昏鴉に類するのみ。苟《いやしく》も先に妙解を悟ること有らずんば、暗昏昏地にして、縦《たと》ひ塵点不可量の劫を歴《ふ》るも、権に滞り円に背き、更に何の了期か有らんや。有般の一等降れる者は、屡《しばしば》問話を好み、棒雨喝雷[44]、活鱍鱍底を、西来[45]の活祖師意と以為《おも》へり。

39　荷沢　荷沢神会（684-758）のこと。禅宗の慧能の弟子で、当時優勢だった神秀の系統（北宗禅）を攻撃し、慧能の系統（南宗禅）を正統とすることに努めた。澄観（次注参照）の弟子である宗密は、神会の系統を禅宗の正統と考え、強い影響を受けた。

40　清涼　華厳宗の澄観（738-839）のこと。五臺山の清涼寺にいたので、清涼大師と称された。一般的には、中国華厳宗の第四祖とされるが、鳳潭は澄観・宗密らを異端として斥ける。

41　山外　宋代の天台宗（台家）のうち異端とされる山外派のこと。四明知礼らの正統派（山家派）に対して、華厳教学の影響を受けているとされる。鳳潭は知礼の説に従い、山外派を斥ける。

42　夾山　湖南省石門県東南の山。『碧巌録』は、ここの霊泉院で編纂されたとされる。ここでは圜悟のこと。

43　碔玉　碔は「珷」と同義で、玉に似た美しい石。「珷玉」は、よく似ているが異なるものの喩え。

44　棒雨喝雷　雨のように棒で打つことと、雷のような一喝をすること。それぞれ徳山と臨済の教化法を描写した言葉。

45　西来　西から来ることで、中国禅宗の祖である菩提達磨が中国に来たこと。

殆ど捷きこと慶忌[46]を言ひ、勇、賁育《ほんいく》[47]を期すると全く相ひ侔《ひと》しきなり。更に底下なる者は、師牀に踞すと雖も、陞堂《しょうどう》杖塵・巻韝鞠𦝫《けんこうきくき》して踧躇如《しゅくちょじょ》[48]たり、躩如《かくじょ》[49]たり、襜如《せんじょ》[50]たり。渾《すべ》て一棚の傀儡《くぐつ》の抽牽するに随て、左右前後するに斉し。唱音を吐くに至ては、句句皆な巧みに引節哢曲を作すに慣るる者、豈に傍観聳聞《しょうぶん》するに堪忍す可けんや。惑者謂はく、世儒〈『統紀』[51]に司馬光と云ふ。『清規』[52]に程明道と為す〉尚ほ称す、三代の礼楽[53]、緇衣《しい》の中に在りと。能く然らざらんや。於虖《ああ》、斯は則ち褒むるに非ず。実は毀謗するなり。牟尼の軌、変じて、俗儀に輥ずるを以ての謂ひなり。其の議するに足らざる者に及んでは、則ち禅道仏法は之を束ねて高く閣《さしお》き、祇《た》だ捷径を図りて、文字禅に擬し、月席雪案[54]、梅竹痩

46 慶忌　春秋時代末期の呉の公子。呉が越に滅ぼされることを予見し、呉王の夫差に諫言したが、かえって誅殺された。怪力の持ち主ともされる。

47 賁育　孟賁と夏育のこと。どちらも中国の秦の武王に仕え、怪力で勇気があったとされる。

48 踧躇如　慎み深く緊張している様子。『論語』郷党篇「君在、踧踖如也」。直前の「巻韝鞠𦝫」も同様の意味。『史記』「滑稽列伝」（淳于髡伝）に出る。

49 躩如　足がすくむ様子。『論語』郷党篇「君召使擯、色勃如也、足躩如也、揖所與立、左右其手、衣前後襜如也也」。

50 襜如　整然として乱れることのない様子。前注参照。

51 『統紀』　『仏祖統紀』のこと。南宋の志磐が編纂した仏教書。同書巻45に洛陽の諸寺の様子を見た司馬光が「不謂三代禮樂在緇衣中」（大正蔵49巻412c20）と述べたという記事がある。司馬光は宋の政治家・学者で、歴史書『資治通鑑』の編纂で有名。

52 『清規』　『勅修百丈清規』のこと。元の東陽徳輝が編纂したもの。同書に「程明道先生一日過定寺。偶見齋堂儀。喟然嘆曰。三代禮樂盡在是矣。豈非清規綱紀之力乎」（大正蔵48巻1159a14-16）。程明道は弟の程伊川とともに「二程子」と称され、宋代の新儒学（宋学）の先駆者。

53 三代の礼楽　「三代」は中国古代の夏・殷・周のこと。「礼楽」は典礼と音楽。三代の礼楽は、中国の伝統にのっとった理想的な作法・振舞のこと。

54 月席雪案　月下のむしろと、雪に臨んだ机。夜、月や雪で明

影の下に沈吟し、颯然として、奇篇秀句、推敲、人を驚かさんの什[55]に皓首[56]と為る者、噫《ああ》、是れ何の面顔ぞや。誠に謂はゆる、全く流俗の処する所を恃むは、一頂の帽を買ひ、冠を戴き世に阿《おも》ねるに如かずと。余、嚋《むか》し、少時嘗て世に謂はゆる碧巌集といふ者を看るに、其の不可なる処、豈に翅して[57]数十条ならんや。竊《ひそか》に之を訂正して蓄へて焉《これ》を褚《ちょ》[58]にす。偶《たまた》ま夫《そ》の異を好む者に藁を掲げ賚《も》ち去られて、遂に已むことを獲ずして、重ねて校讐することを作し、則を逐ひて右に備う。因て顔して之を鉄壁雲片と曰ふ。須らく知るべし、碧巌は巌、恒に碧たり。野焼、何ぞ必ずしも春風の吹くを竢《ま》たん。真個の面目を識らんと要せば、昔人道《い》ふが如し、鉄壁剖開して雲片片と[59]。謂ふこと勿れ、敢えて賊馬に騎りて賊を趁《お》ふ[60]の翻手たりと。静処莎《そ》曰《わ》訶《か》[61]。

○達磨廓然〈第一則[62]〉

禅流《る》の衲子《のうす》、茲《こ》の評を肯《うけが》

かりをとって、苦学すること。

55　什　十篇一組の詩のこと。転じて詩文のこと。

56　皓首　白髪で白くなった頭。老齢のこと。

57　翅して　「翅」は「ただ」の意。ここでは「はたして」と読んでいるか。

58　褚　「真綿。わたいれ」の意。ここでは、外から見えないように隠すこと。

59　鉄壁剖開して雲片片　『虚堂和尚語録』巻5（頌古）に「婆子焼庵」の題で「鐵壁迸開雲片片。黒山輥出月團團。就中明暗相凌處。天外出頭誰解看」（大正蔵47巻1019b23－24）とある。鳳潭は『華厳五教章匡真鈔』巻6でも、この句を引用している（大正蔵73巻464c28）。

60　賊馬に騎て賊を趁ふ　敵のものを奪い取って攻撃すること。漢の将軍・李広が匈奴に捕えられた時、匈奴の馬を奪って反撃した故事に由来する。

61　莎曰訶　梵語スヴァーハーの音写。祝福・祈願の意を表す言葉で、陀羅尼・真言の最後に付する。

62　第一則　梁武帝問達磨大師「如何是聖諦第一義」。磨云「廓然無聖」。帝曰「對朕者誰」。磨云「不識」。帝不契。達磨遂渡江至魏。帝後擧問志公。志公云「陛下還識此人否」。帝云「不識」。志公云「此是觀音大士。傳佛心印」。帝悔。遂遣使去請。志公云「莫道陛下發使去取。闔國人去。他亦不回」（大正蔵48巻140a17－27。岩波本36－37頁）。

はず、祖仏対揚す。活眼睛、如《も》し慢幢[63]を竪《た》て猶ほ省みざるには、放《ほしいまま》に別路に奔て縦横を奈《いかん》せん。〉【廓然無聖[64]。】『鐔津《たんしん》集』[65]を攷《かんが》ふるに、『真諦無聖論』[66]に云はく、「真諦[67]とは何ぞ。極妙絶待の謂ひなり。聖人とは何ぞ。神智有為の謂ひなり。有為は則ち権を言ひ、絶待は則ち実に詣《いた》る。余が[68]謂はゆる第一義諦は、廓然空寂[69]、聖人有ること無し。孰《だれ》か謬と為ん。而るに秦人[70]以為《おも》へらく、太甚《はなは》だ逕庭にして、人情に近からず[71]。若し聖人無くんば、無と知る者、誰れかと。〈肇法師[72]の『涅槃無名論』[73]の表[74]に曰はく、「秦王、安城侯姚嵩《ようすう》[75]に答ふる書の末章に云はく、「諸家、第一義諦を通じて、皆な廓

63　慢幢　高慢な心を幢（はたぼこ）に喩えたもの。
64　廓然無聖　本則の中の達磨の言葉（前注参照）。
65　鐔津集　20巻。北宋の禅僧、仏日契嵩（1007‐1072）の詩文集。鐔津は、契嵩の出身地。
66　『真諦無聖論』　前注『鐔津集』巻3所収。
67　真諦　仏教の究極の真理のこと。第一義諦・勝義諦とも言う。世俗的な真理（俗諦・世俗諦）に対して、あらゆるものに固定的な本性がない（空である）という真理のこと。
68　余が　『真諦無聖論』には「余」ナシ。ただし、「謂はゆる（所謂）」の直前の文は、原文では「是亦宜爾」であり、「爾」の略体「尓」を「余」と誤判読したのではないかと疑われる。
69　廓然空寂　からりとして、何物もないこと。覚り・涅槃の境地の表現。この前後の表現は、後段に見えるように、僧肇の『肇論』「涅槃無名論」第二をふまえる。
70　秦人　姚興のこと。後述の『肇論』からの引用文を参照。
71　太甚逕庭不近人情　逕庭（けいてい）は、へだたり、相違、懸隔をいう。不近人情は、人情に合わない。常軌から外れることをいう。『荘子・逍遙遊』に「大有逕庭、不近人情焉」。
72　肇法師　僧肇（374‐414）のこと。中国後秦の僧。京兆（西安）の人。鳩摩羅什の門下の四哲の一人で、鳩摩羅什の訳経を助けた。
73　『涅槃無名論』　中国東晋の僧、僧肇が書いた『肇論』の中に含まれている四つの論（『物不遷論』『不真空論』『般若無知論』『涅槃無名論』）の中の一つ。
74　表　「表」は皇帝に上申する文書のことで、ここでは『涅槃無名論』に付された僧肇から後秦の皇帝・姚興に奏上した表のこと。
75　姚嵩　姚興の弟。（?‐416）『涅槃無名論』に付された「表」によれば、僧肇は姚興が姚嵩に対して涅槃の意味を説いた書を目にして、その趣旨に感服して『涅槃無名論』を作成したという。

然空寂にして聖人有ること無しと云ふ。吾れ[76]常に以て乖殊と為す。太甚《はなは》だ逕庭にして、人情に近からず。若し聖人無くは、無と知る者は誰ぞ」と。実に明詔[77]の如し。夫れ道は恍惚窈冥にして、其の中に精有り。若し聖人無くは、誰か道と游ばん。幸いに高判[78]に遭ひて、宗徒、蔚《うつ》として玄室に登る[79]。真に謂ひつ可し、法輪再び閻浮《えんぶ》[80]に転じ、道光重ねて千歳に暎《うつ》す者たり」[81]〉。是れ亦た未だ其の旨を諭さざるなり」[82]。議して云はく、蓋し聞く、嵩公[83]嘗て欧陽脩[84]が韓昌黎[85]が仏を排し僧を陵《あなど》るを慕ふと、

76　吾れ　姚興のこと。
77　明詔　英明な詔。『史記・蘇秦列伝』に「臣請令山東之國奉四時之獻、以承大王之明詔」。
78　高判　見事な判定。先の「明詔」と同様、姚興の発言を称賛する表現。
79　蔚登玄室　「蔚」は一団をなしてならぶさま。「玄室」は、墓の中、棺をいれるへやの意味があるが、ここでは、仏教の奥深い教えを指す。塚本善隆編『肇論研究』では、この「蔚登玄室」の訳を「きそっておくふかい室（仏道の深奥）にまで登る」としている（『肇論研究』、法藏館、一九五五年、五十八頁）
80　閻浮　閻浮提の略。（梵語）Jambudvipa. の音写。古代インドの世界観で、世界の中心にある須弥山のまわりをめぐる四つの洲のうち南方海上にあるものをいう。人間の住む世界で、もとインドの地を想定したもの。
81　「諸家……者たり」　『肇論』「涅槃無名論第四」の表上秦主姚興からの引用。「論末章云、諸家通第一義諦、皆云廓然空寂、無有聖人。吾常以為太甚徑庭、不近人情。若無聖人、知無者誰。實如明詔、實如明詔。夫道、恍惚窈冥、其中有精。若無聖人、誰與道遊。諸學徒、莫不躊躇道門、怏怏此旨、懷疑終日、莫之能正。幸遭高判、宗徒幰然、扣關之儔、蔚登玄室。真可謂法輪再轉於閻浮、道光重映於千載者矣。」（大正蔵45巻157b14-21）。
82　「真諦とは……諭せざるなり」　『真諦無聖論』の引用（大正蔵52巻664b12-27）。途中、「実に詣る」から「余が謂はゆる」の間に中略がある。また、割注は鳳潭による補足。
83　嵩公　契嵩のこと。
84　欧陽脩（1007-1072）。中国北宋の政治家であり、仁宗・英宗・神宗に仕えた。詩人、文学者、歴史家でもある。韓愈の主張に賛同し、排仏論『本論』を著している。
85　韓昌黎　韓愈（764-824）のこと。昌黎は出身地に由来する通称。唐の憲宗元和十四年（819）に、仏の舎利（遺骨）を祀ることを批判した「論仏骨表」を上奏したため、憲宗の逆鱗にふれ左遷される。詩人・散文家として有名であるが、「原

及び泰伯[86]が輩とを慨き、『正宗記』[87]并びに定祖の図[88]を撰して、以て伝記の差誤を正し、兼て『輔教篇』[89]を註して以て儒釈脗合《ふんごう》[90]することを論ず[91]

人」など儒教思想にもとづく文により、宋学の先駆者ともされる。

86　泰伯　李覯（1009-1059）のこと。泰伯は字。北宋の文人・学者。

87　『正宗記』　契嵩の著作『伝法正宗記』9巻と『伝法正宗論』2巻のこと。本文にあるとおり、禅宗の師弟関係・伝記を論じたもの。北宋の仁宗に献上され、大蔵経に収められた。

88　定祖の図　契嵩の著作『伝法正宗定祖図』一巻のこと。釈尊から始まる禅宗の師弟関係を示したもの。大正蔵図像部第10巻1409頁以下に仁和寺所蔵本の図像が収録されている。

89　輔教篇　契嵩の著作。『鐔津文集』巻一から巻三に収める。

90　儒釈脗合　「脗」は「ぴったり合う」の意。儒教と仏教が完全に一致すること。

91　崇公……論ず　『釈氏稽古略』巻4、嘉祐三年の項に「是時歐陽文忠公修慕韓文公昌黎排佛。盱江李泰伯亦其流。師乃携所業謁泰伯。以論儒釋脗合。且抗其説。泰伯愛其文之高。服其理之勝。因致書譽師於文忠公。既而師居杭州靈隱。撰正宗記定祖圖。至是嘉祐三年。齎往京師。經開封府。投状府尹王公素仲儀。以箚子進之曰。臣今有杭州靈隱寺僧契嵩。經臣陳状稱。禪門傳

と。仍て虚誉を世の儒士に取て、以て明教大師[92]の号を旌《あらわ》す。今を将《もっ》て之を眷《かえりみ》るに、外、法門を匡持するに於いて、其の微勲無きに非ずと雖も、内、実理を判断するに及んで、多く円融の旨を昧《くらま》す。惜しき哉、維《こ》れ時は、四明の後に出づと雖も、尚ほ山外《さんげ》にすら譖《しん》せらるるは何ぞや。今試みに反質す。偏に真諦を指して、以て絶待と為す。聖人神智は有為を権と言ふ。是の故に、「廓然空寂にして聖人有ること無き、謬と為す可からず」[93]とは、嗟乎、錯の焉《これ》より大

法祖宗未甚分明。教門淺學各執傳記。古今多有爭競。故討論大藏經。備得禪門祖宗所出本末。因刪繁撮要。撰成傳法正宗記一十二巻并畫祖圖一面。以正傳記謬誤。兼註輔教編四十篇」（大正蔵49巻869c3-14）とあるのによる。

92　明教大師　『伝法正宗記』などが大蔵経に収められた際、契崇に与えられた称号。この前後の記述は『釈氏稽古略』巻4「於是朝廷旌以明教大師號」（大正蔵49巻869c22-23）による。

93　偏に真諦を……可からず　『鐔津文集』巻第3「真諦無聖論」「眞諦者何。極妙絶待之謂也。聖人者何。神智有爲之謂也。有爲則以言乎權。（中略）所謂第一義諦廓然空寂。無有聖人孰爲繆乎」（大正蔵52巻664b12-25）の取意。

なる莫し。蓋し秦人の妙旨を失するが如きは、曽て円頓性具を明らめざるを以ての故に宜《むべ》たり。反て之を正すに至ては、尚ほ莽鹵《ぼうろ》なるは、烏《いずくん》ぞ傷まざらんや。若し円極を明かさば、則ち真俗・智惑・縛脱は同源なり。之を絶待・中道・第一義諦と謂ふ。若し真諦を単提して以て絶待廓然空寂と為し、神智有為聖人有ること無しと謂はば、此れ尚ほ未だ相待妙の意を解せず。何に況や絶待をや。凡夫弥勒[94]、無明性悪[95]、総《すべ》て会せずんば、則ち詎《なん》ぞ他家の腹を捧《かか》へて大に笑ふことを免かれんや。

【単伝心印、不立文字、直指人心、見性成仏[96]。】議して云はく、志磐[97]が『統紀[98]』に曰はく、「直指人心・見性成仏、至れるかな。斯れ吾が宗の観心の妙旨なり。之を教外別伝と謂ふは、豈に果して此を外にして教と為《せ》ん。誠に此の道、心を以て宗と為し、言説の相を離るるに由るが故に、強ひて此の方便の談を為すのみ。然らざれば、何を以てか楞伽を出だし示

94　凡夫弥勒　法蔵『大乗起信論義記』巻中本「謂一如來藏心含於二義。一約體絶相義。即眞如門也。謂非染非淨。非生非滅。不動不轉。平等一味。性無差別。衆生即涅槃。不待滅也。凡夫彌勒同一際也」（大正蔵44巻251b26－29）をふまえる。

95　無明性悪　無明は輪廻の苦を生み出す根本の迷い。性悪は、仏を含むあらゆる衆生が本性として悪道の状態をそなえているということ。天台宗山家派の根本思想の一つ。鳳潭『華厳五教章匡真鈔』巻5にも「若含圓意。總約本末。如台家云性修不二。本是眞源。法爾性德。理具三千。無明性惡。佛性之異名也」（大正蔵73巻417a20－22）とある。

96　単伝心印……見性成仏　本則評唱「達磨遙觀此土有大乘根器。遂泛海得得而來。單傳心印。開示迷塗。不立文字。直指人心。見性成佛」（大正蔵48巻140a28－b2。岩波本38－39頁）。

97　志磐　生没年不明。13世紀頃南宋時代の天台宗の僧。仏教通史である『仏祖統紀』の著者。

98　『統紀』　『仏祖統紀』のこと。宋・志磐撰、全54巻。咸淳五年（1269）成立。中国天台の立場から編んだ仏教史書。中国正史に倣って本紀・世家・列伝・表・志という構成となっており、釈尊から中国天台諸師に繋ぐ通史となっている。『正蔵』49巻に所収される。

して、教を覧て心を照せしむるや」[99]。今謂はく、此の数言、本より祖師の語に非ず。而も後の禅徒の附託する所、仏を陵蔑し祖を誇厳するの僻源なり。後の禅和《ぜんな》[100]、其の偏を暁《さと》らずして、錯りて口実と為す。夫れ心印は、単提《たんてい》す可きに非ず。文字葛藤、皆な第一義なり。奚《なん》ぞ不立と為んや。臨済云はく、「手に在りて執捉し、口に在りて談論す」[101]。況や終日説いて即ち黙し、終日黙して即ち説く[102]。説黙不二・帝

99 「直指人心……照せしむるや」『仏祖統紀』巻29「諸宗立教志」第十三（達磨禅宗）「直指人心見性成佛。至矣哉。斯吾宗観心之妙旨也。謂之教外別傳者。豈果外此爲教哉。誠由此道以心爲宗離言説相故。強爲此方便之談耳。不然何以出示楞伽令覽教照心耶」（大正蔵49巻291a5－9）。

100 禅和　禅の修行者のこと。

101 「手に在りて……談論す」『臨済録』「心法無形通貫十方。在眼曰見。在耳曰聞。在鼻嗅香。在口談論。在手執捉。在足運奔。本是一精明。分爲六和合」（大正蔵47巻497c4－6）。

102 終日説いて……説く　智顗『摩訶止観』巻第4下「即世諦是第一義諦。當知終日説終日不説。終日不説終日説。終日雙遮終日雙照」（大正蔵46巻55a18－20）をふまえる。

網無礙なるをや。故に道《い》ふ、我が這裏《しゃり》、嫌ふ底の法無し[103]と。文字般若性則解脱[104]、無住の立法[105]、又た何ぞ外ならんや。元と自《おのづか》ら曲らず。那ぞ直指することを藉《か》らん。但だ万法惟心なるのみにあらず。亦た即ち惟だ一色なり[106]。心は即ち万法なり[107]。自己

103 嫌ふ底の法無し　『臨済録』「約山僧見處。勿嫌底法」（大正蔵47巻498c25－26）。

104 文字般若性則解脱　灌頂編『国清百録』巻第3「皇太子敬靈龕文」第七十五「無離文字。以求解脱。文字之性即解脱也」（大正蔵46巻813c6－7）をふまえるか。

105 無住立法　鳩摩羅什訳『維摩詰所説経』「観衆生品」第7「従無住本立一切法」（大正蔵14巻547c22）をふまえる。

106 但だ……一色なり　色（目に見えるもの）と心は一体不二なので、万法唯心である以上、万法唯色でもあるということ。湛然『止観義例』「又亦先了萬法唯心。方可觀心。能了諸法則見諸法唯心唯色」（大正蔵46巻452a23－24）、知礼『観無量寿仏経疏妙宗鈔』巻3「色能造心色具於心。唯是一色耶。須知萬法唯心。尚兼權教他師皆説。一切唯色但在圓宗」（大正蔵37巻219b7－9）などによる。

107 心は即ち万法なり　『四明尊者教行録』巻2「修懺要旨」に「今觀諸法即一心一心即諸法」（大正蔵46巻870b5－6）とあり、

に転帰する[108]ことを待たず。則ち必ずしも人心に限るべからず。爾れば華厳に説けり、「衆生、本来、菩提心を発し、菩薩の行を修し、正覚を成じ竟る」[109]と。然るときは則ち、今方に始めて、見性成仏と曰ふは、此れ豈に、徒《いたづら》に迷に就いて物に逗《づ》する[110]、石女、児を生ずる[111]権浅の方便に非ずや。当に知るべし。磐が如き、且く与へて[112]而も媚ぶるなり。

【武帝[113]嘗て袈裟を披して、自ら『放光般若経』[114]を講じ、天華乱墜し、地の黄金と変ずることを感得

『宗鏡録』巻78に「是知一心即萬法。萬法即一心」（大正蔵48巻846a16-17）とある。

108　自己に転帰する　『景徳伝灯録』巻6（百丈慧海条）に「皆須宛轉歸就自己」（大正蔵51巻250c9）とあり、『碧巖録』には以下のようにある。第2則「百丈道一切語言。山河大地。一一轉歸自己」（大正蔵48巻142b26-27）、第39則「百丈道。森羅萬象。一切語言。皆轉歸自己」（大正蔵48巻177b25-26）、第89則「百丈云。一切語言文字。倶皆宛轉歸」（大正蔵48巻214a4）。

109　「衆生……竟る」　佛駄跋陀羅訳『大方広仏華厳経（六十華厳）』巻第35「宝王如来性起品」第三十二之三「佛子。如來身中。悉見一切衆生發菩提心。修菩薩行成等正覺。乃至見一切衆生寂滅涅槃。亦復如是」（大正蔵9巻627a1-3）の取意。

110　迷に就いて物に逗する　迷いの立場に立って、衆生（物）に応対する、の意。鳳潭『華厳五教章匡真鈔』巻7に「佛祖正要就迷點示衆生。所以多約有情之心。示佛性遍。又欲從於近要。成内観義故。且約惟心而説」（大正蔵73巻506c10-13）とある。

111　石女、児を生ずる　不妊の女性が子を産むことで、あり得ないこと、不合理なことのたとえ。『瑜伽師地論』巻57「石女生兒無有是處」（大正蔵30巻613b24）。『五灯会元』巻14（芙蓉道楷条）「青山常運歩。石女夜生兒」。

112　与へて　「与える」は、いったん相手の言い分を許容して、広い立場から論じること。「奪う」（厳格な立場から論じる）の反対。

113　武帝　梁の武帝、蕭衍（464-549、在位502-549）。仏教への信仰篤く、自らも仏典に注釈を施し、また菜食や戒律を堅持するなど、「皇帝菩薩」と呼ばれる。

114　『放光般若経』　西晋の無羅叉訳（大正蔵8巻所収）。梵本『二万五千頌般若』の漢訳。竺法護訳『光讃経』、鳩摩羅什訳『摩訶般若波羅蜜経（大品般若）』は異訳。

す[115]。】議して云はく、梁の陸雲[116]が「御講般若経の序[117]」に〈『広弘明』に載す〉曰はく、「爰《ここ》に大同七年[118]〈三月十二日〉、金字の般若三慧経を華林園[119]の重雲殿に講ず。凡そ講ずること二十三日にして、宮中の仏像、光を放ち、大地、震動す〈蕭《しょう》子顕[120]が

115　武帝……感得す　本則評唱「武帝嘗披袈裟。自講放光般若經。感得天花亂墜地變黃金」（大正蔵48巻140b6-7。岩波本39頁）。

116　陸雲　陸雲公のこと（511-547）。梁の官僚・文人。『広弘明集』では巻18「梁陸雲述御講金字波若序」（大正蔵52巻221b26）、巻19「述御講波若序　梁陸雲」（大正蔵52巻231b15-16）とあり、「陸雲」と称している。

117　御講般若経の序　『広弘明集』巻19にある「御講波若経序」（『大正蔵』52、235中-236中）のこと。

118　大同七年　541年。南北朝時代の南朝梁において武帝蕭衍の治世の時の5番目の元号。

119　華林園　華林園については、村上嘉実「六朝の庭園」（『六朝思想史研究』平楽寺書店所収）の中に詳細な研究がなされている。

120　蕭子顕　（487年-537年）は、中国の南朝梁の歴史家・文学者。『二十四史』の中の『南斉書』を撰述した。伝記は『梁書』巻35 列伝第29、『南史』巻42 列伝第32。

御講の序[121]に曰はく、「日、三七に盈《み》ち、解講の辰《とき》に至りて、正殿十方の大像、忽ち光明を放ち、毫間より起て、卍字の左右に遍じ、霊相炳発す」[122]〉。夜は雨、朝に霽《は》れ、淑気[123]、華を妍し、氛氳《ふんうん》[124]たる異香あ

121　御講の序　『広弘明集』巻19「御講金字摩訶般若波羅蜜経序」のこと。

122　「日、三七……炳発す」　『広弘明集』巻19「御講金字摩訶般若波羅蜜經序」「時過兩旬日盈三七。陽和協度雲景禎祥。至解講之辰四衆雲集。儭禮栽畢而正殿十方大像忽放光明。起自毫間遍於萬字左右。靈相炳發金儀炫燿」（大正蔵52巻237a22-26）。「萬字」は明本では「卍字」。

123　淑気　新春のめでたくなごやかな雰囲気。

124　氛氳　気の盛んなさま。

り[125]。〈又た、顗[126]が序に云はく、「大通七年[127]二月二十六日、輿駕《よが》、同泰寺[128]に幸《みゆき》し、発講、無遮大会を設け、万騎千乗、天楽梵音あり。龍袞《りゅうこん》[129]、御を輟《とど》め、法服尊臨す。皇太子王侯より已下六百九十八人、僧正・衆学一千人、其の餘、僧尼・男女・道士・諸国の使など三十一万九千六百四十二人」[130]〉。有るが云はく、諸伝記を考ふるに、恐らくは、『放光般若』に非ざらんか。今案ずるに、梁の都講・枳園寺の法彪[131]

125　「爰に……異香あり」　『広弘明集』巻19「御講波若経序」「御講説斯經。有詔許焉。爰以大同七年三月十二日。講金字波若波羅蜜三慧經於華林園之重雲殿。（中略）凡講二十三日。自開講迄於解座。日設遍供普施京師。（中略）靈異雜沓不可思議。一則宮中佛像悉放光明。二則大地震動備諸踊沒。三則夜必澍雨朝則晴霽。淑氣妍華埃塵不起。（中略）八則氛氳異香從風滿觸。九則鏗鏘雅樂自然發響。十則同聲讃善遍於虚空」（大正蔵52巻235c6-236b9）。

126　顗　蕭子顗のこと。

127　大通七年　大通は、南北朝時代、南朝梁の武帝蕭衍の治世に行われた3番目の元号で、527年から529年である。その次の年号が、中大通で、529年から534年である。ここの「大通七年」は、次注に見るように中大通五年（533年）が正しい。次注に引いた「御講金字摩訶般若波羅蜜経序」の中の「中大通五年」は宋・元・明の三本では「中大通七年」となっており、鳳潭は直接には明本に依拠して「（中）大通七年」と表記している。

128　同泰寺　現在の南京市玄武区にある寺で、現在名は鶏鳴寺。東晋の永康元年（300年）に創建され、南朝梁の大通元年（527年）に同泰寺と命名された。『梁書』巻第三「本紀第三武帝下」の中大通五年の条に、「二月癸未、行幸同泰寺、設四部大會、高祖升法座、發金字摩訶波若經題、訖于己丑」とある。

129　龍袞　龍の刺繍のある、皇帝の礼服。転じて、皇帝自身のこと。

130　「大通七年……四十二人」　『広弘明集』巻19「御講金字摩訶般若波羅蜜経序」「以中大通五年太歳癸丑二月己未朔。二十六日甲申輿駕出大通門幸同泰寺發講。設道俗無遮大會。萬騎龍趨千乘雷動。天樂九成梵音四合。震震填填塵霧連天。以造于道場而建乎福田也。既而龍袞輟御法服尊臨。（中略）自皇太子王侯以下侍中司空袁昂等。六百九十八人。其僧正慧令等義學僧鎮座一千人。晝則同心聽受。夜則更述制義。其餘僧尼及優婆塞優婆夷衆男官道士女官道士白衣居士。波斯國使。于闐國使。北館歸化人。講肆所班供帳所設。三十一萬九千六百四十二人」（大正蔵52巻236c16-237a7）。

131　法彪　『広弘明集』巻第19「御講金字摩訶般若波羅蜜経序」「都

の発題の義に云はく、「『放光』は即ち是れ『大品』なり。『光讃』『道行』も『放光』と殊なること無し」[132]。『大品』の名は、是れ道安法師、経を出だして後の事なり。〈道安云はく、「昔、漢陰[133]に在りて十有五載、『放光経』を講ず」と。爾《そ》の時猶ほ未だ名づけて『大品』と為さず〉[134]。此に准ずるに、亦た妨げ無き

講枳園寺法彪唱曰。摩訶般若波羅蜜經」（大正蔵52巻２３８ａ12）による。

132　「『放光』は……こと無し」　『広弘明集』巻第19「御講金字摩訶般若波羅蜜經序」「此土有光讃放光道行三經。放光即是大品。光讃道行與放光無殊。正以詳略爲異」（大正蔵52巻２３８ｂ６－７）による。「放光」「大品」「光讃」については、注１１４「放光般若経」参照。「道行」は、後漢の支婁迦讖訳『道行般若経』のこと。梵本『八千頌般若』の漢訳で、曇摩蜱・竺仏念訳『摩訶般若鈔経』、鳩摩羅什訳『摩訶般若波羅蜜経（小品般若）』は異訳。

133　漢陰　漢陰県は現在の中華人民共和国陝西省安康市に位置する県。

134　『大品』の名は……と為さず　『広弘明集』巻第19「御講金字摩訶般若波羅蜜經序」「以是義故知。道行經即是小品。大品之名是道安法師出經後事。道安云。昔在漢陰十有五載。講放光經歳常再過。爾時猶未名爲大品」（大正蔵52巻２３８ｂ26－29）。道

なり。然るに祇《た》だ光を放ち、地震すること有りて、黄金と変ずる説無し。但だ「淑気、華を妍し、異香あり」の言有りて、天花乱墜することを感ずること無ければ、則ち知りぬ、実に過ぎて誕[135]なり。

【帝は、婁約《るやく》法師[136]・傅《ふ》大士[137]・昭明太子[138]と与《とも》に、真俗二諦を持論す[139]。】　議して云はく、之を史伝に

安の発言は『出三蔵記集』巻第８「摩訶鉢羅若波羅蜜経抄序」（道安）「昔在漢陰十有五載。講放光經歳常再遍」（大正蔵55巻52ｂ10）による。

135　誕　「いつわり」「でたらめ」の意。

136　婁約法師　次に出る慧約のこと（注１４０）。『仏祖統紀』には「約姓婁。世稱婁約法師」（大正蔵49巻３５０ａ20）とあり、俗姓の婁にちなんで「婁約法師」と呼ばれたとする。

137　傅大士　本名は傅翕（ふきゅう、４９７－５６９）、善慧大士と号し、斉の東陽の人、中国南北朝時代の在俗仏教者。

138　昭明太子　南朝の梁の武帝の皇太子蕭統（５０１－５３１）のこと。『文選』の編纂で有名。父の武帝よりも先に先立った。昭明太子は諡名。

139　帝は……持論す　本則評唱「帝與婁約法師傅大士昭明太子。

覈《しらぶ》るに、智者慧約[140]は曽て大同元年[141]に已に順化し去ること有りて、傅大士は、中大通六年[142]に至りて、始めて建康[143]に到る。大同五年[144]に再び都に入り、帝召して壽光殿に見《まみ》えて、共に真諦を論ず。故に知る、同時に非ざるなり。

【教中の説に拠らば、真諦は非有を明かし、俗諦は非無を明かす。真俗不二は、即ち聖諦第一義、此れは是れ教家の極妙窮玄の処なり。[145]】議して云はく、是れ三論宗[146]の隔別の諦理[147]にして円教の家の極妙玄

持論眞俗二諦」（大正蔵48巻140b13-14。岩波本40頁）。

140　智者慧約　智者は、智者寺のこと。慧約は、又は恵約とも言う（452〜535）。南朝梁武帝の国師。『釈氏稽古略』巻2（『大正蔵』49、796中-下）に伝記がある。

141　大同元年　西暦535年。大同は南朝梁・武帝の時代の年号（535〜546大同12年）。正月に中大通六年より改元。大同元年に慧約が亡くなったことは、前注で示した『釈氏稽古略』の記述にある。

142　中人通六年　西暦535年。正月に大同に改元（前注参照）。以下の傅大士の事績は、『釈氏稽古略』巻2に「傅大士　齊明帝建武四年五月八日生婺州義烏縣雙林郷傅宣慈家。名翕。字玄風。號善慧。（中略）中大通六年大士遣弟子傅暀詣闕奉書。有詔赴闕。閏十二月到建康。帝聞大士神異。預鎖諸門。大士以木槌扣一門諸門悉啓。直入善言殿。帝問師事從誰。答曰。從無所從。師無所師。事無所事。帝爲設食竟。上鍾山定林寺。詔令資給。大同五年大士再入都。三月帝召見壽光殿。共論眞諦」（大正蔵49巻795b9-25）とあるのによる。傅大士が建康に到ったのは、閏十二月なので、厳密に言えば、中大通六年ではなく、大同元年。

143　建康　南朝梁の都。現在の南京。三国時代の呉以来、南北朝時代を通じて、南朝の歴代王朝が都とした。

144　大同五年　西暦339年。注141「大同元年」参照。

145　教中の……処なり　『碧巌録』「據教中說。眞諦以明非有。俗諦以明非無。眞俗不二。即是聖諦第一義。此是教家極妙窮玄處」（大正蔵48巻140b14-16）。

146　三論宗　竜樹の『中論』『十二門論』、その弟子である提婆の『百論』（いずれも鳩摩羅什訳）を依拠とする学派。隋から唐初にかけて活躍した吉蔵によって大成された。

147　隔別諦理　真諦（第一義諦）と俗諦（世諦）を別々のものとする三論宗の二諦説のこと。もっとも、吉蔵自身はそのような単純な理解はしておらず、鳳潭による決めつけである。

処に干《かか》はるに非らず。若し且く帝の時に就いて窮極の処と為すと謂はば、尚ほ可なるに似たるのみ。而も通漫[148]たり。実は、応に兼て諸教を摂して言ふべし。則ち甚だ不可なり。然るに、磐[149]が『通塞志』[150]の夾註に傅大士を除きて、余文一一、皆な此の処の評を挙ぐ[151]。乃至、「「帝、契はず」。円悟[152]云はく、

148　通漫　しまりがなく散漫なこと。

149　磐　志磐のこと。

150　『通塞志』　志磐の『佛祖統紀』は咸淳7年にまず40巻が完成し印刷されたが、その後宋末に編年体の中国仏教史である『法運通塞志』15巻を加えた55巻本が刊行された（會谷佳光「江戸時代における『仏祖統紀』の出版」『日本漢文学研究』（4）、75‐100参照）。

151　皆な此処の評を挙ぐ　『仏祖統紀』大通元年の条で以下のように、『碧巌録』の文を割注で挿入していることを言う。「大通元年〈即北魏孝明武泰元年。舊云普通者誤〉南天竺菩提達磨汎海至廣州。詔入見帝。問曰。如何是聖諦第一義〈圜悟碧岩集云。武帝與婁約法師昭明太子持論二諦。立眞諦以明非有。俗諦以明非無。眞俗不二是聖諦第一義〉。師云。廓然無聖〈圜悟云。達磨與他一刀截斷〉。帝曰。對朕者誰〈圜悟云。帝不省。却作人我見解〉。師云不識〈圜悟云達磨太殺慈悲〉。帝不契〈圜悟云帝不知落處〉。師遂渡江入魏〈圜悟云。後人傳折蘆渡江。未詳所出〉」（大正蔵49巻350a25‐b2）。「傅大士を除きて」とは、『仏祖統紀』に「武帝與婁約法師昭明太子持論二諦」とあり、現行『碧巌録』の同箇所（前頁参照）にある「傅大士」が除かれていることを言う。

152　円悟　以下の「帝は落処を知らず」と「後人の伝ふ、蘆を折りて江を渡るは未だ所出を詳らかにせず」は『仏祖統紀』に引用された『碧巌録』の中に見られる圜悟による著語（公案に対する寸評）であるが、現行の『碧巌録』ではそれぞれ「可惜許。却較些子」「這野狐精。不免一場懡㦬。從西過東。從東過西」（岩波本36頁）となっている。鳳潭はこれを志磐による改変であるとして非難しているが、『仏祖統紀』は現行本以前の古形を引用している可能性がある。なお、圜悟は円（圓）悟とも書く。

「帝は落処を知らず」。「遂に江を渡りて魏に入る」。円悟云はく、「後人伝ふ、蘆を折りて江を渡るは未だ所出を詳らかにせず」」。今、張が本を撿するに、折蘆の事無ければ、則ち改易すること著し。凡そ史筆を事とする者、直にして且つ正しきを以て其の材と称す。噫、磐が若《ごと》きは、安《いづくん》ぞ此の如く迂《う》なるや。

【一箭《せん》、尋常、一鵰《ちょう》を落す。更に一箭を加へて已に相饒《ゆる》す[153]。】議して云はく、此の頌、是《ぜ》に似て則ち非なり。千鈞の弩《ど》は、鼷鼠《けいそ》[154]が為に機を発せず[155]。夫れ射鵰《ちょう》[156]の大手、豈に鶉鷃《じゅんあん》[157]が与《ため》に箭を放つの理有らんや。前の箭、已に錯《あやま》る。後の箭、更に饒《ゆる》すことは、最も非ならずや。是れに繇《よ》りて当に知るべし。仏、阿含[158]を説く時、至浅の教と雖も、五人[159]は諦を見、八万[160]は無生忍[161]を証す。鹿苑、既に爾り。其の餘

153　一箭は……相饒す　本則評唱「端和尚有頌云。一箭尋常落一鵰。更加一箭已相饒」（大正蔵48巻140b28-c1。岩波本42頁）。「端和尚」は白雲守端（一〇二五～七二）。

154　鼷鼠　ハツカネズミ。

155　千鈞之弩不為鼷鼠発機　『三国志』「魏書　杜襲伝」にある「ハツカネズミを捕まえるのに大事な石弓を使う必要はない」ということわざ。「小さな事や些細な事を大袈裟にしない」「大志を抱いているなら軽はずみな行動はしない」という意味がある。

156　鵰　わし。タカ科の鳥。

157　鶉鷃　鶉はうずら。鷃はツグミ科に属するカヤクグリを指す。『小学紺珠』によると、六禽（雁、鶉、鷃、雉、鴿、鳩）の中の二つ。珍味とされている。

158　阿含　初期仏教において集成された釈尊の言行録。「阿含」はアーガマの音写で、聖典の意。大乗仏教の立場からは、小乗の経典と見なされる。

159　五人　釈尊が最初に教えを説いた阿若憍陳如ら五人のこと。釈尊は彼らに四諦の教えを説き、彼らは順次それを理解したという。この箇所は智顗『法華玄義』巻1上「雖五人證果、不妨八萬諸天獲無生忍」（大正蔵33巻683c20-21）などをふまえる。

160　八万　釈尊の最初の説法を聞いて、無生法忍を得た八万の神々（諸天）のこと。『大智度論』巻65に「轉法輪。八萬諸天得無生法忍」（大正蔵25巻517a24-25）とある。

161　無生忍　「無生法忍」の略。忍は認知の意。生じることも滅することもないという真理を認識すること。

の諸時も、会会の大機、虚しく漏泄《ろうせつ》すること無し。乃至、不可説塵数[162]の衆、獲益、唐戯[163]ならざるときは、則ち明らけし、祖師、牟尼[164]の万徳の一にも及ばざること、誠に必焉たるのみ。

【此の人の種族、姓は拓跋氏。後来、方に中国と名づく[165]。】〈元魏[166]の姓は、拓跋氏。其の祖、本《も》と北狄《ほくてき》[167]鮮卑山[168]の胡人なり。『唐書』[169]に曰はく、「党項は、

162　不可説塵数　表現できないほど膨大な数のこと。「塵数」は、世界を砕いてできた微塵（微粒子）の数のこと。

163　唐戯　むなしく虚妄であること。

164　牟尼　釈迦牟尼の略で、釈尊のことを指す。説法のたびに衆生に利益をもたらした釈尊に対して、祖師（菩提達磨のこと）の最初の答えは武帝を納得させず、さらに第二の問答を行っているので、菩提達磨は釈尊に大いに劣っていると鳳潭は論じている。

165　此の人の……名づく　「此」は正しくは「北」（ただし大正蔵の底本のように「此北」とする本もある）。本則評唱「時魏孝明帝當位。乃此北人種族姓拓跋氏。後來方名中國」（大正蔵48巻１４０ｃ３-４。岩波本43頁）。

166　元魏　中国南北朝時代の北朝の北魏（３８６-５３４）のこと。本文にあるように、王室の氏姓である「拓跋」を中国風に「元」と訳したので、「元魏」とも言う。

167　北狄　狄は、古代の中国から見て、四方に居住していた異民族に対する総称（蔑称）である四夷（東夷、北狄、西戎、南蛮）の一つ。北方の異民族である匈奴（きょうど）・鮮卑（せんぴ）・韃靼（だったん）などを卑しんで呼んだ呼称。

168　鮮卑山　鮮卑民族が由来する場所。場所の特定は確定されていない。研究者によって、洮兒河より南、大興安嶺南麓、または、大興安嶺北部などの説がある。川本芳昭「三国期段階における烏丸・鮮卑について」『国立歴史民俗博物館研究報告』第１５１集、64頁、張超『消失的古國』２２３-２２４頁など参照。

169　『唐書』　唐の正史。『旧唐書』と『新唐書』がある。以下の記述は『新唐書』巻１４６（西域上）の「党項」の記述「党項、漢西羌別種（中略）北吐谷渾。處山谷崎嶇（中略）故有細封氏、費聽氏、往利氏、頗超氏、野辭氏、房當氏、米禽氏、拓拔氏、而拓拔

西羌《せいきょう》[170]の別種。吐谷渾《とよくこん》[171]の南、山谷崎嶇《きく》[172]に処して、拓跋氏、最も彊《つよ》し」。秦漢の前は、未だ中国に通ぜず。曹魏の明帝[173]、景初[174]の年間に始めて之れと和親す。晋の初めに、拓跋猗盧《いろ》[175]といふ有り。出でて楼煩《ろうはん》[176]に居す。恵帝[177]の時、拓跋、代郡[178]に居し晋を佐《たす》くること有りて代王に封ぜらる。東晋の時に、渉珪《けい》[179]即ち魏の太祖、代王の位に即《つ》き、尋《つ》いで改めて魏王と称し、都を雲中[180]に遷し、皇帝の位に

最強」による。

170　西羌　古代より中国西北部に住んでいる民族。『後漢書』西羌伝では「羌の源流は三苗、姜氏の別種」とある。

171　吐谷渾　四世紀から七世紀まで現在のチベット青海地方にあった国家。中国の西晋時代に遼西の鮮卑慕容部から分かれた吐谷渾という人物が、羌というチベット系民族を従えて成立した国家。青海一帯を支配して栄えたが、チベット民族の吐蕃に滅ぼされた。

172　崎嶇　険しいこと。

173　曹魏明帝　曹叡（202年或いは204或いは206-239）のこと。三国時代の魏の第2代皇帝（在位226-239）のこと。

174　景初　三国時代の魏の年号　237年-239（景初3年）。

175　拓跋猗盧　?-316。鮮卑族拓跋部の大人（部族長）であり、五胡十六国時代の代国の初代の王（在位315-316）。父は拓跋沙漠汗。兄は拓跋猗㐌、弟は拓跋弗。北魏の道武帝より穆皇帝と追謚された。劉琨と協力し、晋朝復権を助けた。

176　楼煩　楼煩県は中華人民共和国山西省にかつて存在した県。楼煩はまた、現在の中国山西省・オルドス地方一帯に居住していた匈奴の祖先の一つと見られている古代の民族やその国家も指す。

177　恵帝　在位290-307。西晋の第2代皇帝。諱は衷、字は正度。正式な諡号は孝恵皇帝だが、一般的に恵帝と呼称される。

178　代郡　現在の山西省北部大同市の一部。

179　渉珪　拓跋珪の別名。中国北朝北魏の初代皇帝の道武帝のこと。鮮卑族拓跋部の創始者・拓跋力微の玄孫。

180　雲中　現在の山西省北部大同市の一部。北魏の都の平城を含む地域。

即く。珪が長子嗣[181]、嗣が子燾《とう》[182]立つ。次に濬《しゅん》[183]、次に弘[184]、位を子の宏に遜《ゆず》る。即ち高祖孝文帝[185]なり。都を洛陽に遷し、胡の衣冠を去り虜語を絶す。華風を尊び、始めて袞冕《こんべん》[186]を服す。太和二十年[187]に、北

181 嗣　拓跋嗣（３９２-４９３）。北魏の第二代皇帝・太宗明元帝（在位４０９-４２３）のこと。道武帝の長男。
182 燾　拓跋燾（４０８-４５２）。北魏の第三代皇帝・世祖太武帝（在位４２３-４５２）のこと。明元帝の長男。
183 濬　拓跋濬（４４０-４６５）。北魏の第四代皇帝・高宗文成帝（在位４５２-４６５）のこと。太武帝の皇太子であった拓跋晃（４２８-４５１）の子。
184 弘　拓跋弘（４５４-４７６）。北魏の第五代皇帝・顕祖献文帝（在位４６５-４７１）のこと。皇興５年（４７１）、長安の拓跋宏に譲位した。
185 高祖孝文帝　北魏の第六代皇帝（在位４７１-４９９）。諱は拓跋宏または元宏（４６７-４９９）。
186 袞冕　袞衣と冕冠とからなる天子の礼服。皇帝の衣冠。
187 太和二十年　西暦４９６年。太和は北魏の元号で、４７７-４９９（太和23年）。

人は土を謂ひて拓と為し、后を跋と為《す》れば、魏は黄帝[188]の后と為る。土は黄、中、万物の元[189]。宜しく姓は元氏と改むべし。二十三年[190]に、帝殂《そ》[191]す。第二の子、恪立つ。即ち宣武帝[192]の景明元年[193]なり。三年[194]

188 黄帝　中国古代の伝説的な聖人である五帝の最初。漢民族の祖とされる。
189 土は……万物の元　中国の五行説（木火土金水を万物の構成要素とする説）では、土は黄色・中央に対応するとする。
190 二十三年　太和二十三年（４９９年）。翌年正月に景明に改元。
191 殂　貴人が亡くなること。崩御と同じ。
192 宣武帝　北魏の第七代皇帝（世宗。在位４９９-５１５）。諱は元恪（４８３-５１５）。孝文帝の次男（長男である元恂は謀叛の疑いで廃太子された）。
193 景明元年　西暦５００年。景明は北魏の元号で、５００-５０４（景明５年）。
194 三年　景明３年（５０２年）。

に、梁、斉の禅《ゆずり》を受く[195]。天監元年[196]なり。魏の延昌四年[197]に帝崩じ、子詡《く》立つ。即ち孝明帝[198]の熙平元年[199]、梁の天監十五年に当たる。十三年を過ぎて、魏の孝昌三年[200]即ち梁の大通元年なり、四年、帝、弑《しい》せらるるに遇ひて、年を永安[201]と改む。宣武[202]の子敬宗[203]立つ。梁の大通二年に当たる[204]〉。『伝

195　梁、斉の禅を受く　南朝の斉（南斉、蕭斉。479-502）の最後の皇帝・和帝（在位501-502）は、中興2年、梁・天監元年）、蕭衍（464-549）に禅譲を行い、蕭衍は梁（蕭梁。502-557）を建国し、皇帝となった（高祖武帝。在位502-549）。

196　天監元年　西暦502年。天監は梁の元号で、502（北魏・景明3年）-519（天監18年。北魏・神亀2年）。

197　延昌四年　西暦515年。延昌は北魏の年号で、512（梁・天監11年）-515（延昌4年。梁・天監14年）。

198　孝明帝　北魏の第8代皇帝（粛宗。在位515-528）。諱は元詡（510-528）。

199　熙平元年　西暦516年。熙平は北魏の年号で、516（梁・天監15年）-518（熙平3年。梁・天監17年）。

200　孝昌三年　西暦527年。梁の大通元年に当たる。孝昌は北魏の元号で、525（梁・普通6年）-528（孝昌4年。梁・大通2年）。

201　永安　北魏の年号。528（梁・大通2年）-530（永安3年・梁・中大通2年）。

202　宣武　正しくは「武宣」。次注参照。

203　敬宗　北魏の第9代皇帝（孝荘帝または武懐帝。在位528-530）。諱は元子攸（げんしゅう。507-531）。父親である元勰（げんきょう。彭城王）は献文帝の六男で孝文帝の弟。死後に「武宣」の諡号を授けられた。

204　元魏の姓は……当たる　以上の記述は『釈氏稽古略』巻2による。「元魏　姓拓跋氏。其祖本北狄鮮卑〈山名〉胡人也。秦漢之前。未嘗與中國通。魏明帝景初年間。始與之和親。晋初有拓跋猗盧。出居樓煩。惠帝太安二年乃拓跋祿官之九年也。拓跋居代郡。嘗佐劉琨拒石勒。晋封之爲代王。（中略）東晋武帝太元元年。盧孫拾翼渉珪。魏書云珪即太祖道武皇帝也。出據朔州東三百里築城邑號恒安。爲秦護軍故羈屬符秦。晋太元八年十一月符堅敗於晋。太元十一年春正月。珪乃大會部落宗族於牛川。即代王位。（中略）珪尋改稱魏王。丙申晋太元二十一年。珪始建天子旌旗出警入蹕。改年曰皇始。戊戌年遷都平城〈今西京路大同也。郡名雲中。單于臺白登在焉。冀域〉始營宮室。建宗廟立社稷。歳五祭宗廟。用分至及臘也。十二月珪即皇帝位。（中略）珪長子嗣殺紹而立。明元帝也。（中略）太子世祖太武帝燾立。（中略）皇孫高宗文成帝濬立。（中略）長子顯祖獻文帝弘立。在位五年。遜位于子宏。群臣上尊號曰太上皇帝。總軍國大事。高祖孝文帝宏即位。（中略）遷都洛陽。去胡衣冠。絶虜語。尊

灯』[205]『会元』[206]『続紀』[207]及び『勅修百丈清規』[208]、多く年数を誤る。故に具《つぶさ》に録するのみ。

華風。初服袞冕。（中略）太和二十年詔謂土者黄中之色。萬物之元。改姓元氏。壽三十三歳。第二子世宗宣武帝恪立。在位十六年。壽三十三。宣武第二子肅宗孝明帝詡立。在位十二年。壽十九。敬宗孝莊帝立。在位三年。壽二十四」（大正蔵49巻７９９b1‐c19）。

205 『伝灯』　『景徳伝灯録』のこと。中国・北宋に道原によって編纂された禅宗史書。全30巻。１００４年（景徳元年）に道原が朝廷に上呈し、楊億等の校正を経て１０１１年に続蔵に入蔵を許されて天下に流布するようになった。過去七仏から天台徳韶門下に至る禅僧その他僧侶の伝記を収録している。

206 『会元』　『五灯会元』（ごとうえげん）のこと。中国南宋１２５２年に成立、全20巻。大川普済によって撰述された禅宗の歴史書である。『景徳伝灯録』『天聖広灯録』『建中靖国続灯録』『聯灯会要』『嘉泰普灯録』という五つの灯史（禅宗史）を総合する意図で作成されたもの。

207 『統紀』　『仏祖統紀』のこと。注51「統紀」参照。

208 『勅修百丈清規』　元の順帝の勅によって、東陽徳煇の編集、笑隠大訢の校正で作成され、至元二年（１３３６）より至正３年（１３４３）の間に完成した禅宗教団の生活規範（清規）。唐代の百丈懐海（８４９‐８１４）が制定したとされる百丈清規（散逸）の精神にもとづくので、「百丈清規」と名づけられた。

【壁観婆羅門[209]。】南山[210]の『僧伝』[211]に、南天竺の婆羅門種[212]と云ふ。『開元録』[213]に、婆斯国[214]の人と云

209 壁観婆羅門　本則評唱「達磨至彼。亦不出見。直過少林。面壁九年。接得二祖。彼方號爲壁觀婆羅門」（大正蔵48巻１４０c４‐６。岩波本43頁）。

210 南山　終南山に居住していた道宣（５９６‐６６７）のこと。戒律研究の大家で、南山律宗の祖。『唐高僧伝』をはじめ多くの仏教史書を著している。

211 『僧伝』　道宣の『続高僧伝（唐高僧伝）』30巻のこと。慧皎（４９７‐５５４）の『高僧伝（梁高僧伝）』をうけ、梁代から唐初までの高僧約７００名の伝記を収めたもの。

212 南天竺の婆羅門種　『続高僧伝』巻16に「菩提達摩。南天竺婆羅門種」（大正蔵50巻５５１b27）とある。南天竺は、五天竺（東西南北と中央）のうちの南部、現在の南インドに相当する。婆羅門は、梵語ブラーフマナの音写で、カースト制度における祭祀者の家系。

213 『開元録』　仏教経典目録である智昇編『開元釈教録』20巻のこと。開元18年（７３０）以後成立。

214 婆斯国　ペルシア（現在のイラン）のこと。一般には「波斯国」と表記する。『開元釈教録』巻６に「時有西域沙門菩提達摩者。波斯國人也」（大正蔵55巻５４１c７‐８）とある。

ふ。若《も》し『宝林伝』[215]及び『正宗記』[216]『伝灯』等は、皆な「香至王の子、姓は刹利[217]」と曰ふ[218]。南印の何《いづ》れの国と言はず。香至王とは、餘伝に曽て無し。確定し叵《がた》きなり。

215　『宝林伝』　『大唐韶州双峰山曹侯渓宝林伝』のこと。智炬（または慧炬）によって撰述され、唐の貞元17年（801年）に成立した禅灯史である。全10巻であったが、巻七、九、十の三巻を欠く。また、現行の巻二は『聖胄集』によって補完されたものである。

216　『正宗記』　雲門下五世、仏日契嵩（1007-72）の著した『伝法正宗記』のこと。全9巻。嘉祐6年（1061）に成立し、翌年に仁宗に上進して入蔵を勅許された禅宗史伝の書の一つ。

217　刹利　インドのカースト制度におけるクシャトリヤのこと。武人の家系。

218　皆な……と曰ふ　『景徳伝灯録』巻3「第二十八祖菩提達磨者。南天竺國香至王第三子也。姓刹帝利」（大正蔵51巻217a9-10）、『伝法正宗記』巻5「菩提達磨尊者。南天竺國人也。姓刹帝利。初名菩提多羅。亦號達磨多羅。父曰香至。蓋其國之王。達磨即王之第三子也」（大正蔵51巻739b27-29）。現存の『宝林伝』巻8には単に「尒時菩提達摩者南天竺國王第三子」（大蔵経補編第14冊134上）とある。

【人伝ふ、「志公[219]は、天監十三年[220]に化し去る。達磨は、普通元年[221]に方《はじ》めて来たる。自《おのづ》ら七年を隔つ。何の故ぞ却《かえっ》て同時に相見すと道《い》ふ。此れ必ず是れ謬りて伝ふるならん」とは、伝中に載する所に拠るなり[222]。】議して云はく、諸の年表を稽《かんが》ふるに、互に相ひ錯乱す。正さざる可からず。今、「人伝」と云ふは、即ち『正宗記』を指す。彼、明拠無しと雖も、将に旧

219　志公　宝誌（または保誌。418-514）のこと。奇行や神異により知られる。

220　天監十三年　西暦514年。天監は注196「天監元年」参照。宝誌の没年は前注参照。

221　普通元年　西暦520年。普通は南朝・梁の元号で、520（北魏・正光元年）-527（普通8年。北魏・孝昌3年）。普通元年に菩提達磨が中国に来たというのは、以下に引用される『伝法正宗記』の説。

222　人伝ふ……拠るなり　『碧巌録』「人傳。志公天鑒十三年化去。達磨普通元年方來。自隔七年。何故却道同時相見。此必是謬傳。據傳中所載」（大正蔵48巻140c15-18。岩波本45頁）。なお、『碧巌録』の注釈書として知られる『碧巌録種電鈔』巻1（21ウ）では、最後の「伝」を『宝林伝』などを指すと解している。

の誤を辯ぜんとし、自ら之れを改正す。志公は乃ち天監十三年甲午の歳〈十二月六日[223]〉滅を示すこと、史伝不易の説なり。然るに『伝灯』『会元』には、実に普通七年[224]丙午の歳、達磨、南海に達す[225]。大通元年[226]丁未の歳、詔して帝に見《まみ》ゆ。是の年洛陽に届《いた》る[227]〈乃ち魏の孝明の孝昌三年に当たる〉。遂に大統

223　十二月六日　宝誌の命日が十二月六日というのは、『釈氏稽古略』巻2「至梁武帝天監十三年十二月六日入滅。壽九十三歳」（大正蔵49巻792b11-12）による。宝誌（保誌）についての最古の記録である梁・陸倕「誌法師墓誌銘」（『藝文類聚』巻77）や、『高僧伝』巻10「釈保誌伝」（大正蔵50巻394c21）では単に天監13年冬に亡くなったことが記されており、「史伝不易の説」という本文中の記述は誇張である。

224　普通七年　西暦526年。北魏の孝昌2年にあたる。普通については注221「普通元年」参照。

225　達磨、南海に達す　『景徳伝灯録』巻3「師汎重溟凡三周寒暑達于南海。實梁普通八年丁未歳九月二十一日也」（大正蔵51巻219a13-14）、『五灯会元』巻1「祖汎重溟。凡三周寒暑。達于南海。實梁普通七年庚子歳九月二十一日也（中略）（舊板年甲差誤。今依梁僧寶唱續法記宋嵩禪師正宗記前後改云）」（続蔵80巻42c3-7）とあり、本文中の記述と相違する。『五灯会元』の「庚子歳」は梁・普通二年にあたり、普通七年の干支とするのは誤り（割注で言うように、『伝法正宗記』を参照したため、干支の混同が起ったと思われる）。鳳潭がしばしば参照している『釈氏稽古略』巻2には「汎重溟。三週寒暑達于南海。當此梁普通元年九月二十一日也〈傳燈曰七年。今從正宗記〉」（大正蔵49巻797a4-5）とあり、鳳潭はこの割注の中の「傳燈曰七年」という記述に依拠しているのではないかと疑われる。

226　大通元年　西暦527年。普通7年の翌年。北魏の孝昌3年にあたる。大通は南朝・梁の元号で、527-529（大通3年、北魏・永安2年）。

227　詔して……届る　『景徳伝灯録』巻3では、到着した普通八年の十月一日に金陵（現在の南京）に到って武帝に会見し、同月十九日に江北にわたり、十一月二十三日に洛陽に到ったとし、その年を「後魏孝明太和十年」とする（大正蔵51巻219a16-b2）。『五灯会元』巻1でも同様の記述であるが、太和十年ではなく「魏孝明帝正光元年」（続蔵80巻42下14）としている。一方、『釈氏稽古略』では、一連の出来事を到着した年（普通元年）の「次年」のこととしており、「魏孝明帝正光二年」のこととしている（大正蔵49巻797a6-14）。注225で触れた『釈氏稽古略』の割注の指示にしたがって、「普通七年」を「普通元年」として、年紀を対応させると、本文の記述のとおりになる。

二年[228]丙辰の歳に至て〈九年面壁[229]〉、寂を示し西に帰る〈旧伝[230]、多く同じ〉。『正宗記』に曰はく、「普通元年[231]庚子の歳、広州に抵《いた》る。次の年〈普通二年辛丑の歳〉建康に至る。是の年、江北に之《ゆ》く。魏の孝明[232]の正光二年[233]に当たる。梁の大通二年[234]戊申の歳に至て長逝す。後ち三歳にして、魏、宋雲[235]を西域に使はす。手に隻履《せきり》を携ふるに遇へり[236]」。〈案ずるに『魏書』并びに『経目』、熙平元年丙申の歳、宋

228　大統二年　西暦５３６年。大統は西魏（北魏が５３５年に東西に分裂）の年号で、５３５（梁・大同元年）-５５１（大統17年。梁・天正元年）。

229　九年面壁　菩提達磨が少林寺に入って9年間にわたり壁に面して坐禅したこと。もともと菩提達磨の実践は「壁観」と称されていたが、これは「壁のように不動の心で行う禅観」の意であった。しかし、宋代に入る頃から、壁に面して坐禅したと解されるようになり、「面壁」という語が使われるようになった。「九年」という年数が明示されるのも宋代頃から。

230　旧伝　『伝法正宗記』以前の伝承の意。

231　普通元年　西暦５２０年。前注「普通元年」参照。

232　魏の孝明　北朝北魏の第八代皇帝・孝明帝のこと（５１０-５２８。在位５１５-５２８）。宣武帝の子。

233　正光二年　西暦５２１年。正光は北魏・孝明帝治世の元号。正光元年（５２０。神亀３年７月改元。梁・普通元年）～六年（５２５。６月改元、孝昌元年。梁・普通６年）。

234　大通二年　西暦５２８年。前注２２６「大通元年」参照。

235　宋雲　敦煌の人で、中国・北魏の官人。北魏孝明帝の神亀元年（５１８年）11月、霊太后胡氏の命を受け、崇立寺の沙門の恵生と共に西域に赴き経典を求め１７０部を将来した。『魏国以西十一国事』、『宋雲家記』などの著書があったとされる。伝記は、『洛陽伽藍記』巻五にある。

236　手に隻履……遇へり　「隻履」は、片方だけの履物の意。達磨が死んで三年後、北魏の宋雲が西域から帰る途中、死んだはずの達磨が自分の草履の片方を手にして西の方に帰るのに出会ったという。その不思議な話を聞いた魏の明帝が、あらためて達磨の墓を調べさせたところ、そこには草履が片方しか残っていなかった。『景徳伝灯録』巻3などに記される伝説。

雲を遣し、普通三年、壬寅の歳に回《かへ》りて洛陽に達すれば、則ち「後ち三歳」と云ふ。中大通二年に当たる、非なり。『統紀』に云はく、「大統元年に滅を示し、明年、使者宋雲、西域より還るに、師の手に隻履を携ふるに遇ふ。雲、西域より還るは、孝明の正光四年に当たる。今を距つること十三年たり。今恐らくは、曽て再び使ひするか。然らざれば、則ち別の一使人ならん。誤て書して宋雲と為すのみ」[237]とは、皆な典拠無きなり〉。『統紀』に曰はく、「大通元年に広州に至り、詔して入りて帝に見ゆ。〈「普通六年[238]、南海に達し、次の年詔して入て見ゆ」と云はざれば、

237　大統元年……為すのみ　『仏祖統紀』巻38「大統元年。〈中略〉十月五日端坐示滅。門人奉全身葬熊耳山定林寺。明年使者宋雲西域還。遇師手携隻履翩翩獨邁。雲歸爲言。門人啓壙視之。唯空棺隻履〈宋雲使西域。至孝明正光四年還國。據今十三年矣。今稱雲還遇達磨者。恐曾再使。不然則別一使人。誤書爲宋雲耳〉」（大正蔵49巻３５６ａ22-28）。

238　普通六年　西暦５２５年。

『伝灯』等と自づから別なれば、乃ち知る、九月、広州に至る。刺史蕭昂[239]迎へて表を以て奏し、次の年、帝、使を遣して迎へ請ふこと明著なれば、則ち磐[240]が謬りなり。磐、又た細書して云はく、「即ち北魏の孝明の武泰元年。旧に普通と云ふは、謬りなり」[241]。『達磨宗志』及び『禅苑』『伝灯』に並びに「大通元年、北魏の孝明の武泰元年」と云ふは、皆な磐が錯まりなり。此れ孝昌三年[242]に当たる。而して孝明の時、曽て武泰の号無し[243]。如何ぞ眼を開いて譫語を作《な》さ

239　蕭昂　４８３-５３５年。南朝梁の官僚・宗族。字は子明。広州刺史の時に、達磨が広州に至ると、達磨を出迎えて、梁の武帝にそのことを上表した。

240　磐　志磐のこと。

241　即ち北魏の……謬りなり　『仏祖統紀』巻37「大通元年〈即北魏孝明武泰元年。舊云普通者誤〉」（大正蔵49巻３５０ａ25）。

242　孝昌三年　西暦５２７年。注２００「孝昌三年」参照。

243　孝明の時……無し　孝明帝の治世の最後の年の正月から四月までは武泰（５２８）で、孝明帝は2月25日に崩御しているので、厳密に言えば、この記述は誤り。

んや。「旧に普通元年と云ふは謬りなり」とは、『正宗記』を斥くるも、是れ却て非なり。又た曰はく、「旧に普通八年と云ふは誤りなり」とは、此れ『伝灯』『会元』を斥く。八年は即ち元年なるのみ〉。是の年、魏に入りて嵩山[244]の少林寺に止まりて、面壁九年して乃ち禹門の千聖寺[245]に往きて滅を示す。即ち大統元年[246]なり」。〈『伝灯』に準ぜば則ち大通元年[247]十一月洛陽に届《いた》る。更に九年面壁の故に大統二年[248]に化し去ること是れなり〉。『勅修百丈清規』に曰はく、「梁の普通八年[249]丁未の歳、南海に至る。帝迎へ

244　嵩山少林寺　中国の河南省鄭州市登封にある中岳嵩山の少室山北麓にある寺院。

245　禹門千聖寺　洛陽龍門にあった寺院。嵩山少林寺を離れた達摩は、その後ここに来て講経したといわれる。

246　大統元年　西暦535年。

247　大通元年　西暦527年。

248　大統二年　西暦536年。大通元年（527）から9年後なので、大統二年（536）になる。

249　普通八年　西暦527年。

て、金陵に至る。是の年、江を渡て洛陽に届る。魏の孝明[250]の大（ママ）和十年[251]に当たるなり。太和十九年[252]丙辰の歳に至て逝す」とは、噫《ああ》、是れ妄記甚し。〈若し『伝灯』に同ぜば、応に「七年丙午に南海に至り、大通元年丁未の歳に建康に至り、詔して入りて帝に見ゆ、乃至、江を渡る」等と云ふべし。何ぞ八年と云ふや。若し『統紀』に同ぜば、応に「大通元年に南海に至り帝に見え江を渡る」と云ふべし。那ぞ「普通八」と云ふや。又た「太和十年」と云ふは、謬りの太《はなだ》し。此れは是れ三十八年已前、魏の孝文帝の時にして斉

250　魏の孝明　前注232「魏の孝明」参照。魏の孝明帝の治世は515年から528年の間で、この13年間の年号は、熙平（516年－518年）、神亀（518年－520年）、正光（520年－525年）、孝昌（525年－527年）、武泰（528年）。太和の年号は存在しない。本文にもあるとおり、太和十年（486）は孝文帝（467－499）の治世。

251　大和十年　「大」は正しくは「太」。

252　太和十九年　西暦495年。

の武帝[253]の永明四年[254]に当たる。更に十五年を過ぎて梁武始めて位に即くなり[255]。又た「太和十九年入滅」とは此れ斉の明帝[256]に当たり、梁未だ禅を受けず、達磨も未だ至らず。烏《いずくん》ぞ滅を示すこと有らんや。既に『伝灯』に異なり、『統紀』に同じからず。『正宗記』と更に大いに殊るなり。『勅修清規』尚ほ此くの若《ごと》く錯る。餘は則ち推す可し。諸の聚りて僻守すること誠に傷むべきかな」。世人の云ふが如く、「若し尽《ことごと》く書を信ぜば、書無きに如かず[257]」とは誠に以《ゆへ》有るなり。又た『統紀』に載す山外子昉[258]が伝に云はく、「早《つ》とに浄覚[259]に依れり。嵩明教[260]、禅経を拠として定祖の図を作す。『付法蔵』[261]を以て斥けて焚く可しと為す[262]。昉、『祖説』を作て、以て之を救す。

253 斉の武帝　南朝・斉の第2代皇帝（440−493、在位482−493）。

254 永明四年　西暦486年。永明は南朝・斉の年号。西暦483（北魏・太和7）−493（永明13。北魏・太和17）。

255 更に……即くなり　梁の武帝が、斉の和帝からの禅譲を受け、即位するのは、502年（天監元年）。

256 斉の明帝　南朝・斉の第5代皇帝（452−498。在位494−498）。

257 若し……如かず　本に書かれたことを盲目的に信じることをいましめる成語。『孟子』「尽心下」に「孟子曰、盡信書、則不如無書。吾於武成、取二三策而已矣。」とあるのに由来する。

258 子昉　生没年未詳。中国宋代天台宗の僧。号は普照。呉興（今の浙江省）の人。若くから出家し、浄覚仁岳（992−1064）について天台三観十乗の教を学ぶ。契嵩が二十八祖説を立て、『定祖図』を作り、『付法蔵因縁伝』の説を偽りとしたのに対し、子昉は、『祖説』を撰述して反論した。しかしその後、契嵩はすぐにまた、その伝写に誤りがあるとした。子昉はまた、『止訛』を撰述して契嵩の咎を責めた。『仏祖統紀』巻21（大正蔵47巻242上）参照。

259 浄覚　宋代天台宗の仁岳（992〜1064）のこと。山家派の四明知礼の弟子であるが、後に知礼と意見を異にし、山外派（華厳宗系統の説を受容する派）と見なされた。『仏祖統紀』の著者である志磐の師にあたる。

260 嵩明教　契嵩のこと。明教大師と称されたので、契明教と呼んでいる。

261 『付法蔵』　北魏の吉伽夜・曇曜共訳『付法蔵因縁伝』全6巻のこと。釈尊以後、教えを受け継いだ23人の伝承を記したもの。

262 焚く可しと為す　契嵩『伝法正宗定祖図』「愚考其飜譯禪經之

又た三年して、嵩、『禅経』[263]に通ぜざること有るを知て、輙《たやす》く[264]「伝写、誤り有り」[265]と云ふ。昉、復た

時。乃先於付法藏傳六十二年而已。有二十八祖而付傳。輒出魏氏毀教之後。但列二十四世。妄斷其相付法人於此便絶。反于禪經。豈其欲有所欺乎。愚正宗論嘗指其傳之非詳矣。然其謬書可焚也」（大正蔵51巻772c1–6）。

263　『禅経』　東晋の仏陀跋陀羅訳『達摩多羅禅経』全2巻のこと。巻上に釈尊以後の系譜について「佛滅度後尊者大迦葉。尊者阿難。尊者末田地。尊者舍那婆斯。尊者優波崛。尊者婆須蜜。尊者僧伽羅叉。尊者達摩多羅。乃至尊者不若蜜多羅。諸持法者以此慧燈次第傳授」（大正蔵15巻301c6–10）とある。

264　輙　「すぐにまた」の意。

265　「伝写、謬り有り」　契嵩『伝法正宗記』巻1で、注263「『禅経』」の中の文を引用しているが、契嵩が引用しているものでは、「尊者達摩多羅」が「尊者摩拏羅」（大正蔵51巻776a21）となっている。契嵩は、この箇所に注を付して「今其經本或云達磨多羅。蓋後世傳寫之誤也。若達磨多羅即是其説經之人。乃不若多羅傳法之弟子也。豈有弟子説法。而先於其師自稱尊者邪。寫爲達磨多羅者。亦字與婆羅多羅相近故也。古德亦有辯此。謂是摩拏羅。恐亦未然。今且從先德耳」（大正蔵51巻776a22–25）としている。

『止訛』[266]を作て以て之れを折る。其の略に言ふこと有り。契嵩、二十八祖[267]を立て妄りに禅経を拠として天下を熒惑す。『付法藏』を斥けて謬書と為す。此れ、唐の智炬が『宝林伝』を作し、『禅経』に九人有るに因り〈其の第八を達磨多羅と名づけ、第九を般若密多羅[268]と名づく〉、達磨の両字語音相近きを見て、遂に改めて達磨と為し、而も菩提の二字を増して、移して般若多羅の後に居《お》き、又た他処の二名を取り〈婆舍斯多・不如密多〉、以て二十四人を継ぎて、之を総《す》べて二十八と為すに由る。炬、妄りに前に陳べ、嵩、繆て後に附し、正教を濆乱し禅宗を瑕玷《かてん》す。余、嘗て面《まのあた》り之を折る。而れども、嵩は媿《はじ》を知ること

266　『止訛』　子昉が撰述した書物。注258「子昉」参照。

267　二十八祖　釈尊滅後、摩訶迦葉を第一祖として法が継承されていき、菩提達磨が第二十八祖となるとする説。

268　般若密多羅　正しくは「不若蜜多羅」。注263「『禅経』」参照。

莫く、又た僧祐の『三藏記』[269]の伝律の祖承五十三人[270]最後を達磨多羅と名づけて、智炬、取りて梁朝の達磨と為すに拠る。殊に知らず、僧祐の記する所は乃ち小乗弘律の人を載す。炬・嵩は、既に禅を尊んで大乗と為す。何ぞ反て小乗律の人を用ゐて之を祖と為すことを得んや。況や禅経に且つ二十八祖の名無く、『三藏記』と並びに声聞小乗の禅を明かすのみ。炬・嵩、既に教眼無く、纔《わず》かに禅の字を見て、認めて己宗と為す。是れ則ち反て梁朝の達磨を貶して、但だ小乗の禅法を伝ふとす。厚く先聖を誣る、其の過は小に非ず[271]」といふ。今議す、両、倶に瞎漢、且く炬・嵩の如きは、蓋し夫れ唐の貞元の末に至りて建康の慧炬[272]、天竺の三藏勝持[273]と、諸祖の

269　『三藏記』　『出三藏記集』のこと。中国梁代六世紀初めに僧祐によって撰述された中国における現存最古の仏教経録。全15巻。「僧祐録」「祐録」と略称される。

270　伝律の祖承五十三人　『出三藏記集』巻12の「薩婆多部記目録序」に薩婆多部（説一切有部）の系譜として大迦葉羅漢から達磨多羅菩薩までの53人が挙げられている（大正蔵55巻89a20－b30）。

271　早とに浄覚……小に非ず　『仏祖統紀』巻21「法師子昉。呉興人。賜號普照。早依淨覺。嵩明教據禪經作定祖圖。以付法藏斥為可焚。師作祖說以救之。又三年。嵩知禪經有不通。輒云傳寫有誤。師復作止訛以折之。其略有曰。契嵩。立二十八祖。妄據禪經。熒惑天下。斥付法藏為謬書。此由唐智炬作寶林傳。因禪經有九人。其第八名達摩多羅。第九名般若密多羅。故智炬見達摩兩字語音相近。遂改為達磨。而增菩提二字移居於般若多羅之後。又取他處二名婆舍斯多不如密多以繼二十四人。總之為二十八。炬妄陳於前。嵩繆附於後。瀆亂正教瑕玷禪宗。余嘗面折之。而嵩莫知媿。又據僧祐三藏記傳律祖承五十三人。最後名達摩多羅。而智炬取為梁朝達磨。殊不知僧祐所記。乃載小乘弘律之人。炬嵩既尊禪為大乘。何得反用小乘律人為之祖耶。況禪經且無二十八祖之名。與三藏記並明聲聞小乘禪耳。炬嵩既無教眼。纔見禪字認為己宗。是則反貶梁朝達磨。但傳小乘禪法厚誣先聖其過非小。」（大正蔵49巻２４２上）

272　慧炬　九世紀の人。智炬とも言う。『宝林伝』の著者。

273　勝持　慧炬とともに『宝林伝』を作成したとされるが、未詳。常盤大定は、「勝持三蔵といふのは、恐らくは仮説の人であろう」としている。常盤大定『宝林伝の研究』（東方文化学院東京研究所、一九三四年）八頁参照。

伝法の記識[274]及び宗師の機縁[275]を編次して『宝林伝』と為す[276]。而して別に伝持し来たる所の貝本有るに非ざるのみ。〈又た唐の昭宗[277]の光華[278]二年、華岳の玄偉[279]は、貞元[280]以来の禅宗の機縁を編次して、『聖冑集』[281]と名づく。後梁の開平四年に南岳の惟勁[282]、彼の後に集めて『続宝林伝』[283]と為す。宋の仁宗[284]の嘉祐三年に迄《いた》り、明教契嵩、『正宗記』『定祖の図』を撰して、上状して曰はく、「禅門伝法の祖宗、未だ甚だ分明ならず。教門の浅学、各《おのおの》伝記を執して、古今多く争競有るが故に、大蔵経を討論して、備《つぶ》さに禅門祖宗出づる所の本末を得、以て伝記の謬誤を正す」。韓琦[285]・永叔[286]、共に観て称嘆す。是に於いて旌《せい》するに明教大師の号を以てす。多く其の文の高きを褒むるのみ。僅に事跡を述する、何ぞ大蔵を討《たず》ぬることを労せんや。惜しきかな〉。且く『禅経』を撿

274 記識　未来についての予言のこと。記も識も「予言する」の意。
275 機縁　仏法の教えを受けるようになったきっかけや因縁。
276 建康の……と為す　『釈氏稽古略』巻3に、「寶林傳　貞元十七年。建康沙門慧炬。天竺三藏勝持。編次諸祖傳法記識及宗師機緣。為寶林傳。」（大正蔵49巻830下）とあるのによる。
277 唐昭宗　867-904。唐朝第22代皇帝。在位888-904。
278 光華　昭宗在位中の年号である光化（898-901）のこと。
279 華岳の玄偉　『聖冑集』を編集した唐代の禅僧。
280 貞元　貞元年間は、785年から805年。
281 『聖冑集』　敦煌写本（スタイン4478）に約114行のみ存在する。また『宝林伝』巻二の本文がその一部と確認された。『宝林伝』に続く灯史の一つで、光化2年（899年）に華岳玄偉によって全5巻が編集された。聖冑とは、梁の武帝から達磨に送られた謚号。
282 南岳の惟勁　『続宝林伝』（散逸）を編纂した僧。後梁（五代十国の一つ）の開平4年は西暦910年。
283 『続宝林伝』　『宝林伝』の続編として、唐末に南嶽惟勁によって編纂された書。散逸。
284 仁宗　1010-1063。宋朝の第4位皇帝、在位1022-1063。嘉祐3年は西暦1058年。
285 韓琦　1008-1075。中国北宋の政治家・詩人・文学者。この前後の箇所は『釈氏稽古略』巻4「嘉祐三年」（大正蔵49巻869b26-870a1）の記述による。
286 永叔　欧陽脩の字（あざな。通称）。

するに、即ち仏駄跋陀[287]の訳、是れ晋の義熙二年[288]なり。更《さら》に一百三十年を隔て、梁武の末に当りて達磨西来す。此れ豈に前の禅経に載する所の達磨般若なる容《べ》けんや。又た『出三蔵記』に僧祐の撰する所の薩婆多部[289]の「師資記」並びに長安城内の斉公寺の薩婆多部の仏太跋陀羅[290]師の宗承略伝と皆な大同なるのみ。此れ亦た仏太は、禅経と訳同時なれば、則ち明らけし、一百三十年に先んじて、已前載する所の弗若密多羅漢[291]・婆羅多羅[292]・不若多羅[293]・仏駄先[294]・達磨多羅[295]なれば、決して梁の達磨に非ず。然るに其の云ふ所の本名は菩提多羅、更《さら》に菩提達磨と名づくとは皆な附怪の一なり。伝法記讖及び偈頌等は、是れ其の二なり。香至王の子、姓は刹利とは、其の三なり。餘は准じて思ふ可し。苟も真箇の達磨

287　仏駄跋陀　仏陀跋陀羅（359－429）のこと。Buddhabhadra の音写。北インド出身の訳経僧。東晋・慧遠のもとで『達磨多羅禅経』を訳出した。

288　義熙二年　西暦406年。義熙は東晋の元号。405－418（義熙14年）。『釈氏稽古略』巻2の義熙二年の条に、仏陀跋陀羅の記事があり、盧山の慧遠の要請により「禅数諸経」を訳出したという（大正蔵49巻786b19－c4）。『達磨多羅禅経』の訳出年については記録がなく、鳳潭は『釈氏稽古略』の記載から「義熙二年」としていると思われる。ちなみに、『仏祖統紀』巻6では、同じ出来事を義熙九年に配している（大正蔵49巻343a3－5）。

289　薩婆多部　Sarvāstivādin の音写。説一切有部のこと。ここで言及される「師資記」は『出三蔵記集』巻12の「薩婆多部師資記目録序」のこと。

290　仏太跋陀羅　仏陀跋陀羅のこと。次行の「仏太」も同じ。ここで言及される「宗承略伝」は前述「薩婆多部師資記目録序」に含まれる「長安城内斉公寺薩婆多部仏大跋陀羅師宗相承略伝」のこと。

291　弗若密多羅漢　僧祐の「師資記」で説一切有部第49祖とされる人物。仏陀跋陀羅の「略伝」では無名の羅漢とし第47祖。

292　婆羅多羅　「師資記」では第50祖。「略伝」では婆羅多羅菩薩とし第48祖。

293　不若多羅　「師資記」では第51祖。「略伝」では44祖。

294　仏駄先　「師資記」では第52祖。「略伝」では「仏大先」とし第49祖。

295　達磨多羅　「師資記」では「達磨多羅菩薩」とし、第53祖。「略伝」では「曇摩多羅」とし、第50祖。

を[296]論ぜば、則ち来るに来処無く、不来にして来る。奚ぞ蘆に乗ると云はんや。去るに所去無く、無帰にして帰る。安《いづく》んぞ隻履を携ふ可けんや。蓋し是れ「我及弟子常在霊山」[297]の謂ひなり。然るに、後の承流の者、徒《いたずら》に幻迹を執して、強ひて伝法と称するに由りて、倚《い》靠《こう》する攸《ところ》を捜して、考証に備へんと擬す。而も弥《いよ》いよ莽鹵なる者出づる、何ぞや。其の昉が破する所、特に道理無し。且つ炬・嵩の如き、瑣瑣たる載籍、直《た》饒《と》ひ謬て録する、胡《なん》為《す》れぞ之を訴《そし》って、「正教を濆乱[298]し曁《およ》び教眼無し」[299]と罵《ののし》るや。於虖《ああ》、你《なんじ》山外の輩、自ら宗髄の眸を瞎して慚《はじ》を知ること莫しとは、自《おの》ら《ずか》帰すること有るのみ。『禅経』と『三蔵記』とを辨ずるに至りて偏に小律声聞の禅と固執すること有るは、怪しきなり。昉が侶《とも》、未だ曽て記伝の中を電目[300]せず、貶して小乗と謂ひて、以て迂拠と為す。彼に五十三人を出だすに、廼《すなわ》ち馬鳴・龍樹・提婆・天親菩薩を載す。迹《しゃく》に小に寄すと雖も、豈に大乗に非ずや。又た『付法蔵』と、師数、剰《あま》ると雖も、皆な亦た同じきのみ。若し斥けて小と為《せ》ば、『摩訶止観』に総《すべ》て二十四人を挙げ竟《おは》りて云はく、「諸師皆な金《こん》口《く》の記する所、並びに是れ聖人、能く利益すること多し」[301]と。若し爾らば、天台も亦た小乗の人を

296　を　底本「ソ」。「ヲ」の誤刻と判断し改める。

297　我及……霊山　『妙法蓮華経』「如来寿量品」第十六「一心欲見佛 不自惜身命 時我及衆僧 倶出靈鷲山」（大正蔵9巻43b23‐24）の取意。霊山（霊鷲山）は釈尊がしばしば教えを説いた場所。釈尊は亡くなった後も常に霊鷲山で説法しており、修行者が真剣に念ずれば、聴衆である大衆（衆僧）とともに修行者の前に出現するという趣旨の文。

298　濆乱　混乱させる。

299　「正教……無し」　『仏祖統紀』巻21の「炬妄陳於前。嵩繆附於後濆亂正教玷禪宗」（大正蔵49巻242a14‐15）「炬嵩既無教眼」（大正蔵49巻242a21）の取意。前注271「早とに浄覚……小に非ず」を参照。本文中の「曁」は「既」の誤刻と思われる。

300　電目　稲光のように眼光を発する目のこと。ここでは目をこらして熟読すること。

301　諸師……多し　智顗説『摩訶止観』巻1上「則二十四人。諸師

用て之れが祖と為すや。嗟乎《ああ》、甘んじて山外と斥せらる、良《まこと》に以て宜《むべ》たり。豈に四明云はずや[302]、「仏滅後の諸聖、多く小果を証す。迹には応に物に逗すべし。四依の内証、実は測るべからず」[303]と。仏心印を伝ふるに、何の疑ふ可き、之れ有らんや。惜しきかな、嵩が若《ごと》き、此の反折を闕くこと。謂ひつ可し、山外、僥倖に免るか。

【如今は這《こ》の事を論ぜず。只し他の大綱を知らんことを要す。[304]】議して云はく、既に是れ謬伝ならば、則ち何の大綱の知る可き有りて、信を人に取らん

皆金口所記。並是聖人能多利益」（大正蔵46巻1b8-9）。

302　四明が云はずや　底本「不ャ四明云ヵ」。このままでは読めないので、「カ」は「四明」の下に来るべきものと解し訓読した。

303　「仏滅後……べからず」　出典不明。

304　如今……要す　本則評唱「如今不論這事。只要知他大綱」（大正蔵48巻140c18。岩波本45頁）。前引「伝中に載する所に拠るなり」に続く文。

や。斯《こ》れ謂はゆる、虚多からんは、実少きに如かざるなり[305]。蓋し人、雪竇[306]の頌に「閩国《こうこく》[307]人追ふとも再来せず」の句有るを看るに由りて、預め前面に於いて具《つぶさ》に叙して「帝、後に志公に問ふ。志公云はく、乃至、他亦た回《かえ》らず」[308]と云ふ。是《ここ》を以て幾般の漏逗を惹き得たり。故に寂音[309]辨じて云はく、「『祖

305　虚多き……如かざるなり　『景徳伝灯録』巻19・雲門文偃条（大正蔵51巻358a6）、巻28・大達無業国師語（大正蔵51巻445a4）などに見える言葉。『碧巌録』第19則（大正蔵48巻159c10。岩波本258）でも無業の言葉として引く。

306　雪竇　雪竇重顕（980〜1052）のこと。中国北宋雲門宗の禅僧。明覚大師とも。語録に『雪竇明覚禅師語録』がある。『景徳傳燈録』『趙州録』『雲門広録』等から集めた百個の公案に自ら偈頌を付し『雪竇頌古』を著した。圜悟克勤がこの『雪竇頌古』に垂示・評唱・著語を付したものが『碧巌録』。

307　閩国　国じゅう。以下は本則に対する雪竇の頌（岩波本47頁）。

308　帝、後に……回らず　本則の引用。

309　寂音　覚範慧洪（1071-1128）のこと。寂音堂主・寂音尊者と称した。

英』[310]の頌古に、初祖、梁武に契はざるを頌して、重ねて老蕭[311]の遇はざるを嘆ずる詞なり。雪竇、豈に誌公、天監十三年[312]に没し、而も達磨は普通元年[313]を以て金陵に至ることを知らざらんや。予、是れを以て知る。味者乃ち其の事を前に叙するは、竇の意に非ざるなり」[314]。

310　『祖英』　雪竇重顕の詩文集である『雪竇祖英集』のこと。
311　老蕭　梁の武帝のこと。実名が蕭衍なので「老蕭」という。
312　天監十三年　西暦514年。
313　普通元年　西暦520年。
314　祖英の……非ざるなり　慧洪の語録『林間録』巻1「雪竇禪師作祖英頌古。其首篇頌初祖不契梁武。曰闔國人追不再來。千古萬古空相憶者。重嘆老蕭不遇詞也。味者乃敘其事于前。曰。達磨既去。誌公問曰。陛下識此人否。蓋觀音大士之應身耳。傳佛心印至此土。奈何不為禮耶。老蕭欲追之。誌公曰。借使闔國人追。亦不復來矣。雪竇豈不知誌公沒於天鑒十三年。而達磨以普通元年至金陵。予以是知敘此者非雪竇意也」（続蔵87巻255中16－23）。

【時に後魏の光統律師[315]・菩提流支三蔵、師と論議す。師、相を斥け心を指す。而るに褊局[316]の量自《おのずか》ら堪任せず。競て害心を起し、数《たびた》び毒薬を加へ、第六度に至りて化縁已《すで》に畢はる。[317]】譏して云はく、斉の鄴[318]下、大覚寺の恵光、姓は揚氏、仏陀三蔵の高弟なり。妙に華厳を悟り、任じて国統と為す。菩提留《（ママ）》支、魏に希覚と云ふ。勒那摩提、流支と共に『地論』を訳す。今諸伝を審するに、嘗て二賢[319]、毒薬を加

315　光統律師　慧光（468-538）。僧侶を統括する「僧統」に任命されたので、「光統」と称する。『四分律』の注釈を著し、四分律宗の祖とされることから、「律師」と呼ばれる。
316　褊局　狭いこと。
317　時に……畢はる　本則評唱「時後魏光統律師。菩提流支三藏。與師論議。師斥相指心。而褊局之量。自不堪任。競起害心。數加毒藥。至第六度。化縁已畢」（大正蔵48巻140c21－24。岩波本45頁）。
318　鄴　北斉の首都。現在の河北省邯鄲市臨漳県と河南省安陽市にまたがる辺りに所在。
319　二賢　慧光と菩提流支のこと。

ふる事無し。更に可師[320]の雪に立ちて臂を断じ、及び伝法の偈〈昉が祖を弁ずる書に云はく、「智炬、『宝林伝』を撰して謂はく、隻履、西に帰る、雪に立ちて臂を断ず、伝法の偈、讖候の語。皆な僧伝と同じからず」。或る者謂はく、「後人附託の辞」と[321]〉、楞伽経を付するを載す〈『正宗記』に云はく、「『楞伽経』四巻は、蓋し如来の極談の法要なり。亦た世の為め開示悟入す可し。今并びに汝に付す。今汝を得て伝授す。吾れ竟ひに已に終る。乃ち徒衆と禹門の千聖寺に往き、止まること三日、奄然として長逝す。其の年洛陽嵩州の熊耳山[322]に葬る。塔を定林寺[323]に起つ」[324]。『統紀』に云はく、「吾れに『楞伽経』有り。是

320　可師　慧可のこと。

321　昉が……辞」と　『仏祖統紀』巻29「昉師辨祖書云。智炬撰寶林傳。謂隻履西歸立雪斷臂傳法偈讖候語。皆與僧傳不同。或者謂後人附託之辭」（大正蔵49巻291b18-19）。同じ『仏祖統紀』に「昉師辨祖謂。智炬撰寶林傳詭説百端。如達磨隻履西歸立雪斷臂等。事與南山續高僧傳多不同〈云云〉」（大正蔵49巻224a1-3）とある。

322　洛陽嵩州熊耳山　河南省三門峡市にある山。

323　定林寺　河南省三門峡市東部の熊耳山の麓にある寺院。現在は空相寺という。達磨大師の墓があったとされる。南北朝時代にその墓を発掘したら、靴が片方しかなく、棺が空だったことから、寺名を空相（箱）寺に変更したという。

324　『楞伽経』……起つ　『伝法正宗記』巻5「復謂慧可曰。此有楞伽經四巻者。蓋如來極談法要。亦可以與世開示悟入。今并付汝。然我於此屢爲藥害。而不即死之者。蓋以茲赤縣神州雖有大乘之氣而未得其應故。久默待之。今得付受。其殆有終。既而與其徒即往禹門千聖寺」（大正蔵51巻743a19-24）、同上「居未幾尊者乃奄然長逝。其時必後魏幼主釗與孝莊帝廢立之際耳。是歳乃當梁大通之二年也。以其年葬於熊耳山」（大正蔵51巻743b18-21）。ここに引用された文はむしろ『釈氏稽古略』巻2の以下の箇所に近い。「楞伽經四巻者。蓋如來極談法要。亦可以與世開示悟入。今并付汝。吾本離南印來此東土。爲法求人。際會未諧。如愚若訥。今得汝傳授。吾意已終。乃與徒衆往禹門千聖寺止三日」（大正蔵49巻797c11-15）、「祖於是奄然長逝。魏幼主釗與孝莊帝廢立之際。當梁大通之二年十月五日也。其年十二月二十八日葬洛陽嵩州之熊耳山。起塔於定林寺」（大正蔵49巻797c27-798a2）。

れ如来の心地の要門、以て心を照す可し」[325]。又た継忠[326]云はく、「達磨、『楞伽』四巻を授く。且つ曰はく、「教に藉《よ》りて宗を悟る。仁者、此に依りて修行せば、自ら世を度することを得ん」と。荊渓[327]、嘗て『楞伽』を判じて天台の別教[328]に階す。安《いず》んぞ指して頓と為すを得んや」[329]。又た僧伝を案ずるに、唐に至りて楞伽一乗宗[330]を立つること有り。謂はく、達磨・慧可より、僧粲に伝ふ。次第して恵禅師、盛禅師、那老師、端禅師、長蔵師、真法師[331]、玉法師に至る。玄理を口説す。文記を出ださず。善師、豊禅師、明禅師は各《おのおの》疏鈔を出だす。那の下、明の下、各《おのおの》更に

325　吾れに……照す可し　『仏祖統紀』巻29「又曰。吾有楞伽經。是如來心地要門。可以照心」（大正蔵49巻291b11－12）。

326　継忠　扶宗継忠のこと（1082没）。四明知礼（960－1028）の三人の高弟（四明三家）の一人である広智尚賢の弟子。『四明仁岳異説叢書』や『扶宗集』全50巻（散逸）などを編集撰述した。

327　荊渓　唐代天台宗の荊渓湛然（711－782）。智顗の著作に注釈を著し、天台宗中興の祖とされる。

328　天台の別教　天台教学で、菩薩のみを対象とする大乗の教えのこと。もっとも、以下の文によれば、湛然は『楞伽経』を通教（大乗・小乗共通の教え）と考えているようである。『法華玄義釈籤』巻2「世人判楞伽或同華嚴或同法華。具如止觀記已有二處引楞伽文判屬方等。以彼經文具四教故有彈訶故」（大正蔵33巻823a23－25）、同上「寄此兼判楞伽成方等部。他云楞伽非第三時。七巻經文第六巻中。大慧問言。外道尚遮不許食肉。何況如來大悲含育。而許自他令食肉耶。若大乘中梵網已制。猶作此説。當知楞伽四含之後爲漸制之始」（大正蔵33巻956a3－8）。

329　達磨……得んや　『四明尊者教行録』巻第4「忠法師天童四明往復書後叙」「況達磨西來。以楞伽四巻授可大師。且曰。籍教悟宗。仁者依此修行。自得度世。荊溪嘗判楞伽。階天台別教。以經云一切衆生自心現流之義。大慧菩薩問。是頓是漸。佛答是漸。既言是漸。安得指爲頓耶」（大正蔵46巻897a1－5）。

330　楞伽一乗宗　『続高僧伝』巻35「釈法沖」伝に「又遇可師（＝慧可）親傳授者。依南天竺一乘宗講之。又得百遍。其經本是宋代求那跋陀羅三藏翻。慧觀法師筆受。故其文理克諧行質相貫。專唯念惠不在話言。於後達磨禪師。傳之南北。忘言忘念無得正觀爲宗」（大正蔵50巻666b05－9）とあるのに基づく。

331　真法師　底本「真法師ニ」。「ニ」は衍字と見なす。

四人あり[332]。具に伝中に列する如し。見る可し〉。決して知る、二賢は並びに大法器、豈に此の若《ごと》き醜陋の穢事に及ばんや。此れ亦た謂はゆる、道に聴き巷に談する無稽の言なるか。於戯《ああ》、諒《まこと》に人を誣《し》ふるの甚し。余を以て剋して[333]言はば、則ち、若し祖師、実に相を斥け、心を指すこと有りと謂はば、何ぞ必ずしも二賢の数《たびた》び毒害を加ふることを労することを待たん。驀面《ばくめん》[334]に活埋[335]して方《まさ》に始めて平穏ならん。何を以て然りとならば、円悟嘗て曰はく、「華厳の事事無礙は、始めて好し、禅を説くに。乾屎撅《かんしけつ》[336]、麻三《まさん》斤《ぎん》[337]是れなり」[338]と。若し爾らば、当相即是[339]なる、

332　達磨・慧可より……四人あり　『続高僧伝』巻35「達磨禪師後。有惠可惠育二人。育師受道心行口未曾説。可禪師後。粲禪師。惠禪師。盛禪師。那老師。端禪師。長藏師。眞法師。玉法師〈已上並口説玄理。不出文記〉。可師後。善師〈出抄四卷〉。豐禪師〈出疏五卷〉。明禪師〈出疏五卷〉。胡明師〈出疏五卷〉。遠承可師後大聰師〈出疏五卷〉。道蔭師〈抄四卷〉。沖法師〈疏五卷〉。岸法師〈疏五卷〉。寵法師〈疏八卷〉。大明師〈疏十卷〉。不承可師自依攝論者。遷禪師〈出疏四卷〉。尚徳律師〈出入楞伽疏十卷〉。那老師後。實禪師。惠禪師。曠法師。弘智師〈名住京師西明身亡法絶〉。明禪師後。伽法師。寶瑜師。寶迎師。道瑩師〈並次第傳燈于今揚化〉」（大正蔵50巻666b13－24）。

333　剋して　「厳密に。きびしく」の意。

334　驀面　ここでは「たちまち」の意。

335　活埋　生き埋めにすること。『臨済録』「黄蘗纔起便打維那。師钁地云。諸方火葬。我這裏一時活埋」（大正蔵47巻505a20－21）をふまえる。

336　乾屎撅　乾燥して棒状になった大便のこと。臨済が「無位真人」を譬えた表現として有名。

337　麻三斤　衣一着分の麻のこと。洞山が「仏とはいかなるものか」と問われて「麻三斤」と答えたことで有名。

338　華厳の……是れなり　『続伝灯録』巻25克勤仏果禅師条で張商英（北宋の宰相）と圜悟との問答が記されている中の言葉を踏まえる。「復擧事法界理法界。至理事無礙法界。師（圜悟）又問。此可説禪乎。公（張商英）曰。正好説禪也。師笑曰。不然・正是法界量裏在。蓋法界量未滅。若到事事無礙法界法界量滅。始好説禪。如何是佛乾屎橛。如何是佛麻三斤」（大正蔵51巻634b13-17）。なお、この問答は『釈氏稽古略』巻4大観四年条（大正蔵49巻882a13－18）にもあり、こちらを参照したのかも知れない。

339　当相即是　眼前の事実そのままが真実であること。鳳潭の愛

寧ろ真の事事無礙法界に非ずや。如何して相を斥けて、相の外に心を指す。豈に円融ならんや。返て恐らくは、祖をして暗証の咎に濫せしめんことを。而して貞して誰に帰すと為《せ》んや。苟も容易に口に任て終日矛楯すること有らば、詎《な》んぞ法灯を剔《き》りて[340]、宗風を簸颺《しょう》[341]することを得んや。

【心有なるや、曠劫に凡夫に滞る。心無なるや、刹那に妙覚に登る[342]。】議して云はく、於乎《ああ》、梁主、二諦隔別、病、膏肓に在り。之を見て見ず[343]。誠に親言、親口より出づるなり[344]。

【清風匝《そう》地[345]何の極まりか有らん[346]。】禅月[347]が詩に曰はく、「明月清風、何の極まり有らん」。騒士[348]は

用語の一つで、『華厳五教章匡真鈔』には5度出現する。知礼の「当体全是」をふまえるか。

340　法灯を剔て　「法灯」は仏教の教えを灯火に譬えた表現。「剔」は、煤のついた灯心を削って、灯火を明るくすること。

341　簸颺　簸揚とも。箕を用いて穀物を高く揚げてふるうことによって、その際に起こる風や気流を使って穀物から殻（から）やごみをふり分ける。転じて不純物を取り除くことをいう。

342　心有なるや……妙覚に登る　本則評唱「復讃云。心有也。曠劫而滞凡夫。心無也。刹那而登妙覺」（大正蔵48巻140c28－29。岩波本46頁）。なお、この句は中国華厳宗の澄観の『大方広仏華厳経随疏演義鈔』に「達磨碑云」として、二度にわたって引用されている（大正蔵36巻61c11－12、同68a12－13）。「妙（妙）覚」は仏の覚りのこと。

343　之を見て見ず　本則評唱「武帝追憶。自撰碑文云。嗟夫。見之不見。逢之不逢。遇之不遇。今之古之。怨之恨之」（大正蔵48巻140c26－28。岩波本46頁）。なお、この「嗟夫」以下の句は、『宝林伝』巻8「達摩行教游漢土章布六葉品」第三十九にすでに見える。

344　親言、親口より出づるなり　「親言出親口」は、北宋の翠巌可真の言葉とされる。『碧巌録』にも著語として二度引用される（第10則、第63則）。「その人ならではの言葉」といった意味。

345　匝地　「地に匝（あまね）く」。大地全体に吹き渡る、の意。

346　清風……有らん　雪竇の頌（大正蔵48巻141a7。岩波本47頁）。

347　禅月　晩唐の僧・貫休（831－912）のこと。禅月大師と称される。引用句は「観懐素草書歌」の末尾の句。

348　騒士　文人・詩人のこと。屈原の「離騒」に由来する。

句法を借りて意は自《おのず》ら殊なるを以て工《たくみ》と為す。雪竇、往往、此の例[349]有るのみ。

【這裏《しゃり》、還て祖師有りや。喚び来たれ、老僧の与《ため》に洗脚せしめん[350]。】趙州の録[351]に曰はく、「師、僧に問ふ、「還て祖師有りや無しや」。云はく、「有り」。師曰はく、「喚び来たれ。老僧の与に洗脚せしめん」」と[352]。断ずるに当りて能断なり[353]。

349　此の例　他の人の句法を借りて別の意を含ませること。雪竇の手腕を評価している。

350　這裏……洗脚せん　雪竇の頌（大正蔵48巻141a8-9。岩波本47頁）。

351　趙州の録　『趙州真際禅師語録』のこと。全3巻。趙州従諗（778-897）の語録。

352　師、僧に……せしめん」と　『趙州和尚語録』巻下「師問僧堂中還有祖師也無。云有。師云喚來與老僧洗腳」（嘉興大蔵経24巻369c7-8）。

353　断ずるに当りて能断なり　断定するときは見事に断定している、の意。雪竇の手腕を評価している。

【心機・意識・情想に落ちず。你《なんじ》が口を開くを等《ま》たば、什麼《なに》をか作《な》すに堪へん[354]。】譏して云はく、別門の箒柄、黄を湌《さん》する術[355]の如し。諸の陰識、全く是れ法界、情想は只だ是れ法性の顛倒と体せしめずして、別に些子《しゃし》の計較も生ぜざる非思慮の処[356]を指して、「的を辨ずるに当たる」[357]と為す。此れ乃ち勤巴老[358]

354　心機……堪へん　頌の評唱（大正蔵48巻141a21。岩波本49頁）。

355　黄を湌する術　『続古尊宿語要』巻2「雲菴真浄文禅師語」に「九日無白醪　飽湌黄栗餻」（続蔵68巻393a17）とある。粗末なもので満足することを言うか。

356　非思量の処　禅宗の三祖・僧璨の『信心銘』に「非思量處識情難測」（大正蔵48巻376c29-377a1。）とある。

357　「的を弁ずるに当たる」　雪竇の頌に「聖諦廓然　何當辨的」（大正蔵48巻141a2。岩波本46頁）とある。「何当」は口語で、「いつの日か。いつかは」の意であり、本文での読み下し方は正しくないが、『種電抄』巻1（23ウ）でも同様の訓点を付している。

358　勤巴老　圜悟克勤のこと。圜悟が四川省の出身で、古代の巴蜀の地にあたることから、巴蜀の老人の意で、巴老と呼んでいる。

が護身の符子[359]、驢鞍橋[360]を認めて阿爺の下頷と為すと、太《はなは》だ遠からざらんか。

【只だ老胡の知を許して老胡の会を許さず[361]。】雪竇の偈の句なり。『類聚』[362]に載するが如し。知は寂照

霊知に就き、会は解会審慮に従ふ。龍済の修[363]、上堂して曰はく、「凡夫の法を具足して凡夫知らず。聖人の法を具足して聖人会せず。聖人若し会せば、是れ凡夫。凡夫若し知らば、是れ聖人。此の両語、一理二義なり。若し人、弁得せば、妨げず、仏法の中に箇の入処有らんことを」。今は道《い》はく、纔《わづか》に「知即ち会、会即ち知」に達せば、方に始めて円の入処有らん。放過せば則ち非たり。切に忌む、別家の門径に趂入《ちんにゅう》し去らんことを。

359　護身の符子　お守りのお札のこと。南陽慧忠の言葉を踏まえる。『景徳伝灯録』巻5「耽源問。百年後有人問極則事作麼生。師曰。幸自可憐生。須要箇護身符子作麼」（大正蔵51巻245a2-3）。

360　驢鞍橋　馬の鞍に似たロバの骨の一部のこと。北宋の谷隠蘊聡の言葉に「莫認驢鞍橋作阿爺下頷」（『続伝灯録』巻1、大正蔵51巻472a23）とある。「阿爺の下頷」は父親の下顎のこと。ロバの骨を、戦死した父親の下顎の骨と勘違いした愚かな子の話をふまえた語。

361　只だ……許さず　雪竇の頌に対する評唱の最後の句（大正蔵48巻141b18。岩波本52頁）。「老胡（年長の異民族）」は菩提達磨のこと。

362　『類聚』　『禅林類聚』のこと。元の天寧万寿寺善俊・智境・道泰らの編。歴代の語録から公案と拈頌を5272則集めたもの。大徳11年（1307）に成立。「只許老胡知。不許老胡會」の句は巻15（続蔵67巻91上5-6）に見える。

363　龍済の修　龍済紹修のこと。以下の言葉は『景徳伝灯録』巻第二十四に見える。「師上堂示衆曰。具足凡夫法凡夫不知。具足聖人法聖人不會。聖人若會即是凡夫。凡夫若知即是聖人。此兩語一理二義。若人辨得不妨於佛法中有箇入處。若辨不得莫道不疑」（大正蔵51巻400c23-27）。

○趙州至道〈第二則[364]〉
【唯嫌揀択[365]。】這《こ》の「唯嫌ふ」底、早く是、揀択。猶ほ水を泳いで流を截ち、声を揚げて響を遏《とど》めん[366]と欲するがごとし。豈に然る可けんや。古人は且く、已《や》むことを獲ず、最鈍機の為めに箇の言端有り。「但、憎愛莫ければ、洞然として明白」[367]に至ては、

364　第二則　趙州示衆云「至道無難。唯嫌揀擇。纔有語言。是揀擇是明白。老僧不在明白裏。是汝還護惜也無」。時有僧問「既不在明白裏。護惜箇什麼」。州云「我亦不知」。僧云「和尚既不知。爲什麼却道不在明白裏」。州云「問事即得」。禮拜了退（大正蔵48巻141b27‐c5。岩波本55‐56頁）。

365　唯嫌揀択　本則の中の趙州の言葉。

366　水を……遏ん　『四明尊者教行録』巻4「天童又上四明第三書」、「豈可逐浪隨流揚聲遏響」（大正蔵46巻896a26）

367　「但、……明白」　本則評唱（岩波本56頁）。

則、道育[368]が「本《も》と煩悩無し。元と是れ菩提」[369]と曰ふと同と為《せ》んや、異と為ん。尚ほ未だ肉を得ず、況んや髄を得んや。揀択明白、帰する所有るか。幸に、趙州老、拈起して最も好し。嘗て道《い》ふ、「仏は是れ煩

368　道育　菩提達磨の弟子で、慧可の同輩。菩提達磨が道育・慧可を含む四人の弟子にそれぞれの理解したところを問うた際、道育の答えに対しては「吾が骨を得た」と評し、無言のまま礼拝した慧可に対しては「吾が髄を得た」と評したとされる。『景徳伝灯録』巻3（大正蔵51巻219b27‐220a5）参照。

369　「本、……菩提」　前注の『景徳伝灯録』では道育の発言は「四大本空五陰非有。而我見處無一法可得」とされる。ここは、以下の『十不二門指要鈔』巻上の文に基づき、道育と慧可を取り違えていると思われる。「問相傳云。達磨門下三人得法而有淺深。尼總持云斷煩惱證菩提。師云。得吾皮。道育云迷即煩惱悟即菩提。師云。得吾肉。慧可云。本無煩惱元是菩提師云。得吾髓」（大正蔵46巻707a21‐25）。

悩。煩悩は是れ仏」[370]と。只護惜底の餌は低く鱉《べっ》[371]を釣るなり。

【所以に道ふ、「相罵ること、你《なんじ》に饒《ゆる》すに、嘴を接《つ》がん。相唾すること、你に饒すに、水を撥《そそ》がん」[372]。】『趙州録』の中、僧問ふ、「万物の中、何物か最も宜き」[373]。此の両句を答ふ。謂はく、你を罵り你を唾するに更に饒すに嘴を接がん等なり。

370　「仏は……是、仏」『景徳伝灯録』巻10「趙州従諗」条「上堂示衆。云如明珠在掌。胡來胡現。漢來漢現。老僧把一枝草爲丈六金身用。把丈六金身爲一枝草用。佛是煩惱。煩惱是佛」（大正蔵51巻277a9-12）。

371　鱉　スッポンのこと。「鼈」の異体字。

372　所以に……撥がん」　本則評唱（大正蔵48巻141c27-28。岩波本59頁）。

373　「万物……宜き」　『趙州和尚語錄』巻上「問萬物中何物最堅。師云相罵饒汝接觜相唾饒汝潑水」（嘉興大蔵経24冊358下）。『古尊宿語録』巻14（中華大蔵経77冊702下）も同文。

【言端語端。[374]】天台の『止観』に曰はく、「一色一香、中道に非ざること無し。此、中道を挙げて、言端と為す。中に即して辺即非辺・非不辺なり」[375]。須く準ずべし。空仮を挙げて言端語端と為す、亦爾り。「至道無難」の一句、無難に即して易即非易・非不易、之を思へ。一の中に能く無量、故に多種有り。無量能く一と為る[376]、故に両般無し。謂ふこと勿れ、只道理を説くと。我が這裏《しゃり》、嫌ふ底の法莫し[377]。憎愛を挙げて言端と為す。難と為んや、無難と為ん。咄。

374　言端語端　雪竇の頌「至道無難。言端語端。一有多種。二無両般」（大正蔵48巻142a5。岩波本60頁）。

375　一色……非不辺なり　智顗説『摩訶止観』巻1下「又言。一色一香無非中道。此擧中道爲言端。即中而邊。即非邊非不邊具足無減」（大正蔵46巻9a18-20）。

376　無量能く一と為る　仏駄跋陀羅訳『大方広仏華厳経（六十華厳）』巻5「如来光明覚品」第五「一能爲無量　無量能爲一」（大正蔵9巻424c09）。

377　嫌ふ底の法莫し　『臨済録』「無嫌底法。爾若愛聖憎凡。生死海裏沈浮」（大正蔵47巻500a22-23）。

【言端語端、一隅を挙げて三隅を以て反さず[378]。一、却て多種有り。二に却て両般無し。三隅を以て[379]一に反す[380]。】議して云はく、此れ、反・却の義を以てすること、則、雪竇の意に非ず。請ふ、弁ぜよ。

○馬師不安〈第三則[381]〉

【往往枯木巌前、差路し去ること在り[382]。】同安の察[383]の一色の頌に曰はく、「枯木巌前、差路多し。行人、此《ここ》に到て尽《ことごと》く蹉踻《さか》す」[384]。万松《ばんしょう》道《い》はく、「古人、病中、猶ほ仏事を為す」[385]。「亦、本分の事を以て人の為めにす」。「馬駒、踏殺す、天下の人」と。円悟云はく、「所以に道ふ、鉤を四海に垂れて、只獰龍を釣る」[386]と。

378　一隅……反さず　『論語』「述而」第八「子曰、不憤不啓。不悱不発。挙一隅、不以三隅反、則不復也」による。

379　以て　『碧巌録』本文では「似」。

380　言端……反す　頌評唱「言端語端。擧一隅不以三隅反。雪竇道「一有多種。二無兩般」。似三隅反一。爾且道。什麼處是言端語端處。爲什麼一却有多種。二却無兩般」（大正蔵48巻142a13-16。岩波本62頁）。

381　第三則　擧馬大師不安。院主問「和尚近日。尊候如何」。大師云「日面佛月面佛」（大正蔵48巻142c10-12。岩波本68-69頁）。

382　往往……在り　本則評唱（岩波本69頁）。

383　同安の察　同安常察（10世紀）。九峯道虔（891-923）の弟子。次に引かれる「十玄談」の作者。

384　「枯木……蹉踻す」　同安常察の「十玄談」は十首の詩から成るが、その最後の「一色」（または「正位前」）の詩の冒頭部分。『景徳伝灯録』巻29「枯木巖前差路多。行人到此盡蹉跎」（大正蔵51巻455c15）。「差路」は道を間違えること。「蹉踻」は通常「蹉過」と書く。すれ違う、行き違う。「蹉跎」は、つまづくこと、月日を無駄に過ごすこと。

385　「古人……為す」　以下の三つの文は、いずれも万松行秀『従容録』「第三十六則馬師不安」の評唱の中の文。「師云。古人病中猶爲佛事。南嶽思大病障忽生。便就病作一則因縁」（大正蔵48巻251b23-24）。「萬松道。佛名經中有此二佛名。大師意旨畢竟如何。不見道。馬駒踏殺天下人」（大正蔵48巻251c09-11）。「萬松道。本性難移。山河易改。此頌馬祖雖病假中。亦以本分事爲人」（大正蔵48巻251c13-15）。

386　「所以……釣る」　雪竇の頌に対する圜悟の評唱の中の言葉（大正蔵48巻143a8-9。岩波本72頁）。「鉤を……釣る」の句は、首山省念（926-994）の弟子・三交智嵩の言葉。『古

「豈に見ずや、興陽の剖侍者、遠録公の問に答ふ、乃至、点額して回《かへ》る」[387]とは、本伝[388]の中に但、「僧問」と云ふ。是れ遠録公なるや。

「乾坤震」とは、「龍宮震」に作る。

「髑髏前験《けみ》して始て真を知る」とは、万松道はく、「平原君、美人の首を梟《は》ねて御楼の前に懸け、其の真を験す」[389]。

「須弥座下の烏亀子」とは、『摘要集』に云はく、「覇《は》

尊宿語録』巻10「并州承天嵩禅師語録」（新纂大日本続蔵経68巻61中）、『五灯会元』巻11（続蔵80巻237中〜下）、『続伝灯録』巻1（大正蔵51巻472c29）。同じ言葉が、梁山縁観にある。『五家正宗讃』（1254年成立）巻3梁山縁観条（続蔵78巻603上）。『五灯会元』巻14（続蔵80巻286中〜下）。もっとも、『景徳伝灯録』巻24の中の梁山縁観条（大正蔵51巻406c11-28）には、この言葉はなく、後世の付加かと疑われる。梁山縁観の系譜は、雲居道膺（835-902）―同安道丕―同安観志―梁山縁観。一方、大慧宗杲（1089-1163）の『正法眼蔵』（1141以後の成立か）第一之上では唐明嵩和尚（＝三交智嵩）の言葉として引用される（続蔵67巻572中）。圜悟自身は『碧巌録』38則の評唱で雲門の言葉としている（大正蔵48巻176c18）。

387　「豈に……回る」　頌評唱「豈不見。興陽剖侍者。答遠録公問。「娑竭出海乾坤震。覿面相呈事若何」。剖云「金翅鳥王當宇宙。箇中誰是出頭人」。遠云「忽遇出頭。又作麼生」。剖云「似鶻捉鳩。君不信。髑髏前驗始知眞」。遠云「恁麼則屈節當胸退身三歩」。剖云「須彌座下烏龜子。莫待重遭點額回」」（大正蔵48巻143a14-20。岩波本73-74頁）。

388　本伝　ここに引かれた問答の典拠のこと。具体的に何を指しているかは不明だが、『五灯会元』巻14興陽清剖条（続蔵80巻290上〜中）にある。なお、『聯灯会要』巻28郢州興陽剖禅師条（続蔵79巻249下）の同じ問答では「乾坤震」の箇所が「龍宮震」となっている。これらでは、指摘のとおり、問答の相手は単に「僧」とされている。本文中、「興陽の剖侍者」は、興陽清剖（北宋中期）のこと。「侍者」は住持の給仕をする役の者。「遠録公」は、浮山法遠（991-1067）のこと。

389　「平原君……験す」　『従容録』「第四十四則興陽妙翅」（前注の問答）での万松行秀の評唱の要約。「平原君趙勝。相趙恵文王及孝成王。家起重樓。臨民家。民有躄者。美人笑之。躄者請美人之首。君諾而不行。賓客去半。君斬囚人代之。賓固不至。遂梟美人首。懸御樓前驗其眞也」（大正蔵48巻255b29-c4）。平原君（趙勝。紀元前251没）は中国の戦国時代の趙の王族。『従容録』の話の典拠は『史記』「平原君虞卿列伝」。

下[390]は形、亀に似て、好《よ》く重きを負ふ。今、牌座上の亀、是なり」。此等、細事為《た》りと雖も、先輩の語路、究む可し。

【稼穡《かしょく》の艱難《かんなん》、総に知らず[391]。】『尚書』に〈無逸〉曰はく、「先に稼穡の艱難を知り、乃ち逸せば、則ち知る、小人の依」[392]。『抱璞子』に曰はく、「若《も》し夫《そ》れ、王孫公子は優游貴楽、綺紈《きかん》の間に婆婆たり。稼穡の艱難を知らず」[393]。俗に依て判ぜば、則ち須く知るべし、禅月[394]は誡勗《かいきょく》[395]の意を用ゐ、雪竇は反して国を諷するに当る。故に省議[396]得たり。人見ずして焉《これ》を錯る[397]に非ざるのみ。

390　覇下　「虮蝮」とも書く。竜が生んだ九匹の子（ただし竜ではない）の一つ。水を好み、雨樋や橋などの意匠として掘られる。ここでの出典とされる『摘要集』は未詳。本文中の「烏亀子」は亀を罵って言う言葉。

391　稼穡……知らず　頌評唱に引用された禅月（注394参照）の詩句「錦衣鮮華手擎鶻。閑行氣貌多輕忽。稼穡艱難總不知。五帝三皇是何物」（大正蔵48巻143a23-24。岩波本74頁）。

392　「先に……の依」　『尚書』「周書」の「無逸」篇の中の言葉。「（君子は）最初に農業の苦しみを知って、そこではじめて安穏にするならば、小人（一般人民）の依るところが分かる」の意。

393　「若夫……知ず」　『抱朴子』外篇「崇教」からの引用。「婆婆」は正しくは「婆娑」で、舞いを舞う様子、くつろぐ様子。「綺紈」は美しい着物のこと。

394　禅月　僧侶・詩人の貫休（832-912）のこと。五代十国の前蜀の高祖（王建）から「禅月大師」の称号を得た。引用されているのは「公子行（または少年行）」（『禅月集』巻1）三首のうちの第一首。

395　誡勗　いましめ励ますこと。

396　省議　圜悟の評唱の冒頭にあるように、雪竇の頌が国を諷するものと解されて、大蔵経に入蔵しなかったという話を踏まえれば、この「省議」は、宋代の中書門下省（詔勅の起草・審議機関）での議論・議決のこと。

397　人見ずして焉を錯る　評唱の中で「人多不見雪竇意。只管道諷國」（大正蔵48巻143a21-22。岩波本74頁）というのをふまえる。「このことを理解しない人たちが、この点（「国を諷す」という点）を誤解しているのとは違っている」の意。

【肘後、符有り[398]。】『千金方』[399]、葛洪が肘後の符〈『晋書』の洪が伝[400]に云、「肘後要急方四巻」〉、借るなり。

398　肘後、符有り　頌評唱（大正蔵48巻143a26。岩波本75頁）。護身符を脇の下につけること（岩波本注参照）。

399　『千金方』　唐の孫思邈が著した薬方書。「肘後（肘後要急方）」をしばしば引用している。

400　『晋書』が洪の伝　『晋書』巻七十二（列伝第四十二）の葛洪伝のこと。その中に葛洪の著書として「肘後要急方四巻」が挙げられる。葛洪は西晋・東晋の道教家。『肘後要急方』は薬方書。

○徳山払袖〈第四則[401]〉

【教中に道《い》ふに因らば、金剛喩定[402]後得智[403]の中に千劫に仏の威儀を学し、万劫に仏の細行を学し、然して後、成仏す。他《か》の南方の魔子《ます》[404]、便ち即心是仏と説く。遂に発憤して疏鈔を担《にな》ひて行脚す[405]。】議し

401　第四則　徳山到潙山。挾複子於法堂上。従東過西。従西過東。顧視云「無、無」。便出。雪竇著語云「勘破了也」。徳山至門云「也不得草草」。便具威儀。再入相見。潙山坐次。徳山提起坐具云「和尚」。潙山擬取拂子。徳山便喝。拂袖而出。雪竇著語云「勘破了也」。徳山背却法堂。著草鞋便行。潙山至晩問首座。「適來新到在什麼處」。首座云「當時背却法堂。著草鞋出去也」。潙山云「此子已後。向孤峰頂上。盤結草庵。呵佛罵祖去在」。雪竇著語云「雪上加霜」。（大正蔵48巻143b4-20。岩波本76-78頁）。

402　金剛喩定　仏教の修行の最終段階で入る禅定（精神集中）のこと。一切の煩悩を断ち切るので、あらゆるものを破壊できる金剛石に喩える。

403　後得智　覚りを得た後に得られる智慧のこと。

404　他の南方の魔子　江南の馬祖系の禅者。日常の見聞覚知のはたらきがそのまま仏だと説いた。

405　教中に……行脚す　本則評唱（大正蔵48巻143b24-26。岩波本80頁）。禅宗に入る前の徳山についての描写。

て云はく、此、青龍の〈良賁《りょうひ》[406]〉疏の中に依る。然るに、金剛喩定は先に総じて挙ぐるのみ。実は則ち、金剛定の前の後得智の中なり。具には応に「万劫に仏の化現を学し、金剛定に微細の障を断じ、然して後、成仏す」と云ふべし〈賁疏に云はく、「然るに等覚に於て初後の位有り。初位は、若し後得無漏《むろ》心に随ひて変ずる影像は是れ無漏なるが故、此土の中に居して所修の覚者、『瓔珞経』[407]に云ふ如く、等覚の菩薩、大願力を以て、住寿百劫、千の三昧を修し、千劫に仏の威儀を学し、万劫に仏の化現を学するなり。此より已前は等学の位所修の行を明かすなり。将に正覚を成ぜんとして金剛三昧を起さば、『十地論』[408]の如く、灌頂受職《かんじょうじゅしき》す。然るに、其の最後の金剛三昧、現在前する時、無間道《むけんどう》を起こし、極微細の、如來地を障ふる所知の無明を断ず」[409]。餘は彼の疏の如し。然るに、法相宗は正しく『瑜伽』に依て、『瓔珞』を用ゐず[410]。『瓔珞経』は竺仏念の訳なるを以て、慈

406　良賁　唐代の僧侶（717–777）。長安の青竜寺に住んでいた。不空による『仁王護国般若波羅蜜多経』の訳出（改訳）に協力し、自ら注釈書『仁王護国般若波羅蜜多経疏』を著している。

407　『瓔珞経』　東晋の竺仏念訳『菩薩瓔珞本業経』のこと。菩薩の階位や戒律について説く。実際には中国で作成された経典（疑経）とされる。ここで引かれるのは巻上の以下の文の取意。「等覺性中一人。其名金剛慧幢菩薩。住頂寂定。以大願力住壽百劫。修千三昧已入金剛三昧。同一切法性二諦一諦一合相。復住壽千劫學佛威儀。象王視觀師子遊歩。復修佛無量不可思議神通化導之法。是故一切佛法皆現在前。入佛行處坐佛道場超度三魔。復住壽萬劫化現成佛」（大正蔵24巻1012c27–1013a5）。

408　『十地論』　天親（ヴァスバンドゥ、世親）による『十地経』（『華厳経』の「十地品」）の注釈書。菩提流支訳『十地経論』全12巻がある。良賁『仁王護国般若波羅蜜多経疏』で言及されているのは巻12の記述（大正蔵26巻194a5以下）。

409　「然に……断ず」　良賁『仁王護国般若波羅蜜多経疏』巻下の文（大正蔵33巻511a10–c8）。『仁王護国般若波羅蜜多経』の「善男子金剛三昧現在前時。而亦未能等無等等」（大正蔵8巻842c01–2）という文への注釈。文中の引用は取意で、かなりの省略がある。

410　法相宗は……用ゐず　窺基『成唯識論述記』巻九末には「又彼難言大莊嚴論・對法第十一說。四善根初劫滿已修習故。可非

恩・神泰・文備、並びに云はく、「唐の三蔵、信用せず」等。今判ず、賁疏には『瓔珞』の説に依れば、天台の別教・賢首の始終二教に過ぎず。然るに、徳山、初め、権乗を執するが故、蟷螂《とうろう》、臂を怒る[411]のみ。又、即心是仏は大乗の恒談、豈に魔説と為んや〉。固《も》と権施不了の説を執する、良《まこと》に以て、疑は是れ悟の津なり。発憤は、陸機[412]が演連珠の詩に〈文選〉「貞士発憤す。期、明賢に在り」と云ふが如く、云ふ爾り。

【諸の玄弁を窮むる、一毫を大虚に置くが若《ごと》し。世の枢機を竭くす、一滴を巨壑[413]に投ずるに似たり[414]。】

議して云はく、箇の漢、猶ほ未だ郷情[415]を亡ぜず。故に、円融すること能はざるなり。如何ぞ、一毫即ち大虚に超え、一渧、法海に称周すと了せずして火首金剛[416]を欺かんや。夫《そ》れ、仏は元、愆無し、而して、人、執すること有り。所以に道ふ、仏は是れ生死

初劫者。應反詰言。且如瓔珞經云百劫修千三昧。千劫學佛威儀。萬劫化現成佛入大寂定。是等覺菩言三大劫滿已。何故不是佛地攝」（大正蔵43巻558a11‐15）とあり、まさにここで問題になっている『瓔珞経』の文を根拠に自説を主張しているので、鳳潭の認識は誤り。以下の「慈恩」は慈恩大師と称された窺基のこと。神泰、文備はいずれも玄奘の弟子で法相宗の学僧。「唐の三蔵」は玄奘のこと。

411　蟷螂、臂を怒る　カマキリが鎌を振り上げること。いわゆる「蟷螂の斧」。『荘子』外篇「天地」「猶螳螂之怒臂以当車軼」による。

412　陸機　三国時代の呉・西晋の政治家・文人（261‐303）。「演連珠」五十首は『文選』巻55所収。ここで引かれるのは第12首の句。

413　巨壑　底本の「壑」は、「壑」の異体字で、「たに。みぞ」の意。

414　諸の……似たり　本則評唱（大正蔵48巻143c19‐20。岩波本82頁）。徳山が龍潭のもとで悟りを開き、持参していた注釈書類を焼いた時の言葉。

415　郷情　徳山がまだ禅宗に帰する前の思想傾向のこと。

416　火首金剛　『円覚経（大方広円覚修多羅了義経）』に出る、末世の修行者を守護する神（大正蔵17巻922a6）。『諸廻向清規』などでは、普庵（普庵印粛。1115‐1169。死後、神格化される）への廻向において、普庵の配下の神として廻向の対象になっている。

の大兆[417]なること爾り。夫れ、疏鈔は什麼《なん》の咎有る、権に封ぜらるるが為めに、反て自ら冤と為る。怨を以て恩に報ふ、飽食に傷むが、飯を将《も》つて地に唾する者の如し。寔《まこと》に歯録[418]するに足らざるなり。

【後、潙山《いさん》、化を盛んにすと聞き、直に潙山に造《いた》る[419]。】議して云はく、凡そ諸の公案、或は三聖《さんしょう》、雪峰に問ひ[420]、劉鉄磨《りゅうてつま》、潙山に到る[421]、皆是れ悟後の雄猛の三千、権有り実有り、太平の奸賊[422]に似ること有るのみ。実は、龍潭の点燭吹滅[423]を将つて立てて公案と為すべし。今は則ち、徳山、潙に於て其の力を藉《か》らず、已に龍潭の処に変ず。龍と化し去る。

417　仏は是、生死の大兆　『臨済録』「古人云。若欲作業求佛。佛是生死大兆」（大正蔵47巻４９７c15-16）。もともとは宝誌の「大乗讃」に「若欲作業求佛。業是生死大兆」（『景徳伝灯録』巻29、大正蔵51巻４４９b05-6）とあるもの。「大兆」は大きな引き金（入矢義高訳注『臨済録』岩波文庫42頁）。

418　歯録　記録すること。

419　後、……造る　本則評唱（岩波本82頁）。悟りを開いた後の徳山についての描写。

420　三聖、雪峰に問ひ　『碧巌録』49則「三聖問雪峰。透網金鱗未審以何爲食。峰云。待汝出網來。向汝道。聖云。一千五百人善知識。話頭也不識。峰云。老僧住持事繁」（大正蔵48巻１８４c12-15）。三聖慧然は臨済義玄の弟子。雪峰義存（８２２-９０８）は徳山宣鑑の弟子で、玄沙師備・雲門文偃などの師。

421　劉鐵磨、潙山に到る　『碧巌録』24則「劉鐵磨到潙山。山云老牸牛。汝來也。磨云。來日臺山大會齋。和尚還去麼。潙山放身臥。磨便出去」（大正蔵48巻１６５a４-８）。劉鉄磨は有名な尼僧。潙山は潙山霊祐（７７１-８５３）のこと。百丈懐海の弟子で、弟子の仰山慧寂とともに、潙仰宗の祖とされる。

422　太平の奸賊　後漢の許劭が、若き日の曹操を評して「清平之姦賊、乱世之英雄」と述べた（『後漢書』巻68「郭符許列伝」第五十八）ことに由来する言葉。

423　龍潭の点燭吹滅　「龍潭」は龍潭崇信。この話は本則評唱の中に出るもの。『景徳伝灯録』巻15徳山宣鑑条に見える（大正蔵51巻３１７b20前後）。

更に金を将《も》つて金を博せず[424]。潙も亦、徳に於て範囲[425]の功無し。刀、刀を割かず[426]、水、水を洗はず。須く知るべし、這般《しゃはん》の公案、未証の者に望むれば、甚《なに》の破木杓[427]にか当らん。又、奈何《いかん》すること莫し。

424　金を将つて金を博せず　『宏智禅師広録』「泗州普照覚和尚頌古」「水不洗水。金不博金」（大正蔵48巻23a28-b1）。『従容録』51則（大正蔵48巻259b17）。「博」は獲得するの意。

425　範囲　溶かした金属を鋳型に入れて形を正すこと。『易』繋辞上伝「範圍天地之化而不過」。ここでは、人を教化する作用を言う。

426　刀、刀を割かず　曇無讖訳『大般涅槃経（北本）』巻29「如眼不自見指不自觸刀不自割受不自受」（大正蔵12巻536a19-20）。『碧巌録』第23則評唱「如刀不自割。火不自焼。水不自洗」（大正蔵48巻164c12）。

427　破木杓　水が漏れる木の柄杓。役にたたないものの喩え。龍牙居遁（835-923）の偈に「而今老大不能行。手裏把柄破木杓」とある（『法演禅師語録』巻中、大正蔵47巻658c29）。『従容録』第38則に「示衆云。以賊爲子。認奴作郎。破木杓豈是先祖髑髏。驢鞍鞽亦非阿爺下頷」（大正蔵48巻252b29-c1）とある。

藕糸《ぐうし》、須弥を掛く[428]、是れ什麼ぞ。

428　藕糸、須弥を掛く　ありえないことの喩え。「藕糸」は、蓮の茎や根からとった細い繊維のこと。「須弥」は須弥山（スメール山）で、インドの世界観において世界（地球）の中心にある巨大な山。曇無讖訳『大般涅槃経（北本）』巻18「梵行品」第八之四「善男子。若有人能以藕根絲懸須彌山可思議不。不也。世尊。善男子。菩薩摩訶薩於一念頃悉能稱量一切生死。是故復名不可思議」（大正蔵12巻471b19-22）。また、鳩摩羅什訳『仏蔵経』巻上「諸法実相品」第一に「舍利弗。譬如藕絲懸須彌山在於虚空。於意云何。爲希有不。希有世尊。舍利弗。如來所説一切諸法無生無滅無相無爲。令人信解倍爲希有。舍利弗。譬如劫盡大火焼時。人以一唾能滅此火。又以一吹還成世界及諸天宮。於意云何。爲希有不。希有世尊。舍利弗。如來所説一切諸法無生無滅無相無爲。令人信解倍爲希有」（大正蔵15巻783a29-b7）とあり、これをうけて湛然『止観輔行伝弘決』巻第五之四に「劫盡焼時。一唾劫火即滅。一吹世界即成。以藕絲懸須彌山。手接四天下雨。如來所説一切諸法。無相無爲無生無滅。令人信解甚爲難有。甚爲希有」（大正蔵46巻309a22-25）とあり、『宗鏡録』巻9にも「劫盡焼時一唾劫火即滅。一吹世界即成。以藕絲懸須彌山。手接四天下雨」（大正蔵48巻463c19-21）とある。

○**雪峰米粒**〈第五則[429]〉

【匹上足らず匹下餘有り[430]。】本と雲門[431]の語、雲峰再び拈ず。「王令稍厳なり。行市を攙套[432]することを許さず」[433]は、本《も》と玄沙[434]の語、雲峰重ねて挙ぐ。『聯灯』[435]には之を取る。此れ且く一箇の隠語を説くに似たり。囗は古の方の字、又圍の字に作る。又、國の字に作る。謂はく、一形にして三音なり。皆、形に同じ。故に備《つぶさ》に用ゆ（ママ）。今、尽大地を指す。三、亦、違はず。匹上は右の丨《コン》は乚《ホウ》に作る。故に足らず。匹下は左の丨《コン》に内に傍ノ《ヘツ》を加ふ。故に餘有り[436]。宗に斯の例多し。石上の麻[437]、節有り、竹に干《あづか》るに非ず[438]、及

429　第五則　雪峰示衆云「盡大地撮來如粟米粒大。抛向面前。漆桶不會。打鼓普請看」（大正蔵48巻144c25-28。岩波本94頁）。

430　匹上……有り　本則評唱（大正蔵48巻145a2。岩波本95頁）。評唱では雲峰の言葉として引用する。

431　雲門　雲門文偃（864-949）。雪峰義存の弟子で、雲門宗の祖とされる。雪竇重顕も雲門宗の系統から出た。

432　攙套　「套」は正しくは「奪」。市価を独占的に操作すること（大正蔵48巻145a4。岩波本95頁注）。

433　「王令……許さず」　本則評唱（大正蔵48巻145a3-4。岩波本95頁）。雲峰の言葉。

434　玄沙　玄沙師備（835-908）。雪峰義存の弟弟子にあたる。『玄沙師備禅師広録』巻3によれば、「王令稍厳」云々の句はもともと玄沙師備の言葉。「師侍雪峯。雪峯指面前火爐云。三世諸佛總在裏許説法。轉大法輪。師云。近日王令稍嚴。峯云。作麼。師云。不許人攙奪行市」（続蔵73巻20a12-15）。

435　『聯灯』　『宗門聯灯会要』のこと。言及されているのは巻二十一・雪峰義存条「長慶稜問雲門。雪峰與麼道。還有出頭不得處麼。門云有。稜云。作麼生。門云。不可總作野狐精見解　又云。狼籍不少。雲峰悦云。匹上不足。我更與儞葛藤。驀拈拄杖云。還見雪峯麼。咄。王令稍嚴。不許攙行奪市。大溈喆云。我更為諸人。土上加泥。乃拈杖云。看看。雪峰老人。向諸人面前放屙。咄。為甚麼。屎臭氣也不知。」（続蔵79巻185b1-7）。

436　匹上は……餘有り　「匹上」「匹下」という句を「匹」という字の字形によって解したもの。

437　石上の麻　蒋山賛元（覚海禅師）の偈。「見成公案未除瑕。放過方能脱鎖枷。四海澄清人富庶。更來石上種油麻」（『禅宗頌古聯珠通集』巻第22。続蔵65巻608a14-15）。

438　節有り、竹に干るに非ず　育王懐璉（1009-1090）の頌。『続伝灯録』巻五・明州育王山懐璉大覚禅師条「召對化成殿。問佛法大意。奏對稱旨。賜號大覺禪師。後遣中使問曰。才去竪拂人立難當。師即以頌回進曰。有節非干竹。三星偃月宮。一人居

び、林下、疋馬走る[439]等の如し。蹙聚して捎取するを「撮」[440]と為す。又、両指、撮なり[441]。夫《それ》、菩薩は須弥を以て芥子の中に納め、四大海を以て一毛孔に容る。大千を断取して陶家の輪の如く掌に著けて擲過するに、本相、故《もと》の如し[442]。此れ尚ほ、神通解脱の故爾り。況んや乃ち、華厳は法爾に相即相入するをや。更に撮り来たることを須《ま》ちて甚《なに》の心行と為《せ》ん。

【古人、今人の苟且《こうしょ》なるが如くなるに似ず。豈に一言半句を以て以て平生に当てんや[443]。】苟且とは、『左伝』に曰はく、「趙孟は将に死せんとす。其の語、偸《ウス》し[444]」。預註[445]に曰はく、「偸は苟且なり」。此れ亦、今人、其の語、苟且艸率《そうそつ》なるを謂ふなり。苟は艸

日下。弗與衆人同。帝覽大悦」（大正蔵51巻494b23－27）。

439 林下、疋馬走る　石霜楚円の偈。「師同大愚數輩辭汾陽。相讓不肯作參頭。汾陽云。此行不可以戒臈推。聽吾偈曰。天無頭。吉州城外起戈矛。將軍疋馬林下過。員州城裏鬧啾啾」（『古尊宿語録』巻11「慈明禅師語録」。続蔵68巻65a7－10）。

440 「撮」　本則の中の「盡大地撮來如粟米粒大」の「撮」。

441 蹙聚して……撮なり　『康熙字典』「撮」の項に「『説文』四圭也。一曰兩指撮也。（中略）『增韻』蹙聚而捎取之也」とあるのによる。

442 菩薩は……故の如し　鳩摩羅什訳『維摩詰所説経』巻中「維摩詰言。唯舍利弗。諸佛菩薩有解脱名不可思議。若菩薩住是解脱者。以須彌之高廣内芥子中無所增減。須彌山王本相如故。而四天王忉利諸天。不覺不知己之所入。唯應度者乃見須彌入芥子中。是名住不思議解脱法門。又以四大海水入一毛孔。不嬈魚鼈黿鼉水性之屬。而彼大海本相如故。諸龍鬼神阿修羅等不覺不知己之所入。於此衆生亦無所嬈。又舍利弗。住不可思議解脱菩薩。斷取三千大千世界。如陶家輪著右掌中。擲過恒河沙世界之外。其中衆生不覺不知己之所往。又復還置本處。都不使人有往來想。而此世界本相如故」（大正蔵14巻546b24－c8）。

443 古人……当つるや　本則評唱（大正蔵14巻145a21－22。岩波本97頁）。

444 趙孟……偸し　『春秋左氏伝』襄公三十一年春王正月の文。

445 預註　『春秋左氏伝』に対する杜預（222－284）の注『春秋経伝集解』のこと。引用文は巻九にあり、『春秋左氏伝』文公十七年冬十月「襄仲如齊拜穀之盟。復曰臣聞齊人將食魯之麥。以臣觀之將不能。齊君之語偸。臧文仲有言曰民主偸必死」に対する注「偸猶苟且。偸他侯切」。

なり[446]。借用す。率は略なり[447]。倉卒[448]と別なり。

○雲門好日〈第六則[449]〉

【雲門[450]は一句の中に三句[451]倶に備ふ[452]。】議して云はく、若し円頓に望めば、天台の立つる一心三諦の如し。又、一鏃《ぞく》破三関[453]は、即ち一心三観なり。謂はく、「截断衆流」は即空の諦観、「随波逐浪」は即仮の諦観、「函蓋乾坤」は即中の諦観、三にして一、一にして三、非三非一。雲門は能く茲《こ》の意に契ふ。餘は或は円意を得ず。若し「然らず」と謂はば、却て権宗に堕す。叔世[454]の愚輩は、「祖意は圓教の上に高出す」と以謂《おも》へるは、噫《ああ》、昧《くら》きの甚しきかな。

【人多く意識の中に落在す。須く是れ語句未生已前に向て会取して、始めて大用現前することを得て、自然見得すべきなり[455]。】議して云はく、勤老、苟も鈍機を誘ふが為めと道《い》はば、且く可なるに似るな

446　苟は艸なり　『説文解字』に「苟、艸也」とある。

447　率は略なり　『康熙字典』「率」の項に「又『增韻』皆也。大略也。（中略）又率略」とある。率略は「いいかげん。おおまか」の意。

448　倉卒　突然、だしぬけの意。

449　第六則　雲門垂語云「十五日已前不問汝。十五日已後道將一句來」。自代云「日日是好日」（大正蔵48巻１４５ｃ12－14。岩波本１０４頁）。

450　雲門　雲門文偃（八六四－九四九）。多数の弟子を育成し、雲門宗の祖とされる。

451　三句　雲門の教えを弟子の徳山縁密がまとめた三つの句。「函蓋乾坤、随波逐浪、截断衆流」（『景徳伝灯録』巻22「朗州徳山第九世縁密円明大師」条、大正蔵51巻３８４ｃ24－25）。

452　雲門……備ふ　本則評唱（大正蔵48巻１４６ｂ８。岩波本１１１頁）。

453　一鏃破三関　一本の矢で三つの関所を打ち破ること。「鏃」は、やじり。雲門の語録である『雲門匡真禅師広録』巻中に「示衆云天中函蓋乾坤目機銖兩。不渉春縁。作麼生承當。代云。一鏃破三關」（大正蔵47巻５６３ａ23－24）とある。『従容録』第七十六則の評唱にもこの問答が引用されている（大正蔵48巻２７５ａ22－24）。

454　叔世　末世の意。

455　人多く……なり　頌評唱（大正蔵48巻１４６ｂ25－27。岩波本１１３頁）。

り。今也《また》爾らず。若し妄心を捨て意識の外に於て会取して始めて得ば、即ち台家の別門山外《さんげ》の邪観に当たる。正しく円極に約せば、則ち、謂はゆる現前の意識、介爾《けに》の陰心《おんしん》[456]、一念三千[457]即空仮中、豈に之を一鏃破三関と謂ふに非ずや。請ふ、深く究めよ。

【釈迦老子、成道の後、摩竭提国《まかだ》[458]に於て、三七日の中、是くの如き事を思惟す[459]。「諸法寂滅相、言を以て宣ぶ可からず[460]。我寧ろ説法せず、疾く涅槃に入らん」[461]。這裏《しゃり》に到て、箇の口を開く処を覓《もと》むるに得ず。方便力を以ての故に、五比丘の為めに説く[462]。

456　介爾の陰心　「介爾」は、ごくわずかであること（次注参照）。「陰心」は、衆生を構成する五陰（色・受・想・行・識）の一部として位置づけられる心（具体的には五陰のうちの後四陰）であり、凡夫の迷いの心のこと。智顗『摩訶止観』の第七章「正修止観」の第一「観陰入界境」では、五陰で構成された凡夫の現実の心（現前の意識）を対象として観察を行い、そこに含まれる三千世間を通じて、心が不可思議であることを了解する。なお、鳳潭『華厳五教章匡真鈔』巻6では「今謂。台家云。總在一念。別分色心。謂。現前一念介爾之心。能具諸法。名爲理總。能造諸法名事總」（大正蔵73巻477a27-29）と述べている。

457　一念三千　前注参照。三千は、十界（地獄界から仏界までの十の衆生の領域）、十界互具（十界のどの一つの界にも他の九界が潜在していること）、十如是（「諸法実相」の内容をなす十の特徴）、三世間（五陰世間・衆生世間・国土世間。衆生を構成する五陰、衆生そのもの、衆生のいる環境）を掛け合わせたもの。わずかでも心があれば、この三千世間がそなわっているとされる。『摩訶止観』巻5上「夫一心具十法界。一法界又具十法界百法界。具三十種世間。百法界即具三千種世間。此三千在一念心。若無心而已。介爾有心即具三千」（大正蔵46巻54a5-9）。

458　摩竭提国　古代インドのマガダ国のこと。釈尊が説法を行なった場所として仏典にしばしば言及される。

459　三七日……思惟す　『妙法蓮華経』「方便品」第二「我始坐道場　觀樹亦經行　於三七日中　思惟如是事」（大正蔵9巻9c04-5）。「三七日」は三週間のこと。釈尊は覚った後、三週間にわたって、自分の得た覚りを人々に説くべきか逡巡したとされる。

460　諸法寂滅相、言を以て宣ぶ可からず　『妙法蓮華経』「方便品」第二の句（大正蔵9巻10a4）。

461　我寧ろ……入らん　『妙法蓮華経』「方便品」第二の句（大正蔵9巻9c16）。

462　方便力……説く　『妙法蓮華経』「方便品」第二の句（注7の

已に三百六十会に至るに、一代時教を説く、只是れ方便なり。所以に、珍御《ちんぎょ》の服を脱ぎ、弊垢《へいく》の衣を著[463]、已《や》むことを得ずして、第二義門の中に向て、浅近の処に諸子を誘引す[464]。若し他をして向上に全提せしめば、尽大地、一箇半箇無し[465]。】議して云はく、此の中の数行、恐らくは、応に是れ後の愚蒙の加ふる所にして夾山《かっさん》の評語に非ざるべし。今、後学の為めに、嘗試《しょうし》[466]に之を弁ぜん。先に「成道の後、摩竭提国に於て」と云ふは、此の言、倒置す。然るに、繁く『法華』の文を引けども、而も総じて経意を失す。彼、且く蔵円相対して声聞等を開会するを以ての故、一往具《つぶさ》に五時の次第に約す。若し上乗に約せば、初頓に華厳円満修多羅《しゅたら》不可説塵数経を演説す。刹《せっ》説《せっ》・衆生説・三世一切説[467]。如何ぞ「口を開く処を覓めて得ず」等と云ふや。又、云ふ所の「三百六十会、

句の直後。大正蔵9巻10a5)。五比丘は、もともと釈尊の修行仲間で、釈尊の教えを聞き、最初に弟子になった五人の修行者のこと。

463　珍御の服を脱ぎ、弊垢の衣を著　『妙法蓮華経』「信解品」第四の「即脱瓔珞細軟上服嚴飾之具。更著麁弊垢膩之衣」(大正蔵9巻17a15-16)にもとづく表現。同品に説かれる窮子の譬喩では、出自を忘れ下賤な身となった子に近づくため、長者は美麗な服を脱ぎ、粗末な身なりとなる。仏が自らの真実の覚りを隠して、衆生のため低い教えを説いたことを譬える。

464　諸子を誘引す　『妙法蓮華経』「譬喩品」第三「長者初以三車誘引諸子」(大正蔵9巻13c11)にもとづく表現。同品に説かれる火宅の譬喩では、火事になった家から子どもたちが出てくるように、長者は子どもの好む三つの車(牛車・馬車・羊車)を与えると約束するが、実際に子どもが脱出してくると、それらよりも立派な大きな白牛の牽く車を与える。仏が衆生に合わせて低い教えを説いた後、最後に真実の教えを明らかにすることを譬える。

465　釈迦……無し　頌評唱(大正蔵48巻146b27-c6。岩波本113-114頁)。

466　嘗試　ためすこと。しらべること。『孟子』「梁恵王上」「願夫子輔吾志、明以教我。我雖不敏、請嘗試之」。

467　刹説・衆生説・三世一切説　仏駄跋陀羅訳『大方広仏華厳経(六十華厳)』巻33「普賢菩薩行品」第三十一「佛説菩薩説 刹説衆生説 三世一切説菩薩分別知」(大正蔵9巻611a24-25)。

一代時教を説く、只是れ方便」とは、此は是れ古今無匹[468]の邪語たり。何となれば、蓋し夫れ三百六十餘会一代時教は、設ひ台家に約するに、謂はく、五時八教、頓漸有り、半満有り、偏有り、円有り、約機約教、横竪会会、都《すべ》て醍醐を具す。嗚呼、愚人、奈何《いかん》ぞ妄に「只是れ方便」と云ふや。「脱珍著弊」「誘引諸子」は、正しく鹿苑《ろくおん》[469]に譬ふ。即ち、波羅奈《はらな》[470]に趣く。小に対せば則ち、第二義門浅近の処に向ふと云ふ可し。若し八万、無生を証する[471]に対せば、則ち、向上の全提ならずといふこと靡《な》し。詎為《なんす》れぞ、「為大地、一箇半箇無し」と云ふや。阿含、既に爾り。況や、後の諸大乗の会をや。敢て無間《むけん》の業を造らざらんと要せば、如来の正法輪を謗ること莫れ。曷《なん》ぞ畏懼せざる可けんや。

【你、但、上、諸仏有ることを見ず、下、衆生有ることを見ず。外、山河大地有ることを見ず、内、見聞覚知有ることを見ず。大死底の人の却て活する[472]如く相似て、長短好悪、打成一片《だじょういっぺん》にして一一拈じ來たるに、更に異見無し。然して後、応用、其の宜を失せず[473]】議して云はく、此れ亦、味者の加ふる

468　無匹　匹敵するもののないこと。無比。

469　鹿苑　鹿野苑のこと。釈尊が最初に教えを説いた場所。釈尊はここで小乗の阿含経を説いたとされる。

470　波羅奈　古代インドのヴァーラーナシー（現在のバナーレス）。鹿野苑がある地域。

471　八万、無生を證する　『大智度論』巻65「初轉法輪。八萬諸天得無生法忍」（大正蔵25巻517a24-25）。「無生」は無生法忍（あらゆるものは生じたり滅したりしないという認識）のこと。釈尊が最初に教えを説いた時、八万の諸天（神々）が無生法忍を得たという。

472　大死底の……活する　趙州従諗（778-897）が投子大同（805-914）に問うた言葉。『碧巌録』第41則「趙州問投子。大死底人却活時如何。投子云。不許夜行。投明須到」（大正蔵48巻178c16-18）。

473　你……失せず　頌評唱（大正蔵48巻146c8-11。岩波本114-115頁）。

所。倘《も》し実に勤老ならば、且得勿交渉。見ずや、『瓔珞経』[474]に曰はく、「上、一切の仏法・一切の果報を見ず。下、無明諸見の断ず可き、衆生の化す可きを見ず」[475]とは、此れ乃ち八地[476]沈空の権門、教道の一途《いちず》の説なり。今、此の辺際を指して、以て大死底却て活する如く打成一片と為すは、愚に非ずんば則ち狂なり[477]。然るに、『華厳』及び『大日経』の如く、寄顕門に就て夢に大河を渡り、忽然として便ち

474　『瓔珞経』　『菩薩瓔珞本業経』のこと。竺仏念訳とされるが、中国で作られた疑経と考えられている。菩薩の階位や戒律を説き、大きな影響を与えた。

475　上、一切の……見ず　『菩薩瓔珞本業経』巻上「其法身處心心寂滅法流水中。上不見一切佛法一切果報可求。下不見無明諸見可斷衆生可化」（大正蔵24巻1016a14-16）。

476　八地　菩薩の十地（仏に成る直前の十の修行階位）の第八。後述の不動地のこと。

477　愚に非んば則、狂なり　覚範慧洪（1071-1128）の文集『石門文字禅』巻三十「祭昭默禪師文」に「非愚則狂」（嘉興大蔵経23巻729中）とある。

覚る[478]。不動地に住して、一切の心意識、現在前せず。乃至、仏心・菩提心・涅槃心、尚ほ現前せず。何に況んや、当に諸の世間心を生ずべけんや[479]。此の時、諸仏、七勧の橋[480]を渡して、警覚斬固《きょうかくこんご》[481]なり。然

478　夢に……覚る　実叉難陀訳『大方広仏華厳経（八十華厳）』巻三十八「十地品」二十六之五「譬如有人。夢中見身。墮在大河。爲欲渡故。發大勇猛。施大方便。以大勇猛。施方便故。即便覺寤。既覺寤已。所作皆息。菩薩亦爾。見衆生身在四流中。爲救度故。發大勇猛。起大精進。以勇猛精進故。至不動地。既至此已。一切功用。靡不皆息。二行相行。悉不現前」（大正蔵10巻199a18-24）。

479　不動地に……べけんや　『六十華厳』巻26「十地品」第二十二之四「菩薩亦如是。住不動地。一切心意識不現在前。乃至佛心。菩提心。涅槃心。尚不現前。何況當生諸世間心」（大正蔵9巻564b28-c1）。

480　七勧の橋　法蔵『華厳経探玄記』巻14「四但有此深奥法流之處。必有諸佛作七勸橋」（大正蔵35巻361b06-7）。「七勧」は注20で引用した箇所の後、七度にわたって仏が菩薩にさらなる修行を勧める文のこと。

481　斬固　惜しむこと。大事にすること。

して後、無功用《むくゆう》心を生ず[482]。是に繇《よ》りて之を推すに、錯て方便道を認めて真実と謂ふは、其の邪執なること炳たり。

【徐徐として行動する時、浩浩たる流水の声も、応に踏断すべし。目を縦《ほしいまま》にして一観する、直《たと》饒ひ是れ飛禽の跡も亦、写出する如く相似たり。這裏に到て、鑊湯爐炭、吹きて滅せしめ、剣樹刀山も喝して便ち摧く[483]。難事と為さず[484]。】議して云はく、流水の声を踏み、飛禽の跡を写すは、便ち任運の無功用地・無作の妙行・無作の観智を頌す。円門の位を論ぜば、纔に初住に入れば[485]、直下即是にして、八地を待たず。鑊湯・剣林、本地の風光[486]、全く是れ好箇の帰家穏坐[487]、豈に更に吹喝を労せんや。庶《こいねが》はくは、後生、錯て定盤星[488]を認むること莫れ。至囑[489]。

482　無功用心　『六十華厳』巻26「十地品」二十二之四「至第八地。従大方便慧生無功用心」（大正蔵9巻565a12-13）。

483　鑊湯爐炭……摧く　同安察常（十世紀）の「十玄談」の中の「転位」の句。「湯爐炭吹教滅。剣樹刀山喝使摧」（『景徳伝灯録』巻29。大正蔵51巻455c12）。「鑊湯爐炭」は、釜に沸かした湯と炉の中の炭。「剣樹刀山」は、葉が剣になっている木々と刀が植わった山。いずれも地獄の責め苦を示すもの。

484　徐徐……為さず　頌評唱（大正蔵48巻146c18-22。岩波本115頁）。雪竇の頌「徐行踏斷流水聲。縦観寫出飛禽迹」（大正蔵48巻146b14-15。岩波本111-112頁）へのコメント。

485　纔に初住に入れば　初住は、菩薩の五十二位（十信・十住・十行・十廻向・十地・等覚・妙覚）の十住の最初。発心住。華厳宗では発心住に達した段階で仏の境地を得ると説く。

486　本地風光　本来の落ち着きどころの風景（入矢義高監修・古賀義彦編著『禅語辞典』思文閣出版431頁）。『碧巌録』99則頌評唱「直須淨裸裸赤灑灑。更無一物可得。乃是本地風光」（大正蔵48巻223b10-11）。

487　帰家穏坐　ほんらい居るべき場所にもどって、ゆるぎなく坐る（『禅語辞典』76頁）。黄竜慧南（1002-1069）の語録『黄竜慧南禅師語録』に「夫出家者。須稟大夫決烈之志。截斷兩頭。歸家穩坐」（大正蔵47巻630a12-13）とある。

488　定盤星　竿秤の基準となる目盛り。分銅をかけると水平になる。転じて、ものごとの基準・原理のこと。

489　至囑　大いに望みをかけること。懇請すること。

【須菩提、巌中に宴坐す。諸天、花を雨《ふら》して、讃嘆す。尊者曰はく、「我、般若に於て未だ嘗て一字を説かず」。天曰はく、「尊者、無説。我乃ち無聞。是れ真の般若」[490]。】議して云はく、此、適拠無し。諸説を援聚して以て一縁と爲す。宗家に、其の例、一にして足らず。巌中宴坐は、大論に〈十一〉曰ふ如し。「仏、忉利天に在て、一夏安居し畢りて、乃ち閻浮提に下り行く時に、須菩提、石室に端坐す。若し智力を以て仏の法身を観ずるを〈三蔵教の中は五分法身[491]なり。有る時は亦、偏空真理を指して法身と為す。『雑阿含』に云ふが如し。法身とは空なり[492]〉、見仏の中の最と名く。是の観を作す時、即ち道証を得。時に、大衆、先に仏を見んと欲す。蓮華色比丘尼、身を化して、輪王と為り、衆、之を避け、因て先に仏を見ること有り。仏告げて曰はく、「汝先に礼するに非ず。唯だ須菩提、最先に我を礼す。諸法空を観じて、先に法身を見、真の供養を得たり」[493]〈此、小乗に依て、偏真の空を以て名けて法身と為す。若し大乗に約せば、通教は、真智、法性の理と合するを以て法身と為す。別教は、中道を以て法身と為す。円教は、不断

490　須菩提……般若」　頌評唱（岩波本１１６‐１１７頁）。ただし、中略がある。「豈不見。須菩提巌中宴坐。諸天雨花讃嘆。尊者曰「空中雨花讃嘆。復是何人」。天曰「我是天帝釋」。尊者曰「汝何讃嘆」。天曰「我重尊者善説般若波羅蜜多」。尊者曰「我於般若。未嘗説一字。汝云何讃歎」。天曰「尊者無説。我乃無聞。無説無聞。是眞般若」」（大正蔵48巻１４６ｃ29‐１４７ａ５）。なお、雪竇重顕（９８０‐１０５２）の語録『明覚禅師語録』（大正蔵47巻６８０ａ５‐11）に同じ文が見える。評唱では雪竇の頌「空生巌畔花狼籍」（大正蔵48巻１４６ｂ16‐17。岩波本１１２頁）へのコメントとして言及される。

491　五分法身　仏や阿羅漢の身体を構成する五つの部分。戒・定・慧・解脱・解脱知見。

492　三蔵教……空なり　智顗説・湛然略『維摩経略疏』巻三「但法身有四。三藏以五分爲法身。有時亦指偏空眞理。如雜阿含禪經云。若障重障禪當念佛法身。法身者空也」（大正蔵38巻６０６ｃ02‐４）。なお、この引用文の直後に、ここと同じ須菩提の説話が言及される。

493　仏、忉利天……供養を得たり　『大智度論』巻11（大正蔵25巻１３７ａ１‐18）の取意。

を以て法身を顕す[494]。融即の故〉。而るに、天の花を雨《ふら》して讃すること無きのみ。但、『大般若』に〈初分散華品〉曰はく、「爾の時、帝釈・四王、妙華を化作して、善現[495]を供養す。善現、是の念を作《な》して言はく、「此の華は実に水陸の所生に非ず。応に是れ諸天供養の故、心より化出するなるべし」。諸天謂ひて言はく、「尊者、是の念を作すこと勿れ。是れ変現するのみ」」[496]。而も、宴坐無説を諸天讃歎するに非ざるが故に、「諸天子品」に曰はく、「諸天子、此の念を作す。「善現は、此の般若に於て、種種の言辞を以て顕示すれども、而も我等が輩、竟《つい》に解すること能はず」。善現、之に告ぐ。「我、曽て此《ここ》に於て一字を説かず。汝亦、聞かず。当に何の解する所なるべきや。何を以ての故。甚深般若は、文字言説、皆遠離するが故」」[497]と。方《まさ》に知る、数処を附綴して一縁と為すのみ。而るに、「無説無聞真般若」とは、尚ほ未だ円を尽さず。実は則ち、当に知るべし、終日説・終日不説、終日不説・終日説、終日聞・終日無聞、双遮双照[498]、円融絶待、是れ真の般若なり。蓋し将《は》た知らず、雪竇の意、又如何ん。畢竟何を指して、未だ極則と為さず。請ふ、他の点撿に遭ふこと勿れ[499]。

494　通教は……法身を顕す　『維摩経略疏』巻3「通教正以眞智與法性理合爲法身也。有時但指偏眞空理。如大品云汝當觀空空法是佛。空無來去故也。別教正以中道爲佛法身。功徳智慧爲報身。法報合故即有應身。圓教但以不斷顯法身爲異」（大正蔵38巻606c6－11）。

495　善現　須菩提のこと。梵語 Subhūti の意訳。

496　爾の時……変現するのみ　玄奘訳『大般若波羅蜜経』巻84初分散花品第二十五（大正蔵5巻471b25－c16）の取意。

497　諸天子……遠離するが故　『大般若波羅蜜経』巻81初分諸天子品第二十三之一（大正蔵5巻454b7－14）の取意。

498　終日説……双照　智顗『摩訶止観』巻五上「當知終日説終日不説。終日不説終日説。終日雙遮終日雙照」（大正蔵46巻55a19－20）。

499　他の点撿に遭ふこと勿れ　圜悟『仏果撃節録』巻上、第三則本則著語に「也不免遭他點檢」（続蔵67巻228a22）とある。

【梵語に舜若多《しゅんにゃた》[500]、此《ここ》に虚空神と云ふ。虚空を以て体と為す。身無くして、触を覚す。仏光の照らすことを得るに、方に身を現得す[501]。】議して云はく、『楞厳』に云ふに依る。「舜若多神は身無くして触を覚す。如來の光中に映ぜられ、暫く現ぜしむ。既に風質と爲す。其の体、元《も》と無なり」[502]。今、翻名を出だして虚空神と云ふは非なり。梵に舜若と云ふは空なり。舜若多と名くれば、是れ空性なり。空性の神なれば、舜若多神と名く。然るに、「虚空をもつて体と為す」と云ふは亦非なり。異熟報の心、一分の空の性を以て体と為す。又、「身を現得す」と云ふは亦復た非なり。既に「身無くして元と無」と言ふが故に、暫く触を覚する影質《ようぜつ》を現ずること有りと雖も、身を現ずと謂ふに非ず。『華厳』の中に准ずるに、浄光普照主空神の頌に曰はく、「仏、滅苦の光を放ち、無礙神、能く見る」[503]と。今乃ち、長水が「定果の色有り」[504]と云ふに拠るを以て、故に焉《これ》を謬るのみ。若し身を現ずと作《な》さば、空に等しき無辺際の身を現ずと為《せ》ん、縮めて小ならしむる身を現ずと爲んや。無色界定果の色身の小大に随ひて変ずると、大いに同じからざるのみ。之を思へ。

500　舜若多　梵語 śūnyatā の音写。空（空虚。中身がない）であること（空性）の意。ここでは、それを神格化したもの。なお虚空（空間）は一般に ākāśa なので、虚空神と訳するのを非とする本書の立場は、結果としては正しい。

501　梵語……現得す　頌評唱（大正蔵48巻１４７ａ12－14。岩波本１１８頁）。雪竇の頌「彈指堪悲舜若多」（大正蔵48巻１４６ｂ17。岩波本１１２頁）へのコメント。

502　舜若多神……元と無なり　『大仏頂如来密因修証了義諸菩薩万行首楞厳経』巻４「舜若多神無身有（宋元明本「覺」）觸。如來光中映令暫現。既爲風質其體元無」（大正蔵19巻１２３ｃ２－４）。

503　仏……見る　『八十華厳』巻3世主妙厳品第一之三「佛放滅苦光 無礙神能見」（大正蔵10巻15ｂ７）。

504　定果の色有り　長水子璿『首楞厳義疏注経』巻九之一に無色界の神々について「雖無業果色。然有定果色爲識所依」（大正蔵39巻９４５ａ18－19）とある。長水子璿（９６５－１０３８）は宋（趙宋）の華厳学者。鳳潭はその説を批判する。

○慧超問仏〈第七則[505]〉

【某甲問ふ、「如何是れ仏」、乃至、「某甲は是れ仏、更に去て仏を覓むるが如し」[506]。】『従容録』に云はく、「某甲曽て問ふ、如何なるか是れ学人の自己」[507]。又云はく、「自己を将《も》つて自己を覓むるが如し」[508]。「法眼、修山主に問ふ、「毫釐《ごうりん》、差有れば、天地懸隔す。汝、作麼生か会す」。修、前語を理す[509]。還て云はく、「和尚、又た如何ん」。眼、復た前語を同ず。修、便ち礼拝す」[510]。之を類則と為す。皆先に見到、後は便ち用到なり[511]。丈夫自ら衝天の志有り、他の脚跟に随ひて奴と為らずんば好《よ》し。

505　第七則　僧問法眼「慧超咨和尚。如何是佛」。法眼云「汝是慧超」」（大正蔵48巻147a26-27。岩波本121頁）。

506　某甲……ごとし」　本則評唱（大正蔵48巻147b16-19。岩波本123頁）。「乃至」で中略された部分を含む全文は「則云某甲問「如何是佛」。林云「丙丁童子來求火」」。法眼云「好語。恐儞錯會。可更説看」。則云「丙丁屬火。以火求火。如某甲是佛。更去覓佛」」（大正蔵48巻147b16-19）。則（報恩玄則）が法眼文益に対して、青林（実際には青峰義誠）のもとでの問答を語る箇所。この後、報恩は法眼から理解の不十分さを指摘され、改めて法眼のもとで悟りを開く。

507　「某甲……自己」　『従容録』で前注と同じ報恩玄則と法眼文益との問答を取り上げた箇所。『碧巌録』所引のものとは文言が異なっていることを指摘している。「恩云「某甲曾問「如何是學人自己」。峰云「丙了童子來求火」」。眼云「上座作麼生會」。恩云「丙丁屬火。將火求火。如將自己求自己」」（大正蔵48巻237c25-28）。

508　「自己……如し」　前注参照。『従容録』では「覓」は「求」となっている。

509　理す　ここでは「述べる」の意。

510　法眼……礼拝す　『金陵清涼院文益禅師語録』「師問修山主。「毫釐有差。天地懸隔。兄作麼生會」。修云「毫釐有差。天地懸隔」。師云「恁麼會又爭得」。修云「和尚如何」。師云「毫釐有差。天地懸隔」。修便禮拜」（大正蔵47巻589c9-12）。修山主の問が「和尚又如何」となっているので、鳳潭は直接には『宏智禅師広録』巻2（大正蔵48巻20a13-19）に引用されたものを参照したと思われる。

511　皆先に……なり　『碧巌録』第4則の頌評唱に「看他古人。見到。説到。行到。用到」（大正蔵48巻144b27-28。岩波本90頁）とある。

【心外無法、満目青山。[512]】這《こ》の両句、本《も》と黄檗の語。詔、重ねて頌と作す。『伝心法要』に曰はく、「三千世界、都来是れ汝が自己。何の処に許多般有らん。心外無法、満目青山」[513]と。法眼、吾が宗を継ぐ可しと印成す[514]。方に験《あきら》む、厥《そ》の宗永く振はざることを。法相、尚《(ほ)》を言ふ、「三界惟心、万法唯識」と。吾、恐らくは、円頓の旨遠きか。須らく知るべし、通玄峰頂即ち是れ人間[515]。雲は南岳に散じ、雨は北山に収まる。他の敬崇を羨むこと勿れ。

512　心外……青山　本則評唱（大正蔵48巻147c7-8。岩波本125-126頁）。法眼のもとで悟りを開いた天台徳詔の頌「通玄峰頂。不是人間。心外無法。満目青山」。

513　「三千世界……満目青山」　『伝心法要』ではなく、『黄檗断際禅師宛陵録』からの引用（大正蔵48巻385c15-16）。

514　法眼……印成す　本則評唱で、先ほどの天台徳詔の頌の後に「法眼印云「只這一頌。可繼吾宗」」（大正蔵48巻147c8-9。岩波本126頁）とあるのをふまえる。

515　通玄……人間　天台徳詔の頌「通玄峰頂、不是人間」をふまえる。

【孟津は即ち是れ龍門、禹帝鑿《うが》ちて三級と為す[516]。】議して云はく、孟津は応に孟門に作るべし。諸地志を案ずるに孟津は〈『書』に盟津と曰ふ。『括地志』に云はく、「周の武王、紂を伐ちて、八百の諸侯と盟津に会す」[517]。杜預[518]云はく、「河内郡河陽県の南、洛陽城の北に在り」[519]〉即ち今の河南懐慶府の〈漢に河内と曰ふ〉孟県は是れ古の孟津なり。又、冨平津と

516　孟津……為す　頌評唱（大正蔵48巻148a10。岩波本129頁）。雪竇の頌「三級浪高魚化龍」（大正蔵48巻147c18。岩波本127頁）へのコメント。

517　「周の……会す」　『括地志』「周武王伐約與八百諸侯會盟津」。『括地志』は唐初に編纂された地誌。原本は失われ、清の孫星衍が逸文を収集した八巻本がある。鳳潭は実際には『史記正義』などから又引きしたと思われる。後注参照。

518　杜預　晋の政治家・学者（222〜284）。『春秋左氏伝』に対する注『春秋経伝集解』の著者。

519　「河内……在り」　『史記正義』巻二に「又東至於盟津。杜預云盟河内郡河陽縣南孟津也。在洛陽城北。都道所湊。古今為津。武王度之。近代呼為武濟。括地志云盟津周武王伐紂與八百諸侯會盟津」とある。

曰ふ。此れ龍門に非ず。龍門は即ち山西の平陽府の河津県に在り。其の孟門山、同じく吉州に在り〈呂《りょ》不韋《ふい》[520]が曰はく、「龍門未だ辟《ひら》かず、呂梁未だ鑿たず。河は孟門の上に出づ」[521]。即ち是れ此れなり〉。朱熹[522]が曰はく、「河は龍門に至りて地勢険し。山を破して以て行く。禹の功、最も難し。龍門より南に流れて華陰[523]に至りて〈華山の北に在り〉極り、始めて折れて東して砥柱に至る」〈孔安国[524]が曰はく、「山の名なり。河水流れを分かち、山を包みで過ぐ。山、水中に見《え》へて柱の若《ごと》く然るなり」〉。『正義』に曰はく、「俗に三門山と名く。禹、北川三を鑿ちて河水を道《とお》す。故に三門と曰ふ」[525]。今三級と云ふ、即ち此れなり〉。又、東して盟津に至るなり。而して禹門の渡、亦た河津県に在り。唐に龍門開（ママ）を此に置く。故に知る、孟津即ち龍門に非ざるなり。

【三月三、桃花開くる時、天地の感ずる所、魚有り。龍門を透り得れば、頭上に角を生じ、鬐鬣《そうりょう》の尾を昂《あ》げ雲を拏《つか》んで去る。跳び得ざる者は、点額して回《かえ》る[526]。】此れ二説有り。一には赤色の鯉魚、水に逆《さか》ひて上り、自《おのず》ら天火有りて尾を焼き鱗を脱し雷に駆《は》せ電に駕し雲を興し雨を致し、化して龍と為ることを

520　呂不韋　秦の政治家（前235年没）。『呂氏春秋』を編纂させた。

521　「龍門……出づ」　蔡沈『書経集伝』巻二「呂不韋曰『龍門未闢、呂梁未鑿、河出孟門之上』」によるか。『呂氏春秋』「開春論」には「龍門未開、呂梁未發、河出孟門」とある。

522　朱熹　南宋の儒学者。一一三〇－一二〇〇。いわゆる朱子学の祖。この引用箇所は『書経大全』の中に朱子の注として引かれている。

523　華陰　華山（陝西省華陰県にある山）の北側のこと。「砥柱」は山西省平陸県の東にある山。黄河の激流中にある。

524　孔安國　前漢の学者（前156？－前74？）。引用文は『尚書正義』巻六「禹貢第十」の文。

525　「俗に……曰ふ」　『史記正義』巻二「漢高帝改曰華陰。東至砥柱。砥柱山俗名三門山。禹鑿北山三道河水故曰三門也」。

526　三月三……回る　頌評唱（大正蔵48巻148a10－12。岩波本129頁）。

得。若し登り過ぎざる者は、自ら紅朱の額に点する有り。再び登ることを得ざれば、腮を龍門の下に曝す〈林登[527]が『博物志』に云はく、「龍門の下に毎歳壬子の春は黄鯉二魚有り。海及び諸川より争ひ来たりて之に赴く。一歳の中、龍門を登る者、七十一に過ぎず。初めて龍門を登るに、即ち風雨有り、之に随ひ、天火、自後、其の尾を焼き、乃ち化して龍と為る」[528]。今詳する『本艸』[529]の鯉魚の諸注に龍と化する説無きのみ〉。一には、『水経の註』等に曰はく、「大魚、鞏山の穴中を出づ。三月、河上に遡りて、能く龍門の限を度《わた》れば、則ち龍と為ることを得。否なるときは、則ち点額して還る」〈『本艸』に、鱣《てん》魚を又黄魚と曰ふ。蔵器[530]曰はく、「長さ二三丈、純灰の色。体に三行の甲有り。逆て龍門を上れば能く化して龍と為る」[531]。時珍[532]が云はく、「鱣は鱗無し。大魚なり。其の状、鱘・鮪に似て、其色、灰白なり。其の背に骨甲三行有り。其の鼻長くして鬚有り。其の口、頷下に近し。其の尾、岐あり。三月を以て水に逆て生ず。磯石湍流の間に居す」[533]。郭璞[534]が云はく、「鱣の長二丈」。陸佃[535]が云はく、「大魚、鱏《えい》に似る。口、頷下に在り、鱗無し。長鼻、輭骨なり。江東に呼びて黄魚

527 林登　南宋の人。『続博物志』を選集。
528 「龍門……為る」　『太平広記』巻466「龍門」の項「林登云龍門之下毎歳季春有黄鯉魚自海及諸川争來赴之一歳中登龍門者不過七十二初登龍門即有雲雨隨之天火自後燒其尾乃化為龍矣」とあるのによるか。
529 本艸　『本草綱目』のこと。中国の代表的な本草書。明の李時珍の著。52巻。

530 蔵器　陳蔵器のこと（683-757）。唐代の本草学者。『本草拾遺』を著す。
531 「長さ……為る」　『本草綱目』巻44「鱣魚」の項「藏器曰鱣長二三丈純灰色體有三行甲逆上龍門能化為龍也」。
532 時珍　李時珍（1518-1593）。『本草綱目』の編者。
533 「鱣は……居す」　『本草綱目』、巻44「鱣魚」の項の記述。
534 郭璞　西晋・東晋の学者（276-324）。『爾雅』『方言』『山海経』に注をつけた。
535 陸佃　北宋の学者（1042-1102）。『埤雅』の編者。

と為す[536]」。又、柳宗元[537]が云はく、「龍門に大鮪あり。流に逆て上りて螭龍に為らんことを慕ふ[538]」。注に云はく、「鮪は大魚なり。形、鱣に似て、青黒なり。大なる者七八尺なり」。李奇が云はく、「周洛に鮪と曰ふ。蜀に魱鮪と曰ふ」。『本艸』に「鱘魚、亦鮪魚と曰ふ」。蔵器曰はく、「鱘は江中に生ず。背は龍の如く、長さ一二丈なり」。時珍が曰はく、「亦鱣の属なり。岫居長き者、又餘、春に至りて始めて出づ。其の状、鱣の如く、而も背の上に甲無し。其の色青碧にして、腹の下色白なり。其の鼻長くして身と等し。口は頷下に在り。頬下に青班の紋有り。梅花の状の

536　「大魚……と為す」　『埤雅』巻一「鱣大魚似鱏口在頷下無鱗長鼻輭骨俗謂之玉板大者長二三丈江東呼為黄魚」

537　柳宗元　唐代中期の詩人・政治家（７７３-８１９）

538　「龍門に……慕ふ」　『柳河東集』巻14「設漁者對智伯」に「臣以爲小去而之龍門之下伺大鮪焉。夫鮪之來也其魴鯉数萬。垂涎流沫後者得食焉然其飢也。亦返呑其後愈肆其力逆流而上慕爲螭龍」とある。

如し。尾岐、丙の如し。肉色純白なり」。羅願[539]云はく、「鱘の状、鬵鼎の如し。上は大、下は小にして、大頭哆口、鉄兜鍪に似る。亦能く龍と化す[540]」。故に、鱣と鮪と並びに龍と化する事有り。而して、此の邦に並びに無きのみ〉。今「三月三」と云ふは三の字剰れり。「鬃」は応に鬣に作るべし〈此の邦の俗間、但鯉魚と謂ひて玩《もてあそ》びて画くが故に備《つぶさ》に具す〉。

【慶蔵主、愛して人に問ふ、「化して龍と作《な》り去る。即今、什麼の処に在る」[541]。】議して云はく、『武庫』[542]

539　羅願　１１３６-１１８４。南宋の官僚・学者。地誌『新安忘』の著者。

540　『本艸』に……龍と化す」　『本草綱目』巻44「鱘魚」の記述を抜粋したもの。

541　慶蔵主……在る」　頌評唱の句（大正蔵48巻１４８a17-19。岩波本１３０頁）。中略がある。「舊時慶藏主愛問人「如何是三級浪高魚化龍。我也不必在。我且問爾。化作龍去。即今在什麼處」」。

542　『武庫』　『大慧普覚禅師宗門武庫』のこと。大慧宗杲が語った逸話を弟子の道謙が編集したもの。ここで言及されているの

の中に準ずるに、決して知る、明眼の侶に非ず。実に担板の非器、歯録するに足らず。詎《なん》ぞ之を称するや。

○翠巌眉毛〈第八則[543]〉

【一大蔵教五千四十八巻、心を説き性を説き、頓を説き漸を説くことを免れず。還て這箇の消息有りや[544]。】議して云はく、甚しひ《(い)》かな、勤巴[545]、大聖を誣罔《ふもう》し、箇の守屍鬼[546]を誇厳するや。未だ嘗て大蔵の奥旨を電覧せず、夢だも性とは何の理為《た》ることを見ること能はず。妄に正法輪を謗ずる者、是れ盲の咎にして、仏日の恒に赫《かく》たらざるに非ざるのみ。夫れ、諸仏の設教は中に就て単言隻字として不可窮尽・深玄極妙の奥義を該摂し含具するに匪《あら》ざること有ること無し。則ち、苟くも茲《こ》の意を会せば、更に須く海に入りて沙を弄ぶことを労すべからず。真に是れ学人介爾《けに》の一念[547]、刹那の一塵、全然として這箇の消息に非ざること莫し。拍盲に「空しく他の宝を算ふ」と謂ふこと勿れ。欺くこと毋《なか》れ、食を説き、其の饑を充たさずと[548]。請ふ、当に諦観し審詳に精《くわ》

は、自慶蔵主が法雲円通禅師から叱責されたという逸話（大正蔵47巻944b20-c1）を指す。

543　第八則　翠嵒夏末示衆云「一夏以來。爲兄弟説話。看翠嵒眉毛在麼」。保福云「作賊人心虚」。長慶云「生也」雲門云「關」（大正蔵48巻148a1-4。岩波本133頁）。

544　一大蔵教……有りや　本則評唱（大正蔵48巻148b6-8。岩波本134頁）。

545　勤巴　圜悟克勤のこと。出身が巴州近くのため。

546　守屍鬼　寒山の詩に「但看箭射空、須臾還墜地、饒你得仙人、恰似守屍鬼」とあるのをふまえる。

547　介爾の一念　智顗『摩訶止観』巻5上「夫一心具十法界。一法界又具十法界百法界。一界具三十種世間。百法界即具三千種世間。此三千在一念心。若無心而已。介爾有心即具三千」（大正蔵46巻54a5-9）をふまえる。「介爾」は「わずか」の意。

548　欺く……充たさずと　本則評唱に「方知。古人有驅耕夫之牛。奪飢人之食手段」（大正蔵48巻148b15-16。岩波本135頁）とあるのをふまえるか。なお、『首楞厳経』巻1に「若不修行與不聞等。如人説食終不能飽」（大正蔵19巻109a24-25）とあり、『碧巌録』第95則本則評唱にも「大似人説食終不能飽」

しく究むべし。而るに今、他を顧みるに、汝が輩、罕《ま》れに性を言ふこと有るも、渾《すべ》て別家山外の霊知の真心を執して、終《つい》に全妄這箇の消息に達すること能はずして、是の故に、動《やや》もすれば、便ち胡乱《うろん》に指注して、猶ほ臂膊、外に向ひて鉤する者[549]のごとし。如何ぞ、他宗を憚らずして誚《そし》りて笑具と為し、甘じて群魔波旬の与《た》めに舃《くつ》を拿《と》るか。慎まざる可けんか。

○趙州四門〈第九則[550]〉

【古人、方便門の中、初機後学、未だ心地を明らめず未だ本性を見ざるが為め、已《や》むことを得ずして、箇の方便の語句を立つ。祖師西来、単伝心印、直指人心、見性成仏の如きは、那裏にか此くの如く葛藤せん[551]。】議して云はく、若し円頓に就かば、縦《たと》ひ初機の為めにする、豈に方便葛藤と夫の西来の単伝心印と打して両橛と成す可けんや。餘は准じて之を思へ。

【魚目を将《も》つて明珠に比況するが如く[552]。】『伝灯』忠国師の章に此の語有り。而も原《もと》、『文心雕龍』等に出づ。曰はく、「明珠を穿たんと欲して、多く魚目を貫く」[553]。又、教中に此の喩有るなり。

（大正蔵48巻218b15）とある。また、『潭州潙山霊祐禅師語録』に香厳智閑の言葉として「畫餅不可充饑」（大正蔵47巻580b12-13）とある。なお、直前の「拍盲」は眼病（現在の白内障・緑内障）のこと。むやみやたらにの意。

549 胡乱に……鉤する者　第1則本則著語に「胡亂指注。臂膊不向外曲」（大正蔵48巻140a24。岩波本37頁）とある。

550 第九則　僧問趙州、「如何是趙州」。州云「東門西門南門北門」（大正蔵48巻149a19-20。岩波本142頁）。

551 古人……葛藤せん　本則評唱（大正蔵48巻149a26-29。岩波本143頁）。

552 魚目……如く　本則評唱（大正蔵48巻149b15。岩波本145頁）。

553 「明珠……貫く」　南朝梁・劉勰『文心雕龍』「雜文」「杜篤・賈逵之曹、劉珍・潘勖之輩、欲穿明珠、多貫魚目。可謂壽陵匍匐、非復邯鄲之步」。「『伝灯』忠国師の章」は、『景徳伝灯録』巻2（大正蔵51巻438c24）。

【遠録公[554]云はく、「末後の一句、始めて牢関に到る」。】此れ、洛浦安[555]の上堂の語を取る。

【十日一風、五日一雨[556]。】本は王充が『論衡』[557]・『淮南子』[558]等に出づ。又、桓寛が『塩鉄論』に曰はく、「天下太平、国に夭傷無く、歳に荒年無し。此の時に当りて、雨、塊を破らず[559]、風、條を鳴らさず[560]。旬にして而も一雨す。雨、必ず夜を以てす」[561]。今、浮山[562]、拈出す。知るべし。

【一の外道有り。手に雀児を握りて、来たりて世尊に問ふ。「是れ死なるや、是れ活なるや」。世尊、遂に門閫[563]に騎《の》りて云はく、「你、道《い》へ。我れ出づるや、入るや」〈或は曰はく、「世尊、拳頭を豎起して曰はく、

554 遠録公　浮山法遠（991－1067）のこと。事務に長けていたので「録公」と称されたという（『釈氏稽古略』巻4、大正蔵49巻868c6－11）。
555 洛浦安　洛浦元安（843－898）のこと。『五灯会元』巻6「澧州洛浦山元安禅師」の項「上堂。末後一句始到牢關。鎖斷要津。不通凡聖」（続蔵80巻128中2）。
556 十日……一雨　本則評唱（大正蔵48巻149b18－19。岩波本146頁）。気候が順調なこと。
557 王充が『論衡』　後漢・王充『論衡』「是応」「關梁不閉、道無虜掠、風不鳴條、雨不破塊、五日一風、十日一雨。」
558 『淮南子』　完全に合致する文はないが、たとえば「俶真訓」の「若夫真人（中略）燭十日而使風雨」などを指すか。
559 雨……破らず　田畑に被害をもたらさない程度の雨のこと。直後の「風は條を鳴らさず」と共に、太平な治世を喩える古代中国の文言。
560 風……鳴らさず　木の枝がガタガタと音が出さない程の優しい風が吹きわたる様子を、賢者が治める安定な社会、太平な世に喩える文言。
561 「天下……以てす」　前漢・桓寛『塩鉄論』「水旱」「周公載紀而天下太平、國無夭傷、歳無荒年。當此之時、雨不破塊、風不鳴條、旬而一雨、雨必以夜」。
562 浮山　浮山法遠のこと。浮山の拈古未検。
563 門閫　敷居のこと。

「開するや、合するや」〉。外道、対無し[564]。】議して云はく、未だ典拠を詳らかにせず。有が云はく、「『増一阿含』に出づ」と〈未だ審らかならず〉。

【爍迦羅《しゃから》眼とは、是れ梵語なり。此《ここ》に堅固眼と云ふ。亦、金剛眼と云ふ[565]。】梵音に、若し斫迦羅《しゃから》[566]と云はば〈正しくは拓羯羅[567]と曰ふ〉、此に訳して輪と云ふ。若し跋折羅《ばさら》[568]と云はば、此に金剛と云ふ〈世宝の第一。輪王の成就する金輪宝の如きの故に〉。若し爍迦羅と曰はば、是れ帝釈の名なり。諸法の本寂常無自性の中に於て安住して知るが故に、是れを見諦と為す[569]。即ち古仏所見の道を見る[570]が故に、爍迦羅眼と曰ふ。安住して動ぜざること須弥山の若《ごと》し[571]。故に撃つも開かざるなり[572]。

564　一の……無し　頌評唱（大正蔵48巻149c28-150a1。岩波本150頁）。割注も『碧巌録』にあるもの。ただし、「或」ではなく「一本」となっている。

565　爍迦羅眼……云ふ　頌評唱（大正蔵48巻150a9-10。岩波本151頁）。雪竇の頌「爍迦羅眼絶纖埃」（大正蔵48巻149c18-19。岩波本149頁）へのコメント。爍迦羅は梵語Śakraの音写で帝釈天のこと。

566　斫迦羅　梵語cakraの音写。輪のこと。また、輪の形をした武器のこと。

567　拓羯羅　柘迦羅とも表記する。同じくcakraの音写。

568　跋折羅　梵語vajraの音写。堅固なものの意。特にダイアモンド（金剛石）を指す。

569　諸法の……為す　『大毘盧遮那成仏神変加持経（大日経）』巻5「秘密曼荼羅品」第十一「於諸法本寂　常無自性中　安住如須彌　是名爲見諦」（大正蔵18巻33b8-9）。

570　即ち……見る　『大毘盧遮那成仏経疏（大日経疏）』巻15「見此理者。即是見於古佛所見之道」（大正蔵39巻738a23-24）。

571　安住……若し　『妙法蓮華経』「安楽行品」第十四「在於閑處修攝其心　安住不動　如須彌山」（大正蔵9巻37c16-17）。この句は『勅修百丈清規』巻5「坐禅儀」でも引用される（大正蔵48巻1143a26-27）。

572　撃つも……なり　雪竇の頌「無限輪鎚撃不開」（大正蔵48巻149c20。岩波本149頁）をふまえる。

○睦州[573]掠虚頭〈第十則[574]〉

【鹿門の智[575]、這の僧を点じて云はく、「法を識る者は懼る」[576]。】諸録に此の語を載せず。考ふ可し。

【夾山無礙禅師降魔の表[577]。】議して云はく、表中数百餘言、一句として円旨に契ふ語有ること無し。嘗て、謂はゆる「衆魔は吾が侍者[578]、三道〈煩悩・業・苦〉即ち三徳[579]、三毒[580]即ち法界、八万四千の塵労[581]、皆帝網門に入る」の奥旨を了せざるを以ての故、徒《いたずら》に「無明を抄截し、貪瞋を伐捉し、魔軍大いに敗れ、六賊殺戮し、掃除蕩尽し、心王、殿に坐し、真如、楼に登り、法界寧静、合《まさ》に具さに奏聞す」[582]と誇るは、

573　睦州　睦州道蹤（780？-877？）。黄檗希運の弟子。俗姓により陳尊宿と称される。

574　第十則　睦州問僧、「近離甚處」。僧便喝。州云「老僧被汝一喝」。僧又喝。州云「三喝四喝後作麼生」。僧無語。州便打云「這掠虚頭漢」（大正蔵48巻150a23-27。岩波本153-154）。

575　鹿門の智　鹿門は湖北省襄陽県鹿門山。曹山門下に鹿門処真がいるが、「智」という名の禅者は未検。

576　鹿門……懼る」　頌評唱（大正蔵48巻150c12-13。岩波本159頁）。『碧巌録』では「智」一字ではなく「智禅師」とする。

577　夾山……の表　『碧巌録』巻一に付されている圜悟の文章（大正蔵48巻150c29-151b2。岩波本162-164）。夾山は圜悟のこと。表（上表文）になぞらえて魔を退け修行に専心することを述べたもの。

578　衆魔……侍者　『維摩詰所説経』巻中「一切衆魔及諸外道皆吾侍也」（大正蔵14巻544c7-8）。

579　三道……三徳　『法華玄義』巻3上（大正蔵33巻711b24）・『摩訶止観』巻9下（大正蔵46巻128c27-28）などに見える句。三徳は法身・般若・解脱。

580　三毒　貪欲・瞋恚・愚痴。

581　八万……塵労　塵労は煩悩のこと。多種多様な煩悩を総称した表現。

582　「無明を……奏聞す」　圜悟の「表」から抜粋したもの。「捜求妄想之踪。抄截無明之蹟」「忍辱帥伐嗔怒之城。精進軍除傲慢之妖。喜捨士捉慳貪之賊」「倏忽而魔軍大敗。六賊全輸。殺戮無邊。掃除蕩盡」「心王坐歡喜之殿。眞如登解脱之樓」「從茲法界寧靜。永絶囂塵。共渡生死之河。齊到菩提之岸。魔軍既退。合具奏聞」（大正蔵48巻151a17-b2。岩波本163-164頁）。

鳴呼、哀れなるかな。

〔参考〕華厳春秋下巻　覚洲鳩

華厳春秋伝

沙界海雲堂覚洲鳩　伝

本師

大日本山城国葛野郡松室妙徳山新大華厳寺開基開宗　潭大和尚者、喜多宗伯為父、河内貞覚為母、始降補特伽羅之神、万治聖帝乙亥年、誕生摂津国浪華邑、春二月十五日也。住世八十年、臈四十有六。蓋来去刹界、叵得而言焉。不肖〈鳩〉恭覩生身化相、本師生而頭髪右旋、巓骨反宇、衡額有点、面門平正、双眼明、両耳低、珂歯堅密、丹唇光薄、手足指纎脩、胸具大人相、音声哀雅而透五十兮、弁説無礙而徹三千人、口有香気、身無疾病、食詹怕、量腹三匙、衣斗擻、計身五片。行徐々、坐蕭々、睡則跏床、覚則遶庭、息丑起卯、毫筆不離手、貝葉不辞机、確邪祐正、変化如龍、頻迅似猊。心直不媚凡俗、性急不愛徒弟。十宗之釈典、究竟索隠、五教之所詮、円備罄底。建立精舎、而不諂曲檀家、中興新宗、而不親近国王。好離所知障、不事断煩悩。湧文殊之智水、住普賢之願行、至矣哉。生涯不雑餘乗、如其外化之階位、与内証之妙用、非是不肖所識知也。無他、夙植見聞一乗之福、今世践解行之陛而已。然本師在家作喜多氏第三子、諱言三太郎也。年甫十有六、既見甲兄乙姉戌弟之著壊色衣、為瑞龍徒。而自思念、応余亦間淄門、処慈雲山下。於是乎、取離父母、父母不敢聴許焉。言、我欲令汝為嗣。止矣、不可亦謂。本師不堪止、遂趨河内、而至今井法雲寺主恵極禅師之室、悉陳懐抱。禅師無難、剃度為沙門也。両親聞之、且恨且悪、絶親子義、而不再目視焉。本師更念、悉達太子一朝辞親、成道已後、還度父母、可謂孝矣。我豈譲之世尊乎。発心洪然、行道愈進。

瑞龍鉄眼和尚聞之、使法雲而覓本師。極禅師送本師、帰瑞龍也。眼和尚受為自門資、乃賜法名僧濬、別号菊潭之四字。本師後住松尾安照寺時、以鳳代菊、自号鳳潭也。

本師年二十、性慮算攉、在黄檗山宝蔵院、印施立法工矩。本師行於長崎、誦習儒典七略。千句一遍、而総持焉。明年還摂。

年二十二、従瑞龍和尚適于東武。和尚告曰、濬也、我語汝、我弱歳志補邦国之欠典也。普勧海内道俗、募於一大蔵之印刻。其所集貨財、大抵将十万両金也。而不充、謂半成半未。於是乎、説我親族之君主肥後細川国侯、而乞資。国侯曰、家大夫子、不果事者、則国之恥矣也。我愷悋嗇乎。宜随欲与。遂命主庫官、所賜黄金亦十万両焉。我素願足矣。濬也、人而無功、則不容僧数。汝念之也。蓋我之法宗、伝自振旦者十三。其謂戒律・毘曇・成論・三論・摂論・地論・涅槃・禅・天台・華厳・法相・真言・浄土也。此中華厳宗義、賢首之教分、吾邦中廃尚矣。我恒傷此之欠宗、汝其応興之。而和尚自書大方広仏華厳経之題名、授之本師。於是本師徹骨奉行乎師命。始発於普賢之願而已。

本師年二十三、従和尚帰摂都。

明年大和二壬戌三月、瑞龍和尚示寂。

貞享元甲子、本師年二十六、負笈之南都。遊学八年、伝授経本、凡六百巻、書写自独、不借他手。今如賓在華厳寺宝庫。

本師在南都興福寺、謁知足坊清慶法師、請聞於唯識論述記、并伝受三類境・四分義也。本師問慶法師曰、述記及三箇疏、我欲改国点、可乎。法師告曰、吾邦官講之読声、往古所伝習、法則不可易焉。本師又問、伝習之読声、其自真檀乎。抑慈恩之所伝乎。法師無答。本師於是新改国点。

本師在東大寺龍蔵院、伝写瑜伽論略纂・倫記及法苑林章等。又在東大寺清涼院、伝写倶舎論光記及宝疏。又在東大寺尊勝院、伝写法華経光宅疏。又在東大寺下之坊、伝写三論玄義及三論疏。有太秦法師者、講之与本師決択也。

本師年三十一、在東大寺上生院、伝写華厳経捜玄記・孔目章・要問答・十玄門・探玄記・教分記・起信論義記・致義記・心玄義・旨帰・綱目等二十七部、及伝模乎賢首大師之画像。彼院真容有二。今取其中也。

本師在興福寺極楽院、伝写菩提院蔵俊僧正所集因明論大疏鈔四十一巻、并四相違要文三十六巻。而後有勑緘焉。於是、雖門主長者、不能披禁符也。

本師年三十五、受戒。洛東泉湧寺恵応律師為戒師、戒舜律師為羯磨師、恵順律師為教授師。作法於雲龍院。本師此年、依光・宝二書及恵暉・遁麟、而講倶舎頌疏於洛東大仏殿・方広寺西林。斯講中廃已千年、晩唐已降五代宋明、亦不知倶舎。而本師再起法幢。海内学仏徒、諸宗蒙其沢、不竢言弁也。然上来所伝得古墳釈典、今日流行宇寰者、実本師之力矣也。其本師之得之也、自非四所神廟之擁護、則奈之何。而后印梓頌疏講苑以頒行天下。其卅品中、天文地理、発古賢所未発者也、至矣。

本師年三十七、登叡嶽、而聴安楽院霊空律師講法華文句也。先是者、妙立律師、本学恵日之禅、中棄東福、入天台、自受大戒、中興山門律学、独服膺於四明法智尊者立義。斑駁山家山外之邪正、専唱性悪三千法門、以為山家正統之仏心、而偏貶山門伝受真如妙談、以為別教縁理山外之邪計也。時三塔不肯性悪、衆議決判、駆擯山門。妙立被擯、住聖護林、愈弘於山家性悪介爾一念無明心印也。正有霊空、入門受戒、特伝於四明正統性悪法門、補佐山家学道。幸焉、将軍帰依、君母奉法、於飯室建律院。賜年饘五百石。於是、天下八宗、靡然咸信性悪法門也。時人以為、不知之則非仏弟子。蓋天台宗円教之妙解云者、唯是而已。指要・十義書・集註・仏心記、直貴乎安、十倍於常也。於是乎、本師従遊空師庭、承襲四明所立性具性悪法門、専祐開解・立行・定境・用観之四規矣也。以謂、華厳宗同教一乗円極之至要、在於此哉。是故本師一代、其所製述、無他、取之以為円極究竟処矣。本師聞講之間、自著文句会抄五十巻。

本師年四十、新彫刻起信論義記三巻并幻虎録、以顕宗密之偽造也。唐有宗密禅師者、自住圭峰草堂寺、致書清涼大師、為門弟子、作起信註疏。玄談、置五教判釈、以起信為円教論、真如随縁以為円教義、改易義記、呈自胸臆、偽篇言法蔵所撰。晩唐以来、与此見惑者、不知員数也。真本義記、現流而後、偽造註疏、乍放去了也。人掌不再焉。爰宋長水有子璿法師、製釈註疏筆削記。本師拠筆削著幻虎、依幻虎剥筆削。当是時乎、国中学仏、信二三、疑二三。東湖有顕恵者〈浄土宗僧〉、著述弁偽、専破幻虎。本師時在東武、卒製解謗、逐斥弁偽、自爾已降、諸山講場、註疏・筆削、払然無跡。

宝永甲申、本師述因明疏瑞源記八巻。蓋以、因明也者、五明之随一、華厳経中、往往説此修学。故源在仏説矣。外道辟陀、亦明斯法。其仏滅后九百年、古因明師無著・世親等、於瑜伽唯識、各各作法於論場也。厥後新因明師陳那伽大士出世、始説因明理門論、門人天主菩薩製造因明入正理論。二論普遍、規範乎五印度也。大唐三蔵玄奘法師、在彼禀之、還於長安、翻訳二論。伝奥義者窺基一人而已。基法師著入正理疏三巻、授之淄州恵沼。沼師更撰義断纂要、輔助疏義。淄州有四資、謂周・邕・献・理也。其他註二論、乃文軌・神泰・文挙・文備・玄応・神郭等、末至崇俊・定賓・清翰等、各有鈔存焉。吾邦白雉已来伝之、而後七大明徳、北嶽碩匠、三支作法、莫不煉磨。亦皆製書記。仁平之朝、興福菩提院蔵俊僧正、仮檀主平相国清盛之権力、而覓趙宋于法相之欠書。振旦国王、応求令遺於長安之密書也。於是俊師撰因明疏之大鈔四十一巻・四相違要文三十六巻。此中、和漢因明諸記、挙録悉述、尽無亦餘矣。且望文助論議。嗚乎、因明之大成者、唯此書而已。本師拠之倣瑞源也。瑞源者、賛俊功之詞、記者自書其事也。後世応知、因明之毀廃、已五百年、而崛起於一朝者、実在本師之労矣也。不亦説乎云者是也。

宝永丁亥、本師撰述乎華厳教分記匡真鈔十巻。先是、東大寺古徳、有伝言曰、教章下軸要不可読、誤披之者、神抜頭必。本師笑曰、古徳習読、中下顛倒、汝等愚眼、能失智明、悪擁団頭為也。我今可変之以講読去、汝等仰視我之首忽堕落於大地乎也。本師即改中下両巻列次迭之、而刊行教章、以流布天下。於是、諸宗学匠、競又講之。当於此時、華厳宗教第一中興、方露矣也。然大唐有澄観清涼国師、嘗参荷沢神会禅師、修得霊知一念玄玄法門。殊認起信之真如随縁、以為華厳円教之極談、遂註新華厳経、製大疏并鈔。其中往々遮破静法恵苑刊定記、異於賢首所立之端也。又其懸談九巻中、専究玄玄之旨帰焉、而自印定、賢首之宗要、我唯独悟去。趙宋台徒銭塘志因、講清涼大疏及玄談、授之慈光悟恩。奉先源清・梵天慶昭・孤山智円、相次稟承。天台宗昱、旁亦執取之。各以霊知真如之妙法、為止観十乗之境体也。爾時、有四明法智大師知礼者、未嘗共許之、自依荊渓、的定無明一念之所観、致書於梵天孤山、逐斥彼等邪計、争論数番、而昭・円二子、終堕負処。於是、四明門人歎美我、称山家焉。卑悪彼呼曰山外。更斥大疏鈔、以為其張本、貶置在彼宗別教之教道、而甚謂、至相・賢首亦与之同也。我邦台宗朋党四明者、皆復如是。是故本師、匡挙於至相・賢首之真詮、而評破於清涼之未熟。鈔中文々、黒白既分、明闇斯別。至如其圭峰・長水・復古・義苑・集成・折薪等、了簡臧否、評論長短、尽矣也。蓋匡真鈔之所以由来也。

吾邦延暦之朝、有秘密種姓補特伽羅、名曰空海、入唐謁恵果阿闍梨。恵果印可曰、法位居第三地、従果受五部秘教、而登金剛界道場、自称字金剛遍照菩薩、滅后贈謚弘法大師也。然彼菩薩、嘗寄大日經住心品、自作十住心論。謂、一愚童執我心、二持斉《(ママ)》順理心、三無畏嬰童心、四唯蘊無我心、五抜縁業種心、六他無縁乗心、七覚心不生心、八空性常寂心、九極無自性心、十秘密荘厳心。此中初三、当天竺外道及仏法小乗世間心分際、四五小宗無漏心、而菩薩自擬之、第六是北宗大綱、第七配吉蔵宗義、第八当南岳天台所立、第九極無自性心者、乃是華厳之玄極、而杜順先開之、智儼・法蔵従之立宗焉。上来都是顕教、唯第十心自秘密真言教耳也。然彼菩薩、未曽知杜順尊者非是華厳之開師、殊不識至相・賢首所翅立終円浅深、一乗同別之教義。而浪卒援引馬鳴論説・清涼大疏鈔等辞、以判釈華厳宗義、誣言之智儼・法蔵之所立焉者、可謂不明之甚也。経云、自賛毀他、則菩薩波羅夷罪。豈可不慎乎。

蓋夫極無自性心、謂無来処無去処之心、而為地獄衆生、所明法相、乃天鼓菩薩所説、我宗円門初入之悉地也。若対弁之乎儼・蔵両祖之判教、則当於終教十地法門・同教一乗之円位・分真即初住、又台宗別教初地、証道同円位。是謂之所言極無自性心、業煩悩之具依也。若夫、於別教一乗分斉、未尚迨信満成仏之際、況乎其上上位也。勿疑焉、勿賤焉。所謂其秘密荘厳心者、全是我顕教之大白牛車矣也。

昔者、有吉水上人源空者、於八九心、稍設疑難。雖爾、未及弁駁、夢空海来、抱体默去。於是止居。

今者本師、在鈔第六巻中議曰、毘盧遮那経、説三劫六無畏、明十住心分斉。経疏意謂、寄世・出世・出出世、以顕三劫断三妄執位斉。而彼宗無知者、而矜己見耳。八九十心、大白牛車、出出世間、顕密一乗、円教信満初住位也。然習真言者、不暁此意、多錯解云、円教妙覚、更被警覚、始入真言門、故顕極果是密初位、極盲闇者、謂円妙覚、如水泡等、為半字乗。甚矣哉惑。

鈔文先出善無畏疏及経文、広明十住心相、次挙十住心論、以顕彰彼論大相違背於経疏之意也。於是乎、千歳已往、廃欠極矣。次明自義広説云云。恐可菩薩悪作龕中也歟。

于此、東武霊雲寺、有新古別派真言者流、名曰恵光。製密軌問弁、難鈔以救菩薩所立。本師述円宗鳳髄、破斥之也。恵光辞屈、更造啓迪、却遮自宗実恵已下山徒。由此、野山白眼恵光、恰如寇賊。雖爾、不能敵於匡真也。唐指切歯、虚焉提拳。天下密徒、於是噤口。必竟八宗学仏僧侶、悉皆共許点頭、賛歎於匡真之立破矣也。

大哉、本師之戦功。仏示滅後、已三千年、出世吾邦。一時睉断於華厳経之怨讎、砕破於寂滅場之魔軍。可謂華蔵世界金剛征夷大将而已。当於此時、至相・賢首華厳宗教第二中興方露矣。

十住心論云、経極無自性心生。無畏云、此一句摂華厳尽。所以者何。華厳大意、原始要終、明真如法界不守自性随縁之義也。杜順和上、依此法門造華厳三昧・法界観等。弟子智儼相続、智儼弟子法蔵法師又広五教、作指帰・綱目及疏、即此華厳宗之法門、一一義章〈云云〉。

嗚呼、不意兮。菩薩亦有此虚誕也。何者、善無畏疏文、原始要末、不説此一句摂華厳之語。何言無畏云乎。是第一虚言。

又杜順和上、非是開宗華厳之師。但儼師剃度師而已。儼年甫十四時也。而后儼自入至相寺経蔵、信手取華厳第一巻得矣。即於当寺智正法師下、聴受此経、遂遍覧蔵経、討尋衆釈、伝光統律師文疏、稍開殊軫。謂別教一乗、無尽縁起、欣然賞会、粗知毛目。

然則五教開宗、唯在智儼。非関神僧杜順。其華厳三昧及法界観等、是清涼時代之偽造、非亦杜順之親造。何以言依此法門造等耶。是第二虚言。嗚乎、菩薩無稽也。

智儼相続者、是第三虚言。

又法蔵法師広五教等者、可知、智儼年二十七、大啓六相、遂立教分宗、製此経疏焉。於是、法蔵承稟之、自述探玄・五教章等。其中以真如法界不受自性随縁等義、則置在之終教中。如鈔所明。而何言華厳大意原始要終等耶。無他、菩薩与清涼所誑惑、由此認起信所説、以為華厳之大意者、是第四妄語、任運悞犯随順他勝処也。豈可不懺摩也夫。良以、提婆達多、越仏制戒、行徴《(ママ)》細律、大僧被惑。末世碌碌、焉不所惑。自彼論出、減一千年、人挙惑矣。為自毀他、意楽不好、君子不為、誑他自憙、号言之何也。今不被惑、則本師之力而已。

宝永六年己丑二月、本師於平安城西山松尾麓竹林、草創安照寺。時官府禁制南蛮之邪法、至厳矣。由此不能卒容新立之宗号。是以、本師、潜本宗名、苟以臨済、自唱其宗。本師易菊潭字、改作鳳潭。

七年庚寅、本師述倶舎頌疏講苑三十巻、印版成焉。本師作万国掌菓図。先有平安六角菱願慶者、拠図書編以図之。本師増補以出之也。其画五印度者、莫委細於此者也。其図書編所載、拠宋元仏氏所製、西限西女国、而欠於利未亜・欧郎巴界。然蛮夷玉良答《ヲランダ》人、未循歴応帝亜《インドヤヲ》、故利馬竇之所画艮輿地理図中、其五天竺之分界、至而麁昧也。吾邦本師、依西域記、以分別五印度所属之国界者、則無於古今亦比類也。吁、当来君子、坐而到昆崙之西、亦本師之力也。

正徳二年壬辰、本師著四教儀集註増暉記、往東武講之。糺於荊渓・諦観・蒙潤之誤、而彰天台大師正義矣。東叡山凌雲院僧正実観法師言本師曰、我頃日講集註、始閲増暉記、而我従来未曽識知荊渓悞釈有如是者。嗚呼、潭公、其務矣哉。寔善増暉我宗之四教者、宜也。於是、諸家初学、不繆台之教相、亦師之力也。

四年甲午、本師製戒体続芳訣。爾前東武三縁山、有慢学生、嫌寺徒交、独居別処、自誓受得菩薩大戒、自称護信菩薩。彼作断戒体章。旧来拠雑阿毘曇心説三婆羅等護義、削戒体之名、立戒業之目、而言戒体之名、諸論不見。又因無畏疏云、阿世耶熏習義、立戒業熏成種子之宗、更貶剥於天台・章安・護法・慈恩・南山・一行等諸宗戒律之釈義已了、自念、鷹揚南洲、一人開士。然彼生来不知無著摂論已説戒体、徒云諸論不見。又無表有転、而無熏、彼終身不得、邪立戒業熏習。彼書行世、本師一見破戒体名、不堪黙止。追討先陣、無二無三、縦横斧鉞。芳訣已起、海門律徒、以続芳訣、為大千増上縁・施無畏者論也。不久而護信死矣。慈哉、救戒体名字将所毀壊者、実本師之力也。

五月、本師講唯識述記於泉州沙界引摂寺。本師改安照寺号為華厳寺。官府京尹、甲野豊前守、聴許焉。本師寺内建寮舎少林斉。(ママ)東武本庄森田儀、捨財修造之。本師記于石碑。然華厳寺者、固松尾社中舎利講殿供饘之地也。有掃主本願者、出自洛東智積林下、彼拒寺之改号、数々訢官。官令不容其訟焉。

正徳五年乙未四月朔日、本師度沙界庶士木源子。本師命信州存秀禅師、令落髪也。著法衣已、師与名呼為覚洲。設会令飯於衆僧也。

享保元年丙申二月、本師作円門境観還源策。宋朝台徒四明者流、観道立二軌。一者開解、二者立行。其開解者、謂先聞教、開仏知見、而解円妙理。

其立行者、有二。一定境、二用観。其定境者、謂先於陰界入三科中、揀去界入、就五陰也。陰中揀色、就四陰。四陰中揀受想行、就心王。心三性中揀去善悪心、但取一念無明無記心王、是名為内境。又餘一切色法、是名為外境。此中立内境、運能観智、是言内観。若依外境転能観恵、名為外観。故内観・外観、従境立名。不由観分内外。不許能所内外相混。又欲界著色、故可観心。上二界著心、故応観色。其内心・外色、随応定取陰妄之境、是謂之定境也。

次用観者、謂対色心境、以十界性具三千、為能観。此中能起法性、立為理、所修十界色心、名為事。既而修性、事理相合、即色三千、即心三千、真妄融即。其時還名三千不思議妙境、而後以空仮中為能観、是名為両重能所事理絶待之妙観、是謂之用観也。若妙観成竟、則方顕於三千性具之理法、是名為観成理顕也。

上来四明相伝之観道、略如是矣。

又十義書曰、観内不可放心縁外。観外不可放心縁内。如修内観、先用妙解、了知外法同趣内心、即但於内心観三千性徳、故四念処云、専於内心観一切法。若放心縁外、則不名専於内心修乎三観也。又修外観・如観一塵、亦須先用妙解了知内心及一切法同趣一塵、但於一塵観一切法。又云、上界多著識、下界多著色、〈乃至〉令著外色者専観内心。外已帰内、外著則亡。著内心者、令専観外色。内既趣外、内著方祛。外観本治内著。若還摂外帰内、則弥増内著、重添他病、良可痛哉〈云云〉。然妙宗鈔云、此経観仏、心観為宗、仮令観他境、約心観仏、内外分之、則観当外観〈云云〉。蓋此文与義書乖翻焉。

於是乎、叡山霊空律師、造内外二境弁、会相違言、可知、十義書、令被上下界二根機、故偏分内外。今鈔就大乗唯心義、故云心観為宗。即心観仏、故云約心観仏。内外分之、則唯識之外観也。不可異求〈云云〉。志賀有妙立資義瑞律師者、不敢此義、而製弁内外二境弁云、若言唯識之外観者、便成内外混沌。与山外計同矣。豈夫不爾乎、応知、下界観唯心者、是一心三観也。上界観唯色者、即一色三観也。疏既言心観為宗、実是内観。更云観仏、仏是外境、故鈔云当外観。已言当、故知非謂正是外観也。雖然、非是常途内観、可言一途内観。何者、非唯境内外、今従観分取内外、故謂約心是内観。仏雖是外境、今観心内仏、故非是外観。又非但観心、故非偏是内観。故余云約心観仏是一途内観也〈云云〉。於是、弁弁内外二境弁、又境観拾遺、又二百難、又二千酬、又指瑕返璧等、数番往覆、出矣。詰難互搆、推擬山外、弾責各設、欲令堕負、両勢更拒、恰類鷸蚌不知漁父而已。

本師歎曰、嗚呼此諍、今若是焉。余為大息、孰忍至此。顧夫、台家観道、分乎色心内外二境観者、創心修門之大要、莫逾焉甚。宗徒豈忽。況我同教、安応外之。今考教文、勤鑒正焉、由此所以、策成於此。

然天台師、筆四念処、明所縁境、専依大論及浄影章、心有内外、色有内外。色心各有自他差別。章安大疏、亦色心分己他。章安録出摩訶止観、能観十乗、理在絶言、如其所観、有十種境。初三科境、次立煩悩・病患等九。陰界入中、有総別殊。総謂無明無記心王、是通六識、謂五識・五意識・第六。此中五識及五意識、報陰無記、故属総境。第六意識、本通三性。其無記者、総境所摂、通善悪者、名能招報。能招報者、謂善悪業、新訳所言異熟因也。就総開別、此中現行能招報名歴餘一心。観中発得能招報者、属煩悩境。其別者、謂破法偏《ママ》中、歴餘一心、過現習生、示善悪数。例餘陰入説十八界。諸心所法、至真無為不相応法、許為境体。上来第一陰界入境。乃至歴縁対境、行等威儀、見聞覚知、為所観境。都一切法、無非境体。此中端坐観心入門、広通三性、是義大節。

可由此知、止観揀境、去広就略。輔行釈文、従広之狭。又云置色、云置心所、云促指的。已言従置、非謂捨去界入除却心所、是亦大節。又輔行云、五識・五意識、定是今境、未属煩悩、在無記故、於第六中、取能招報者、仍須発得、乃属煩悩境。餘之分別、方属今境。此中五識等、可知、於第六能招報中、用発得、属第二境。能招報中、餘之分別者、即是歴餘一心、欲瞋等心、是今第一陰界入境、別之境也。

四明未解焉、而指要鈔引之云、能招報心、属下境者、卒誤也。可度詳解所挙、摸象衆釈、莫一可取。四明従来不知能招報体及所拠、故末徒派流、愈不知之。五意識体相、亦不知之。甚者言、能招報者、謂受想行三心也。嗚呼、是何之謂也。如上所述境体総別之諸居者也。竟未曽聞四明者流及吾邦台徒、下至霊空・義瑞、有一人善解得於此者也哉。

如山外計唯真性者、是当十八界中無為法。雖非非境、而彼捨陰妄境、猶不知界入境者、可言愚惑之最大者也。若山家之不許三性陰境、而執唯無記無明者、是当第一総境。雖然、不許別境。其餘心所色及界入、都而捨去、不取之者、可謂不学之甚者也。且不許下界観色、亦偏也。此等初門、尚未明極、棹挙散乱、徒争内外、良是荒唐。

於是、覚洲白本師言、輔行問答、有宗五意識、及能招報心、為古今難解。又止観揀境、無人正領。宋朝台宗、紛雲繆釈。伏乞、今為滅諍故、正之。唯願後為学生故釈之。本師告曰、如是勿慮。爾時本師、改易策文、可有八葉五百餘頌。揀境係図、釈輔行文、駁台徒解。当此時乎、本師太労矣、師資不眠、二十昼夜也。一朝本師豁然悟解、以取能招報者之句、為牒標語。餘文氷消、印定究竟。師弟休此。本師問曰、能招報文出拠何等。覚洲答曰、止観業境。本師告曰、如五意識、可問空師。

覚洲辞師、到聖護林、謁空師庭。門人囲繞。洲敬礼言、我師訪尋尊儀起居、敢問五意何所在。空師告曰、五意識者、有宗名目。智湧混為五倶意識。載宗円記。命徒取書。洲進席曰、宗円記文、不肖暗誦。其有宗説、伏講垂示。空師告曰、出倶舎論。洲曰、不肖粗読倶舎、九品文中、所在云何。空師告曰、世親応説、我不知処。覚洲拝退。帰白本師。本師笑曰、止矣。空師不知如是。於是本師、策中明顕五意識義・宗別本拠、至而悉焉。又出念処内外境体、逐斥内心外色麁昧。念処分別、無分別識、難解空・易解空、無色界著心多、欲色界著心少、挙之遮破四明色界著内心多与十義書誤引、而一時消息古今迷解。又自釈心観為宗・大乗約心観仏、決定為五識等所縁外観散心所託本質也。奇哉、天策、両師争競、滅没不再、頓験曛功、同教宝幢、高聳法林。可知、非是瑞内観、非是空外観。天台所言、心念処之外観矣也。天台師云、念者恵也。台徒東風、故今更出能観心体、挙十地文、令離大乗唯心之痼執、此義大切、所観無明、能観唯心〈三界唯心性具三千〉、皆倶迷著。可謂著心。彼等不知、捨定住散、可不悪哉。蓋以、四明莠起、大教苗烟。大凡自東方有伝教大師已来、未見有如此書有股肱台宗者也。夫天台之教観、未墜平地者、寔以本師之力矣而已《すでに》。

享保八年癸卯、本師延於華厳寺、移于山城国葛野郡松尾南丘松室若狭山最福寺谷堂之故地焉〈有卿士名松室若狭者。領最福寺界地。京兆官領板倉周防大守、検校古地、号為若狭山。最福寺者、是延朗上人之旧跡也〉。祈事官府。覚洲奉命、催促京尹、大抵三年。四月廿五日、官尹大守甲野豊前、降検地令、審県士木村万堯、従而検行也。万堯問覚洲曰、汝師所示学道幾何。覚洲答曰、弊師所指、蓋十一宗、是所学法。堯曰、最者什麼。洲言、華厳宗是。堯曰、初某宗執。洲言、聖武皇帝創東大寺致華厳宗。幣師憑仍、温故純行。堯曰、善矣。於是乎、　上賜蘭若内界三百八十五坪并大界総地之絵図。背書曰、無本寺華厳宗華厳寺也。既而宗義宗号、満足於此。師熙愉言、開地已期、開宗豈量、不意在日。堯対師曰、育哉和尚、微覚洲者、聴庭三年、此事叵成。亦誰扣我、万歳祝去。時夫賢首大師正宗崛起乎天下者、誠以本師之力矣而已。

本師茲年、修造精舎、不籍（ママ）檀縁、所貯貨銭斗擻以尽。

仏殿一棟、東西九間、南北四間、寮舎一宇、総門扁題金字寺号。両柱自筆掛垂聯版。四時景色、自然荘厳、童子泉湧、浄水恒溢、奇鳥朝鳴、名虫夕吹、東南挑、西北擁、寂寞無人声。於是、本師、修禅行道、可謂法界知識一分之住処耳。

十一年丙午、本師作仏門衣服正儀編。原夫、自律学伝振旦已来、与魔所弊、僧尼衣服、与天竺異。四律五論、於衣犍度翻訳悞真。天魔変、作斉魏宮女、祇支施袖、裙犯皺畳、三衣方促、偏袒常設、通肩失儀、尼師檀転作礼拝具。棄糞掃衣、新衣新染、執著体色。僧脚崎与通肩著相・曼陀羅裙、都無識焉。鉤紐顕外、坐具掛臂、倶是非儀。肘度分量、闍和漢尺。其他細義、多乖仏制。因此、本師、先示尺度、後体色量、広彰四律五論本制、尅刖南山元照陂足、確魔天説、裂感通耄。震旦唯有玄奘・義浄、身適天竺、親格衣相。寄伝・域記訓示現当、本師循之。敵千年惑、編流行此、天下律徒、見而如盲、聞之如聾、憚改懶替、漂宗泥習、如古所褒、今所笑爾。仏初制律、厳衣犍度。三千歳后、知三千前、寔是正儀編之効也。仏法伝耶馬台以来、未曽有如正儀編者。覚洲依之、先証尺器、始知服式。拠寄帰伝、識円整裙・通肩衣相、攬西域記、了覆肩衣、更因伝・記、作真仏像、并著図記。本師印可、令敷大方。嗚呼、感応不可思議。非等引中、世尊真容、忽然現者無他、亦是本師之力矣而已。

享保十四年己酉、本師著念仏明導劄。念仏者謂他書所題、明導者今之撰号也。夫浄土業、方便教道、非一乗行。観経有疏、非天台説。雖宗心観、境乗未具。或三乗機、令叩説之、浄穢分別、取捨苦楽、別教権説、亦非円乗。螺髻既呵高下法執、況乎世尊。曷離霊鷲、覓他土為。故法華説、若復有人、受持読誦妙法華経、是諸人等、於諸仏所成就大願、愍衆生故、生此人間、当知、此人是大菩薩、成就菩提、哀愍衆生、願生此間、広演分別妙法華経、是人自捨清浄業報、於我滅後、愍衆生故、生於悪世、広演此経。須知、円人自捨清浄業報、不苦為苦、不如三界見於三界、不楽為楽、不如浄土而見浄域。既説願生人間悪世。華厳第十三説、亦爾。是謂之円教一乗機。四明不明、勃卒添鈔、濫漫円乗。吾邦台徒、懈怠止観、避祖宗行、仰信四明、幸基此法。霊空修行即心念仏、義瑞専勤口称事業、自励勧他。入門僧尼、鼠衣麦粒、奈何不識龍樹所賤。位坐学匠、衆所知識、口唱法華、不如説行。意信観経、性堕怯弱、怖苦欣楽。雖言大乗、不能捨浄穢分別想、般若尚未、況法華旨。彼師所謂即心唯心、都是三乗別教教道、根機未允一乗白牛。安楽行儀、諸禅三昧、高擱不慕。法華円乗、智者妙行、払庭亡跡。

先是、江東有僧、乞安楽于談義之辞。霊空応請、作即心念仏談義本、以与彼僧。彫梓流行。揮執酖曰、自心性具阿弥陀仏、仏不離心、即心念仏、是謂円頓即心念仏。世有専修口称念仏、雖彼等可亦生浄土、託処譬如胸札旅店。即心行者、往生極楽、依処喩如溢渚清楼。雖往生同、階級有異。於是、義瑞忿恨、浄宗突起、毀宗壊固、顕過破斥、華陣相闘、設寿熱陥、不能降焉。糧罄謀窮、各疲強敵。有須以智、説本師曰、乃者和尚、出還源策、争競頓滅。今治此閧、除師其誰。請憐我等、幸少揺翰。於是、本師、作明導箚、破談義言、止観未説即心念仏、不進往生極楽世界。唯説四種三昧為行、背立別修、応非天台宗。自計欣厭、故如教導人。若常行者、誦阿弥陀、但是助縁、非往生業。汝等当漸、即心念仏、口称生業、倶乖祖宗、成違教失、乃至広説。霊空緘口、而不善答。義瑞胸塞、而酬無物。争論亦停、山海静謐。

本師固巧於与滅諍、可謂今世如来之使。贔負偏情、本師不取、証義斉均、立敵迭評。由此、更駁支那浄宗曇鸞論注・善導玄義、各料揀之、臧否斑然。鸞修仙法、甚貪長寿、因入仏門、恋無量寿、注浄土論、引十住毘婆沙論、証自力難行・他力易行。於是、覚洲白本師言、論注雖言按十住論、而所挙語、違龍樹説。十住論意、讃大丈夫行、鄙於怯弱根。夫難行者、彼劣弱人、指丈夫行、称為難行。行其難行、名丈夫、或志幹堅心。龍樹不遮行難行者、不褒易行。元意不与論注引同。又論注以今世不退為難行、更挙五種難。外道・声聞・悪人・顛倒、第五乃言、唯是自力、無他力持。此中前

四、龍樹所言、惟越致中敗壊相、而非是難行。自力・他力、龍樹無説。和漢浄家、未知此違、甚倣他力。蓋夫自力・他力、本出十地論説。古今浄宗、無有知者。今乞大師、弁是好醜。於是、本師、於箚下巻、淘汰慇懃、広如彼説。浄宗怒之、競湊敵箚。然不克救凡夫決定不生報土・自他二力本拠不暁・南帰無命句身排訳之難等也。後来応知、黜却台宗劣行之過、拉折浄家錯繆之愆者、復本師之力矣也。

享保十六年辛亥、本師通肩衣立行之画像成矣。覚洲嘗乎感得京兆書肆于唐呉道子所作立像通肩衣相観自在菩薩之像。本師一覧、咢然歎曰、麗哉、奇哉、上縁回首、右角掛左肩、一角垂枢前、雙手出下。浄師所謂法衣、印度著相、毫厘不差。威儀徳相、不可亦言而已。庶我生生如亦此相。命覚洲曰、汝可修我像恰似是者。覚洲奉命、招京兆画工、使模之。但首与手代焉。餘相如故。像成而后、本師自書、辞於影上云也。乃賓妙徳山。

十七年壬子二月、本師応南都興福寺請、而講唯識論述記於千手院。

元文元年丙辰、本師通肩衣相木像成矣。又安置華厳寺。近江国有一檀主某氏、棄銭以造之云也。

先是、享保庚子、本師述於梵網経疏紀要也。命覚洲使撿訂刊行焉。本宗之律学、方於是而立起矣。

本師又有撰述、謂三論玄標註、維摩経発蒙、首楞厳経眼髄、講儀斥謬、鉄壁雲片、偏界紅爐雪、観音纂玄記、詳解選翼、龍鳴斥謬、金鎞逆流批、円覚日本訣、神道心鏡録、金剛槌論、発心字輪観、其他議論小篇雑書、不可枚挙之。詩賦文章、別有所録。上来本師著述諸本、辞法皆依蘇曼陀、不事雅頌、為芻尭故、非是文家愚俗之所測知也。蓋学乎仏教者、無暇於雅辞也。如孔丘之於遊夏者、其拙于辞也。如仲尼之於季札者、其鈍于詩也。然有道之士、尚雅風、而不賦。知義之人、行文徳、而不辞。其無暇揣摩者、必有所欠焉。世聖奈之何。天然理也。世有毀訾什・奘之不文者。愚輩無識蘇曼声法・潤筆契俗、天然之理。前抱器者、不能背負重、天然之理也。乃者、覚洲、有識者僧、尤善詩賦、所詠二万。有松浦集、行於世也。彼聞法華、席負五遍、一句不解、語余泣矣。天然之理也。蓋蕩譫文辞、則気質緩曼、唫泆詩賦、則謄情趨興也。必倦思義、嬾於行道。設令丘明・子長杜口、所益幾何。君子不尽焉。小機漂溺。思夫、本師所行、境界離言、不可思議、摧邪立正、示普賢行、明乎世尊三蔵遺法、耀於賢首五教伝灯、建淳粋宗、透八宗轍。其所述書、凡垂百部。自大唐有百部疏主、和漢未有如本師者。可謂百部之典主歟。是此妙用、門弟子等所知識耳。位階入定、断障神通、非他所知。離謣除飾、見聞実伝、略如是矣。其餘事跡、如他所集。

元文三年戊午春、本師病矣。暁心看病、義存侍御、大圭傍給。

二月廿六日夜、本師右脇於遊心観、取滅。享年満八十歳也。絶筆偈曰、

無陰陽処最奇哉、本地風光鉄樹開、
葉葉香飄千古訓、一時頓証法雲雷。

二月廿九日、葬華厳寺之北丘。覚洲・十玄等執行焉。以石作塔、建之乎本師墳上。蕭銘曰、華厳鳳潭和尚之墓。

南門籔下、有東水。覚洲命称白虎谿。寺之北丘、義存・覚洲等、議評名曰妙徳山。山根有冷泉、本師呼号童子泉。

華厳春秋伝竟

大日本宝暦第五乙亥夏四月四日沙界
海雲堂覚洲鳩謹奉録出自藁書
摂泉堺威徳山常楽寺（印）
反語潤章竢后出重修

あとがき――『近世仏教資料叢書』刊行のいきさつ

同朋舎新社から最初の相談を受けたのは、二〇一六年のことであった。同社では、一九七〇年代に、『庶民仏教史料集成』の刊行を企画したことがあった。柏原祐泉・千葉乗隆・高木豊・古田紹欽など、当時の仏教史研究の錚々たる先生方が中心となって、仏教系大学図書館その他の機関の所蔵資料の調査を行い、近世の庶民仏教信仰に関する多数の資料を収集したが、諸般の事情で結局その企画は実現できずに終わったという。その時収集した約一五〇〇点にのぼる膨大な複写資料が段ボール詰めになって、会社に保存されているが、そのまま死蔵させて終わるのではあまりに無念であり、新しい企画を立ててそれを何とか生かすことができないか、というのが、今田達代表の悲願であった。

当時の最先端を行く大先生方が協力して収集した資料であり、その目録を拝見しただけでも、もしその企画が実現していたら、その後の研究史を大きく変えるだけの成果になっていたと思うと、それが挫折したことは、はなはだ残念なことであった。しかし、それを今日生かすと言っても、あまりに大きすぎる話であり、私などの力では何ともしがたいことと、当初ご辞退を続けていた。

しかし、今田代表の熱意はきわめて大きなものがあり、また、中世に較べて手薄な近世仏教研究が今後盛んになるためにも、まず基本となる資料を提供することは意味のあることと考え、お引き受けすることにした。とは言え、近世仏教は私の直接の専門領域でないこと、既に定年退職していて活動に限界があることなどから、この方面の若手研究者の中心として意欲的な活動を進めていた引野亨輔氏（当時・千葉大学准教授、現・東北大学准教授）に監修者に加わっていただくことにした。引野氏は、資料の整理、出版社側とのやり取り、各巻担当者の決定や交渉など、実質的な叢書編纂の中心となって、作業を進めてくださった。

幾度かの編集会議を経て、最初は漠然としていた本叢書の大体の方針が決められた。
・以前の企画や資料はあくまでも参考に留め、新たに今日の研究状況に即して編集する。
・「庶民信仰」に限定せず、「近世仏教」という枠で、教学や神仏習合なども含めて編集する。
・専門家だけでなく、関心を持つ若い人たちでも読めるようなものとする。
・各巻は原典の影印・翻刻（漢文の場合は書き下し）・解説・解題を収める。ただし、影印に関しては、近年、国書データベース（国文学研究資料館）などで多くの資料の写真データがウェブ上に公開されているので、ウェブ上で容易に閲覧できるものに関しては収録しない。
・各巻は三〇〇頁程度に収め、使いやすいように工夫する。
このような方針に基づき、各巻の担当者からも魅力的な案が提示され、二〇一八年には全体会議も二回ほど開いて相互理解を深め、いよいよ具体的な作業に着手した。ところが、諸般の事情から必ずしも順調に進まず、刊行が危ぶまれるような事態も起こった。このような危機を乗り越え、ここに刊行が開始されることになったのは、今田達代表の熱意、編集担当の竹川敏夫氏のご努力、影印や翻刻の許可を下さった各図書館のご好意など、多くの関係者のお力によるものである。ここに感謝の意を表したい。なお、最初の段階で同朋舎新社との間を取り持ち、資料整理などに尽力された刈部謙一氏が二〇一七年にご逝去されたことは、痛恨の極みであった。

この先まだ予期せぬ障害があるかもしれないが、読者のご支持を得て、各巻担当者と心を一にして、ぜひとも遠からず全巻完結させたいと考えている。本叢書が今後の近世仏教研究の一つの指針となり、ややもすれば軽視されがちな近世仏教の重要性が認識され、注目されるようになることを心から願っている。

二〇二四年五月

末木文美士

以上の「あとがき」も準備して、いよいよ刊行開始直前という段階で、本年五月一五日に同朋舎新社今田達代表が急逝された。思いも寄らないことであり、刊行が頓挫するかと思われた。ところが、たまたま臨川書店の西之原一貴氏にご相談したところ、快く引き受けてくださることになり、同氏のご尽力により短期間で準備が整い、本年八月の第一巻に引き続き、ここに第二巻を刊行する運びとなった。心からお礼申し上げたい。また、ご英断いただいた同社社長片岡敦氏にも感謝したい。このような形で念願の刊行が実現したことで、亡き今田達氏も泉下にお喜びのこととお察し申し上げる。

二〇二四年一〇月

【著者紹介】

末木　文美士（すえき・ふみひこ）

1949 年山梨県甲府市生まれ。東京大学大学院人文科学研究科博士課程単位取得。博士(文学)。東京大学・国際日本文化研究センター名誉教授。仏教学・日本思想史専攻。著書『近世思想と仏教』（法藏館、2023）、『禅の中世』（臨川書店、2022）など。

前川　健一（まえがわ・けんいち）

1968 年三重県名張市生まれ。東京大学大学院人文社会系研究科博士課程修了。博士(文学)。創価大学大学院文学研究科教授。日本仏教思想史専攻。著書『現代語訳　顕戒論』（東洋哲学研究所、2021）など。

近世仏教資料叢書（全六巻）
第二巻　仏伝と教学

二〇二四年十一月三十日　初版発行

監修者　末木文美士
　　　　引野亨輔
編者　　末木文美士
　　　　前川健一
発行者　片岡敦
印刷製本　創栄図書印刷株式会社

606-8204　京都市左京区田中下柳町八番地
発行所　株式会社　臨川書店
電話（〇七五）七二一―七一一一
郵便振替　〇一〇七〇―二―八〇〇番

ISBN978-4-653-04762-9　C3315
〔ISBN978-4-653-04760-5　C3315　セット〕

近世仏教資料叢書の刊行にあたって

監修者　末木文美士
引野亨輔

これまで日本の仏教史研究においては、いわゆる鎌倉新仏教を最高峰とみなし、対照的に近世仏教を権力に屈服した堕落形態とみなす歴史観が強くあった。そのようなイメージは近年大いに書き換えられつつあるものの、近世仏教研究を志す者にとって、出発点となり得る基礎的な資料集が不足していることは否定できない。

商業出版が成立した江戸時代には、膨大な量の仏教書が刊行されたため、資料集の素材は十分過ぎるほどにある。しかし、そこから有効な分析の切り口を見付け出すことはなかなか難しい。そこで、今回刊行する『近世仏教資料叢書』では、江戸時代人なら当たり前のように読んでいた刊行仏教書を多く取り上げ、それらが社会のなかで果たしていた役割の解明に努めた。江戸時代は、難解な仏教概念や世界観が、書物知を通して民衆世界にまで浸透していった時代といえる。そこで、本シリーズの各巻では、これまで研究素材となる機会が少なかった江戸時代の仏教書に対して明快な意義付けを行い、近世仏教研究のさらなる活性化を目指したい。

末木文美士・引野亨輔 監修

近世仏教資料叢書 全六巻

第1巻 通俗仏書の出版と民衆仏教
編：引野亨輔

阿弥陀経和談鈔（編者架蔵）／正信偈絵抄（編者架蔵）
法華自我偈絵抄（龍谷大）／阿弥陀経和訓図会（編者架蔵）
般若心経和訓図会（編者架蔵）／観音経和訓図会（編者架蔵）
真宗故実選要鈔図絵（龍谷大）

【第1回配本】 2024年8月刊行 税込19,800円（18,000円+税）

第2巻 仏伝と教学
編：末木文美士／前川健一

釈迦御一代記図絵巻之上（国会図書館）
釈迦御一代記図絵巻之下（国会図書館）
釈迦応化略諺解（カリフォルニア大バークレー校 三井文庫旧蔵）
起信論註疏非詳略訣（龍谷大）／鉄壁雲片（龍谷大）
〔参考〕華厳春秋下巻（龍谷大）

【第2回配本】 2024年11月刊行 税込19,800円（18,000円+税）

第3巻 国家を守護する仏神
編：曽根原 理／W.J.ボート
M.M.E.バウンステルス

慈眼大師御物語（内閣文庫）／暁誉源栄覚書（内閣文庫）
供奉記（内閣文庫）／黒本尊縁起（仏教大）／神社考弁疑（内閣文庫）
扶桑護仏神論（京都大）／神道大宗（国文研）など

【第3回配本】 2025年2月刊行予定

第4巻 唱導文学と商業出版
編：万波寿子

続沙石集（国文研）／説法和歌資譚鈔（国文研）
説法語園（編者架蔵）など

【第4回配本】 2025年5月刊行予定

第5巻 女人教化と救済
編：芹口真結子

女人厭欣手引草・尼衆住庵規則（国会図書館）
浄土和讃図絵（編者架蔵）／正行嗣講師法話（編者架蔵）
手本草（大谷大）など

【第5回配本】 2025年8月刊行予定

第6巻 仏教天文学と仏教世界観
編：岡田正彦／平岡隆二

仏暦図説（編者架蔵）／冥加策進（国会図書館）
実験須弥界説（編者架蔵）／須弥界四時異同弁（編者架蔵）
仏暦及び梵医方の処方箋（編者架蔵）

【第6回配本】 2025年11月刊行予定

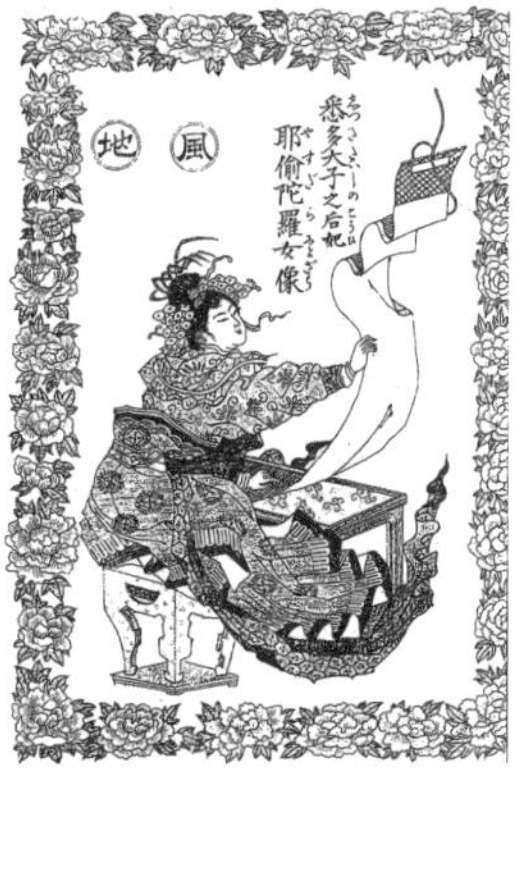

江戸時代に出版された仏教書を中心として、重要資料をテーマ別に精選。原典翻刻（書き下し）・解説・解題を中心に構成する。個々の資料紹介にとどまらず、仏教と近世社会の関係性をも鮮明に浮かび上がらせることを企図した本叢書はこの時代の宗教文化の解明に新しい光を当てるものと期待される。

■A5判・上製・布クロス装・函入・平均350頁
■予価各 税込 **19,800円**（18,000円+税）
■ISBN978-4-653-04760-5（セット） C3314

＊お近くの書店または小社までご注文ください